浙江省丽水市人民检察院 编著

行政公益诉讼诉前程序

理论阐释与实务精要

中国检察出版社

图书在版编目（CIP）数据

行政公益诉讼诉前程序理论阐释与实务精要 / 浙江省丽水市人民检察院编著 . -- 北京：中国检察出版社，2022.6

ISBN 978-7-5102-2755-4

Ⅰ . ①行…　Ⅱ . ①浙…　Ⅲ . ①行政诉讼—诉讼程序—研究—中国　Ⅳ . ① D925.318.4

中国版本图书馆 CIP 数据核字（2022）第 091349 号

行政公益诉讼诉前程序理论阐释与实务精要

浙江省丽水市人民检察院　编著

责任编辑：王　欢
技术编辑：王英英
封面设计：天之赋设计室

出版发行：中国检察出版社
社　　址：北京市石景山区香山南路 109 号（100144）
网　　址：中国检察出版社（www.zgjccbs.com）
编辑电话：（010）86423703
发行电话：（010）86423726　86423727　86423728
（010）86423730　86423732
经　　销：新华书店
印　　刷：河北宝昌佳彩印刷有限公司
开　　本：710mm × 960mm　16 开
印　　张：27.25
字　　数：468 千字
版　　次：2022 年 6 月第一版　　2022 年 6 月第一次印刷
书　　号：ISBN 978-7-5102-2755-4
定　　价：88.00 元

编 委 会

撰写人员分工

导　言　虞英（缙云县人民检察院）

第一章　姚艺（青田县人民检察院）

第二章　吴小丽（缙云县人民检察院）

第三章　罗马茜茜（青田县人民检察院）

第四章第一节　李芬（丽水市莲都区人民检察院）

　　　第二节　姚艺（青田县人民检察院）

　　　第三节　洪婧媛（松阳县人民检察院）

第五章　王贯省（龙泉市人民检察院）

第六章　吴家根（龙泉市人民检察院）

第七章　徐冰婷（景宁县人民检察院）

第八章第一节　叶瑞欣（庆元县人民检察院）

　　　第二节　雷蕾（庆元县人民检察院）

　　　第三节　吴振江（庆元县人民检察院）

第九章第一节　林飞红（云和县人民检察院）

　　　　　　　雷淑燕（松阳县人民检察院）

　　　第二节　潘宇昕（云和县人民检察院）

　　　第三节　吴陈宏（云和县人民检察院）

第十章　柏跃满（丽水市人民检察院）

第十一章　周雯瑶　吴锡春（丽水市人民检察院）

第十二章　黄金钟（丽水市人民检察院）

　　　　　朱海丽（庆元县人民检察院）

第十三章　陈日建（丽水市人民检察院）

第十四章　张军方　侯亚萍（丽水市人民检察院）

第十五章　高天骄（缙云县人民检察院）

第十六章第一、二节　唐永健（遂昌县人民检察院）

　　　　第三节　陈浩（景宁县人民检察院）

第十七章第一节　陈浩（景宁县人民检察院）

　　　　第二节　杨莹（松阳县人民检察院）

　　　　第三节　洪婧媛（松阳县人民检察院）

　　　　第四节　阙福亮　雷淑燕（松阳县人民检察院）

序　一

在检察机关提起公益诉讼制度正式入法五周年之际，丽水检察机关编著的《行政公益诉讼诉前程序理论阐释与实务精要》即将付梓成书，应丽水市人民检察院党组书记、检察长吕献同志之邀，我欣然为此书作序。

习近平总书记深刻指出："检察官作为公共利益的代表，肩负着重要责任。"公共利益就是人民的利益，公益诉讼就是维护人民权益的法治工具。五年来，浙江检察机关认真贯彻落实习近平总书记对公益诉讼检察工作的系列重要指示，紧紧围绕党和国家工作大局以及人民群众的关切，按照"建设新时代全面展示中国特色社会主义制度优越性的重要窗口"和"打造法律监督最有力的示范省份"的要求，依法能动履职，在全国率先探索个人信息保护、无障碍环境建设等领域公益诉讼，首创检察公益诉讼重特大案件标准等工作机制，各项工作走在全国前列，得到中央、高检院和省委领导的批示肯定。

根据时代变化和实践发展，不断深化认识，不断总结经验，不断进行理论创新，是党和国家事业兴旺发达的成功之道，也是新时代检察工作高质量发展的现实需要。《行政公益诉讼诉前程序理论阐释与实务精要》一书坚持问题导向，强化系统观念，以理论创新积极回应实践难题，是一本理论和实践高度融合的著作，也是全国首部深入系统研究行政公益诉讼诉前程序的著作。

全书从理论、程序、实体与运行四个维度，对行政公益诉讼诉前程序相关问题展开探讨，既有法理上的深度阐释，又有实践问题的提炼和深化。专著中对诉前程序的制度基础与法律关系、行政机关承担法律责任的判断标准、公益损害关联性判断以及诉前程序司法化等理论问题的阐述具有开创性，填补国内行政公益诉讼诉前程序研究领域的空白；对诉前程序全流程深度梳理，强调秉持检察权的谦抑性与尊重行政权的直接性，提升检察机关法律监督效能，提高行政机关积极履职主观能动性；探讨如何在行政公益诉讼程序运行中将张军检察长提出的“双赢多赢共赢”“坚持把诉前实现维护公益目的作为最佳司法状态”等检察司法新理念落到了实处。本书立足行政公益诉讼实践，在丰富的检察实践中汲取营养并得到升华，许多观点与论证具有创新性和实效性，具有较高的理论价值和现实意义，对于完善中国特色的公益诉讼检察制度也有所裨益。

该书是丽水检察机关首部检察理论研究专著，凝聚着丽水检察干警的经验和智慧。丽水地处浙江省西南部山区，案件总量少、干警人数少、基层小院多是丽水检察机关的基本情况。然而，丽水检察机关之所以能够在公益诉讼领域理论研究上取得明显成效，我认为绝非偶然。近年来，浙江省人民检察院大力推进“检校合作”“智库建设”“检学研一体化”，丽水是浙江检察机关打造检察理论研究高地的一个缩影。

其一，检察实践是理论研究的“源头活水”。多年来，丽水检察机关始终秉持“小院也要有大作为”的理念，坚定不移走特色发展之路。特别是检察机关提起公益诉讼制度实施以来，首创公益组织、公益人士和公益律师参与公益诉讼的工作模式，开展“护红、护绿、护古”等系列公益诉讼专项监督行动，办理了包括全省首例行政公益诉讼案在内的一批有影响的案件，公益诉讼工作连续多年位居全省前列。这些丰富的公益诉讼检察实践为理论研究奠定了坚实的基础。

其二，检校合作是提升理论研究水平的重要路径。我们率先在省级层面持续推进和深化检校合作，与全国18所法学院校签订合作协议，搭建互聘互派、教育培训、实践教学、理论研究“四大平台”，全省三级检察院联动推进，实现高校与检察机关资源共享、优势互补，推动法学研究与司法实践的融合发展。浙江财经大学张旭勇教授、浙江理工大学揭萍教授先后挂职丽水市人民检察院副检察长，他们发挥了很好的示范引领作用，促进“检学研”的深度融合，在破解司法实践难题中深化检察理论研究。同样，公益诉讼检察实践及生动案例为专家学者提供研究平台和素材，是法学教学科研的“富矿”。本书是丽水检察机关检校合作的又一硕果，值得省内其他检察机关学习借鉴。

其三，扎根检察实践的理论成果更具生命力。参加该书撰写的作者均为丽水市、县两级检察院公益诉讼或者理论研究部门的干警，他们处于办案和理论研究第一线，对监督办案中遇到的问题感受更真切，思考更接地气，提出的对策相应也更具有针对性和建设性。检察理论研究与检察实践发展两者相得益彰，只有能办案又善于思考、总结提炼的检察官，才是合格的检察官，才能成为检察业务专家。丽水检察机关把专著撰写作为全市公益诉讼检察战线和理论研究部门年轻干警的一次实战练兵，必将有助于干警综合素能的提升。丽水检察机关应当以此为基础，深入实践探索，加强检察理论研究，促进成果转化应用，为公益诉讼检察工作高质量发展提供有力的理论支撑。

理论是实践的先导、行动的指南。进入新发展阶段，面对人民群众在民主、法治、公平、正义、安全、环境等方面层次更高、内涵更丰富的需求，面对形势任务的深刻复杂变化，检察工作比以往任何时候都更需要理论上的支持，以引领和帮助检察人员准确识变、科学应变、主动求变。全省检察机关要坚持以习近平新时代中国特色社会主义思想为指导，认真学习贯彻习近平法治思想，进一步增强深化检察理论研究的政治自觉、法治自觉、检察自觉，为检察工作高质量发展提供理论支撑，以检察工作自身高质量发展服务保障经济社会高质量发展。

浙江省人民检察院党组书记、检察长

贾　宇

2022 年 4 月于杭州

序　二

《宪法》第134条规定:"中华人民共和国人民检察院是国家的法律监督机关。"这一规定确立了检察机关在宪法规定的国家框架性制度中的法律地位。《行政诉讼法》第11条规定:"人民检察院有权对行政诉讼实行法律监督。"这一规定旨在落实《宪法》第134条的宪法精神，也是检察机关对行政诉讼行使法律监督权的法律依据。2017年修改的《行政诉讼法》第25条第4款规定了行政公益诉讼。在《行政诉讼法》第11条和第25条第4款规定之下，检察机关具有如下法定职责:(1)监督法院行政诉讼;(2)提起行政抗诉;(3)提起行政公益诉讼。无论检察机关是监督法院行政诉讼还是提起行政抗诉或者行政公益诉讼，都应当在查清案件事实的基础上，以法定方式向法院提出。但是，与提起行政抗诉不同的是，检察机关提起行政公益诉讼必须履行诉前程序，向行政机关提出检察建议，督促其依法履行职责。只有在行政机关不依照检察建议自行纠正违法行为、不履行法定职责或者不回复检察建议时，检察机关才能依法提起行政公益诉讼。由于《行政诉讼法》对检察机关提起行政公益诉讼的相关程序没有作进一步明确规定，研究行政公益诉讼诉前程序就具有十分重要的法理价值和实践意义。

作为行政私益诉讼的一种制度性补充，《行政诉讼法》第25条第4款只是简要地勾勒了行政公益诉讼的程序。根据这一规定，提起行政公益诉讼须经如下两个程序:(1)行政公益诉讼诉前程序，以检察建议方式督促行政机关履行法定职责;(2)在行政机关不依法履行法定职责时，检察机关提起行政公益诉讼。此谓行政公益诉讼“双阶构造”程序，即“督促程序→诉讼程序”。在这个“双阶构造”诉讼程序中，尽管行政公益诉讼诉前程序中的检察建议外观是一种“建议”，但是如果行政机关不回复也不履行，检察机关有权对其提起行政公益诉讼，请求法院判令其履行。尽管在性质上诉前程序为非诉讼程序，但它与诉讼程序不可分割；若没有诉前程序，诉讼程序就无法开启。此由足见诉前程序的重要性。

《行政公益诉讼诉前程序理论阐释与实务精要》由四篇十七章构成，共46.8万字。在理论篇中，首先论述了诉前程序的政治、规范、理论、文化四大基础；其次，从主体、客体和内容三个方面论述了诉前程序法律关系，然后就诉前程序的特性、功能和运行理念进行了较为全面的论述。这部分论述既有较深的法理论证，又有面向实务的工作指引，构成了本专著的一大特色与亮点。在程序篇中，论述了管辖与立案、证据、磋商、诉前检察建议和对落实诉前检察建议的监督等问题，建构了一个既有诉讼法理的深度支撑，又有可操作性的诉前程序。由于《行政诉讼法》对提起行政公益诉讼相关程序没有作进一步明确规定，所以，检察机关提起公益诉讼除了要遵循行政诉讼法、民事诉讼法规定之外，还应当遵循检察机关履职的相关规定。本篇的法理论证将为制定和完善“检察机关履职的相关规定”提供较好的理论指引。在实体篇中，首先，论述了行政机关承担法律责任的判断标准以及如何判断行政机关不依法履职，解决了具体办案过程中标准与方法的问题；其次，论述了如何判断公共利益损害的方法，以及与之关联性的判断；最后，论述了行政机关的法律责任。这一部分内容有一定的理论深度，与实务结合也十分紧密，它一方面为检察机关提出检察建议提供了实体规则，另一方面进一步明确了行政机关的法律责任，为检察机关提起行政公益诉讼提供了较为具体的指引。其中，关于公共利益损害的判断特别具有法律价值。在运行篇中，首先强调了诉前程序的司法化问题，并进一步论述了诉前程序司法化的基本理论和内容，为诉前程序运行提供了一种司法化的指引；其次，论述了检察机关与行政机关的工作对接机制。我们知道，检察机关提起行政公益诉讼并非目的，在诉前程序中如果用检察建议或者其他方式能够达到提起行政公益诉讼目的，那么可以大大降低检察机关行使行政监督权的成本，节约法院诉讼资源。因此，检察机关与行政机关的工作对接机制就有了极其重要的价值。最后，从数字、法治、创新和系统四个方面的思维论述了诉前程序的深化运用，提升了诉前程序的法律品位与技术含量。

本人有幸作为浙江省丽水市缙云县人民检察院承担的2021年度最高人民检察院检察应用理论研究课题《行政公益诉讼诉前督促程序研究》的课题组成员之一，参与了课题论证，在与检察官们交流过程中收获良多。行政公益诉讼的诉前程序相关的法律规范基本空白，如果《行政诉讼法》近期不能通过修改加以填补，那么，最高人民检察院通过法律“具体运用的解释”对诉前程序作出具体规范，可能是一种较优的解决问题方案。本书的研究成果可以为制定、完善诉前程序规范提供一种来自实务提炼的法理参考。

是为序。

浙江大学光华法学院教授、博士生导师

章剑生

2022年5月23日于杭州·锁澜坊

目 录

第二篇 程序篇

第四篇 运行篇

导 言

检察机关提起公益诉讼制度是极具中国特色的公共利益保护制度、诉讼制度和司法制度，是中国特色社会主义法治体系的有机组成部分。它的建立经历了漫长的理论探讨、实践探索过程，最终在中央部署下正式入法，而行政公益诉讼诉前程序[①]更是其中一颗璀璨的明珠。诉前程序制度的建立及其在检察公益诉讼实践中出乎意料的重要性，令人惊叹植根于中国本土的法律制度是多么的生动鲜活和富有力量。凡是参与国家利益和社会公共利益保护、凡是实践检察公益诉讼制度的，就绕不开诉前程序。学习、研究诉前程序制度，就是直面公共利益保护；总结诉前程序制度实施中的经验，探索解决其中的问题，就是对诉前程序制度最好的致敬。

诉前程序，是检察机关在提起行政公益诉讼前，对行政机关不依法履职致使公共利益受侵害向行政机关提出检察建议的一种程序。诉前程序制度是涉及提出诉前检察建议有关各项工作的顺序、方式、手续及检察机关与行政机关、

① 最高人民法院、最高人民检察院《关于检察公益诉讼案件适用法律若干问题的解释》称之为"诉前程序"，该司法解释第22条规定："人民检察院提起行政公益诉讼应当提交下列材料：……（三）检察机关已经履行诉前程序，行政机关仍不依法履行职责或者纠正违法行为的证明材料。"理论界有称之为"诉前程序"的（例如关保英：《检察机关在行政公益诉讼中应享有取证权》，载《法学》2020年第1期），有称之为"前置程序"的（例如胡建淼：《行政诉讼法学》，法律出版社2019年版，第583页；姜涛：《检察机关提起行政公益诉讼制度：一个中国问题的思考》，载《政法论坛》2015年第6期）。最高人民检察院发布的《人民检察院公益诉讼办案规则》中则没有明确称之为一种程序，而是在第81条规定："行政机关经检察建议督促仍然没有依法履行职责，国家利益或者社会公共利益处于受侵害状态的，人民检察院应当依法提起行政公益诉讼。"

其他相关主体的相互关系的规范和机制的体系。[①] 诉前程序既是司法程序，也是检察机关法律监督程序，还是公共利益保护的程序，是"传统"法律规定以外的一种新的对行政权的监督形式。[②]

诉前程序是检察公益诉讼中行政公益诉讼程序的一部分，进入诉前程序就是进入了行政公益诉讼程序，进入行政公益诉讼程序必须经过诉前程序。但从字面意思以及制度设计和实践运行来看，诉前程序又是"诉讼"之前的程序，是还没有进入传统意义上的"诉讼"的程序。这是诉前程序最具个性的特点，其许多制度魅力亦由此而来。检察机关是经法律拟制的公共利益权利主体，在公共利益受到侵害后，权利主体所具有的诉的可能性就产生了，检察机关拥有了请求法院支持公共利益保护诉请的权利。在诉前程序阶段，检察机关虽然未提起诉讼，但却具有"诉"的功能。诉前程序中的检察建议，与检察机关提出的其他检察建议相比，最重要的特点是具有向法院提起诉讼这一"诉"的权利，具备了"诉"的刚性，这使诉前程序在督促行政机关依法履职和保护公共利益方面，呈现出与"诉"类似和密切关联的效果。基于诉讼的刚性后盾，诉前程序具备了最大程度实现公益保护效果的可能。

2014 年 10 月，党的十八届四中全会通过的《中共中央关于全面推进依法治国若干重大问题的决定》(以下简称十八届四中全会《决定》) 提出"探索建立检察机关提起公益诉讼制度"。2015 年 5 月，中央全面深化改革领导小组第十二次会议审议通过《检察机关提起公益诉讼改革试点方案》，第一次正式规定了诉前程序。此后，诉前程序就是各有关检察公益诉讼的法律法规、规范性文件中必备的内容。2015 年 7 月，第十二届全国人大常委会第十五次会议通过的全国人民代表大会常务委员会《关于授权最高人民检察院在部分地区开展公益诉讼试点工作的决定》，2017 年 5 月，中央全面深化改革领导小组第三十五次会议审议通过的《关于检察机关提起公益诉讼试点情况和下一步工作建议的

---

① 参见季卫东:《法治秩序的建构》(增补版)，商务印书馆 2019 年版，第 11 页、第 20 页。程序，从法律学的角度来看，主要体现为按照一定的顺序、方式和手续来作出决定的相互关系。程序是交涉过程的制度化。

② 参见姜涛:《检察机关提起行政公益诉讼制度：一个中国问题的思考》，载《政法论坛》2015 年第 6 期。以司法权制约行政权，尤其是强化检察机关对行政机关的法律监督，则是全面依法治国应该重视的。

报告》，2017 年 6 月，第十二届全国人大常委会第二十八次会议表决通过的全国人大常委会《关于修改〈中华人民共和国民事诉讼法〉和〈中华人民共和国行政诉讼法〉的决定》，均明确规定了诉前程序。此后，分别于 2021 年 8 月、9 月施行的《军人地位和权益保障法》《安全生产法》，以及最高人民法院、最高人民检察院《关于检察公益诉讼案件适用法律若干问题的解释》（以下简称《检察公益诉讼解释》），最高人民检察院颁布的《人民检察院公益诉讼办案规则》（以下简称《办案规则》）以及一些省级人大常委会关于检察公益诉讼工作的决定亦如此。[①] 例如浙江省人民代表大会常务委员会《关于加强检察公益诉讼工作的决定》规定："检察机关应当通过磋商、公开听证、诉前检察建议等方式，支持和监督行政机关依法履职，自我纠错，确保国家利益和社会公共利益得到及时有效维护。发现国家利益和社会公共利益存在被严重侵害风险隐患的，可以向行政机关发送检察建议，督促其采取措施消除隐患；发现行政机关违法行使职权或者不作为，致使国家利益和社会公共利益受到侵害的，应当向行政机关发送诉前检察建议，督促其依法履行职责。行政机关不依法履行职责的，检察机关应当依法提起行政公益诉讼。"这些，均为诉前程序提供了法律条文和正式制度上的支持。

作为行政公益诉讼中的一匹"黑马"，诉前程序颠覆了人们对于公益诉讼就是"诉诸法庭"[②] 的传统认知。从 2015 年 7 月开始的为期两年的检察公益诉讼试点情况看，通过诉前程序实现行政机关纠正违法或履行职责案件占行政公益诉讼总案件量的 77.14%[③]。2017 年 7 月至 2019 年 9 月，全国共立案公益诉讼案件 214740 件，办理诉前程序案件 187565 件、提起诉讼 6353 件，其中向行政机关

---

① 例如江苏省人民代表大会常务委员会《关于加强检察公益诉讼工作的决定》规定："检察机关在履行职责中发现负有监督管理职责的行政机关未依法履职或者违法行使职权，致使国家利益或者社会公共利益受到侵害的，应当向行政机关提出检察建议，督促其依法履行职责。行政机关不依法履行职责的，检察机关依法提起行政公益诉讼。"

② 参见张军：《最高人民检察院关于开展公益诉讼检察工作情况的报告——2019 年 10 月 23 日在第十三届全国人民代表大会常务委员会第十四次会议上》，载中国人大网，http://www.npc.gov.cn/npc/c30834/201910/936842f8649a4f088a1bf6709479580e.shtml，2022 年 4 月 4 日访问。

③ 参见徐日丹：《试点两年检察机关办理公益诉讼案件 9053 件》，载《检察日报》2017 年 7 月 1 日，第 2 版。

发出诉前检察建议 182802 件，行政机关回复整改率达 97.37%；[①]2020 年全国检察机关共立案办理行政公益诉讼案件 13.7 万件，发出诉前检察建议 11.8 万件，行政机关回复整改率为 99.4%；[②] 2021 年全国检察机关共办理 14.9 万件行政公益诉讼案件，发出诉前检察建议 12.7 万件，行政机关回复整改率为 99.49%。[③]在诉前程序完成公共利益保护任务的案件占了行政公益诉讼案件的绝大部分。从检察公益诉讼制度试点以及正式实施以来的情况看，检察机关主要不是通过法庭上两造对抗，而更多的是通过诉前督促的方式来履行行政公益诉讼职能，保护公共利益。在此过程中，各地积极探索诉前程序的办案方法，形成了从线索获取、立案、管辖到调查核实、勘验鉴定、磋商、公开宣告、跟进监督等一系列的经验做法，促进了公共利益保护，充实了诉前程序制度和公益诉讼制度，也为加强我国的司法制度、纠纷解决制度、社会治理体系建设提供了有效的素材。检察机关尽管没有提起诉讼，但却通过诉前程序，在客观上实现了公益保护的效果，达到甚至超出了“诉”所能给予的期待，[④] 这是人们重视诉前程序的现实缘由。近些年来，实务界、理论界对诉前程序开展了深入的研究，形成大量有关诉前程序价值、程序运作等的研究成果，总结了实践经验，也有力地指导了办案实践。

尽管诉前程序在制度设计、实践操作、理论探讨等方面得到了高度的重视，但是由于对“诉讼”的固有认识，加之诉前程序和检察公益诉讼制度仍是一项崭新的制度，诉前程序的发展无疑仍有广阔而高远的空间。而诉前程序具有的很多独特性，也要求人们不能再以传统的诉讼的眼光去看待它，而对这一点，

---

① 参见张军:《最高人民检察院关于开展公益诉讼检察工作情况的报告——2019 年 10 月 23 日在第十三届全国人民代表大会常务委员会第十四次会议上》，载中国人大网，http://www.npc.gov.cn/npc/c30834/201910/936842f8649a4f088a1bf6709479580e.shtml，2022 年 4 月 4 日访问。

② 参见《最高人民检察院工作报告》，第十三届全国人民代表大会第四次会议，2021 年 3 月 8 日。

③ 参见最高人民检察院第八检察厅:《〈人民检察院公益诉讼办案规则〉理解与适用》，中国检察出版社 2022 年版，第 5 页。

④ 起诉启动审判程序，而审判程序往往历时较久，过程冗长，裁判结果还需通过执行程序兑现，而执行本身仍存在不确定性，因此在效率、效果上，“诉”的结果不一定尽如人意。

实际上得到的关注并不够多。

从立法上看，至今为止，行政诉讼法中仅有一款对包括诉前程序在内的行政公益诉讼作出专门规定，检察公益诉讼的系统性法律尚未出台，亦没有行政公益诉讼的专门立法，更不用说专门针对诉前程序的法律规定。虽然关于诉前程序的法律规定逐渐增加，却多散见于各单行法律。检察公益诉讼的这种嵌入式立法特征[①]，使得诉前程序缺乏足够的行政诉讼法律制度供给，对实践中遇到的问题，只能通过援用行政诉讼法关于一般行政诉讼的规定。但是，行政公益诉讼的公益保护性特征和客观性诉讼特征，决定了其与一般行政诉讼的私益性特征和主观诉讼特征区别很大。因此，诉前程序实践办案遇到了很大不便。

从理论研究的角度看，通过几年来的实践，检察机关和公益诉讼各方参与主体在诉前程序上积累了不少经验，相关的制度建设和理论研究也取得了丰硕成果。[②]但由于检察公益诉讼历程还较短，加之诉前程序系新生事物，导致人们对诉前程序的理论阐述尚不充分，[③]对诉前程序相关法律问题、工作方法的研究还不深入。[④]例如诉前程序与诉讼程序的关系、诉前程序的独立价值、法律关系这一概念在诉前程序的适用，相关研究成果总体上还比较单薄。同时，在大力开展诉源治理的当前，如何吸收人民调解、民事案件诉前调解、行政诉讼前置程序、非诉解决纠纷机制等方面的丰富经验，推动在诉前程序就完成对公共利

---

① “嵌入式”立法是指法律在原有条文中直接插入了某项规定，而对其相关的配套制度，在法条中并没有同步规定，如果需要的话，直接援用相关法律的原有规定或者法律原则。

② 以“公益诉讼+诉前程序”为主题，从中国知网上可检索到相关学术期刊论文188篇、学位论文144篇，2022年4月5日访问。

③ 由于诉前程序通常被认为是与行政公益诉讼相配套的具体程序，具有一定的附属性，其重要性并不为大家所认识，其理论价值也未受到足够的重视。参见胡卫列、迟晓燕：《从试点情况看行政公益诉讼诉前程序》，载《国家检察官学院学报》2017年第2期。

④ 以“诉前程序”为关键词，从中国期刊网可以检索到522篇论文（最后检索时间2022年4月5日），其中不少是高质量的文章，但也有的就事论事、局限于问题的表面和琐碎细节，缺乏对诉前程序内在机理的研究。从与非专业从事公益诉讼实践办案和理论研究人士的对谈情况看，不少人士认为公益诉讼就是“诉诸法庭”，这显然与我国的检察公益诉讼实践大相径庭。

益的保护，在理论研究中着墨并不多。理论研究中谈到公益诉讼，更多的是关注诉讼阶段的问题、人民法院通过审判程序保护公共利益的问题，对检察公益诉讼特别是诉讼程序还着墨不多。这些，都对我们提出了加强诉前程序研究的必要性。

从实践需求的角度看，虽然以检察机关为代表的诉前程序运行主体（诉前程序运行主体当然还包括行政机关、公益损害行为人和其他诉前程序参与主体）积累了一定的诉前程序运行经验，但是大量的经验仍然局限于操作层面，也没有在制度建设上得到充分体现。实践中的诸多问题，例如调查权问题、磋商的具体程序问题、行政机关的法律责任问题，需要通过理论研究进行总结、提炼、升华，进而反哺实践。对于实务界而言，开展系统的理论研究，同时还是不断总结经验、发现问题、寻求解决之道所需，也是对实务界人士不断提高理论思维能力、系统思考能力的检验和锻炼。

因此，本书研究希冀实现的目的是，回应实践，系统地探讨诉前程序的内在机理及其制度架构，为专业化、规范化开展诉前程序工作提供理论支持，为实现诉前程序的公开透明公正，增强诉前程序中各主体的“交涉性”，增进诉前程序的适度司法化[①]，实现诉前程序结果的可接受性，促进行政公益诉讼制度可持续发展、检察公益诉讼制度切实有效保护公共利益，推动检察公益诉讼办案和公共利益保护。

行政公益诉讼包括立案、调查、检察建议、提起诉讼、诉讼、诉讼监督等环节。鉴于诉前程序在行政公益诉讼中的重要性和巨大作用，作为一本书，如

① 王春业:《论行政公益诉讼诉前程序的改革——以适度司法化为导向》，载《当代法学》2020年第1期。诉前程序司法化，强调在诉前程序中引入审判程序中的司法元素，构建两造对抗结构、实行举证质证方式、采取双方适当辩论、检察官地位的相对独立和中立地查明案件事实等，有效督促行政机关及时纠正违法行为或履行法定职责，并对不及时履职的行为提起行政公益诉讼。朱全宝:《诉前程序司法化：法理、功能与路径》，载《人民检察》2021年第7期。行政公益诉讼诉前程序司法化是指为了捍卫国家利益和社会公共利益、确保国家机关权力的正确运行以及保障社会公众的合法权益，检察机关在提起行政公益诉讼之前针对行政机关的调查取证、事实认定、法律适用、提出检察建议以及对行政机关履职情况、公益修复情况的监督复查等一系列环节中，应充分借鉴和吸收司法程序和标准，使各项检察决定在公开、公平和公正的基础上作出，以提升诉前程序的公信力和司法效果的制度化过程。

果仅就诉前检察建议来研究诉前程序，无疑难以回应实践。从指导实践、争取在诉前保护公益的角度出发，本书在研究过程中，将立案和管辖、证据、实体法问题、实务运行等予以纳入。因此，本书所指的诉前程序，在内涵上不但包含了检察机关诉前督促行政机关履职的程序及与其紧密相关的工作程序，还包含诉前程序的制度基础、工作理念、工作方式等内容；在外延上，本书所指的诉前程序还包含了其在行政公益诉讼中所处的地位，以及诉前程序的管辖、证据、行政机关不依法履职、公共利益损害等。如果不这样写，对诉前程序仅限于诉前检察建议，就无法回应诉前程序制度实施中大量遇到的关于线索、立案、证据、实体法适用等方面的问题，对诉前程序的研究就会显得单薄且意义大减。

本书共四篇十七章。第一篇是理论篇，主要阐述诉前程序的制度基础、诉前程序法律关系、诉前程序的特性和主要功能、诉前程序的运行理念。第二篇是程序篇，包括管辖与立案、证据、磋商、诉前检察建议及其跟进监督。第三篇是实体篇，包括对行政机关承担法律责任的判断标准，行政机关不依法履职、公共利益损害、行政机关不依法履职与公共利益损害的关联性判断、行政机关的法律责任。第四篇是运行篇，包括诉前程序的司法化、检察机关与行政机关的工作对接以及诉前程序的深化运用。本书力图通过这样的体例，尽可能在基本原理、程序运行、涉及的实体问题以及工作推进等方面系统地构建诉前程序的理论和制度架构，从而为总结实践经验、进行理论展开、勾勒诉前程序的未来发展提供服务。

本书缘起于浙江省丽水市缙云县人民检察院所承担的2021年度最高人民检察院检察应用理论研究课题《行政公益诉讼诉前督促程序研究》。丽水市人民检察院检察长吕献与浙江理工大学法政学院教授、丽水市人民检察院副检察长（挂职）揭萍在指导课题组研究过程中，敏锐地发现诉前程序是一个庞大复杂的系统性问题，从制度建设、理论研究和实践操作来看，都还内含诸多不明确的事项，困惑很多，对此进行系统的理论研究，价值很大。经丽水市人民检察院党组专题研究决定，由吕献检察长亲自牵头，揭萍副检察长具体执行，组织全市两级检察院熟悉检察公益诉讼和具有较强理论功底的精干力量成立专班，启动撰写工作。缙云县人民检察院检察长高德清、龙泉市人民检察院副检察长王伟、丽水市人民检察院专职委员黄金钟与松阳县人民检察院副检察长阙福亮担任组长，分别负责组织第一、二、三、四篇的撰写工作，揭萍与高德清负责对全书内容进行具体统筹。写作专班成员充分梳理实践问题、整理法律法规、检索文献资料，深入展开分析论证，形成初稿。吕献检察长多次组织全书的修改与统稿工作，几经打磨，遂形成眼前呈现给读者的本书。前期课题研究过程中，浙江大学光华法学院教授、博士生导师章剑生及浙江财经大学教授、硕士生导师张旭勇等专家学者参与了课题论证、悉心指导，在此表示衷心感谢。

本书撰写过程中，在课题组原有诉前程序相对系统的构思，特别是对诉前程序的特性、诉前程序法律关系、行政机关法律责任的构成要件及其内涵等作了开拓性研究尝试的基础上，对诉前程序的整体架构进行了更加系统完整的研究探讨，形成了提纲，并尽可能地作了深入阐述。但由于种种主客观原因，本书的研究还是初步的，必然存在诸多粗浅、不成熟之处，有待实务界、理论界同仁提出宝贵指导意见。如果本书的出版能够为诉前程序制度的更好运行、我国检察公益诉讼制度的更加完善、公共利益保护的更大进步奉献绵薄力量，则是丽水市人民检察院写作专班全体同仁之幸事。

第一篇　理论篇

第一章　诉前程序的制度基础

任何制度的确立和发展都必须以特定社会基础和现实需要作为支撑。诉前程序的建立与运行，也植根于一定政治、规范、理论、文化基础。作为一项区别于域外国家公益保护模式的新制度，诉前程序经论证研究、试点运行、实践检验后诞生，已成为我国检察公益诉讼制度的特色与亮点。

第一节　诉前程序的政治基础

“检察公益诉讼从学术概念到司法实践、从依法治国布局实施到成为全面深化改革典型样本都是党中央坚强领导的结果，彰显了高超的政治智慧。”① 尤其是诉前程序制度，其独特的制度设计既植根于党的政策基础，又与我国政治环境相融合，历经近些年的发展完善，逐步形成了公益保护的“中国方案”。

一、党的政策基础

党的政策是中国共产党结合社会发展形势、为完成一定时期任务而制定的活动准则，具有鲜明时代意义和宏观指导性。党的政策不仅是其处理执政事务的重要手段，也是“国家法律的先导和指引，是立法的依据和执法司法的重要

① 张雪樵:《检察公益诉讼的“智慧之门”》，载《检察日报》2018年4月9日，第3版。

指导”[①]。我国诉前程序制度的建立和运行亦将此作为坚实的政治基础。

（一）党中央关于诉前程序制度的决策部署

党的十八大以来，习近平总书记作出一系列重要指示，深刻阐明检察机关法律监督的宪法定位、主要职责、基本任务，为党的检察事业创新发展把脉定向、指路领航。检察公益诉讼制度是以习近平法治思想为指引、以法治思维和法治方式推进国家治理体系和治理能力现代化的一项全局性、战略性的重大改革措施和制度安排，诉前程序是其中最为引人关注的制度创新。党中央对此高度重视，自 2014 年起，陆续通过了多项关于诉前程序制度的决策部署，为这项制度的产生和发展奠定了政策基础。

十八届四中全会《决定》明确提出“检察机关在履行职责中发现行政机关违法行使职权或者不行使职权的行为，应该督促其纠正。探索建立检察机关提起公益诉讼制度”。这是党中央文件对建立诉前程序制度基础的最初表述，“督促之诉”的定位初现其形。

2015 年 5 月 5 日，中央全面深化改革领导小组第十二次会议审议通过了《检察机关提起公益诉讼试点方案》，其中，在行政公益诉讼制度方面规定了“诉前 + 诉讼”双阶模式，顶层设计基本成形。在该《试点方案》中，检察机关开展行政公益诉讼诉前程序的途径是向相关行政机关提出检察建议，对于检察建议，行政机关整改回复的期间为一个月。习近平总书记在审议试点方案时强调，要妥善用好诉讼这一监督方式，诉讼是最后手段，之前要充分发挥检察建议等手段的作用。[②]

2017 年 5 月 23 日，中央全面深化改革领导小组第三十五次会议指出，北京等 13 个省区市在为期两年试点期间办理了一大批公益诉讼案件，积累了丰富的案件样本，制度设计得到充分检验，正式建立检察机关提起公益诉讼制度的时机已经成熟。要在总结试点工作的基础上，为检察机关提起公益诉讼提供法律保障。其中，从检察机关提起行政公益诉讼试点情况看，诉前

① 陈一远：《准确理解“坚持党对全面依法治国的领导”》，载求是网 2021 年 4 月 9 日，http://www.qstheory.cn/qshyjx/2021-04/09/c_1127310909.htm。

② 参见《检察机关公益诉讼试点全面“破冰”13 个试点地区均提起公益诉讼》，载最高人民检察院网站，https://www.spp.gov.cn/xwfbh/wsfbt/201607/t20160718_152659.shtml#1。

程序作用巨大，是有效结案的主要形式，行政公益诉讼的效果集中体现在诉前程序上。[①]

2017 年 6 月 27 日，随着关于修改《行政诉讼法》的决定在十二届全国人大常委会第二十八次会议上获得通过，诉前程序制度被正式写入法律。

2019 年 11 月，党的第十九届中央委员会第四次全体会议通过的《中共中央关于坚持和完善中国特色社会主义制度推进国家治理体系和治理能力现代化若干重大问题的决定》中提出："完善审判制度、检察制度……拓展公益诉讼案件范围。"

2021 年 6 月，党中央印发《中共中央关于加强新时代检察机关法律监督工作的意见》，对新时代检察机关法律监督工作进行顶层设计，明确检察机关是"法律监督机关、保障法律统一正确实施的司法机关、国家利益和社会公共利益保护的重要力量、国家监督体系的重要组成部分"，这四个职能定位，为检察公益诉讼的积极稳妥拓展增添了强劲动力，也为诉前程序制度完善提供了坚强支撑。

（二）全面推进依法治国方略的要求

党的十八大以来，以习近平同志为核心的党中央明确提出全面依法治国，并将其纳入"四个全面"战略布局，作出一系列重大决策部署。依法治国就是依照宪法和法律来治理国家。全面推进依法治国作为党的重要政策方针之一，对立法、执法、司法、守法等环节均提出了更高要求。对检察公益诉讼来说，全面推进依法治国的核心任务就是要履行好法律监督职能，尽可能通过诉前程序监督行政机关依法行政、助推法治政府建设。

1. 坚持走中国特色社会主义法治道路的要求。习近平总书记指出，中国特色社会主义法治道路，是社会主义法治建设成就和经验的集中体现，是建设社

① 截至 2016 年 12 月底，试点地区检察机关办理行政公益诉讼诉前程序案件（即行政公益诉讼案件的总数）3763 件，共督促行政机关主动纠正行政违法行为或者依法履行职责 2838 件，仅此一项，行政机关在诉前程序中主动纠正行政违法行为，即行政公益诉讼在诉前程序环节的有效率就达到了 75.4%，占所有立案案件的四分之三。参见胡卫列、迟晓燕：《从试点情况看行政公益诉讼诉前程序》，载《国家检察官学院学报》2017 年第 2 期。

会主义法治国家的唯一正确道路。[①]“具体讲我国法治建设的成就，大大小小可以列举出十几条、几十条，但归结起来就是开辟了中国特色社会主义法治道路这一条。”[②]全面依法治国，必须从中国实际出发，坚持走中国特色社会主义法治道路，即立足于中国国情、结合中国实际，汲取中华法律文化精华、反映中国特色社会主义法治需求的发展道路。这就需要我们在法律制度顶层设计中必须要有中国特色的问题导向及实践方向，不能照搬域外法治理念和模式，而要勇于作出本土化的创新和改革。

诉前程序制度正是从中国国情和实际出发，与中华传统法律文化相适应，并从我国发展实践中探索得出的适合自己的公益司法保护新方案，是别的国家都不曾有过的制度创新。相对于域外公益诉讼制度，这是一项具有前瞻性、创新性和重要现实意义的改革举措，“为世界各国检察官发挥公益保护作用贡献了中国智慧、中国设计、中国道路”[③]。巴勒斯坦总检察长就曾表示，“中国的公益诉讼制度依法实施，符合中国自身国情。这项实践中，案件并非都要起诉到法院，而是通过诉前程序来办结，我认为这样的做法对法治更有益处”。[④]

2. 助推法治政府建设的需要。法治政府建设是习近平法治思想的重要内容之一，是全面依法治国的重点任务和主体工程。习近平总书记在中央全面依法治国委员会第二次会议上的讲话中强调，法治政府建设是重点任务，对法治国家、法治社会建设具有示范带动作用。在中央全面依法治国工作会议上再次强调，法治政府建设是重点任务和主体工程，要率先突破，用法治给行政权力定规矩、划界限，规范行政决策程序，加快转变政府职能。行政权本身具有扩张性、侵犯性、任意性，易出现越权、滥权问题，要把权力关进制度的笼子，关键是要健全对行政权的监督制约机制，完善对行政权的内部监督、法律监督以及社会公众监督。其中对行政权运行进行法律监督就是检察机关的法定职责，

---

① 《关于〈中共中央关于全面推进依法治国若干重大问题的决定〉的说明》（2014年10月20日），载中共中央文献研究室编:《习近平关于全面依法治国论述摘编》，中央文献出版社2015年版，第24页。

② 习近平:《加快建设社会主义法治国家》，载《求是》2015年第1期。

③ 张雪樵:《检察公益诉讼的“智慧之门”》，载《检察日报》2018年4月9日，第3版。

④ 杨柳、胡玉菡、宿广田、要怡东:《外国检察官为何青睐“公益诉讼”？》，载最高人民检察院网站，https: //www.spp.gov.cn/spp/gyssshmhsh/201709/t20170915_440617.shtml。

“检察权一开始就被赋予了权力监督和制约的使命，以实现权力运行的合目的性和运行的有效性”[①]。若行政机关在法律实施中不作为、乱作为，造成对公共利益的侵害或存在潜在侵害危险，那么检察机关应当将此纳入法律监督范畴、启动诉前程序。并且只有通过诉前程序督促行政机关依法履职，才能保证其在依法行政的道路上不出偏差，才能实现用法治给行政权力定规矩、划界限，规范公益保护行政决策程序，助推法治政府建设的目的。

《法治政府建设实施纲要（2015—2020年）》对行政机关接受检察机关法律监督提出了要求，规定“检察机关对在履行职责中发现的行政违法行为进行监督，行政机关应当积极配合”，要求行政机关支持检察机关开展行政公益诉讼，积极主动履行职责或者纠正违法行为，认真做好检察建议落实和反馈工作。诉前程序的设置初衷，就是期望由检察机关这一适格主体，及时将行政机关不依法履职、有损国家利益和社会公共利益的行政乱作为或不作为行为纳入监督范围，通过诉前检察建议等方式督促行政机关自行整改、依法行政。例如，在河南省郑州市惠济区“法莉兰童话王国”违法建设破坏生态环境案中，国土、河务、环保、镇政府等部门职责存在交叉，具体问题由于多头管理，执法上难以形成有效监管合力，致使违法建筑影响黄河行洪安全、滩区生态环境问题久拖不决。郑州铁路运输检察院在充分调查核实的基础上，依法发出诉前检察建议，之后又主动与省、市、区河长办对接，多次与相关行政机关会商座谈，帮助相关行政职能部门形成执法合力，有效促进依法行政，推进法治政府建设。[②]

行政执法与法律监督工作特性有所不同，但不存在谁高谁低。对行政机关来说，检察权的适当介入能够帮助扭转一些行政乱象，堵塞监管漏洞，防止一些小问题、苗头性问题演变为大问题、严重事件。同时，针对实践中有些行政相对人不履行法定义务甚至抗拒行政机关处罚的情况，通过检察机关的介入，也有利于维护行政执法权威和效力。对此，要充分发挥检察机关法定“质检员”的作用，推动公益受损问题在诉前即得到高效、妥善解决。

① 温军：《中国检察权在国家权力结构中的政治功能研究》，吉林大学2018年博士学位论文。

② 参见《“携手清四乱 保护母亲河”专项行动检察公益诉讼典型案例》，载最高人民检察院网站，https://www.spp.gov.cn/xwfbh/wsfbh/201908/t20190829_431571.shtml。

二、国家政治环境基础

检察工作是政治性极强的业务工作，也是业务性极强的政治工作。检察机关开展诉前程序的实践探索，与我国政治环境存在天然的融合性与自洽性，是各级党委、人大、政府对此充分关注与支持的结果。这是公益诉讼能够发展的重要前提和根本保障。

在行政公益诉讼工作中，从各主体职能定位来看，检察机关绝不是单打独斗，更不是我行我素，而是需要党委、政府等其他主体的关注与支持，从而形成公益保护大配合格局，这也是在我国体制下诉前程序发挥其应有作用的强大政治保障。总体上，试点工作开展得比较顺利，效果比较好的地方，都是在试点工作开展之前，就有比较好的行政检察基础，受到当地党委、政府和人大支持的地区。①例如，贵州省在试点开展前的2015年4月，就连续出台了两个关于生态环境保护的“问责办法”，明确将严格问责、惩戒在生态环境保护中失职渎职的党政领导干部。②而在锦屏县检察院诉该县环境保护局的行政公益诉讼案判决3天后，锦屏县委、县政府就对相关责任人员作了免职处理。通过问责、惩戒等措施，贵州省强化了行政机关工作人员对诉前检察建议的重视，有助于督促其在诉前程序中积极履职、依法维护国家利益与社会公共利益，提升检察监督实效。

自2017年7月检察公益诉讼制度全面施行以来，各地检察机关主动向党委、人大等汇报公益诉讼工作情况，逐步形成党委关心重视、政府配合支持的良好政治氛围。十三届全国人大一次、二次会议期间，435位全国人大代表对加强和改进公益诉讼检察工作提出意见建议，其中137位代表提出46件书面建议，全国人大常委会重点督办18件。③一些地方将支持配合检察机关开展公益诉讼工作纳入法治政府建设考核，为检察机关公益诉讼调查取证提供有力保障。

---

① 参见胡卫列:《检察机关提起行政公益诉讼试点情况研究》，载《行政法学研究》2017年第2期。

② 参见朱邪:《贵州：生态环境保护“两个问责办法”解读》，载《贵州日报》2015年4月24日，第1版。转引自胡卫列:《检察机关提起行政公益诉讼试点情况研究》，载《行政法学研究》2017年第2期。

③ 参见《最高人民检察院关于开展公益诉讼检察工作情况的报告》，第十三届全国人民代表大会常务委员会第十四次会议，2019年10月23日。

如2018年，检察公益诉讼工作就被列入浙江省依法行政、美丽浙江建设考核范围。[①]此外，多地人大及其常委会已出台关于加强检察公益诉讼工作的决定，均对诉前程序作出明确规定。如河南省人大常委会《关于加强检察公益诉讼工作的决定》中明确规定，监察机关对于行政机关不落实检察建议，致使国家利益或者社会公共利益受到侵害的，应当对违法的公职人员依法作出政务处分决定。江苏省徐州市泉山区人大常委会通过的《关于加强检察建议工作的决议》中规定，检察建议及落实情况列入人大监督范围。被建议单位在规定时限内不回复、不采纳检察建议，经催办仍拒不回复和整改的，区检察院可以提请区人大常委会启动监督程序。对于区检察院报备的事关经济社会发展、民生民利等重大问题的检察建议，区人大常委会可以通过采取调研、视察、专项审议、执法检查、专题询问、质询等法定形式，监督检察建议的实施。[②]

第二节　诉前程序的规范基础

自2015年开展试点工作以来，检察公益诉讼制度快速发展，相关法律法规逐步建立并完善，已构建起多层级、多领域的制度规范体系，能够为检察机关在诉前阶段的办案提供依据和保障。其中，法律层面规定较为原则、概括，是指引检察机关办理诉前程序案件的基本规范。在此基础上，司法解释对相关规则予以细化，为检察机关适用法律提供更具可操作性的指引与说明。而从各部门规章、规范性文件及省级地方性法规、人大决定中的相关规定可以发现，人大、政府及相关部门越来越认可并支持检察公益诉讼工作，尤其是对行政机关落实和反馈诉前检察建议工作的强调，体现了诉前程序制度在公益保护大配合格局中的独特价值与显著作用。

---

① 参见范跃红、龚婵婵:《公益诉讼进行时 | 浙江：公益诉讼工作列入全省依法行政考核》，载《检察日报》2018年8月15日，第1版。

② 参见王丽、唐颖、张喜鸽、张吟丰、李智勇、严玉:《多地人大为公益诉讼“开路”》，载《检察日报》2018年5月21日，第6版。

一、法律

从我国目前制定的相关法律来看，对诉前程序的规定主要存在于诉讼程序法、检察相关法和特定领域部门法三类中。

第一，2017 年修正的《行政诉讼法》从基本法律的层面将诉前程序法定化、制度化。该法第 25 条第 4 款明确将诉前程序作为检察机关提起行政公益诉讼的前置性必经程序，规定了生态环境和资源保护、食品药品安全、国有财产保护、国有土地使用权出让四大法定领域，并通过“等”字给拓展新领域案件范围留出了空间。作为诉讼程序法，上述规定也为所涉领域的行政监管、检察监督及行政审判提供了方向性指引。

第二，作为规范人民检察院机构设置及其职责权限的重要法律，《人民检察院组织法》于 2018 年修订，明确将依照法律规定提起公益诉讼作为检察机关职责范围，其中就包括了依照《行政诉讼法》启动诉前程序的职责。[①] 作为检察官履职依据的《检察官法》随之进行修订，将开展公益诉讼工作作为检察官的职责，对诉前程序中的检察权亦予以确认。[②]

第三，2020—2021 年，《未成年人保护法》[③]《安全生产法》[④] 及《军人地位和权益保障法》[⑤] 等各部门法相继出台，从单行法律的层面规定了特定领域的检察公益诉讼制度。至此，检察公益诉讼法定领域进一步拓宽至未成年人权益保护、安全生产（包括危化品管理、公共交通安全、消防安全等）及军人合法权益保护（包括军人荣誉、名誉和其他相关合法权益）等，为检察机关在诉前阶段的办案提供了有力支持。

---

① 参见《人民检察院组织法》第 20 条。

② 参见《检察官法》第 7 条。

③《未成年人保护法》第 106 条规定，未成年人合法权益受到侵犯，相关组织和个人未代为提起诉讼的，人民检察院可以督促、支持其提起诉讼；涉及公共利益的，人民检察院有权提起公益诉讼。

④《安全生产法》第 74 条第 2 款规定，因安全生产违法行为造成重大事故隐患或者导致重大事故，致使国家利益或者社会公共利益受到侵害的，人民检察院可以根据民事诉讼法、行政诉讼法的相关规定提起公益诉讼。

⑤《军人地位和权益保障法》第 62 条规定，侵害军人荣誉、名誉和其他相关合法权益，严重影响军人有效履行职责使命，致使社会公共利益受到损害的，人民检察院可以根据民事诉讼法、行政诉讼法的相关规定提起公益诉讼。

二、行政法规、部门规章、部门规范性文件

（一）行政法规

截至目前，包含诉前程序制度相关内容的行政法规主要有以下两部：一是国务院在检察公益诉讼制度试点期间下发的《关于印发土壤污染防治行动计划的通知》（国发〔2016〕31号）。该《通知》规定，开展检察公益诉讼改革试点的地区，检察机关可以针对土壤污染防治主管行政机关违法行政或不作为造成公益受损的行为提起行政公益诉讼，有关部门应当积极配合检察机关的监督工作。二是国务院于2017年9月下发的《关于完善进出口商品质量安全风险预警和快速反应监管体系切实保护消费者权益的意见》（国发〔2017〕43号）。《意见》中规定，加强重点领域质量安全公益诉讼工作，检察机关依法在食品药品安全、生态环境和资源保护等领域开展民事公益诉讼和行政公益诉讼。

从上述文件可以发现，行政法规对诉前程序的规定主要集中在生态环境和资源保护及食品药品安全两大法定领域。这也从侧面反映出在检察公益诉讼制度确立之初，在这两大领域的公益协同保护方面，行政部门就对检察监督给予了认可与期待。

（二）部门规章

2019年9月1日起施行的自然资源部《自然资源行政应诉规定》第11条规定，自然资源主管部门应当积极配合检察机关开展公益诉讼工作。该条为自然资源部门配合支持检察公益诉讼工作的原则性规定，其中就包含在诉前程序阶段行政机关对检察机关的配合。

（三）部门规范性文件及工作文件

截至目前，已有多个部委出台了涉及诉前程序制度相关内容的部门规范性文件或工作文件。这些文件涉及生态环境和资源保护、社会保障、民政、市场监管、交通运输等多个领域，都要求各级行政职能部门认真做好诉前检察建议落实工作，依法整改，支持配合检察机关诉前阶段的监督。

但对于行政机关如何在诉前程序中支持配合检察机关，不同部委有不同规定。例如，生态环境部发布的《关于深化生态环境领域依法行政 持续强化

依法治污的指导意见》中要求各级生态环境部门与检察机关建立信息共享机制，并支持典型案件办理工作。[①]水利部发布的《水行政执法监督检查办法（试行）》要求各级水行政主管部门和流域管理机构将“作出的行政处罚、行政强制决定被行政公益诉讼纠错相关事项”作为监督检查的内容，[②]以适当方式在水利系统内公开检查结果，并将结果作为年度水行政执法总体情况排序的依据。自然资源部发布的《关于进一步改进和加强行政复议行政应诉工作的通知》中明确要求各级自然资源主管部门对检察建议指出的三大类问题应及时整改到位。[③]

除此之外，大部分部门规范性文件对诉前程序的规定仍较为原则、概括。如人力资源和社会保障部发布的《人力资源和社会保障法治建设实施方案（2021—2025年）》、民政部发布的《深入学习贯彻习近平法治思想深化新时代民政法治建设的意见》及国家市场监督管理总局发布的《法治市场监管建设实施纲要（2021—2025年）》都使用相同的概括性表述，要求相关职能部门支持检察行政公益诉讼办案，对检察建议的内容予以认真落实和反馈。

三、地方性法规

与上述部门规范性文件要求行政机关支持配合检察监督的单向性义务规定不同，省级地方性法规通常会对行政机关与检察机关的义务、责任均予以明确，较为全面、具体。

第一，人大决定中的相关内容体现了对诉前程序制度的支持。自2019年起，各地省级人大纷纷出台关于加强检察公益诉讼工作的决定，其中均包含诉前

---

① 该《意见》要求各级生态环境部门，认真做好检察建议的落实和反馈工作，并配合检察机关建立公益诉讼检察与行政执法信息共享机制，加大生态环境领域公益诉讼案件办理力度，依法支持典型公益诉讼案件办理工作。

② 其中，（1）在行政公益诉讼中，作出的行政处罚、行政强制决定被认定违法和变更、撤销等比例较高的，问题等级为“较重”；（2）行政处罚、行政强制决定被行政公益诉讼纠错后不执行生效决定或者判决裁定的，不按照司法机关建议书要求整改的，问题等级为“严重”。参见《水行政执法监督检查办法（试行）》——附表1《水行政执法监督检查发现问题严重程度分类表》。

③ 该《通知》规定，各级自然资源主管部门要积极支持检察机关履行行政公益诉讼职责，对检察建议指出的违法案件查处不及时、移送不到位、处罚依据不准确等问题，要及时整改到位。

程序相关内容。大部分人大决定要求全省各级人民政府应当将依法支持、配合检察公益诉讼工作作为法治政府建设重要内容。但在如何支持、配合的问题上，各省根据地方情况作出了不同规定。其中，有技术支持方式的，如浙江省人大常委会《关于加强检察公益诉讼工作的决定》要求行政机关自觉接受公益诉讼检察监督，在鉴定评估、政策解读等方面为司法机关提供专业支持。也有以情况通报等形式加强支持的，如上海市人民代表大会常务委员会《关于加强检察公益诉讼工作的决定》规定，检察机关可以将检察建议及其整改落实情况报送同级人大常委会，并抄送同级人民政府。还有以府检联席会议制度、经费纳入财政预算等方式给予保障的。如安徽省人民代表大会常务委员会《关于加强检察公益诉讼工作的决定》规定，县级以上政府推动建立行政公益诉讼联席会议制度，统筹协调解决行政公益诉讼工作中的重大问题。各级人民政府应当将检察公益诉讼案件所需的办案经费以及公益案件线索举报奖励费用纳入财政预算予以保障。

截至 2022 年 3 月，全国已有 25 个省级人大常委会作出关于加强检察公益诉讼工作的决定，囿于篇幅限制，本书便不在此处逐一进行说明分析。

第二，地方性法规规定了生态环境与资源保护领域的诉前程序。比如，《贵州省生态文明建设促进条例》[①]《江西省生态文明建设促进条例》[②]《重庆市河长制条例》[③]《北京市生态涵养区生态保护和绿色发展条例》[④]《黑龙江省黑

---

① 《贵州省生态文明建设促进条例》第 64 条规定，审判机关、检察机关办理生态环境诉讼案件或者参与处理环境事件，可以向行政机关或者有关单位提出司法建议或者检察建议，有关行政机关和单位应当在 60 日内书面答复。

② 《江西省生态文明建设促进条例》第 67 条规定，各级审判机关、检察机关依法对负有生态环境保护监管职责的行政机关履职情况进行法律监督，相关行政机关应当予以配合。

③ 《重庆市河长制条例》第 29 条第 2 款规定，检察机关应当加强对河流管理保护工作的法律监督，依法提出检察建议、开展公益诉讼。

④ 《北京市生态涵养区生态保护和绿色发展条例》第 49 条第 2 款规定，人民检察院在履行职责中发现破坏生态涵养区生态环境和资源保护的行为，依法可以提起或者支持相关机关或者组织提起诉讼。人民检察院在履行职责中发现生态环境和资源保护有关部门违法行使职权或者不作为，致使国家利益或者社会公共利益受到侵害的，应当向其提出检察建议，督促其依法履行职责；政府有关部门不依法履行职责的，人民检察院依法向人民法院提起诉讼。

土地保护利用条例》[①]《四川省河湖长制条例》[②]《西藏自治区环境保护条例》[③]等。在上述条例中，生态环境与资源保护的领域又被细分为河湖保护、生态涵养区保护、黑土地保护等，体现了诉前程序在各地生态环境与资源保护中的影响力。

第三，地方性法规明确了诉前程序在新领域案件中的重要作用，如女职工权益保护、安全生产、矛盾纠纷化解、反家庭暴力等。且该类地方性法规均从2022年起开始施行，体现了各地行政机关在接受检察公益诉讼监督方面与时俱进的理念革新与机制创新，其对诉前程序的认可度与期待值也日益提高。这部分规范主要有《云南省矛盾纠纷多元化解条例》[④]《黑龙江省女职工劳动保护条例》[⑤]《山东省安全生产条例》[⑥]《江苏省反家庭暴力条例》[⑦]等。

---

① 《黑龙江省黑土地保护利用条例》第61条规定，对黑土地保护和利用负有监督管理职责的行政机关违法行使职权或者不作为，致使国家利益或者社会公共利益受到侵害的，人民检察院应当向行政机关提出检察建议，督促其依法履行职责。行政机关不依法履行职责的，人民检察院应当履行公益诉讼检察职能，依法向人民法院提起诉讼。

② 《四川省河湖长制条例》第34条规定，建立和完善行政执法与刑事司法衔接机制。检察机关应当加强对河湖管理保护工作的法律监督，依法提出检察建议、开展公益诉讼。

③ 《西藏自治区环境保护条例》第29条第2、3款规定，检察机关应当对破坏生态环境的行为，依法履行提起公益诉讼的职责，维护国家和社会公共利益。公安机关、检察机关、审判机关办理环境污染案件时，环境保护主管部门应当给予支持。

④ 《云南省矛盾纠纷多元化解条例》第15条规定，人民检察院应当完善参与矛盾纠纷化解工作机制。加强检调对接、公益诉讼等工作。依法对在履行职责中发现行政机关违法行使职权和不行使职权的行为进行督促纠正。

⑤ 《黑龙江省女职工劳动保护条例》第23条第3款规定，各级检察机关对侵害女职工合法权益、损害社会公共利益的用人单位，可以运用诉前检察建议等方式，依法履行法律监督职责。

⑥ 《山东省安全生产条例》第52条第2款规定，人民检察院在履行职责中发现负有安全生产监督管理职责的部门违法行使职权或者不作为，致使国家利益或者社会公共利益受到侵害的，应当提出检察建议，督促其依法履行职责；不依法履行职责的，人民检察院依法向人民法院提起诉讼。

⑦ 《江苏省反家庭暴力条例》第52条规定，有关部门、单位不履行反家庭暴力工作职责，致使社会公共利益受到侵害的，人民检察院可以依法提起公益诉讼。

四、司法解释和司法机关规范性文件

（一）司法解释及司法解释性质文件

《人民检察院检察建议工作规定》及《检察公益诉讼解释》与行政诉讼法相关规定相一致，分别在第 10 条、第 21 条对诉前程序作出了原则性规定。

相较之下，《检察机关行政公益诉讼案件办案指南（试行）》（以下简称《办案指南》）及《办案规则》的规定更为详细，明晰了行政公益诉讼管辖、立案、调查、制发检察建议等诉前程序的详细流程，使检察机关在办理诉前程序案件中有较为系统的规范，有具体的依据和明确的行为指南。特别是《办案规则》，其在总结实践经验的基础上，对诉前程序制度予以进一步完善，力求更好指引检察办案以达到诉前实现保护公益目的最佳司法状态。例如，《办案规则》中规范了实践中争议较大的行政公益诉讼案数问题、[①] 新设了磋商制度 [②] 等。

（二）最高人民检察院工作规定

最高人民检察院除了发布诉前程序相关司法解释，还出台了一系列工作规定，对诉前程序的价值作用、诉前与诉讼如何配套衔接、检察机关在诉前程序阶段履职的方式等作了规定，旨在进一步规范检察机关在诉前程序阶段的监督履职。这部分规范主要包括：最高检《关于做好全面开展公益诉讼有关准备工作的通知》[③]，最高检、国土资源部《关于加强协作推进行政公益诉讼促进法治国土建设的意见》[④]，最高检民事行政检察厅《关于贯彻〈中华人民共和国英雄

① 参见《办案规则》第 69 条。

② 参见《办案规则》第 70 条。

③《通知》规定，检察机关提起公益诉讼可充分发挥诉前和诉讼两种程序的综合功效。诉前程序是诉讼程序的必要前提，如果没有履行诉前程序，诉讼就无法提起；诉讼程序是诉前程序发挥作用的必要保障，如果没有提起诉讼作为可能采取的后续手段，诉前程序的效果就不一定能够得到保证。通过诉前程序既及时解决问题，又节约司法资源，而通过诉讼程序强化了公益保护的刚性，两种程序刚柔并济，使国家利益和社会公共利益得到更加及时有效的保护。

④《意见》要求各级检察机关要把诉前程序和提起诉讼两个阶段、两种方式放到同等重要的位置，积极通过诉前程序推动国土资源主管部门主动履职纠错，主动保护公益，形成严格执法和公正司法良性互动，共同促进公益损害问题及时有效解决。

烈士保护法〉捍卫英雄烈士荣誉与尊严的通知》[①]，最高检《关于充分发挥检察职能作用助力打好污染防治攻坚战的通知》[②]等。

第三节　诉前程序的理论基础

检察机关通过行政公益诉讼包括诉前程序对行政机关开展监督，推动行政机关完善监管、更好处理行政管理中的公益保护事项，必然涉及检察权与行政权的关系、公益保护价值取向等理论层面的问题。分析诉前程序的理论基础，有助于人们深层次理解其本质，为这一制度的运行、发展和优化提供更为坚实的理论支撑。

一、行政权优先原则

行政权是国家行政机关执行法律、管理国家行政事务和社会事务的权力，是国家政权的一个组成部分。[③]行政权与司法权的关系问题是行政法核心问题之一。[④]相较于司法权的被动、置后，行政权具有主动、直接的特点。这样的特点也决定了其相对于司法权，在管理国家和社会公共事务上具有优先性。传统行政法学理论中秉持“行政权优先原则”——在司法权决定是否介入行政权运行时，无论是进行公共决策和监管、确保公众参与还是利益权衡，首先都应当在

① 《通知》规定，要注意督促负责英雄烈士保护工作的部门和行政机关依法履行监管职责。对于属于国有文物的英雄烈士纪念设施，相关行政机关违法行使职权或者不作为，符合《行政诉讼法》第25条第4款规定的，可以提起行政公益诉讼。

② 《通知》对检察机关在诉前程序阶段履职的方式作了规定，例如可以通过约谈、走访、诉前圆桌会议、听证等形式，积极推动行政机关主动履职纠错，及时修复受损的生态环境。

③ 参见胡建淼:《行政法学》(第四版)，法律出版社2015年版，第6-7页。

④ 参见胡卫列、迟晓燕:《从试点情况看行政公益诉讼诉前程序》，载《国家检察官学院学报》2017年第2期。

行政权权限范围内来解决，[①]尽可能地穷尽行政救济。[②]这也是诉前程序制度存在的理论基础之一。

（一）行政权优先原则决定了应当建立诉前程序制度

行政公益诉讼制度运行中会涉及行政机关与检察机关公益保护顺位及行政权与司法权关系等问题。为尊重行政权在公益保护中的主导地位、恪守行政权与司法权权力边界，行政公益诉讼制度的设计应当遵循行政权优先原则。而设置相对独立的诉前程序，为行政机关主动纠错、完善监管预留必要空间，便是该项制度安排的必然选择。

1. 建立诉前程序制度是尊重行政权公益保护主导地位的需要。行政权是国家政权的重要组成部分，它以实现国家意志、维护公共秩序与公共利益为目的，是一项集决策、制定规则、执行政策法令为一体的综合性权能，具有公共性。行政机关的职能涉及国家政治、经济和社会方方面面，基本宗旨是为社会公众提供普遍、公平、优质的公共服务。随着社会经济的不断发展和人民群众日益多元的公共服务需求，行政权的积极能动性越来越突出，使其更直接、广泛地发挥了保护公共利益的作用。

相较于检察机关，行政机关作为管理公共事务的专职机构，在公益保护方面具有天然优势。以生态环境保护为例，负有环境监管职责的行政机关不仅更为熟悉当地环境现状，而且已形成相对完备的环境整治体系，配备专门人员、设备和机构，处理相关问题更为专业、高效。对于生态环境保护，行政职能部门还具有其他相关主体（如环保组织、司法机关等）所不具备的规模效应。[③]此外，在处理涉及行政自由裁量的公共管理事项方面，行政机关经验更为丰富，一般能更为准确地把握行政行为尺度。以生态环境保护为例，随着环保执法手段日益丰富，环境行政处罚种类不断增多，行政自由裁量权的范围亦逐渐扩大。如我国大气污染防治法、环境影响评价法、湿地保护法等法律法规中均包含大

① 参见王明远:《论我国环境公益诉讼的发展方向：基于行政权与司法权关系理论的分析》，载《中国法学》2016 年第 1 期。

② 参见郑烁:《论美国的“穷尽行政救济原则”》，载《行政法学研究》2012 年第 3 期。

③ 即行政行为对于同类行政相对人或环境利用行为同样适用的作用。参见高桂林、刘燚:《我国环境行政公益诉讼前置程序研究》，载《广西社会科学》2018 年第 1 期。

量行政自由裁量内容，既有行政处罚相关自由裁量规定，[①]也有其他各类行政管理自由裁量事项，[②]涉及范围较为广泛、自由裁量弹性空间较大，体现了行政职能部门在判断处理专业问题时的灵活与自主。

因此，我国行政公益诉讼制度中设置了诉前程序，通过检察机关的督促使行政机关依法履职，并将诉前实现公益保护作为最佳司法状态，以充分尊重行政权在公益保护中的主导地位。

2. 建立诉前程序制度是恪守行政权与司法权运行界限的需要。新时期的检察权具有司法权和监督权相结合的基本特征。在行政公益诉讼中，行政权与司法权不可避免地会产生交集和"碰撞"，如果处理不当，将严重影响国家公权力体系的协调运行，也会对社会的正常运转造成阻碍。所以，必须重视对行政权和司法权关系的研究，明确二者的权力边界。

在我国"议行合一"的国家权力结构中，全国人民代表大会是最高国家权力机关，国家行政机关、监察机关、审判机关、检察机关等均由其产生、对其负责、受其监督。依照宪法和法律规定，各个国家机关存在职能与职权上的分工，各司其职、各尽其责，保证国家机器协调高效运转。其中，行政机关和司法机关权力边界清晰、分工明确，行政权与司法权在权力性质、社会功能、启动方式等方面具有较大差异。司法权具有被动、中立、稳定等特点，对于纠纷处理具有终局效果；而行政职能更偏重于管理公共事务及执行国家政策法令，具有主动性、先定性及灵活性。此外，两者价值追求侧重点有所不同，"行政权的价值取向具有效率优先性，司法权的价值取向具有公平优先性"[③]。

不同社会形态下行政权与司法权的关系具有一定差异，但整体上都遵循行政权优先原则，行政机关侧重于前端执行，司法机关则侧重于在后端进行监督。即由行政机关优先行使管理权来维护国家利益和社会公共利益，司法权则在行

---

① 参见《大气污染防治法》第98—123条;《环境影响评价法》第31—33条;《湿地保护法》第52—54条、第56—58条、第60条。

② 参见《大气污染防治法》第24条、第30条、第38条、第96条;《环境影响评价法》第19条、第27条;《湿地保护法》第16条、第27条。

③ 孙笑侠:《司法权的本质是判断权——司法权与行政权的十大区别》，载《法学》1998年第8期。

政权错误行使或不行使的情况下方才介入。[①] 如果实践中未经行政职能部门处理而直接将属于执行事项的公益保护（监管）问题交由司法机关裁判、执行，就会突破我国法秩序中司法权和行政权的边界，二者就容易发生混同、替代，不利于国家公权力体系和谐有序运行。

为避免出现行政权和司法权分工重合、职责混同的情况，制度设计应严格划清二者边界。为此，行政公益诉讼制度才设置了诉前程序，将行政的归行政、司法的归司法，以保障行政权的行使优先于司法审判，体现出对行政活动专业性的充分尊重。

（二）行政权优先原则在诉前程序中的体现

1. 诉前程序具有必经性。根据我国《行政诉讼法》第 25 条第 4 款规定，我国行政公益诉讼制度采取“诉前 + 诉讼”顺位递进的双阶程序模式。与私益诉讼相比，行政公益诉讼中的诉前程序具有必经性特点，体现在检察机关掌握行政违法或不作为的证据后，不能直接向法院起诉，而是必须先同行政职能部门开展磋商或向其提出检察建议，以非诉讼方式履行监督职责。从法律逻辑角度看，诉前程序是诉讼程序的必要条件。如上文所述，检察权与行政权之间存在比较清晰的界限，两者定位及功能上的差异决定了在公益保护中，应以行政机关为第一道防线，而检察机关的作用主要在于监督与督促。鉴于此，行政公益诉讼制度中安排了必经的诉前程序，体现出在维护公益过程中，相较行政管理与执法，检察公益诉讼的作用是间接、补充性的，而非越过行政机关直接进行问题处理，公益保护主体仍为行政机关。

2. 诉前程序以督促行政机关依法履职为直接目的。诉前程序属非诉程序，检察机关通过这一相对缓和柔性的方式督促行政机关积极自我纠错，主动保护公益。实践证明，诉前程序是行政公益诉讼制度的核心，多数案件在诉前阶段便可终结，只有极少数案件会进入到诉讼阶段。检察机关通过诉前程序监督行政职能部门依法履职，从而实现公益保护目的，即诉前程序最直接的功能是针对违法行政行为进行法律监督，督促行政机关履行公益保护职责。并且，在诉

① 参见王明远:《论我国环境公益诉讼的发展方向：基于行政权与司法权关系理论的分析》，载《中国法学》2016 年第 1 期。

前程序中，检察机关采取的是磋商、检察建议等督促手段，未直接介入行政权行使，确保了行政自由裁量空间，能最大程度发挥行政机关的积极性，利用其专业、资源、经验等方面优势，及时修复受损公共利益，体现了对行政权优先原则的基本遵循。

因此，诉前程序是一项具有鲜明中国特色的制度设计，立法规定其为前置的必经程序，契合检察机关法律监督职能特点，同时能够最大限度发挥行政机关维护国家利益及社会公益的主导作用，有助于纠错的彻底性，促进源头治理。

二、公益保护效率目标

经济学中的效率（efficiency）是指社会能从其稀缺资源中得到最大利益的特性。[①]效率目标要求合理分配、使用资源，最大限度满足人们需要。现代法经济学是法学与经济学交叉学科，其将效率原则作为评价法律制度的基本出发点，[②]认为由于法律制度具有改变资源配置结果的意义和效能，应当符合社会发展客观现实，通过压缩法律成本、提高法律收益，使各项资源得到最优配置，在执行、实施等阶段兼顾公平与效率，从而达到促进和增加社会福利及公共利益的目的。[③]这一原理同样适用于行政公益诉讼制度，成为了诉前程序制度存在的理论基础之一。

（一）公益保护效率目标决定了应当建立诉前程序制度

行政公益诉讼制度的根本与核心是推动维护国家利益和社会公共利益，鉴于公益保护系统性与紧迫性的现实需要及法律效率观的要求，行政公益诉讼制度必须遵循效率目标，在兼顾公平的同时尽可能缩减时间成本、法律成本，减少各环节不必要的损耗。因此，诉前程序的制度安排就成为必然，它在推动行政机关于短时间内完成公益修复、及时有效避免损害扩大、实现案件分流、节约司法资源等方面具有不可替代的价值和作用。

---

① 参见［美］曼昆：《经济学原理：微观经济学分册》（第七版），梁小民、梁砾译，北京大学出版社 2015 年版，第 5 页。

② 参见汤自军：《法经济学基础理论研究》，西南交通大学出版社 2017 年版，导言部分。

③ 参见李珂、叶竹梅：《法经济学基础理论研究》，中国政法大学出版社 2013 年版，第 8 页。

1. 建立诉前程序制度是基于公益保护的现实需要。美国学者哈丁于1968年提出了“公地悲剧”概念，[①]描述了在资源分配中私益与公益发生冲突时出现的一系列问题。例如个人无节制侵占使用公共物品，致使一定范围内公共资源枯竭、公共利益遭受破坏等问题。被随意猎杀的珍稀野生动物、被过度捕捞的渔业资源等，都是“公地悲剧”的典型案例。目前，对于私益保护，多数国家已构建起较为成熟、完备的司法体系，但传统民事及行政诉讼制度设计似乎都忽视了对公共利益的保护，导致公益救济效率低、成效不明显，“公地治理成为了世界性难题”[②]，亟待解决。

“公共利益”是指一定范围内不特定多数人的共同利益，具有整体性、普遍性、公用性特点。与之相对应，“公益保护”范围极广，既包括对生态环境与资源的维护，又包括对食品药品安全、公共交通安全、生产安全等社会问题的治理。一国如何对公共利益进行保护，从小处看与百姓民生息息相关，从大处看则事关国家发展全局，具有举足轻重的地位。以环境保护为例，“山水林田湖草沙”作为较为完整的生态系统，与人类共同组成有机、有序的“生命共同体”，如果我们不及时对受到污染毁损的其中一个环节进行保护，将对整个“共同体”造成难以补救的进一步损害。

公益保护的现实需要决定了行政公益诉讼制度必须是一项高效的制度，应当能够快速找准公益受损问题关键，并推动监管主体在合理时限内予以整改。因此，我们有必要在诉讼前设置更为灵活便捷的督促程序，充分凝聚起检察和行政的合力，共同推动破解公地治理世界性难题。

2. 建立诉前程序制度是基于法律效率观的要求。法经济学的核心价值标准为“法律效率观”，即凸显法律经济分析中的“效率”价值，以此为标准来研究

① 哈丁在《公地的悲剧》一文中假设了一种情境：一片草原上生活着一群聪明的放牧人，他们各自勤奋工作，使各自的牛羊群不断扩大，终于达到了这片草原可以承受的极限，每再增加一头牛羊，都会给草原带来损害。但每个牧人的聪明都足以使他明白，如果他们增加一头牛羊，由此带来的收益全部归他自己，而由此造成的损失则由全体放牧人分担。于是，他们仍然继续繁殖各自的畜群，最终导致了整片草原的毁灭。

② 徐盈雁、闫晶晶：《公地治理的世界性难题是如何破解的》，载《检察日报》2019年2月15日，第2版。

一定社会制度中的法律制定和实施问题。[①]科斯认为在正交易成本的现实世界里，能使交易成本最小化的法律是最适当的法律，法律制度的基本取向在于效率。[②]通过对权利、义务、责任等要素的合理配置，一项法律制度能够减少各环节投入损耗、节约交易成本，从而达到法律效益的最理想状态。例如，诉讼案件的繁简与否可依照标的额多少、社会影响大小、事实是否清楚等因素而定，就体现了以较小法律成本实现较大法律效益的"法律效率观"。与之类似，行政公益诉讼制度追求修复公益耗费量与维护公益价值量的最优比，[③]就是以最少司法、行政投入实现维护社会公益最大化目标。

因此，为符合"法律效率观"要求，行政公益诉讼制度设计应尽量压缩法律成本，对行政和司法进行适当"减负"，以避免不必要的资源损耗、浪费。因诉讼在效率方面的固有缺陷，我们在行政公益诉讼中，应将其定位为兜底的公益救济手段，大部分案件需通过诉前程序予以办理和终结，只有在出现"不得不""必须"等情形时才提起诉讼，以实现案件分流、合理配置行政和司法资源的目的，从而提升公益保护整体效能。

（二）公益保护效率目标在诉前程序中的体现

1. 诉前程序节约了时间成本。行政机关有维护公益的职责与优势，但难免会出现监管失灵的情况。此时，诉前程序的作用便得到了凸显，其核心功能就是督促行政机关快速修复受损公益、实现公益救济效率最大化。

第一，在行政公益诉讼中，检察机关与行政机关的目标具有同质同向性，二者间能够优势互补、形成合力。一方面，公益保护工作专业性强、涉及面广，相较于司法机关，行政机关在队伍、设备和能力等方面具备优势。通过诉前程序，能让最适宜、最有力的公共事务管理主体——行政机关来维护国家利益和社会公共利益，实现治理效能最大化。另一方面，检察监督具有独立性、法律专业性，在一些行政职责不明或存在监管盲区的领域，检察介入能起到补缺作

① 参见李树:《经济理性与法律效率——法经济学的基本理论逻辑》，载《南京社会科学》2010 年第 8 期。

② 参见程恩富:《经济学方法论》，上海财经大学出版社 2002 年版，第 416–417 页。

③ 参见黎青武、刘元见:《"磋商"语境下行政公益诉讼诉前程序制度的完善路径探究》，载《北京政法职业学院学报》2021 年第 2 期。

用，并形成外部倒逼机制，督促职能部门明晰职责、堵塞行政执法漏洞。诉前程序能切实将检察机关的外部监督作用与行政机关的自我纠错功能相融合，助推行政机关高效修复受损公益、及时化解公共安全风险。例如，在浙江省青田县人民检察院督促整治矿山安全生产隐患行政公益诉讼案中，检察机关着眼矿山违规生产作业的现实危险性和整改紧迫性，在获知相关线索后，迅速立案并对案涉项目开展紧急调查。针对发现的矿山作业平台不符合安全生产标准、过水设施影响防洪等问题，检察机关向行政职能部门制发检察建议，督促其及时将问题整改到位，有效防范遏制了重特大事故及洪涝灾害的发生，体现了诉前程序对风险隐患早发现、早预防的助推作用。另外，检察机关具有司法权威性与公信力，能够在部分行政相对人、第三方权力机关不配合、不履行相应义务时，及时介入，为行政职能部门扫清工作障碍，从而提高行政执法效率，实现双赢多赢共赢效果。

第二，诉讼程序周期较长，但公益修复往往具有时效性要求，需行政职能部门或修复义务人尽早参与其中，挽回公益损失。而诉前程序就有助于缩减无谓时间消耗，及时有效防止公益损害扩大。如青田县人民检察院在办理一起污染环境公益诉讼案件时，经调查发现，当事人违法倾倒危险废物至当地母亲河瓯江江畔，存在土壤及水环境污染扩大的重大风险。考虑到本案生态环境损害的持续性、时间的紧迫性及水体污染的易扩散性等情况，为防止瓯江流域环境状况恶化，青田县人民检察院立即启动诉前程序，向县生态环境部门发出检察建议，要求其责令违法者先行采取必要措施防止损害再扩大。在 1 个月的时间里，违法者便投入 16 万余元应急处置费用，委托专业处置机构对危险废物进行了无害化处理，最大限度保护了瓯江流域生态安全，体现了诉前程序的效率价值。

2. 诉前程序节约了司法成本。虽然诉讼程序更具刚性，但诉讼并不是实现公益救济的唯一形式。从降低司法成本角度来看，若能通过其他替代性方案对公益进行保护，避免走诉讼这条“弓背路”，便是更符合法律效率观要求的路径。一般来说，行政诉讼程序周期长、各方证明责任负担重，以 2021 年全国检察机关办理行政公益诉讼案件总数 14.9 万件[①] 为例，如果其中大部分案件不经

① 参见《最高人民检察院工作报告》，第十三届全国人民代表大会第五次会议，2022 年 3 月 8 日。

过诉前程序便直接进入诉讼环节，会令检察机关和审判机关的工作压力急剧增长，案多人少的矛盾将更为突出。而在此过程中，司法机关各类资源均会产生较大消耗，使司法成本无谓增加，最终导致的仍是社会成本的增长、累加，不符合公益保护根本价值取向。而诉前程序作为非诉程序，办案周期更短，不仅同样能实现维护公共利益的目的，还能促进案件分流，减轻各方诉累，达到以较小司法成本实现公益保护的目的。可以设想，即使检察机关提起诉讼、法院判决支持检察机关的诉讼请求，判决最终还是需要通过行政机关的履职来执行，无论检察机关还是法院均不能越俎代庖。检察机关首选诉前督促而非起诉，可以防止无谓诉讼带来的冗长程序，节约司法成本。①

三、检察权谦抑理念

权力谦抑是现代法治理念中非常重要的内容，其基本含义是国家公权力机关，特别是司法机关，在行使权力时要保持克制，要尽量避免与其他机关的冲突以及对于公民生活的过度干预。②为保证各权力机关都能高效行使职权并避免相互冲突产生内耗，各机关在行使职权时应当保持谦抑、适度。检察权作为公权力的一种，恪守谦抑性就是要求检察监督做到依法、据理、有节，防止因权力的扩张滥用而损害检察公信力。

（一）检察权谦抑理念决定了应当建立诉前程序制度

在我国，自古以来，谦抑就是权力运行基本准则，检察权亦如此，正所谓"君子引而不发"③。同时，比起行政机关，检察机关直接保护公益的能力也相对有限。因此，在行政公益诉讼中，检察机关必须保持理性、克制、谦抑，特别是在程序上，要设置必经的诉前程序环节，以磋商、制发检察建议等方式将行政自我纠错与检察外部监督相融合，防止司法权对行政权"制衡不足"及"干

① 参见王春业：《论行政公益诉讼诉前程序的改革——以适度司法化为导向》，载《当代法学》2020 年第 1 期。

② 参见程晓璐：《检察机关诉讼监督的谦抑性》，载《国家检察官学院学报》2012 年第 2 期。

③ 参见《孟子·尽心上》。

预过度”的双重危险。[①]可以说，正是为了遵循检察权谦抑理念，诉前程序制度得以建立与发展。

1. 检察权不是优越于其他国家权力的特权，而是宪法及法律授予其履行法律监督的内生性权力。作为国家法律监督机关，检察机关提起公益诉讼的根本出发点是履行法律监督职能。尽管随着经济社会的发展，各界对检察机关助推国家治理的需要日益增长，对检察能动性要求日益增长，检察权的职能范围也有了一定拓展，从传统诉讼监督职能逐步向公益保护监督领域延伸。但在行政公益诉讼中，检察机关的能动履职仍应具有一定“后置性”，表现在检察权并非是代替行政权进行公益保护，也非直接干预行政权行使，而是将对公益的实体保护置于必经的诉前程序之中，通过对行政权的监督间接实现公益修复、社会治理目的。

2. 在行政公益诉讼中，检察机关兼具司法权和监督权属性，此种双重权力并存的状态可能会造成行政机关与检察机关权力失衡。因此，检察机关必须恪守谦抑理念，要特别注意防止因滥用监督权而侵害行政权。[②]尤其随着行政管理变得更为精细化和专业化，囿于公益保护范围广泛性、司法专门化导致的自身局限性等因素，检察机关在对行政机关职能范围内的事项进行判断处理时可能存在专业性不足、技术缺乏、经验不够等问题。所以，在行政公益诉讼中，检察机关应当始终立足法律监督机关的职能定位，在办案中保持客观中立，在明确公益受损问题真实性、违法性及监督可行性后再开展监督。检察机关不能不经核实与沟通就直接提起针对行政机关的诉讼，而应当通过必要的诉前程序环节，以审慎、温和的态度实现检察权在公益保护中的理性、适度介入。

（二）检察权谦抑理念在诉前程序中的体现

1. 坚持依法监督。检察权谦抑理念要求检察机关以法定性为原则，在法治轨道上，以法治思维和法治方式实现对行政权的监督。《人民检察院检察建议

---

① 参见崔瑜：《行政公益诉讼履行判决研究》，载《行政法学研究》2019 年第 2 期。

② 参见李燕林：《行政公益诉讼诉前程序的检视与完善——以检察机关干预行政事务为视角》，载《求索》2021 年第 1 期。

工作规定》第4条[①]规定了检察建议工作的总体原则，其中就体现了一定的谦抑性要求，要求办案需“立足检察职能”，坚持“必要审慎”原则。检察公益诉讼制度从创立之初的试点阶段，就强调依法监督的重要性。试点方案中明确要求检察公益诉讼工作应严格依法有序推进。“公益诉讼检察作为一项全新法律制度，必须从一开始就做到有章可循、规范推进。”[②]在诉前程序中，检察机关的依法谦抑履职主要体现在权限法定以及程序法定两方面。在权限法定方面，检察机关在诉前程序中要立足法律监督职能，在宪法和法律的框架内，履行公益诉讼检察职能，应熟悉公益保护相关领域法律法规规章，并据此认定行政机关的监督管理职责，必要时还可以参照“三定”方案、权力清单和责任清单等来确定被监督主体。而程序法定则是指，在行政公益诉讼诉前阶段，检察机关按照办案规则开展立案、调查、提出检察建议等活动，充分保障行政机关和社会公众的知情权、参与权、申辩权等，给予行政机关在后续整改及回复等活动中的确定性，通过程序的依法依据，来保障实体的公平正义。

2. 强调监督的适时适度。检察机关与行政机关都有维护国家利益和社会公共利益的职责，但两者的侧重点和方式不同。在诉前程序中，检察机关需保持理性和谦抑，做到监督恰如其分。一是不能过早介入监督，检察机关应当尊重行政机关对社会管理事务的处理，只有在其违法行政或不作为且造成公益受损时方可启动立案程序，如果不符合上述条件，则不宜介入监督。二是在确立监督内容时，应当力求精准、实用、规范，把握好合理限度，既不代替行政机关作出具体整改方案，也不简单地提原则、喊口号，确保行政机关能够依法全面行使职权，实现检察权对行政权的督促和纠偏功能，在最大化保护公共利益的基础上，形成解决问题的最佳方案，实现法律效果与政治效果的有机统一。

3. 秉持客观公正立场。客观公正是对检察官履职的普遍要求。在行政公益诉讼案件中，由于公益保护关系的复杂性，以及检察官作为公益代表启动诉前程序与履行传统法律监督职责（刑事公诉、民事行政诉讼监督等）的差异性，

① 《人民检察院检察建议工作规定》第4条规定，提出检察建议，应当立足检察职能，结合司法办案工作，坚持严格依法、准确及时、必要审慎、注重实效的原则。

② 参见《最高人民检察院关于开展公益诉讼检察工作情况的报告》，第十三届全国人民代表大会常务委员会第十四次会议，2019年10月23日。

需尤其强调检察监督的客观公正立场，突出检察机关是以诉前程序的形式履行法律监督职责的根本属性。在诉前程序办案中，检察官要客观、全面收集证据，对案情作出理性客观分析研判，考虑办案的整体效果，包括诉前程序阶段行政机关的实际履职情况等。部分案件中，历史的、环境的或其他的不以人的意志为转移的客观因素，使行政机关很难严格按照检察建议的要求履行监管职责。此时检察机关就应当遵循客观实际，保持谦抑态度，防止被监督行政机关客观上不具备履职条件的窘局发生。① 客观公正的态度也能表明检察机关提起公益诉讼并非为扩张检察权，而是着眼于解决问题。②

第四节　诉前程序的文化基础

文化是人们内心的深沉存在，在潜移默化中影响和支配着人们的言行，群体的行为也通常具有文化的根源。③ 我国传统文化中“和为贵”的观念，是处理人际关系的重要价值取向。自古以来，中国民众中就普遍存在“厌讼”传统，这种观念同样影响了公权力机关之间的合作模式。④ 行政公益诉讼中，通过诉前程序，给行政机关在空间和时间上适当留有余地，而非“不宣而战”地“对簿公堂”，符合中国人千百年来的习惯，也符合人们对于诉讼的一般认知。

一、和为贵的传统观念

（一）“和为贵”观念的内涵

“和为贵”思想最早见于有子的文章：“礼之用，和为贵；先王之道，斯为美。”意思是礼的应用，以和谐为贵；前代君王治国之道的宝贵处就体现于

① 参见李少伟、张源：《司法谦抑原则在行政公益诉讼中的展开》，载《检察日报》2021年6月2日，第3版。

② 参见何湘萍：《论行政公益诉讼诉前程序的完善》，载《东南法学》2018年第1期。

③ 认为文化对法律具有影响，最典型的代表是梁治平先生的“法律文化论”。

④ 即使在查办违法违纪、刑事犯罪行为过程中，办案机关通常也会给被查处人以坦白的机会，这些都不属于“不宣而战”。

此。后孟子曰:“天时不如地利，地利不如人和。”在中国传统文化中，“和”是事物的本原状态，代表着一种理想的社会关系。中国传统中的法律是“天人合一”思想指导下的礼法结合、以人为本的治理方式，其价值取向也在于和谐。受“和为贵”思想的影响，在国人的传统观念中，认为对于矛盾纠纷，“讼是不吉祥的，应适可而止，健讼者必有凶象”[①]。在大众的普遍认知中，诉讼往往易使双方矛盾激化、较为极端，会对社会和谐关系造成破坏，“无讼”是国人朴素认知与传统观念中理想的社会图景之一。从古至今，“和为贵”观念广为人们所接受，“不仅成为我国古代处理人际关系的标尺，也对现代社会调解人际关系纠纷、化解社会矛盾、维护和谐稳定，起着重要的影响”[②]。

“和为贵”观念之所以产生深远影响，主要源于儒家思想的长期教化。我国传统儒家思想以维护周礼为宗旨，以纲常礼数为基础，强调社会的和谐，将“和”作为伦理、政治和社会原则，要求个体自觉维护社会礼教与秩序。至汉武帝后，儒家学说成为思想主流，在之后长达几千年的时间里，始终把持着主流文化地位，对中国社会影响极其深远。“和为贵、忍为高”“无讼不争、安分守己”的观念依然为今人所认同。

（二）“和为贵”观念对诉前程序制度建立的影响

国民观念意识具有持续的生命力和影响力。时至今日，以“和为贵”思想为基础的“厌讼”心理依然影响着人们的社会交往方式。中国的法治之路必须注重利用中国本土的资源，注重中国法律文化的传统和实际。[③]同理，我国检察公益诉讼制度的设计不仅吸收了现代法治理性的素养，更受到了传统礼治文化的影响。[④]

一方面，基于中国人“和为贵”的国民文化心理，人们普遍或以诉讼为耻，或惧怕诉讼，内心依然将诉讼看作是社会交往活动中“撕破脸皮”的前

① 张晋藩:《中国法律的传统与近代转型》，法律出版社2009年版，第325页。

② 李庆柱:《“和为贵”思想在我国社会纠纷解决机制中的研究》，中国人民公安大学2018年硕士学位论文。

③ 参见苏力:《法治及其本土资源》，中国政法大学出版社1996年版，第13–16页。

④ 参见高家伟:《检察行政公益诉讼的理论基础》，载《国家检察官学院学报》2017年第2期。

奏。[①]在人们一般认知中，诉讼的前提是存在对抗，无对抗则无诉讼，[②]若双方已对事实认定、法律适用、责任承担等事项达成了共识，就再无诉讼的必要。在当今中国社会中，不论是对个人、企事业单位还是国家机关，"非必要不诉讼"观念都具有深刻而广泛的影响力。具体到公益保护领域，在受到检察机关的监督时，行政机关普遍希望能通过非诉讼途径获得先行纠错机会。"诉讼是一种文明，但对抗文明并不是最佳文明，对我们中国文化来说，和谐以和为贵的文明是最佳的文明，从对抗文明向无讼文明进化，是治理水平的提升，这也是现代化的体现。"[③]我国设置了特殊的"诉前+诉讼"双阶模式，其中诉前程序制度设计就带有深厚的"和为贵"文化"基因"，就是希望通过一种非强制性手段督促行政机关积极主动纠错、切实履行法定职责，从而减少诉讼中两造对抗局面的发生，用适应中国国情、符合国人文化习惯的方式实现公益保护目的。

另一方面，"和为贵"法律文化赋予了诉前程序柔性监督色彩。与诉讼程序相比，诉前程序对抗性相对不强，较易被行政机关所认可和接受。通过检察建议等方式，行政机关就能够依法履职、将问题整改到位的，则不必进入诉讼环节。对行政机关来说，检察机关的诉前督促是对其监管疏漏的善意提醒和弥补，是一种接受度较高的外部"助推"力，能够增强其对检察监督的思想认同、情感认同以及工作认同。

二、熟人社会的矛盾纠纷解决模式

长期以来，我国处在自给自足的小农经济占主要地位的农业社会，这使人们产生了较为普遍的安土重迁、追求安稳的心理。这种心理与冲突、矛盾、对抗等相对立，而是倾向选择"退一步海阔天空"的妥协忍让和"重修旧好"的

---

① 参见赵德金、张源：《行政公益诉讼诉前程序司法化改良》，载《社科纵横》2021年第5期。

② 参见杨惠嘉：《行政公益诉讼中的磋商程序研究》，载《暨南学报（哲学社会科学版）》2021年第43期。

③ 参见《最高人民检察院"坚持以人民为中心 全面推进公益诉讼检察工作"新闻发布会文字实录》，载最高人民检察院网站，https: //www.spp.gov.cn/spp/zgrmjcyxwfbh/zgjqmtjgyssjcgz/wzsl/index.shtml。

共赢互信。农业社会往往也是熟人社会，生活在其中的人们以亲缘、血缘、乡邻等为基础搭建起社会关系网络，以宗法、家族等为社会交往的基本单元，这又进一步限制了矛盾冲突的产生、激化，造就了替代性矛盾解决模式生根发芽的社会土壤。

（一）熟人社会矛盾纠纷解决模式的内涵

"乡土社会在地方性的限制下成了生于斯、死于斯的社会……这是一个'熟悉'的社会，没有陌生人的社会。"[①] 熟人社会具有时间及空间的双重稳定性。不同于陌生人社会和西方法律文化影响下人们的相处模式，在熟人社会中，人们社会交往范围较为狭窄，常因彼此熟悉而产生互信，因互信而建立起相对紧密的人际关系，因人情而被整合为亲密社群。在这样的亲密社群中，人们无法不互欠人情，最怕"算账""清算"等行为，因而大家会更自觉遵守约定俗成的伦理规则，尤其是人情方面的规矩。发生矛盾纠纷后也不会轻易逾越协商、调解等习惯而直接提起诉讼。

由于生活在熟人社会中的人们所处地理空间和文化环境一致，在纠纷解决、冲突化解后，他们仍然生活在一起，为了不影响正常社会交往，他们自然会更为倾向于退让与协调，以维护双方长远利益和友好关系。在熟人社会中，解决纠纷不仅是为了将各方的权利和义务予以明晰，还具有促进彼此理解、平衡多方利益、维护融洽人际关系等多重目标，所以对抗性强、胜负分明的诉讼裁判并不是最适当、最有效的路径。对此，在熟人社会中发展起来的替代性矛盾解决模式（协商、调解等）主张，当纠纷发生时，不直接简单地诉诸审判，而是提倡能在法庭之外找到更为高效、彻底的其他解决方案，以化解双方的矛盾、减少司法资源的浪费。[②] 即使要诉讼，也鲜有不"讨债"、不与对方协商解决便直接起诉的。

（二）熟人社会矛盾纠纷解决模式对诉前程序制度建立的影响

由于公益保护的复杂性，容易产生检察机关与行政机关对同一公益保护事

---

① 费孝通:《乡土中国》，生活·读书·新知三联书店 2021 年版，第 7 页。

② 参见马超:《行政公益诉讼诉前磋商机制》，载《华南理工大学学报（社会科学版）》2021 年第 4 期。

项理解不同、多个行政机关间职能不清等多对矛盾关系。因此，在我国行政公益诉讼实践中，为了调和此种冲突和紧张，力求将公益保护中现存和潜在的矛盾纠纷化解在诉前阶段，以“协商”和“合作”为价值导向的熟人社会替代性矛盾解决模式值得借鉴。

一方面，熟人社会矛盾纠纷解决模式要求公益保护除采取诉讼这一方式外，还要寻找到更为符合“协商为先”工作习惯的替代性方案。由于我国行政事务的复杂性，长期以来，我们一直提倡“多人来人往，少文来文往”的高效沟通模式，行政机关通过面对面沟通、会商等化解矛盾、达成共识已成为惯例。从长远看，只要后期监督有力，此种工作习惯仍有存在的必要性与合理性。鉴于此，我国行政公益诉讼制度中设置了诉前程序，使公益保护主体间的互动不再只通过书面，而是可以就问题的关键、原因及解决方案等进行直接的交流，从而搭建起更为灵活、多元的沟通渠道及公益保护协调机制。

检察机关在提出检察建议前，通过与行政机关进行磋商，可以减弱监督的对抗性，双方能就实际问题深入交流、达成共识，在及时督促行政机关自我纠错的同时，减少或避免其产生抵触情绪，有利于双方后续工作顺利开展，为整改打下坚实基础。另外，福建等地检察机关建立了诉前圆桌会议制度，主要针对需要多个行政职能部门协调配合、分工协作的情况，通过圆桌会议的形式促使各方平等对话，共同协商制定科学的解决方案，使被监督的行政机关感受到法律监督的“温度”，促使其主动纠错、能动履职。

另一方面，公益保护是需要各治理主体共同参与的系统工程，熟人社会矛盾纠纷解决模式要求诉前程序能够消除公益保护主体间的分歧、进一步促成协同合作。当前，我国社会主要矛盾已转化为人民日益增长的美好生活需要和不平衡不充分的发展之间的矛盾。例如，人们对于生态环境、食品药品安全等的要求越来越高，各领域公益保护的重要性和紧迫性越来越突出。为满足人民群众对美好生活的向往，建立健全符合我国国情的公益保护制度，国家权力机关间的有效协同配合显得尤为重要。强调机关间合作而非对抗的制度模式已成为我国行政领域公益保护的主基调。

在行政公益诉讼中，行政机关与检察机关履职都具有维护公益目的，在价值追求上殊途同归，双方有条件也有必要形成共治而非对抗的工作方针、构建协同配合的工作模式。并且，行政机关作为维护社会公共利益的主要职能部门，在生态环境和资源保护、食品药品安全监管等多方面发挥着主导作用。实践证明，通过诉前程序，绝大多数行政机关能够依法履职、积极维护公益，诉前程序在协调平衡各方职权、促进多方协同治理方面尤为有效，能够有效助推解决一些必须齐抓共管的“老大难”问题、避免出现“九龙治水”局面。例如，浙江省青田县人民检察院针对企业违法占用耕地而未依法缴纳耕地占用税的问题，找准问题症结在于行政处罚机关未与税务机关建立信息共享和复核机制，通过诉前程序协同多部门间搭建起协作机制，打通信息壁垒，以“我管”促“都管”，实现多方合作治理及源头治理。①

从“协同合作”的理念及定位出发，检察机关在诉前程序中既要实现内部资源的整合与协调，又要强化外部力量的协作与配合。在内部，检察机关逐步向“一体化监督”转变，由就事论事、解决表层公益保护问题向综合研判、解决深层治理问题转变；完成从“个案”到“类案”的以点带面式调查监督。在外部，检察机关需逐步加强与行政机关、公益组织等其他公益保护主体间的沟通交流，建立长效衔接机制。② 当前，我国行政公益诉讼制度经过一段时间的发展，一系列意在协调各机关立场、机制和程序的文件联合出台，各类专项行动联合开展，各主体间已逐步形成公益保护合力。比如，浙江省人民检察院与省水利厅、省生态环境厅、省妇联、省总工会、省残疾人联合会等部门建立了各领域公益诉讼配合协作长效机制。这些文件不仅体现了行政机关与检察机关在公益诉讼领域已达成较大程度共识，更是今后各主体间继续协同发展的良好基础，契合熟人社会公益保护中的合作意涵。

---

① 参见范跃红、青剑:《530余万耕地占用税征缴入库——浙江青田：检察建议推动填补违法占地征税监管空白》，载《检察日报》2021年12月12日，第2版。

② 参见魏鹏:《检察建议制度研究》，吉林大学2020年博士学位论文。

第二章　诉前程序的法律关系

法律在调整人们行为的过程中就会形成法律关系。其不仅决定着能否对诉前程序有正确的理解，还是继续研究和破解相关问题的前提。理清诉前程序中各方的权利义务关系，对于准确认识这一制度具有重要意义。诉前程序法律关系亦主要涉及检察机关、行政机关、其他参与人等主体及其之间的权利与义务关系。

第一节　诉前程序的主体

诉前程序主体是指根据行政诉讼法的规定，在诉前程序中享有权利，负有义务的主体。[①] 明确主体是谁是了解法律关系的基础。诉前程序中，主体主要包括检察机关、行政机关，以及其他参与主体。

一、检察机关

根据《行政诉讼法》第25条的规定，检察机关作为提出诉前检察建议的主体，在诉前程序中以提出检察建议或磋商等方式履行监督职责。

（一）检察机关作为诉前程序主体的根据

检察机关作为诉前程序的主体是法律的直接规定，但究其实质，是因行政机关外部监督力量的不足、内部监督的原生缺陷，以及检察机关自身定位的基

① 参见胡建淼:《行政诉讼法学》，复旦大学出版社2003年版，第10页。

础优势所共同决定的。

1. 外部监督力量的不足。扩张性是权力的天然属性。“任何有权力的人，都能轻易过度使用权力。”①而要避免权力被“过度使用”，就必须对权力的行使进行规范。行政权力亦是如此。在法治社会的背景下，行政权受到来自各方的监督，主要有内部监督和外部监督。外部监督力量的局限与不足主要表现在，一是人大监督的非个案性。其包括听取和审议专项工作报告等七种形式，主要是对一定范围“面”上的问题进行监督，并非就“个案”情况进行监督。二是与监委监督的侧重点有所不同。其主要监督行政机关的“人”而非行政机关的“事”。三是社会监督的有限性。社会监督，顾名思义，是指各社会力量对公权力机关的监督方式。这一监督方式相较于行政权存在着刚性不足的限制。

2. 内部监督的原生缺陷。行政机关的内部监督主要有行政监督和审计监督两种方式。首先，每个人都难以做到“公正地做自己的裁判者”。其次，行政内部监督多为事后监督，多以结果为导向，进而追究行为，但无论是从社会经济效率抑或是行政权运行体系来说，事前的监督往往比事后监督更为重要，这是行政权的“强势”这一天然属性所决定的。事后追究行为，往往损害事实已是既然状态，其所造成的损害一般也难以挽回。最后，内部监督力量有限。内部监督力量受到有限的人力资源、熟人社会背景等的限制，监督效果难以达到预期，所能够发挥的作用也具有局限性。

3. 检察机关监督的优势。检察机关是法律所授权的监督机关，其所负有的监督职责是天然存在的，是其他机关所无法取代的。②从实践操作上看，自我国检察制度建立以来，检察机关一直代表着国家、社会等公共利益。其在诉前程序阶段向行政机关制发检察建议，以修复或预防公共利益受损，想要达成的效果意义与提起公益诉讼实际上并没有太大差异。从督促方式方面来分析，向行政机关发送诉前检察建议，可以督促他们更好地自我纠错，让问题尽量在内部解决，确保行政机关能够主动依法办事，主动履行好行政职责。从行政效率方面来分析，只有提高了行政机关的执行力，行政效率才能得到有效提升。如果实际操作过程中，排除掉诉前程序，针对行政违法行为直接向司法机关提起行

---

① [法]孟德斯鸠:《论法的精神》(上)，张雁深译，商务印书馆1982年版，第154页。

② 《宪法》第134条规定:“中华人民共和国人民检察院是国家的法律监督机关。”

政公益诉讼，不仅需要耗费大量的司法成本，而且因为司法审判程序繁琐，耗费时间长等，导致监督效果大打折扣。[①]从行政专业性角度出发，行政机关依法行使国家行政职能，在行政管理与服务等方面具备无可比拟的适当性。由于行政公益诉讼所涉及的领域一般具有非常强的专业性，行政机关在资源整合方面具有其自身的独特优势。相反，检察人员尽管具有专业的法律知识，但是在法律以外的专业领域，他们可能还是“门外汉”。因此，通过诉前程序，让行政部门自行纠正错误，能够更好地确保问题得到解决，提高行政机关履职的主动性。总的来说，在诉前程序中，检察机关运用检察权制约行政权，监督行政权的正确行使具备自身内部与外部的多方优势。

（二）检察机关在诉前程序中的多重主体角色

检察机关作为诉前程序的主体具有内部自身优势与弥补外部不足的双重功能，这就决定了其在诉前程序中扮演着多重角色：依法进行立案，是启动诉前程序的行为者；依法推进案件办理进程，是整个诉前程序的主导者；依法进行调查取证，查明案件事实，是诉前程序的侦查者；依法认定行政机关的不依法履职，与行政机关进行诉前磋商或提出检察建议，是诉前程序的裁判者；依法代表公益受害方提起监督，是公共利益的代表。

1. 诉前程序的启动者。相较于提起诉讼阶段，诉前程序阶段的启动是以检察机关的立案调查来拉开“序幕”的。即检察机关发现行政机关在公益保护领域存在不作为或乱作为的违法行为，遂依法予以立案调查，此时诉前程序阶段便已启动。因此，检察机关是诉前程序的启动者。

2. 诉前程序的主导者。检察机关在拉开诉前程序的“序幕”后，便开始展开一系列的调查取证、现场走访等行为，并根据案件调查情况作出监督决定或作出结案决定，主导整个诉前程序的运转，是诉前程序的主导者。

3. 诉前程序的“侦查者”。公益诉讼与刑事诉讼最大的区别就在于，后者一般由公安机关立案调查，调查结束后将案件移送检察机关审查起诉，而前者是由检察机关自行调查，也即检察机关自己发现线索，自己调查取证来推动案件

① 参见高建伟、马晓锐：《检察机关提起公益诉讼诉前程序研究》，载《人民检察》2017年第19期。

办理。检察机关依法享有调查取证权，是诉前程序名副其实的“侦查者”。

4. 诉前程序的“裁判者”。诉前程序从形式上看，是以检察机关向行政机关制发检察建议或者与行政机关进行磋商来实现的，而不是直接提起公益诉讼而进入法院审判环节。在诉前程序的一系列环节中，由检察机关判断是否对行政机关作出监督决定、监督行政机关哪一行政行为，以及决定以磋商或检察建议方式予以结案等，由此可以得出，在诉前程序阶段，检察机关还是诉前程序的“裁判者”。

5. 公共利益的“代表者”。诉前程序中，面对生态环境损害、资源破坏等四大传统领域的利益被损害，以及个人信息安全被侵犯、英烈名誉荣誉受损等公共利益保护领域出现的行政机关违法行为，检察机关有权进行督促，让相关主管部门及时纠正，防止公共利益损害进一步扩大，发挥着诉前程序中公益受害方代表的功能与作用。

（三）检察机关的内部关系

检察机关的内部关系组合众多，下文主要就与公益诉讼相关的内部机制进行展开，包括：一是一般检察机关与专门检察机关的管辖职能划分关系；二是上下级检察机关的领导与被领导关系；三是检察机关内部部门间的信息传达与共享关系。

1. 一般检察机关与专门检察机关。检察机关按职能类别划分，可分为一般检察机关[①]和专门检察机关[②]。专门人民检察院是指在某些专业系统或特定部门

---

① 一般检察机关指最高人民检察院与地方各级人民检察院。地方各级人民检察院是中华人民共和国按照行政区划设置的地方各级检察机关。分为：(1) 省、自治区、直辖市人民检察院；(2) 省、自治区、直辖市人民检察院分院，自治州和省辖市人民检察院；(3) 县、市、自治县和市辖区人民检察院，省一级和县一级人民检察院根据需要，提请本级人民代表大会常务委员会批准，可以在工矿区、农垦区、林区等地设置人民检察院，作为其派出机构。

② 专门检察院是在某些专业系统或特定部门设置的国家检察机关，与专门人民法院同级建立，相互协调配合，行使对其专门管辖的案件的检察权。专门人民检察院的设立目的、工作原则、管辖范围、组织及职权等，均与专门人民法院相一致和协调。专门人民检察院的设置、组织和职权由全国人民代表大会常务委员会另行规定，如铁路运输检察院便是根据《人民检察院组织法》的规定，为保障铁路运输秩序和安全，设立在铁路运输系统的国家专门法律监督机关，属于专门检察院序列，是中国人民检察制度中特殊而又重要的组成部分。

设置的国家检察机关，其是与一般人民检察院相对应的主体概念。由此可见，一般检察机关与专门检察机关之间是存在一定区别的，主要体现在专门检察机关行使专门管辖的案件检察权。定位到诉前程序，专门检察机关负责的是专门管辖领域内的诉前程序案件。例如发生在铁路安全领域内的诉前程序案件由铁路运输检察院负责。而一般检察机关主要就专门检察机关管辖之外的案件行使管辖权。

2. 上下级检察机关。根据相关法律规定，下级人民检察院受上级人民检察院领导，其对本级人民代表大会及其常务委员会负责并报告工作。具体到诉前程序实践中，上级检察机关往往还会就社会热点领域开展一定范围的公益诉讼专项行动，由下级检察机关及时落实相关案件的办理。同时，在案件办理过程中，对下级检察机关提供办案指导等。

3. 检察机关内部不同部门。自检察机关内设机构改革以来，检察机关内设部门划分主要有：刑事检察部门、民事检察部门、行政检察部门、公益诉讼检察部门、控告申诉部门、案件管理部门、检察技术部门等。各部门负责各自不同事项，有序地发挥着“四大检察”职能。检察机关内部不同部门中，涉及公益诉讼检察业务相关的主要有：检察机关内部部门间的案件线索移送机制、刑行衔接机制、协助配合调查等。例如刑事检察部门在办理刑事案件的过程中，发现有公益诉讼案件线索的，应当及时向公益诉讼检察部门移送，确保线索及时发现与处理。同时，对不起诉案件涉及需要对当事人进行行政处罚的，需及时向有关部门发送检察意见书。另外，在公益诉讼案件办理过程中，由于案件重大复杂等情形需要各部门人员协助调查的，可以组织各部门人员一同开展调查等。

二、行政机关

根据法律规定，在诉前程序中，未依法履职的行政机关是检察机关的监督对象，是诉前程序中主要的当事人之一。

（一）行政机关作为主体的理由

行政公益诉讼，顾名思义，离不开行政行为，离不开行政机关，因此，行政机关作为又一重要主体是诉前程序法律关系的必然指向。行政机关是行政行为的实施方、是公益损害的关联方、是公益修复的主责方，同时也是配合检察机关开展案件调查的知情方，这些共同“成就”了行政机关作为诉前程序的主体。

1. 行政行为的实施方。行政机关是实施行政行为的主体，是诉前程序中行政行为动作的发出者。由于行政诉讼法律关系的客体是聚焦在行政行为之上的，各类法律关系均围绕其展开，这就间接地决定了行政机关也是诉前程序的又一重要主体。

2. 公益损害的关联方。诉前程序，必然离不开公共利益损害这一话题。从公益诉讼的概念出发，检察机关在研判认定一条线索是否属于公益诉讼管辖范围时，首先需要对这一线索是否属于公益保护领域进行判断，否则案件就不属于公益诉讼管辖范围。其次，在确定公益受到损害的同时，发现行政机关未依法履职与之存在着一定关系，即在诉前程序中，行政机关还是公益损害的关联方，这也为其成为诉前程序的主体提供了支持与依据。

3. 公益修复的主责方。在诉前程序中，经检察机关调查核实，作为被监督的对象具有修复公益损害的责任，需要对检察建议所指出的问题，依法及时进行整改与回复。即行政机关是公益修复的主责方，这也是行政机关作为诉前程序主体的理由之一。

4. 案件事实的知情方。从实践的角度出发，诉前程序中最重要的、争议最大的一个点，就是对涉及公益损害的行政履职行为的认定。一方面是认定行政机关负有相应的监管职责，对于事件的发生负有相应的责任；另一方面，行政机关确实存在违法行为，这种行为既可以是不作为，也可以是作为。正因为行政机关未依法履职，才使得公益处于损害状态或处于隐患状态。行政机关作为履职主体，是案件事实的知情方，是配合检察机关进行案件调查的重要主体。

（二）对行政机关的独立主体资格要求

在诉前程序案件办理中，检察机关判定行政机关的监督管理职责通常有两个步骤：第一个步骤是先判断被监督的主体是否具备独立主体资格，是否可以对其进行监督。第二个步骤是定位主管部门，即论证某项工作由该部门进行监管，该部门负有具体的监管职责。

在实践中，存在着众多诸如被授权主体、行政委托关系主体、行政派出关系主体、临时组建机构等在具体落实相关工作，但其是否具有监督管理职责，是否具有法定职权，能否在诉前程序中作为检察机关的监督对象，由于这直接涉及检察机关该向谁发出检察建议或进行磋商。因此，是否具有独立主体资格问题的解决，是诉前程序中的又一重要“议题”。

由于诉前程序仍然属于广义行政诉讼的范畴，其认定独立主体资格的方式与行政法中的主体资格认定方式相一致，如组建机构在履职的，被监督对象应为组建该机构的行政机关而非该组建机构。具体如缙云县人民检察院办理的某机关未依法公开政务信息个人信息保护职责案中，经调查核实，发现该条政务信息的发布主体是某机关的组建机构，通过行政法中对行政主体资格的认定，认为本案监督对象应为组建该机构的行政机关，进而确定被监督的主体。

（三）确定特定行政机关为被监督主体的依据

要确定特定行政机关是被监督主体，首先需要弄清楚其是否负有监督管理职责，从而使检察机关准确地选择诉前检察建议的发送对象。其次，要进一步判断行政机关对涉案事务有无管理义务，将行政机关作出行政行为的法律依据与行政诉讼法中的主体资格要求相衔接。即确定主管部门是检察机关对该行政机关提出诉前检察建议或进行磋商的前提和基础。从实践来看，部分行政公益诉讼案件中，行政机关往往会提出抗辩，认为自己对于涉案事项并不具备相应的管理职责，进而推出自己不属于案件适格主体。加之，诉前程序是为“诉”所做的准备，因此，确定特定行政机关作为被监督主体是诉前程序中极为重要的一步，不仅为检察机关监督提供支点，也为后续提起行政公益诉讼，转入诉讼程序明确特定诉讼主体。

在实务操作中，判定行政机关是否具有监督管理职责，主要从其具体的义务内容进行判断。如安徽省绩溪县人民检察院诉绩溪县林业局案（以下简称绩溪案）中，该县居民洪某违反法律规定，擅自盗伐林木共计 114 株，最终被法院判处相应的刑事责任。在洪某被判决相应的刑事责任之后，检察机关认为绩溪县林业局应当要按照《森林法》第 39 条的规定，履行其行政监督管理职责，要求洪某补种 114 株林木。但是林业局则认为，根据《森林法》第 20 条的规定，《森林法》第 39 条所规定的行政处罚的实施主体并不是县林业局，而是该县森林公安局，应当将森林公安局作为被告。这就出现了到底以何规范作为确定该行政机关对此事项具有监管职责的依据问题。对于该问题，实践中主要存在以下三种做法：

1. 依单一规范。按照单一规范确定行政机关的监督管理职责，也即依据组织规范或者根据规范，即可确定行政机关所承担的监督管理职责。在部分行政公益诉讼案件中，法院对行政机关具体职权进行判断的过程中，适用的是单一的法律规范，其中，有的法院引用了组织规范，有的法院引用了行为规范。以吉林省靖宇县人民检察院诉靖宇县濛江乡政府一案（以下简称靖宇案）为例。在这起案件中，检察机关认为被告濛江乡政府没有履行好环境监管职责，该乡政府在国有林地内建设的生活垃圾场没有严格按照环保法的相关规定，履行环评手续。不仅如此，该垃圾场没有按规定获得地方环境保护主管部门的批准。检察机关在履行监督职责过程中，发现乡政府在堆放垃圾方面存在违法情况。垃圾场的建立没有获得审批同意，并且没有采取无害化处理等措施，导致对周边生态环境造成了极大的破坏。基于此，检察机关向法院提起公益诉讼，要求被告乡政府履行环境保护监管职责。法院在审理这起案件中，引用了《环境保护法》第6条、第37条，《生活垃圾填埋场污染控制标准》《吉林省环境保护条例》等有关规定，认定被告对本辖区内环境质量应当负有相应的监管职责，应当要履行相应的环境保护义务，涉案垃圾场处于被告的辖区范围内，被告负有监督管理职责。[①]法院对于该起案件的处理，在判断是否有监督管理职责过程中，很显然就是采用了组织规范作为判定依据。

2. 依双重规范。在判断是否具有监督管理职责过程中，还有的法院采取的是双重规范作为依据。首先，法院会从组织法方面来进行判断，具体操作过程中，一般都会以"主体在一定的行政区域内主管某项工作"为表现形式；其次，依据行为法方面的相关规范来进行判断，一般是以"由主体作出某项具体职责"为表现形式。以上文所列举的绩溪案为例。法院在审理该案过程中，先是依据了《森林法》第13条等的相关规定，认为林业主管部门负有对森林资源的保护、利用、更新等方面的职责。不仅如此，林业主管部门有权依据法律的规定，行使相应的执法权。针对违反了《森林法》有关规定的行为，有权采取措施进

① 参见靖宇县人民检察院诉靖宇县濛江乡人民政府不履行环境监管职责案，吉林省白山市靖宇县人民法院（2018）吉0622行初14号行政判决书。

行处理。除此之外，法院在审理过程中，还进一步引用了《安徽省林地保护管理条例》《安徽省实施〈中华人民共和国森林法〉办法》等有关规定，甚至还引用了该县发布的《关于印发绩溪县林业局主要职责内设机构和人员编制规定的通知》以及该县林业局相关权利清单等文件，最终认定被告对辖区内林地负有行政管理职责，针对相关的违法行为，有权进行处罚。[①] 由此可见，法院在对该案进行处理的过程中，既引用了《森林法》第 13 条、《安徽省林地保护管理条例》第 5 条等组织规范，同时也引用了《森林法》第 39 条等行为规范，在该两种规范都符合的情况下，最终判定绩溪县林业局是适格被告。

3. 依倡导性规范。除了前述两种判定方式以外，部分法院在一些案件的裁判过程中，还会按照其他倡导性规范来认定行政部门是否有监督管理职责。例如，山东省阳谷县检察院诉阳谷县林业局案（以下简称阳谷案）。在审理该起案件过程中，法院在认定该县林业局是否负有监督管理职责过程中，主要引用的就是倡导性规范。该案的主要事实非常清楚。县林业局计财科科长在履行林业贷款财政贴息项目过程中，没有认真履行好自身的审核把关职责，对于涉案企业弄虚作假的行为应当发现而没有发现，造成巨额的林业贷款财政贴息资金被骗取。检察机关督促被告林业局要严格履行好自身的职责，将被骗资金及时追回，尽量减少国家的损失。被告阳谷县林业局认为，中央财政贴息属于财政法律法规管理和约束的行政行为，法律没有授权林业局追回该笔资金的权力，林业局也没有义务去追回该笔资金。检察机关要求林业局追回该笔资金实际上就是要被告林业局越权行使职权。[②] 阳谷县法院在处理该案过程中，引用了《中央财政林业补助资金管理办法》《山东省林业贴息贷款项目及贴息资金申报程序规范》等相关的规定，认为上述规范性文件有关于“谁申报、谁监管、谁负责”的倡导性规定，被告阳谷县林业局应当依据这些倡导性规定，履行资金追回的义务。通过该案的裁判结果可以看出，在一些行政公益诉讼案件的处理过程中，法院尽管没有找到相应的组织规范和根据规范，但是还可以引用倡导性规范作为认定依据。

---

① 参见绩溪县检察院诉绩溪县林业局林业行政管理不履行法定职责案，安徽省绩溪县人民法院（2017）皖 1824 行初 18 号行政判决书。

② 参见阳谷县人民检察院诉阳谷县林业局怠于履行监管职责案，山东省阳谷县人民法院（2017）鲁 1521 行初 2 号行政判决书。

通过梳理上述有关的行政公益诉讼案件，对于法院在认定被告行政机关是否有监督管理职责方面的做法有了一个初步的了解，并且总结出了一些共同特征。法院在处理大部分类似案件的过程中，引用的法律依据基本上都比较类似，多数都集中在法律、行政法规、地方法规、地方政府规章等一些规范性文件方面。如果从组织规范方面来看，行政机关是否有监督管理职责，主要是看法律、法规和规章是否设定了相应的职责。以绩溪案为例，法院在审理过程中，引用了《森林法》(法律)、《安徽省林地保护管理条例》(地方性法规)等作为具体的判断依据，并最终判决认定绩溪县林业局负责该行政区域内林地保护、利用和管理工作，主管该行政区内的林业工作。

一些公益诉讼案件处理过程中，法院会引用当地政府出台的规范性文件作为判断行政机关是否负有监督管理职责的依据，其中有相当一部分是根据该行政机关的“三定”方案来作为判断依据。“三定”方案主要是对相关部门和机构的性质、职责等进行规定，地方政府在制定“三定”方案过程中，大多数都是以上级位阶的规范性文件作为依据。综上，对于如何认定主管的行政机关，需结合法律规定，从多角度认定。若不存在其他规范，仅存在单一的规范，则可据单一的规范判定主管机关；若还存在其他规范，则需综合组织规范、根据规范和倡导性规范等进行综合判定。但是，由于法律存在滞后性等客观因素，无法穷尽所有事项，对于某类事项，不存在相关规范依据，即难以找寻该事项的具体规范，进而难以定位到具体的主管部门。对此，实践中可采取诸如召开听证会等方式，将该事项可能涉及的几个部门召集起来，一同协商确定具体职责。

三、其他参与主体

从已有案例来看，在诉前程序中，除作为监督主体的检察机关，作为被监督对象的行政机关之外，诉前程序中还存在着其他参与主体，如与一般行政诉讼法律关系中的证人、鉴定人、行政相对人等，主要可以分为以下两类：一是公益损害相关主体，二是案件事实相关主体。

（一）公益损害相关主体

公益损害相关主体，有行政相对人、行政相关人等。行政相对人通常是指处于被管理地位上的组织或个人。[①]行政相对人有可能是公民、法人或者其他组织，也包括外国组织和外国人。在诉前程序中，行政相对人就类似事件的参与人角色。由于实践中行政公益诉讼主要针对的是具体的行政行为。在认定过程中，主要是要判断行政机关是否负有相应的职责，并且是否按照规定履行了职责。在确定被监督对象是否依法行政之前，就必须先了解该行政法律关系，其中行政相对人便是不可绕开的一环。例如，在违法排污的案例中，一个非常关键的步骤就是要先认定行政相对人是否有实施违法排污的行为，如果没有这个行为，那就谈不上对行政机关是否依法履行职责进行判断。另外，在诉前程序公益损害相关主体中，还有一类是违法行为的受侵害人，其是指在诉前程序法律关系中，除行政机关、行政相对人之外的一类重要参与主体。主要又分为以下两种类型，一种是被错误认定为违法行为的主体，对真正的违法行为人，未依法履职的行政机关尚未采取相应措施。另一种是违法行为人为合法使用权人，检察机关基于行政机关的不作为而启动诉前程序。他们都是案件中公益损害的相关主体。

（二）案件事实相关主体

同刑事诉讼一样，在诉前程序中，也存在着证人、鉴定人、翻译人员等辅助查明案件事实的人员，这些都属于案件事实相关主体。其参与诉前程序的主要作用就在于查清案件事实，推动案件进程。

第二节　诉前程序的客体

法律关系的客体，又称权利客体，是指法律关系主体的权利和义务共同指向的对象。根据具体形态的不同，可以分为以下三类：第一类是物。具体是指物质财富，其又可以分为两类：一类是自然物，如我们日常生活中所常见的河流、森林等；另一类是人造物，如房屋、首饰等。第二类是非物质财物。主要

---

① 参见胡建淼:《行政法学》(第四版)，法律出版社 2015 年版，第 105 页。

是指知识型成果等，如文艺作品、肖像、名誉等。第三类是行为结果，即行为的结果，或者说是行为所造就的状态，如各种服务。

一、诉前程序法律关系客体基本概念

诉前程序法律关系实际上也是行政诉讼法律关系当中的一种。基于此，在对诉前程序法律关系的客体进行具体分析之前，有必要弄清楚什么是行政、民事以及刑事诉讼法律关系及其客体。

行政诉讼法律关系是指："人民法院与行政诉讼当事人、参与人等之间为解决行政争议，进行行政诉讼，根据行政诉讼法律规范而发生的关系。"[①]针对这一法律关系，由于其是因行政争议而产生的，争议的实质就是行政机关的行政行为是否合法。法院审理行政案件时，行政机关所涉行政行为的合法性是法院审查的主要焦点。基于此，行政诉讼法律关系客体实际上指的就是行政行为。

民事诉讼法律关系是指由民事诉讼法律、法规所调整的在人民法院和当事人及其他诉讼参与人之间发生的，以诉讼权利义务为内容的特定社会关系。民事诉讼法律关系客体和行政法律关系客体之间存在明显的差异，具体是指争议的物、精神财富或行为等。相较于行政诉讼法律关系的客体，民事诉讼法律关系的客体无法一概而论。如某一法律关系的客体是具体的物，其在诉讼前既可能是由原告所占有，也有可能是由被告所占有，还有可能是由第三方等其他人所占有。不仅如此，民事法律关系中，作为客体的行为在诉讼前也可能是其中一方所为。

刑事诉讼法律关系是指，在刑事诉讼中，行使国家刑罚权的专门机关之间，专门机关和诉讼参与人之间，以及诉讼参与人之间基于刑事诉讼法的规定而产生的权利义务关系。刑事诉讼法律关系的客体则是指刑事诉讼法律关系主体权利义务所指向的对象和作用的目标，即案件事实和被告人的刑事责任。刑法是公法，其地位是保障法，具有谦抑性，只有在民法等私法中权利得不到救济时，才有可能动用刑法。刑法保障的不仅是民事上的权利，多为个人法益，还保护一定的社会秩序，即超个人的法益，如国家利益等，因此，刑法通常不直接保护具象的或者具体的客体，其保护的是各种具体客体背后的法益。

---

① 姜明安:《行政诉讼法》(第四版)，法律出版社2021年版，第121页。

通过对以上三组法律关系的对比与梳理可以看出，法律关系的客体，通常情况下可以总结为是权利与义务共同指向的对象。由于行政法在性质划分上属于公法，因而具备行政法相应的特点。在行政诉讼法律关系中，依据通说，其客体一般为行政机关的行为。因此，具体到诉前程序法律关系中，其客体也即指检察机关、行政机关和其他参与主体根据相关法律规定，在诉前程序中产生的，各主体之间的权利义务关系所共同指向的行政行为。

关于诉前程序法律关系的客体，实践中存在以下三种观点：

一是认为诉前程序的客体是被损害的公共利益。该观点认为诉前程序的主体之间主要围绕被损害的公共利益进行展开，就案件是否产生公共利益的损害，以及被损害的公共利益与行政机关行为的关联性进行展开，因此，认为诉前程序的客体即被损害的公共利益。

二是认为诉前程序的客体是行政机关的履职行为。该观点认为诉前程序的主体是围绕行政机关的履职行为展开的，主要就行政机关是否依法履行职责进行展开，因此，认为行政机关的履职行为才是诉前程序的客体。

三是认为诉前程序的客体是涉及公共利益的行政履职行为。相较于前一种观点，多了涉及“公共利益”这一限定，将客体的范围限缩在“涉及公共利益”这一范围内，使得诉前程序这一法律关系与一般行政检察法律关系相区别，结合了前两种观点的优势，更加全面与合理。下文将就这一观点进行展开立证。

二、诉前程序法律关系客体的确定

诉前程序的两个主要主体——检察机关和行政机关，均是围绕相应领域行政机关的履职行为展开的，是检察机关调查权、提出检察建议权，以及行政机关依法履职义务等权利与义务共同指向的对象。客体首先要是行政机关的履职行为，其次是涉及公益保护的行政履职行为。

（一）行政机关的行政履职行为

“涉及公共利益的行政履职行为”，首先需要是行政机关的行政行为。“行政行为”这个概念起源于美国著名学者赫伯特·A. 西蒙 1968 年在其《国际社会科学百科全书》中提出的“行政行为”一语，但在该书中却没有对其具体意义作出清晰的阐释。自此后，行政法学界便开始广泛使用这一概念，但由于当时所处的社会背景，加之科学技术领域的兴起，使得该概念多被用以科学的观点加以研究。经过多次的发展，我国行政法学界已对该词形成了基本统一的认识。即行政行为是指行政主体为了达到国家的行政目的而采取的一种行动，它具有直接或间接的法律效力，并受到行政法的规范。[①] 曾经有人认为，行政行为，即由行政机关实施的行为，这种观点的错误之处显而易见。一方面，行政行为一般由行政机关作出，当然，这并不是绝对的，部分非行政机关或者组织，在获得授权的情况下，也可以在一定范围内实施具体的行政行为。另一方面，由于行政机关"扮演角色"不同，所属的法律身份也不同，行政机关的行为性质也对应着不同。当行政机关扮演的是行政主体时，它的行为才是行政行为；当行政机关扮演的是行政相对人时，它的行为便是行政相对人的行为；当行政机关是作为民事主体，则其所实施的行为同时也要受到民法的调整。由此可见，行政行为仅是指行政机关的行政履职行为，不包括其所实施的民事行为等。

其次，上述所说的履职行为是具体行政行为，还是抽象的行政行为，抑或是包含具体行政行为与抽象行政行为。关于诉前程序监督的行为是否包含抽象的行政行为，在学术界、实务界或有多种不同的观点。对这一问题的回答，实则与公益诉讼受案范围的认定相关，也即主要与是否将所涉抽象行政行为纳入行政公益诉讼受案范围有关。如果是因为"检察机关非抽象行政行为相对人，无法很好地发现违法抽象行政行为，而导致监督的效率受到影响"[②] 来进行相应的排除，则显得有一定的范畴混淆之嫌。基于此，具体操作过程中，针对这一原因，可以将其作为所涉抽象行政行为如何纳入受案范围的具体考量因素，而不应简单的将其作为排除纳入受案范围的决定性因素。如果具体操作过程中，仅仅是因为"抽象行政行为不属于被监督范围，以及对该事项的监督会对行政机关的行政行为造成干扰和障碍"[③] 来予以排除。则有必要对"行政行为"法定内涵进行更深入的探讨。实际上，根据行政诉讼法等相关法律规定，对于抽象行政行为，是否可以纳入到公益诉讼范围，并没有作出否定性规定。此外，根据我国《行政诉讼法》第 13 条的有关规定可以看出，该条所指代的规定是不受理抽象行政行为之诉规定，实际上并没有排斥《行政诉讼法》第 25 条可以提起

① 参见胡建淼:《行政法学》(第四版)，法律出版社 2015 年版，第 124 页。

② 武乾:《试论行政公诉》，载《法学评论》1999 年第 5 期。

③ 郝润栋:《行政公益诉讼诉前检察建议监督范围》，载《中国检察官》2019 年第 11 期。

公益诉讼的规定。这主要是因为第 13 条和第 25 条所规制的起诉主体范围并不完全相同，它们之间存在一定的差异。第 13 条所规定的对象主要是“公民、法人或者其他组织”，而第 25 条所规定的则是“人民检察院”。因此，二者之间是明显不同的。在这样的情况下，如果将抽象行政行为纳入进来，实际上也不代表着检察机关或审判机关可以直接就抽象行政行为效力进行评判，在具体评价方面，还是需要严格依据现有的备案审查制度来进行，要严格“依据有关法律规定送交人大及常委会审查和处理”。[①] 因此，诉前程序中的行政机关的履职行为是否包含抽象行政行为还需视具体情况而定。

最后，诉前程序中监督的是行政机关外部行政行为，而不是内部行政行为。[②] 内部行政行为主要是指效力通常发生在行政机关内部的行为，如人事调整行为、上级对下级的命令指示等；外部行政行为主要指效力通常发生在自身之外的行为。如住建部门对市政设施的监管、公安部门对社会安全的管理、交警部门对通道交通的监管等。在诉前程序中，由于公益诉讼涉及的领域是生态环境与资源保护等公共领域，基于此，检察机关在履行相应的监督职责过程中，主要针对的是行政机关的外部行政行为，即行政机关对社会监督管理的行为，而不是其内部的行政管理行为。

（二）涉及公益保护的行政履职行为

对于诉前程序这一法律关系而言，其客体还应是涉及公益保护的行政履职行为，这也就使得诉前程序与一般行政检察区别开来。而何为涉及公益保护的行政履职行为，除了需明确何为行政履职行为之外，还要求这些行政履职行为是涉及公共利益的，因此，此处还需进一步理清行政公益诉讼的受案范围，并在此基础上进行探讨什么是涉及公益保护领域的行政履职行为。

《行政诉讼法》第 25 条规定的公益诉讼范围除列举的四个领域之外，还用“等”字进行了兜底，进而构成了“4+X”领域的说法，“X”领域则是一个不确定的范围。另外，《英雄烈士保护法》第 25 条的规定，将涉及英烈荣誉名誉的保护也列入公益诉讼范畴。由于社会的不断进步，2020 年 5 月 25 日，最高检

① 朱全宝:《论检察机关提起行政公益诉讼：特征、模式与程序》，载《法学杂志》2015 年第 4 期。

② 根据行政行为的效力范围，行政行为可分为内部行政行为与外部行政行为。

张军检察长在《最高人民检察院工作报告》中，又较为详细地列举了七类新领域。已于2021年6月1日生效的修订的《未成年人保护法》、2021年8月1日生效的《军人地位和权益保障法》、2021年9月1日生效的修订的《安全生产法》、2021年11月1日生效的《个人信息保护法》分别将未成年人保护领域、军人地位和权益保障领域、安全生产领域、个人信息保护领域纳入公益诉讼保护领域。至今，公益诉讼办案的领域已增加到9个。当然，经济社会在不断向前发展，公益诉讼的案件范围也还将进一步拓展。

关于受案范围，截至目前，仍多有文献对此进行不断地探讨与钻研，受案范围也伴随着“固定式还是开放式的争论”，[①]《行政诉讼法》第25条对行政公益诉讼涉及的领域进行了列举，即四大传统领域等。关于“等”的理解，要以尊重“检察机关可调配的有限资源，办案规律”[②]等现实要件为前提。具体实践过程中，要进一步强化检察机关诉讼资源的优化配置，在确保资源的合理配置基础上，不断探索、稳步扩展行政公益诉讼受案范围。例如，除了上述规定的四大传统领域外，可在适当的时候，考虑将其他涉及国家利益、公众关注度较高的领域内案件纳入到公益诉讼受理范围当中。如突发公共安全事件中发生的渎职瞒报、违规处置等严重违法行为，可以纳入到公益诉讼范畴。

诉前程序，顾名思义，即“诉讼之前”的程序，从一定角度上看，两者之间是前后程序衔接关系，就进入诉讼程序而言，两者是不可分割的、统一的整体，也就是说，它们的受案范围是基本一致的。对于适度扩张受案范围的界限是什么这一问题，可通过明确“国家利益与社会公共利益”，明晰其特征，并在此基础上进行类型化延伸。首先，就“国家利益”而言，学术界对此概念的界定有基本一致认识：“从横向上看，其外延下含有国际与国内两个层面。前者层面上，一般是指国家的安全与政治利益，后者层面上，一般指国家的经济与意识形态领域的利益。”[③]其次，关于“社会公共利益”。相较于国家利益显得相对

① 练育强：《争论与共识：中国行政公益诉讼本土化探索》，载《政治与法律》2019年第7期。

② 周虹、王栋：《检察机关提起行政公益诉讼制度构建中的问题》，载《中国检察官》2018年第3期。

③ 陶攀：《2004年行政法学年会“公共利益的界定”之题研讨综述》，载《行政法学研究》2004年第4期。

比较独特，该概念富有“中国特色”，在我国立法中被多次使用，为我国立法中独有的概念 。如《民法典》《行政诉讼法》等法律法规中均有类似表述或能从中提取出类似精神，相关例子不胜枚举。但是，反观这一概念的外延，却至今未出现对该概念外延进行具体规范的相关文件，对此，学术界也众说纷纭，莫衷一是。关于这一概念的深入理解，首先可对其特殊之处入手，其次以此为基准，结合实际，发现其本质再就此一一罗列。通说观点认为，整体性、普遍性是该概念的基本属性，也就是说，一是总体的而非个体的利益。二是具有普遍意义的而非具有局部意义的利益。[①] 有学者将这一概念下所涉及的内容尝试着逐一举例。如社会秩序、资源环境保护等。[②] 可是就其特点的掌握，不同情况需依据不同判断标准，不能一概而论。如从个别情况来说，整体性的特点不能太严格。比如，与销售假药相关的案例中，行为人在一定程度上，损害了他人的生命、财产安全，但在公众面前出售，就有可能损害不特定他人的生命和财产，这便涉及了公共利益。换言之，特定行为对整体利益侵犯即可归入这一概念范畴。

经过上文对国家利益类型、特征、范围等的分析，对什么是涉及社会利益领域的概念有了进一步的认识，这些都是对“X”领域的特点进行总结后，再进行类型化延伸的结果。这些领域的行政履职行为，一同构成了诉前程序的客体，由此可见，诉前程序法律关系的客体范围也是一个可变的、不断拓展的范围。

第三节　诉前程序的内容

所谓内容，即在法律关系中连接主体与客体之间关系的联结与纽带。诉前程序法律关系中的内容，即诉前程序中的权利与义务关系。主要涉及检察机关

① 参见颜运秋、石新中:《论法律中的公共利益》，载《中国人民公安大学学报》2004年第4期。

② 参见孙笑侠:《论法律与社会利益——对市场经济中公平问题的另一种思考》，载《中国法学》1995年第4期。

的监督职能、调查取证、督促履职等，行政机关的依法履职义务、整改回复义务等，以及其他参与主体的配合调查，协助查明案件事实等权利义务关系。这些内容将诉前程序的主体与客体相联结，是理解与剖析诉前程序法律关系的又一重要命题。

一、检察机关的权利与义务

检察机关的权利与义务，主要是由其在诉前程序中的定位与作用所共同决定的，其作为诉前程序中最重要的主体之一，发挥着诉前程序启动者、主导者、“侦查者”、“裁判者”以及公共利益的“代表者”等多重角色作用，相应地，就决定了检察机关在诉前程序中享有调查取证、提出检察建议等权利，以及维护社会公共利益、督促行政机关及时整改履职等义务。

（一）检察机关的权利

1. 检察机关的监督权。由于行政公益诉讼主要目的之一是监督公权力机关，因此究其实质，也是属于行政诉讼的范畴，是该制度衍生发展的产物之一。就目前实践来看，检察机关在监督行政机关依法履职方面，并没有通过系统性的监督，而是借助个案来进行。近年来，我国经济呈现稳步增长趋势，但行政权力的运行却没有随着经济的发展而实现同步完善。经济发展过程中，行政机关存在一些不作为甚至是乱作为的情况。尽管我国在“民告官”的行政诉讼制度建设方面取得了很大的进展，使得相关公民、组织等主体也能够通过诉讼等救济方式保护私益，同时，还可通过各种途径实现对行政机关的监督，但是这种监督更多的是从自身的私益角度出发，并且法院在审理此类案件过程中，审查范围也仅局限于具体行政行为的合法性，因此，很难发挥应有的作用。事实上，行政权和司法权之间存在一定的差异，前者十分讲究效率，而后者则更加重视公正。司法机关在处理行政诉讼案件过程中，尽管想要提升效率，但是由于行政诉讼本身就是一个非常复杂的过程，耗费的时间比较长。很多当事人往往不会优先考虑提起行政诉讼来解决争端，更多的时候是在没有办法的情况下提起诉讼。一方面，在我国全面实施依法治国的大背景下，侵犯私益的行政行为已经得到了很好的控制。但是，懒政、行政不作为等情况还存在，尤其是一些负有监管职责的行政机关不按照规定履行监督职责的情况依然存在。另一方面，行政乱作为出现了很多新的形式，其侵犯的客体更多的时候针对的是不特定的多数人，而不单纯只是针对某个人。部分当事人囿于利害关系理论无法提起诉讼，还有部分当事人因为自利的本性，不愿提起诉讼。正是在这样的背景下，急需一个能与之抗衡的监督力量的存在，如此，便有了行政公益诉讼，此时，作为法定监督机关的检察机关应时而“人”，其在诉前程序过程中，时刻关注着相关主管部门是否依法履职，发挥着监督主体的作用。综上，检察机关在诉前程序中享有监督权，以此预防和避免公共利益被损害或阻止公益损害进一步扩大。

2. 检察机关的调查取证权。根据相关法律规定，检察机关在办理具体案件过程中，拥有调查取证权，其在调查公益诉讼案件时，可以依法收集证据，并拥有依法采取相应措施的权力。因为检察机关若想提起行政公益诉讼或进入行政公益诉讼诉前程序，就必须先确定是否有公共利益受损的实际或风险，以及确定此情况是否与主管部门未依法履职存在关联。这些“确定”的过程就需要检察机关发挥“侦查者”的作用来进一步证实。也即，在实践中，检察机关有权对国家利益或社会公共利益受损情况，以及行政机关是否依法履职进行调查核实，这是诉前程序能否有效开展的前提与基础。其他与案件相关的主体均有义务给予配合。综上，诉前程序中，检察机关享有依法调查取证权。

3. 检察机关的提出建议权。近年来，在四大传统领域发生的案件数目众多，这些案件当中，一些是因为行政机关不作为、乱作为。基于此，加强对行政权的监督显得愈发重要。行政公益诉讼制度的阐述，符合当前社会发展的需要，响应了国家、社会以及个人对公共利益的维护之心，同时，依据《检察公益诉讼解释》等规定，对于未依法履职的行政机关，检察机关应与之磋商或对其发出检察建议。也即是法律与时代赋予了检察机关在诉前程序中监督行政机关的具体职权，有向相关主管部门提出检察建议的权利。

（二）检察机关的义务

1. 检察机关的督促履职义务。检察机关督促行政机关及时依法履职是诉前程序的出发点与落脚点，也是整个程序的目的所在和程序价值体现。诉前程序中检察机关督促履职，在形式上，表现为与行政机关进行磋商或向其提出诉前检察建议。从内容方面来看，则是要督促行政机关对自身的违法行为及时予以纠正，或者是督促其依法履行职责。

关于诉前程序，其也同私力救济那般，会给对方一定的履行期限作为宽限期。即检察机关在发出检察建议时，往往会给予相关主管部门一定的整改回复期。从内容上看，检察建议主要内容是要督促行政机关对自身的违法行为及时予以纠正，或者是督促其依法履行职责。另外，在检察建议发出之后，检察机关仍需及时跟进监督，让建议事项真正地得以整改、恢复等。综上，在诉前程序中，检察机关有督促履职的义务。

2. 检察机关的保密义务。根据《检察官法》第 10 条第 5 项的规定，检察官在办理案件过程中，应当保守国家秘密、检察工作秘密，对于履行职责中得知的诸如企业商业秘密、公民个人的隐私等，须严守职业道德，保守秘密。在诉前程序中，检察机关进行调查核实、获取证据、走访询问、提出建议等事项的过程中，均可能涉及国家秘密、商业秘密、个人隐私等信息，作为客观公正的案件办理主体，不得将相关秘密对外泄露，有保守秘密的义务。

3. 检察机关的“以案释法”义务。以案释法即用案例的形式，生动形象地向群众传递与解释相关法律法规，宣传法治理念。普及法律知识是每一位法律职业从业人员应尽的义务。根据《检察官法》第 10 条第 7 项的规定，检察官通过依法办理案件，以案释法，增强全民法治观念，推进法治社会建设。公益诉讼案件办理由于制度刚建立不久，对于大多数普通民众来说，是一个陌生的概念，同时，公益诉讼案件涉及的领域多，且大多都关系到群众的切身利益。因此，通过群众喜闻乐见的以案释法方式，向公众宣传公益诉讼，普及公益诉讼概念、所涉案件受案范围，以及相关法律法规，具有重要的意义与价值。如缙云县院在办理古树名木保护系列行政公益诉讼案件的同时，也就古树名木为何需要保护、如何科学保护等问题，联合行政机关在县域各大乡镇进行了普法宣传活动，通过案例讲述的方式向群众传达古树名木保护的重要性与科学保护的必要性。以案释法之举不仅有利于法治思想的传播、提升检察机关形象，还能提高群众对公益诉讼的认识，激发群众参与度，进而拓宽检察机关公益诉讼案件线索渠道，有利于公益诉讼检察工作的开展。同时，也有助于促使社会形成公众参与公益诉讼检察工作的良好氛围。

4. 检察机关依法接受监督的义务。“有权必有责”，检察机关在诉前程序中享有调查权、取证权、提出建议权等权利，相应地，也需承担权利所带来的责任，如案件承办人对自己办理的案件负责等。检察机关在诉前程序中，履行相关职权的同时，还应依法接受监督。根据《检察官法》第10条第6项的规定，检察官还需依法接受法律监督和人民群众的监督。在诉前程序中，检察机关进行相关履职行为均需依法进行，实体上，保证各方主体依法享有的各项权利。程序上，依法开展诉前调查活动，按《办案规则》等相关法律法规推进案件进程，确保每一流程符合相关规定，时刻接受法律监督。另外，在案件办理过程中，还需保持客观公正的立场，接受人民群众的监督。综上，诉前程序中，检察机关有依法接受监督的义务。

二、行政机关的权利与义务

（一）行政机关的权利

在诉前程序中，行政机关的权利与行政诉讼中行政机关的权利并无二致，如对违法行为人的处罚权、对案件事实提出异议权等，因此，此处不再赘述。

（二）行政机关的义务

本部分主要就行政机关在诉前程序的义务进行展开。从行政机关的角度出发，诉前程序主要涉及两个时间节点，一个是收到检察建议前，另一个是收到检察建议后。对于收到检察建议前，行政机关应依据相关法律法规行使职权，对所负监管职责的事项依法进行及时的监督与管理。对于收到检察建议后，行政机关应及时整改并回复检察机关。

1. 行政机关依法履职的义务。行政机关在诉前程序中，作为具体职能部门，应当依法履行自己的监督管理职责。按照行政行为的具体形态，可将其分为行政机关作为义务与不作为义务。不管是作为义务抑或是不作为义务，均要由法律来进行规定。对于行政机关是否履行法定职责进行判断过程中，先要对其职责的来源进行分析，即要弄清楚“依法”履职中的“法”问题。具体而言，行政公益诉讼中行政机关法定职责的来源一般认为有法律法规等四个方面[①]。

“履职”，即履行职责，履行职责包含两个方面的问题，一个是如何履行，

① 包括：（1）法律、法规、规章的直接规定；（2）行政合同；（3）行政行为；（4）先行行为。

另一个是职责为何。其是同一个问题的两个方面，是无法分割的两个方面。在对是否履职进行认定过程中，通常需要判断三个方面的内容：第一个方面是要判断是否具有法定职责；第二个方面是要判断是否具有履行职责的可能性；第三个方面是要判断是否履行了相应的法定职责。上文已对此进行了详细阐述。具体到案件中，这个判断比较复杂。主要表现为以下两个方面：

第一，对是否未履行法定职责的认定缺少对行政权的关注。[①]在诉前程序中，被监督主体如果没有按照规定履行法定职责，造成了相应的损害后果发生，此时就有面临被提起行政公益诉讼的可能性。从实践当中来看，这类情形的争议并不多。较为困难的是法律仅对行政机关的职责作出了抽象规定，只是概括性地规定了其职责范围，没有对其职责作出具体的规定。对于行政机关来说，如果法律未明确授权其对某类行为有处罚权，则在具体管理过程中，就很难有效地履行法定职责。例如，缙云县人民检察院在办理安全生产公益诉讼案件时，在线索摸排的过程中发现，就特种设备车辆，如叉车等上路行驶的监管问题。诸如一辆叉车从A厂区到B厂区中间经过公路，由于其无上路权，若此时发生交通事故由交警部门负责处理，但交警部门对叉车又无进行行政处罚的权力。现实中做法是：若发生事故且需要对其进行吊销等处理的，由交警队抄送市场监管局处理。若未发生事故，由交警队引导到非公路区域，再将行为抄送主管部门，由主管部门进行处罚，但经了解，并无相关法律法规规定市场监管局有权通过认定该行为违法而对其进行处罚，使得这一问题难以得到有效解决。

第二，对履职可能性的判断比较困难。在具体实践当中，如果法律规定行政机关有作为义务，而其不履行该项义务，则属于不履行法定职责。但是仅完成了这两方面的判断还不够，还需要对其是否具有履职的可能性进行判断。[②]到底是不履职还是无力履职，必须要进行具体分析。根据行政法上权与责相对应的原则要求，也即不仅要求作为监管主体的行政主管部门权力与其责任相当，也要求其责任与权力相对应。对于行政主体来说，它和普通行为人“无力履行”的情况并不是完全一样的，具有其自身的特殊性。诉前程序中，法院一般会驳回行政机关履行不能的抗辩理由。从实践来看，行政机关履行法定职责并不是

① 参见刘超：《环境行政公益诉讼诉前程序省思》，载《法学》2018年第1期。

② 现实作为可能性是指，行政主体对应当履行的某项特定义务不会因客观条件、不可抗力、意外事件等因素导致可能性缺失而致使履行趋于不能。

在所有情况下都可能实现的，同样是要具备一定的客观条件，尤其是在环境保护和资源保护方面，更是十分复杂。如蛟河市检察院诉市林业局不履行法定职责案。[①] 对于行政执法部门来说，它们应当严格按照法律规定履行职责，但是这并不代表它们能够不顾客观规律办事，它们在特定情况下也会受到客观规律的限制。判断行政机关是否具有履职可能性的相关判断标准除遵守法律法规等相关规定外，还需结合客观实际，从实际出发进行判定。也即判断行政机关是否依法履职是建立在两点的基础之上，先要有能履职之可能，依法履行具有现实可行性。再从客观上判断行政机关能否在一定期限内履职并整改到位。

2. 行政机关整改回复的义务。诉前程序中，行政机关在收到检察建议后具有及时整改，以及回复检察机关的义务。前者是基于本机关“应为”“能为”的法律事项，后者是配合检察机关的监督职能义务。

第一，整改义务。整改义务，顾名思义，即行政机关由于未依法履行职责，收到检察机关的检察建议后，根据检察建议对所涉事项进行及时依法履职的义务。对于怠于履职的应及时依法履职，对于违法履职的，及时纠正整改。

第二，回复义务。行政机关收到检察建议之后，应当将履职情况、整改进度等信息及时回复检察机关。根据现行法的规定，行政机关应当在一定期限内书面回复检察机关，回复内容需写明具体履职情况、所采取的整改措施、下一步工作安排等。

以上两项义务中，如果行政机关在接到检察建议后没有及时履行职责，则可以进入诉讼程序，检察机关依照规定可以提起公益诉讼。但是，如果行政机关已经及时履行职责，对检察建议书中的内容及时进行整改，但未能及时回复检察机关，也就是说其回复义务未履行。检察建议有其特有的价值，如果行政机关不接受检察建议，检察机关在这种情况下可以提起行政公益诉讼。行政机关及时整改，但未及时回复，此时，是否算行政机关不履行法定职责？对此，法律还未给予明确的规定。但是，从现实来看，检察机关提出的检察建议，是行使监督权的具体表现，行政机关不仅需要及时进行整改，还需要及时对检察建议进行书面回复，写明整改事项与所采取的措施等。如果行政机关不及时进

① 参见蛟河市人民检察院诉市林业局不履行法定职责案，吉林省蛟河市人民法院（2017）吉 0281 行初 13 号行政判决书。

行信息反馈，检察机关难以及时掌握行政机关是否按照检察建议的要求进行整改，其监督职能就难以发挥，导致监督作用受到影响。基于此，回复检察机关的检察建议同样是非常重要的，如果行政机关只是进行了整改，不按时回复或者不按照规定回复，此时，应同样视为行政机关不履行或不充分履行法定职责。

三、其他参与主体的权利与义务

诉前程序中的其他参与主体是指，与案件结果或者涉诉行政行为存在某些关联的主体。从上文主体部分已知，诉前程序中的主体，除了检察机关和行政机关，还有证人、鉴定人、翻译人员等，除此之外，还有行政相对人、违法行为的受侵害主体等。在一些案件中，还有诸多其他相关的行政相关人。由于行政相关人的概念外延较为宽泛，且在行政公益诉讼提起诉讼阶段参与诉讼程序的也主要涉及前述几类，因此，不再一一列举。

其他参与主体的地位具有很强的依附性，其参与诉前程序有助于检察机关查明案件事实，解决纠纷作出决定，减少讼累，节约司法资源，同时也可以维护自己的合法权益。由于诉前程序中的其他参与主体在追求自身利益的同时，也受制于行政公益诉讼主诉利益和公法秩序的维护，所以其在诉前程序中的地位、权利等方面相较普通行政诉讼第三人有诸多限制，其地位具有依附性，或者是附着于被诉的行政主管机关，比如在主管部门未履职或未恰当履职时的行政相对人；或者是附着于检察机关，如协助检察机关了解案件事实，掌握相关证据的人。

其他参与主体除了享有行政法上的实体性与程序性权利外，在诉前程序中，如果是作为行政相对人，则其除了享有申请听证的权利、陈述申辩权、复议权、申诉权等之外，还有提出公益诉讼线索的权利、对案件结果的知情权等，同时也有配合检察机关调查取证的义务。也就是说，其他参与主体在拥有提出公益诉讼线索权利的同时，也有配合检察机关办案的义务。总之，查明案件事实是其他参与主体参与诉前程序的主要意义所在，其权利与义务也主要围绕此进行，对推动案件进程发挥着重要作用。

第三章　诉前程序的特性和功能

习近平总书记在党的十八届四中全会上指出，由检察机关提起公益诉讼，有利于优化司法职权配置、完善行政诉讼制度，也有利于推进法治政府建设。明晰了诉前程序的出发点，阐明了诉前程序所追求的目的和期望达到的效能。诉前程序作为诉讼中“打头阵”的重要环节，有着不同于一般程序的特殊性，是基于检察机关法律监督职能衍生的，本质上是超越传统“诉讼”制度的特殊司法制度。深层次理解诉前程序的特性和功能，才能对诉前程序有深层次的完整理解，这既涉及对诉前程序的基本判断，又影响诉前程序的运行方式，更左右诉前程序的未来走向。

第一节　诉前程序的特性

制度的特性则是指制度基于其产生的土壤和环境，立足于其内容和目的，从而具有的属性。行政公益诉讼是特殊的行政诉讼类型，诉前程序就是行政公益诉讼中特殊的特殊。这种特殊性体现为多角度全范围的二元性，并构筑了诉前程序独一无二的特殊性。

一、在程序的走向上具有阶段性与终结性的二元特征

司法的过程是一个有序的整体行为，需要按照不同的步骤进行一步一步地推进，每一个程序都有其独特的法律内涵，这种被赋予的法律内涵就是程序的阶段性。在行政公益诉讼程序中，从立案开始就要对涉及违法行为和损害公益行为进行审查，此时，检察机关是程序走向的掌控者、案件审查的实施者；移

送起诉后，则由法院作为案件走向、司法裁判的决定者。诉前程序前后连接着调查核实与提起诉讼程序，若将行政公益诉讼比喻为一条长河，诉前程序和庭审程序则是其中的两个段位，而不是两条河流。[①]当水流进入诉前程序后，诉前程序作为案件河流的阀门，可以打开阀门的开关，将案件起诉至人民法院，让案件的河水流入诉讼审判程序。

诉前程序的终结性是指只要达到公共利益保护的目的，整个行政公益诉讼可以在诉前程序阶段完结，不再向人民法院提起诉讼，这是司法行为终结性效力在诉前程序的体现。终结性是对司法活动在终结环节上的要求，具有定分止争的效力。[②]司法终结性是维护法治国家尊严的必需，是法的功能的必然要求，也是法的效率的必然要求。在诉前程序中，体现为检察机关在诉前程序中经综合判断，确定本案中受损害公益修复目的达成或损害公益行为终止，行政机关依法履职到位后，作出案件终结决定。在提起诉讼程序之前，诉前程序可以终结案件，作为检察机关自行依法裁决终结案件的程序，这就是诉前程序的终结性，这体现了法的重要功能——解决纠纷。

一旦在诉前程序达到公益保护目的，行政公益诉讼程序即告终结，这体现了诉前程序的终结性；反之，诉前程序未能达到公益保护目的，诉前程序阶段结束，继续进入诉讼阶段，这体现了诉前程序的阶段性。终结性以阶段性为基础，阶段性蕴含了终结性的因素。而关于诉前程序的方式，有学者认为，诉前程序从方式上看具有特定性，诉前程序的主要工作方式是执法检察建议，[③]在现行制度设计中，诉前程序先行适用具有法定性，是检察机关提起公益诉讼的必经前置程序。对此类观点，本书认为这恰恰是对诉前程序表面化的理解，诉前程序的设置就是为了检察机关对在执法办案中发现的行政机关及其工作人员的违法行为及时提出建议并督促其纠正。诉前程序的开展形式灵活多样，检察建议只是督促纠正的最常见手段之一。除此之外，还可根据案件本身的不同情况，开展包括书面告知、诉讼提示、约谈、提出异议、抗议、督促令、诉前圆桌会议等多种形式。诉前程序是一个笼统的概念，其开展方式是不特定的，反而具有形式灵活性和多样性的特征，这样的特征在诉前程序的阶段性和终结性中得

① 参见关保英：《检察机关在行政公益诉讼中应享有取证权》，载《法学》2020年第1期。
② 参见陈瑞华：《看得见的正义》，中国法制出版社2000年版，第75页。
③ 参见邓娜：《检察机关提起诉前程序研究》，载《检察日报》2020年5月8日。

到了充分体现。

如何更好地理解诉前程序在程序走向上具有阶段性与终结性的二元特征，以最高人民检察院公布的山东省庆云县人民检察院诉县环保局不依法履行职责案为例。庆云县检察院就污水处理厂污染环境案向环保部门制发两份督促履行监管职责的检察建议，环保部门收到检察建议后虽然进行回复，但未依法正确履行监管职责，致使群众反映的污染问题一直未得到有效解决。庆云县检察院遂向法院提起行政公益诉讼，最终法院支持检察院全部诉讼请求。从该案不难看出，庆云县人民检察院发现环保局在监管中有违法行为，先行开展诉前程序，制发两份检察建议，若环保局在收到检察建议后积极履职，达到修复污水排放问题的目的，那么该行政公益诉讼就已结案，不会再进入诉讼程序，这就是诉前程序终结性的体现。而该案中，这两份检察建议虽然得到环保局的回复，但环保局并未依法正确履职，公司造成的环境污染问题没有得到解决，被损害的公益不仅没有修复，损害还在继续发生，在诉前程序阶段中无法终结，随后进入诉讼阶段，这就是诉前程序阶段性的体现。

二、在程序的地位上具有附属性与独立性的二元特征

要理解附属性，就要把诉前程序放置在整个行政公益诉讼中去看，因为诉前程序是整个行政公益诉讼程序的开端，它是依附于行政公益诉讼整体的，但这种附属并不是无源之水、无本之木，诉讼程序是诉前程序的后续保障。

独立性是指诉前程序在整个行政公益诉讼中是相对独立的公益保护程序，具有独立的价值和独特的运行方式，不完全依赖于诉讼程序而存在，“与诉讼程序可以相对分离”[①]。这决定了诉前程序的运行既要服从行政公益诉讼的一般要求，同时又不能完全按照诉讼的标准来运行。[②]其中行政机关公益侵害构成要件、法律责任要按照一般的行政法标准来判断，而程序性问题（例如磋商、检

---

① 苗生明:《诉前程序应具有相对独立性》，载《检察日报》2019年1月3日，第3版。

② 《行政诉讼法》规定的审理程序和裁判方式是按照主观诉讼的思路设计的，除了诉讼的基本原则之外，大多数制度环节不契合检察行政公益诉讼作为客观诉讼的属性。这意味着，检察行政公益诉讼制度的建构与完善应当在遵循《行政诉讼法》基本原则和制度框架的前提下，从受案范围、诉讼主体、审理程序、裁判方式、证据规则等环节进行局部的突破。参见高家伟:《检察行政公益诉讼的理论基础》，载《国家检察官学院学报》2017年第2期。

察建议、检察机关说服责任、行政机关异议权）则除了服从提起诉讼的要求外，还体现诉前程序自身的独特性。

以安徽省怀远县人民检察院诉怀远县农业农村局案为例。2020 年 7 月，怀远县检察院在开展禁渔公益保护专项巡查中发现，怀远县芡河湖省级大银鱼水产种质资源保护区（以下简称芡河湖保护区）内，存在大面积“迷魂阵”等禁用渔具。“迷魂阵”也叫拦截插网陷阱，因渔具网眼极小，可对大小鱼类一网打尽。鉴于使用“迷魂阵”的行为严重威胁大银鱼种群等生长和生存环境，破坏水生生物资源，损害了社会公共利益，该院先向怀远县农业农村局制发检察建议，要求其依法履行禁渔监管职责，查处违法行为。怀远县农业农村局收到检察建议后，并未依法履职。于是，检察机关提起行政公益诉讼，案件审理过程当中，农业农村局向县政府作了专题报告，并组织召开由怀远县检察院、荆山镇政府等单位参加的联席会议，研究具体处理方案，后开展集中整治，经多部门联合验收，整改合格。鉴于怀远县农业农村局全面依法履职，公益诉讼目的全部实现，检察机关不是变更诉讼请求为确认行政机关原怠于履职行为违法，或是撤回起诉，而是基于公益诉讼目的已全部实现，另行建议法院裁定终结诉讼，体现行政公益诉讼协同之诉、督促之诉的制度特点，彰显检察公益诉讼的目标导向和双赢多赢共赢的价值追求。怀远县法院依据怀远县检察院建议，于 12 月 31 日对该案依法作出终结诉讼的行政裁定。从该案中可以看出，检察机关发现公益遭到损害时，随即开展诉前程序，向相应行政部门制发检察建议。此时诉前程序是独立的，但是又是依附于行政诉讼的。诉前程序独立存在，独立开展，先进行调查核实，确定损害公益情况，确定责任部门，再核实证据、事实，向相关行政机关制发检察建议，后追踪公益修复、保护情况以及行政部门依法履职情况。诉前程序按照规则制定的航线稳步前行，这就是其独立性的体现。而后因行政机关未依法履职、公益修复保护未到位，诉前程序宣告结束，所开展的是其强有力的诉讼程序，检察机关将行政机关起诉至人民法院。案件起诉法院后，在诉讼环节，行政部门积极履职，修复被损害公益，行政诉讼保护公益目的全部实现，体现了诉前程序依附于诉讼程序又独立于诉讼程序的二元特性。

三、在程序的目标上具有“避诉性”与“为诉性”的二元特征

“避诉性”是指在诉前程序中，检察机关与行政机关都在努力达成一致，以期在诉前解决公益受侵害问题，避免将案件拖入诉讼程序。不愿诉是避诉性的一种形式，从根本上说，不愿诉体现了对于维护利益手段的取舍取决于对利益的权衡。以 2021 年为例，全国检察机关共办理的 14.9 万件行政公益诉讼案件中，发出诉前检察建议 12.7 万件，行政机关回复整改率为 99.49%，绝大多数案件并未进入诉讼程序，直接在诉前程序结案处理，表明诉前程序更有利于协调解决问题，检察机关通过与行政机关进行诉前沟通，针对案件中发现的问题进行协商，共同解决行政机关执法中遇到的难题，更能通过个案的办理，发现现实存在的履职难点，以解决和扫清其依法履职的障碍。这种便利不仅仅体现在某个单独的行政机关身上，而且体现在各机关、各部门共同协作、多方合力之上，帮助搭建各方合作平台，凝聚多方合力共同化解矛盾纠纷，从而实现双赢多赢共赢，尽量减少诉讼、提升司法效率、提高行政机关依法行政水平，彰显了诉前程序的“避诉性”。诉前程序以“非诉”的形式实现了“诉讼”的目的。

“为诉性”是指诉前程序也是检察机关提起诉讼的预备程序，检察机关在诉前程序中要做好“两手准备”，以诉的打算争取不诉的可能，行政机关同样如此。诉前程序有利于核实事实真相，通过诉前程序所调查核实的结果，检察机关可以初步判断是否符合提起行政公益诉讼的要求，同时也给检察机关与行政机关进行沟通合作提供了前提条件，构成检察机关与行政机关在诉前程序中的合作基础。一些案件中，检察机关与行政机关可能会有不同的认识，但无疑有着共同的目标，在维护公益基础上的尽可能地不诉，这种“不诉”不是畏诉，也不是“官官相护”，而是诉前程序避诉性和为诉性的二元特征的体现。检察机关通过诉前程序分流行政机关及时履行职责的案件，尽可能实现行政机关自行纠正违法行政行为。提起诉讼的程序一旦开启，就可能面临着审判，权利与责任对等，行政权、检察权、审判权三者任何有一方失衡都可能会导致权利滥用或者权力怠于行使的情况出现，进而造成法律效益降低、资源浪费，检察权以监督为重要职能，需要通过程序规范加以限制，实现权力行使的正当性和合理性。这种情况下，法律要满足保持社会稳定的要求，需合理分配不同权力间的界限，合理配置权力，使得权力运行规则化、制度化，这也是法的秩序价值。

诉前程序对检察机关、行政机关、审判机关三者秩序关系的调整、协调、优化就体现其特殊的秩序价值。在三者权利关系中，司法权应当是社会权力中的最后选择，尤其是审判权，可谓是“最后的防线”。检察权属于司法权，但检察权不同于司法权，没有最终裁判权，所以诉前程序实际上就是公益救济最后程序的“开关”。所以本书认为公益诉讼案件办理中最重要的不是检察权，也不是审判权，最重要的还是行政权，行政权是社会公益最高效的保护和救济权力，行政公益诉前程序就是平衡三者关系，督促行政机关用好保护和救济公益的行政权。可以看出，诉前程序是“进可攻、退可守”的制度设计，是检察机关维护公共利益的“预备军”，诉讼程序则是“最后手段”。

四、在程序的效果上具有直接性与间接性的二元特征

所谓的直接性是指思维认识的初级阶段，以德国黑格尔的理解就是在初级阶段内，人们所认识到的知识感觉中直接呈现的事物，尚未透过直接的东西深入本质，亦未把握各个环节内联系和矛盾的转化。这种直接性体现在诉前程序中，我们认为是诉前程序的目的是保护公益损害和监督行政机关，启动诉前程序的直接原因就是公共利益被损害，而在损害发生过程中，行政机关未依法行政。故而我们认为诉前程序的直接性体现在两方面，一方面，体现在对于被损害公益的保护是直接的，检察机关针对目前公益的保护，尤其是生态环境和资源保护、国有资产保护、国有土地使用权出让、食品药品安全等领域的公益受损案件的保护是“单刀直入”的；另一方面，体现在检察机关对行政机关的监督是直接的，直接针对行政机关的行政行为进行监督，监督行政机关是否履职及时、履职到位、履职合法等。

所谓的间接性，指的是检察机关不直接性采取措施修复被损害公共利益，而是督促行政机关采取措施修复被损害公共利益。2017 年，习近平总书记在第二十二届国际检察官联合会年会暨会员代表大会致贺信中提出，检察官作为公共利益的代表，肩负着重要责任。中国在发挥检察官公益保护作用、推进法治建设中积累了不少经验，也愿积极借鉴世界有关法治文明成果。希望各国检察官以本届会议为契机，分享保护公益、推动法治建设的经验，深化司法合作交流，共同为促进人类和平与发展的崇高事业作出新的贡献。该讲话肯定了中国检察官在公益保护中是作为公共利益的代表地位，但这种代表不完全等同于外

国检察官在公益保护中的作用地位，我们认为，我国检察官虽然是公共利益的代表，但是此“代表”更符合我国国情，并非“全权代理”，更像是“代为发声”，这种代表的间接性特点在诉前程序中体现得尤为明显，即检察机关作为公共利益的代表，并非检察机关代替行政机关行使行政权，而是为保护公共利益，通过督促行政机关依法行政来实现公益保护作用、推进法治建设的目的。由此决定了检察机关既要充分发挥督促功能，同时又要准确把握行政机关主体责任和检察机关督促责任的界限，大家各守其位，避免“越俎代庖”。[①]

单纯的直接性和间接性是绝对对立的，直接性完全脱离间接性，所以该结果是“片面的”，我们认为真正的直接性不但不排斥间接性，还包含间接性，二者相互交融，互为支撑，如同诉前程序的直接性和间接性，为直接保护公益而直接监督行政机关依法行政，继而通过被监督的行政机关去实施具体行政行为，以监督行政权的依法行使去完成被损害公益的修复，以直接的程序促成间接行动，以间接的行动达到直接的目的。

五、在程序的体现上具有主动性与谦抑性的二元特征

主动性在诉前程序中指的是检察机关对行政部门的行政行为的监督是主动的。其一，诉前程序监督性是法律所赋予的，法无明文规定不为罪，法无明文规定不处罚，公权力机关所有的权力都来自于法律赋予，诉前程序作为法律规定的程序之一，其监督性必然具有法律的特性。[②]让行政诉前程序真正“有法可依”，同时，还确定了提起行政公益诉讼的主体只能是人民检察院，其他任何机关、个人、社会团体都无法提起行政公益诉讼。这就是诉前程序监督性的法律来源。其二，诉前程序的监督性体现在主体，《行政诉讼法》第 25 条同时还规定了人民检察院是行政公益诉讼的主体。检察机关是我国法律规定的监督者，负有保障法律统一实施、维护法律的权威与尊严的神圣职责。诉前程序的监督

---

① 现代分权理论的核心是权力之间的制约与平衡。具体到行政诉讼领域，其核心就在于司法权与行政权的关系：司法权监督行政权，但应保持适度的尊让，不能侵犯行政权的自主权力空间。参见于洋:《行政诉讼履行法定职责实体判决论——以“尹荷玲案”为核心》，载《北京理工大学学报（社会科学版）》2018 年第 2 期。

② 参见陈义:《我国行政公益诉讼检察建议实证研究》，江西财经大学 2021 年硕士学位论文。

性又从其主体得以窥见，但诉前程序的监督性和检察权的监督性有所不同，检察机关在检察监督权的行使过程当中，其实很多时候都有被动的特征，例如刑事案件审查中所发现的法律监督线索，基本上都是在侦查机关移送审查起诉时，通过审查书面案卷材料、询问或讯问案件当事人等手段，才能发现办案过程中的监督线索，换言之，这种检察权的监督性是被动的，必须是在案件移送到检察院之后，检察机关才能对案件进行监督，若是针对刑讯逼供等违法行为，还必须要当事人提出异议才能发现，否则检察机关是很难从侦查机关提供的书面材料中发现该类线索。与此不同的是，诉前程序中，检察权的监督性是积极主动的，其一，这种主动性表现在监督不受案件所处阶段流程限制，无论案件是在侦查机关的侦查阶段，还是在检察机关的审查逮捕、审查起诉阶段，抑或是在法院的审判环节，都不影响诉前程序的主动监督。其二，这种主动性表现在监督不受案件来源的限制，只要是在检察机关履职的过程当中发现的监督线索，它可以来源于利益相关人的举报控告，可以来源于“益心为公”等社会公众平台的志愿者提供监督线索，还可以来源于案件的办理等多方面，均可以对其监督。其三，这种主动性表现在监督不受四种案件类型的限制，虽然目前《行政诉讼法》第25条明确规定的是四大类公共领域范围，但不意味着仅仅局限于四大领域之中，就目前实践中来看，诉前程序的主动性也极大激发各地检察机关逐渐拓宽对“等”外领域的探索，如陕西省宁强县人民检察院督促履行尾矿库区安全监管职责案等。

谦抑性是司法的整体特征，在涉及国家机关之间的权力分工与权力制衡的行政公益诉讼中表现得尤为明显。诉前程序是谦抑性的重要表现，蕴含了两个基本原理：一是行政机关首次管辖权原理，即行政机关对于职权范围内的事项，具有首先的管辖权，其他机关应尊重行政机关的首次管辖权。二是诉前程序体现了尊重行政机关自我纠错机制的原理。[①] 诚如行政诉讼制度不是建立在“法院比行政机关高明”这一基础之上，诉前程序更是充分尊重行政机关行政自主权。在现代国家治理中，法治是存在成本的，必须考虑制度运行的成本，“理想的法治秩序应当是守法加上必要的配合执法，司法则致力于纠正守法和执法的偏差，

① 参见邓可祝：《论环境行政公益诉讼的谦抑性——以检察机关提起环境行政公益诉讼为限》，载《重庆大学学报》2021年第5期。

从而将法治运行的成本最小化”[1]。在诉前程序中，既能纠正在行政执法中存在的问题，又能避免司法机关的过度干预，还能节约国家成本。而从维护公共利益国家层面的权力分工的角度出发去理解，行政机关、检察机关、审判机关分工明确、各司其职、各负其责。行政机关履行行政监管的主体责任，检察机关履行督促依法行政的监督责任，审判机关履行定分止争的司法最终救济责任。从发生学的角度来看，维护公共利益的直接责任在公共利益的承载者身上，就目前公益诉讼划定的生态环境和资源保护、食品药品安全、国有财产、国有土地使用等范围，直接责任都落在相关主体身上。发生公益受损事件时，处于第一道防线的是作为执法主体的行政监管部门。行政机关拥有公益保护领域的专业人员与专门财政投入，具备履行公益保护职能所需要的专业知识和技能，因而能够在预防、治理、应急等方面对公共利益实施全方位保护。同时根据国家机关法定职权分工原则，谁负责的事项由谁优先解决。具体到公共利益保护问题，在提起公益诉讼之前，应当坚持行政优先原则或者穷尽行政救济原则。这是法治国家处理行政争议、促进依法行政的重要原则。行政机关有权力也有能力解决因自己的管理行为引起的争议和问题。这一原则有利于保障行政权的自主性，避免行政机关丧失纠正自身问题的必要机会，提高违法问题的解决效率，也有利于减轻司法讼累。行政机关是公共利益保护的直接责任人，也是最有能力直接推动问题解决的部门。

诉前程序在整个行政公益诉讼环节中无可取代的重要作用，需要对诉前程序进行深入研究探索，以对这一新兴又富有生命力的制度进行完善优化。尤其是检察人员，更需要对诉前程序深入探讨，要充分考量监督与行政的关系，既要充分发挥监督职能，又要平衡检察权与行政权的关系。检察权作为司法权的一种，就程序而言，检察机关提起行政公益诉讼也可理解为对公共利益最后的救济程序，[2]正是这种最后性不允许司法权、检察权过早干涉、过多介入行政权的行使，更不能直接代替行政权作出处理。因此，诉前程序的设置实际上有效起到了“既发挥司法权对行政权的制约，又不至于以司法权破坏行政权的正当运

① 李艳芳、吴凯杰：《论检察机关在环境公益诉讼中的角色与定位》，载《中国人民大学学报》2016年第2期。

② 参见胡卫列、迟晓燕：《从试点情况看行政公益诉讼诉前程序》，载《国家检察官学院学报》2017年第2期。

行”[①]的作用。既确保监督权的正确行使，又不介入行政权实施；既针对整改避免诉讼，又督促履职保持谦抑性；既提升行政机关依法行政的积极性，又完善检察机关的监督主动性；充分体现诉前程序主动性和谦抑性的二元特征。

第二节　诉前程序的功能

诉前程序作为行政公益诉讼中必不可少的部分，其作用显而易见、毋庸置疑。功能是事物或者方法所发挥的有利的作用，为了更好地发挥出诉前程序的功能，更好地维护社会公益和解决侵害公益的行为，有必要对诉前程序的意义进行分析。诉前程序的功能是多维度的，既直接指向公益保护，又间接推进了依法行政，同时，还具备诉讼推进这一过程性功能。

一、损害公益修复的功能

公益因为不单独属于任何个人，所以个人没有自发维护的动力，因它又关系着每个人的利益，最需要保护。这是诉前程序最重要、最基本的功能，是检察公益诉讼目的最直接的体现，是对受侵害公共利益的保护。[②]检察机关通过诉前程序，督促行政机关依法履职，依托行使行政权，迳行采取措施（例如消除公益侵害原因、完善公益保护设施、建立公益保护制度），或者对行政相对人施行管理措施，可以使被损害的公共利益得到修复，使国家利益和社会公共利益得到保护。有观点提出，行政机关是公共利益的代表，检察机关也主张是公共利益的代表，两者是否冲突？本书认为二者之间是不冲突的。我国的根本政治制度是人民代表大会制度，行政机关作为由人民授权、为人民服务的机构，维护好人民的利益、实现好社会的利益、保护好国家的利益，是行政机关的基本职能。而作为国家的法律监督机关，检察机关则代表国家行使好保护法律实施

① 姜涛:《检察机关提起行政诉讼制度：一个中国问题的思考》，载《政法论坛》2015 年第 6 期。

② 参见赵谦、余月:《主体、属性与实践：公益诉讼诉前程序要义考略》，载《河北法学》2021 年第 2 期。

的职责、履行监督权力运行的职责、保护国家人民利益的职责。在行政公益诉讼中，检察机关是以“公益诉讼人”的身份提起诉讼，而没有主张是“公益代表人”的身份，无论是在诉前程序之中，还是提起诉讼之后，检察机关的目的都是履行监督职能，督促行政机关依法履职、保护被损害的公共利益。所以二者不仅不冲突，根本目的是一致的。据此，行政公益诉讼督促程序最显著的功能符合其目的本质，而公益修复功能实现的程度，最能反映诉前程序的实际救济性修复保护的效用。这种救济性修复保护的体现是多方面的，主要体现在以下三点。

第一，体现在公共利益已经被损害的情况下，通过诉前程序挽回损失、修复公益。即公共利益已经遭受了损害，这种损害行为已经实施，损害结果已然发生，在面临此种情况之下，保护公共利益要及时地停止继续实施侵害行为，及时地减少损害加剧产生，恢复被损害公益原状或持续修复被损害公益等。例如丽水市青田县辖区县城部分地段人行道上附属于市政设施的盲道，存在长期被违法停放的机动车、非机动车占用的情况，严重影响盲人的出行体验和人身安全，不利于残疾人等弱势群体平等充分参与社会生活，不利于弘扬中华民族扶贫助残的传统美德，损害社会公共利益。无障碍设施是指保障残疾人、老年人、孕妇、儿童等社会成员通行安全和使用便利，在建设工程中配套建设的服务设施。包括无障碍通道、电梯、洗手间、盲道等。盲道是专门帮助盲人行走的道路设施，由条形引导砖组成的行进盲道和由圆点提示砖组成的提示盲道为盲人出行提供帮助。青田县县域内多个地段盲道被机动车、非机动车等占用，极易造成盲人出行安全隐患，危及盲人的人身健康及出行权益，但青田县综合行政执法局未对盲道被机动车和非机动车占用现象进行有效监管，让盲道成为“忙道”，导致盲人通行安全存在隐患，损害了弱势群体的合法权益，致使社会公共利益受到侵害。青田县人民检察院制发检察建议后，青田县综合行政执法局复函，加强了日常巡查，及时取证处罚，并开展非机动车违停整治；引导车主将非机动车停放在指定位置，对屡教不改者，进行劝诫教育；同时对城区人行道停车问题突出路段进行排查，列入违停重点取证区域；针对停车难与盲道畅通的矛盾，联系市政部门，建议其对部分盲道设置的位置适时作出优化调整，并在新增道路选取位置设置盲道时，综合考虑公共停车位设置空间需求，及时修复了被损害的公益，且充分发挥了行政部门的执法能动性。这种公益保护的表现形式是最直接的，以最快速度修复被损害公益，挽回所造成的损失。

第二，体现在无法挽回损害的情况下，加强监管、预防再犯。以环保领域为例，对生态环境的损害不仅限于对某区域土壤、空气等环境因素的污染或破坏，更在于通过对某个因素的污染或破坏导致环境整体性能的严重退化或某种生态服务功能的丧失。因此，许多生态环境的损害都是不可逆的，这也就意味着并非所有的公益损害，都能恢复到受损之前的状态。[①]在基层中最常见的就是村民焚烧秸秆、荒草等情况，比如青田县祯旺乡等多个村庄的山上以及田间地头，白天或傍晚存在露天焚烧秸秆、落叶和杂荒草的情形，露天焚烧后产生大量烟雾，直接飘散到天空，污染大气环境。在该情况下，对监管不到位的行政机关提起诉讼是否有必要，这个问题要放在基层实践去探讨。就该案例中，先看人口结构，青田县作为著名的华侨之乡，全县人口五十余万，其中有将近30%的华人华侨，留在县域内的人口结构为老人和儿童居多，尤其是乡村里，更是老人、儿童留守居多，年轻人占比很少。再看地域分布，青田县沿瓯江河流呈带状分布，境内山峦起伏、溪谷纵横，素有“九山半水半分田”之称，这就造成乡村分布距离较散，山路盘桓，村落和村落之间有“望山跑马”之感，故如果仅靠政府部门机关人员对村落进行人力监管，可能在现实条件上就无法得以实现。青田县人民检察院向祯旺乡人民政府发出检察建议，建议其加强对焚烧秸秆等行为的监管，通过各村委会加大禁止焚烧的宣传力度。后不仅是青田县祯旺乡，各乡村都开始由此发散思维，运用现代化技术，创新开展了无人机监管行为，极大地提高了监管力度，也创新了监管方式。诉前程序的使用恰如其分，既点明行政机关执法的不足之处，使之警醒，又给予行政机关自我修正的缓冲，给予尊重，平衡了司法权和行政权，实现保护公益目的，可谓是“不多不少，恰到好处”。

第三，体现在排除公益损害隐患，维护社会和谐稳定。从“两高”发布的《检察公益诉讼解释》第21条的规定来看，对于国家利益或者社会公共利益的侵害必须要产生现实的危害结果，人民检察院才能提起行政公益诉讼。但从法理上分析，潜在的、极有可能发生物理形态上的损害也应成为检察机关提起行政公益诉讼的判断标准。以现阶段最影响百姓生活的新冠疫情为例，当前全国新型冠状肺炎疫情防控形势呈零星散发状态，农村地区的疫情防控处于薄弱环

① 参见刘超：《环境诉前程序省思》，载《法学》2018年第1期。

节，更需要加强防控，将防控措施落实到位。青田县检察院组织检察人员针对全县范围内的部分农贸市场、菜市场等公共场所内的从业人员存在未按照疫情防控规定情形进行调查，发现部分菜市场内的从业人员在工作期间应当佩戴口罩而未佩戴口罩，疫情防控措施落实不到位，若发生病毒携带者在其中从业经营，可能危及多数不特定群众的身体健康，危害社会公共卫生安全，甚至可能导致疫情防控出现反复的危险。社会公共卫生安全事关国家利益和社会公共利益，对于农贸市场内工作人员自身未佩戴口罩的情形，市场监管部门应当督促市场开办者和经营者依法落实食品安全主体责任，加强对市场内工作人员佩戴口罩情况的管理。青田县人民检察院遂向青田县市场监督管理局制发检察建议，青田县市场监督管理局及时开展专项检查活动，对县域内进行排查，并对辖区内冷链食品“三证一码”、从业人员核酸检测等进行严格巡查。在疫情防控面前不能抱有侥幸心理，诉前程序在防疫阻击战打出了警示的一枪，用检察建议排除公益损害隐患，用诉前程序保护社会平稳。从该案例中不难看出，虽然社会公共利益没有遭受到实际的损害，但是有遭到严重损害的风险，这种风险是有可预见性、可预判性的，基于该风险防控，行政机关应当以保护公民人身财产安全和社会稳定的角度出发，行使管理、监督职责以保护公益避免遭受损害。若行政机关未尽义务，检察机关可就此开展行政公益诉讼程序进行监督，但以可能发生且未发生的风险防控，直接提起诉讼，难免违背了最朴素的“有责才有罚”认知观，故而诉前程序就是“瞌睡时递来一杯的浓茶”，既起到提醒监督作用，又不过分干预行政机关依法行政。

二、诉讼预备的功能

随着社会经济的高速发展，依法治国理念不断深入人心，人民的法治观念与日俱增，学会用法律维护自己的合法权益，司法机关要办理大量案件，必然需要我们采用更加多元化的纠纷解决机制，如诉前调解、枫桥经验、人民调解员等，行政诉前程序的应运而生是符合社会发展需求的，诉前程序为诉讼做好“预备”工作，其功能和价值体现在多个方面。

（一）为诉讼准备证据

在行政公益诉讼案件中，必须要先确认行政行为具有违法性，或是行政机关不作为，而由此损害了公共利益，这样的审查通常需要经过搜集证据、移交诉讼、立案审查、排期开庭、庭审调查、司法处理、停止损害或修复损害，经过以上一系列程序才能最终达到公益诉讼的目的，时长可想而知，而诉前程序就能很好节省诉讼程序必然面临程序完整性所带来的成本。这里，成本有两层含义，一是时间成本，二是经济成本。首先，从时间成本看，可以在节约行政行为违法确认的效率时间和修复被损害利益的期限时间两方面进行探讨。第一，节约行政行为违法确认的效率时间。行政违法是指行政法律关系主体违反行政法律规范，侵害受法律保护的行政关系，对社会造成一定程度的危害但尚未构成犯罪，依法应当承担行政责任的行为，其要求主体主观上有过错，包括故意和过失，客观上要求有事实，包括违法行为及其产生的结果。诉前程序通过及时介入了解案件具体情况，利用检察机关专业法律知识对案件情况进行初步判断，案件中行政机关的行政行为是否违法以及采取何种后续处理方式，这就是快速对行政违法进行初步判断，以节约确认行政违法的时间。第二，修复被损害利益的期限时间。经过对行政行为违法性的初步判断之后，紧接着是减少公益修复上的程序性时间成本。诉前程序通过及时高效多元的方式与行政机关进行沟通，直接督促行政机关依法履职保护公益，避免直接进入行政公益诉讼程序，[①]有可能避开相对漫长复杂的起诉、应诉、举证、庭审、裁判以及二审、执行等程序，相对于诉讼而言，具有短平快的特点，相对于诉讼程序来说，在修复被损害公益的时间上，诉前程序可以说是更高效且快速的。其次，从经济成本看，从行政公益诉讼试点的实际工作情况进行分析，最主要的经济成本就是检察机关调查取证所付出的人力、物力、财力成本，因为在行政公益案件诉诸法院进入审判程序之后，检察机关所承担的举证责任最主要的内容是证明国家和社会公共利益受到的侵害及其程度，并举证行政机关未依法行政与被侵害公益的关联性。这种证据的掌握程度要符合证据合法性、关联性、真实性的要求，必须全面扎实，才足以支撑检察机关参加诉讼，就调查取证所产生的费用就是一笔不小的消耗，是检察机关提起行政公益诉讼必须负担的成本。但诉前程序相对诉讼程序，对公益保护的目的会更加“急迫”，诉前程序能让检察机关更快

① 参见蔡文灿、杨森:《我国环境诉前程序的困境与完善》，载《哈尔滨学院学报》2020年第5期。

的进入案件，了解案件的发展方向。在实践中，大多数行政公益诉讼案件在诉前程序已经终结，无须进入审判程序，那么检察机关在诉讼中必须扎实掌握并需要出示的询问、鉴定、评估、审计、航拍、咨询等相关证据的成本都可以一定程度地予以缩减，聚沙成塔，集腋成裘，诉前程序节约了经济成本。

（二）提前和行政机关交流，厘清诉求

一般而言，行政机关不依法履行职责包括拒绝履行、拖延履行和不完全履行。诉前程序中对于被监督的行政机关是否及时纠正违法行为、积极行使职权保护或者停止对公共利益的损害，影响着诉前程序最后确定行政机关是否达到履职的标准，决定是否进入诉讼阶段。诉前程序能让检察机关更好的理清复杂的案件关系，及时匹配责任部门，理清责任分配，通过和行政机关进行充分的沟通交流，既能明确行政机关职责履行情况，也能了解行政机关对于案件发展的处理态度，分清被损害公益造成情况究竟执法权的“不能”还是“不愿”，再结合被破坏的公共利益，出具有针对性的处理意见，“对症下药”才能“药到病除”。例如青田县检察院办理的阿理炼油厂污染环境案，2018 年 2 月，青田县检察院在履职中发现，青田县阿理废油回收再利用加工厂自 2009 年成立起至 2017 年 8 月，在未取得环保部门危险废物加工许可证的情况下，利用废机油提炼非标柴油，并将有毒有害废渣非法倾倒至周边，造成 1700 余立方米的土壤受到严重污染。青田县检察院迅速展开调查核实，查明厂区内露天储油池存在满溢风险，有毒有害废渣可能造成二次污染，遂发出诉前检察建议，督促环保部门履职。环保部门随即采取了加建防护钢棚等应急处置措施，但由于费用巨大，当事人不配合，处置工作陷入困境。青田县检察院继而推动相关行政机关召开专题会议，确定由政府投入 80 万元用于临时处置，及时地保护生态环境，避免整个案件诉讼程序拖延环境修复时间，也防止当事人相互扯皮推诿而影响危废及时处理，更是为后续整个案件的生态环境修复提供保障。该案的办理很好地体现检察机关在诉前程序通过与行政机关的充分沟通交流，及时提出意见，共同解决在修复被损害公益案件中的难点，达到促进行政机关依法行政和维护被损害的公共利益的目的。而另一种情况，若诉前程序无法达到其目的，需要进入审判程序时，检察机关已经通过诉前程序运行的过程与行政机关有了深入的互动，更加充分地了解公益损害的事实、行政机关的法定职责、履职现状、履职能力、履职态度，在诉前程序所收集到的证据，可以为诉讼做准备。类似于英国民事诉讼中的诉讼前守则制度，诉前的文书交换和协商有助于当事人对案件作充分准备，并推进诉讼的迅速进行。[①] 这种预备既是程序上的，也是实体上的，提升了诉讼的效率。

（三）了解社会各界的声音

监督制约理论是政治思想家们创立的一种理论，也是被历史实践反复证明了的一条政治规律，监督制约国家权力的行使，防止国家公权力被滥用，尤其是要将多个主体，即国家监督主体、社会组织主体和个人主体的多重监督力量有机结合，共同对国家权力进行监督或者制约。现代社会各种行业协会组织大量出现，例如消费者协会、妇联、侨联等行业和公益团体组织，它们有着共同的利益追求和精神诉求，它们一般拥有相关领域的知识和一定的物力财力，它们作为一个社会团体在社会生活中发声，在社会上扮演着越来越重要的角色。在行政公益诉讼中，检察机关面临着的是一些被损害的公益情况，每个被实际损害的公益可能有其独特的专业领域知识及规则，不是法律专业可以凭借自身知识素养就能轻易理解并设计科学解决方案的，所以需要通过诉前程序去倾听各方意见，既能多渠道的听到不同社会层面对具体案件的多种声音，让观点相互碰撞，擦出行政诉讼更闪亮的“火花”；也能多角度了解案件处理是否恰当，对检察机关作出的决定进行一定程度的检验；还能触碰到检察机关力所不能及之处，为行政诉讼案件的顺利进行添砖加瓦。同样以上述青田县阿理废油回收再利用加工厂倾倒有毒有害废渣案为例，在审查案件时发现有加工厂股东当时身处海外，而此时面临被污染土壤急需修复的问题，但由于当事人不配合，工作陷入僵局，于是青田县检察院运用检侨之家平台，紧急与海外联络站和侨联的人员取得联系，通过海外力量，取得和当事人的联系，多次组织释法说理工作，再联合侨胞力量，终于成功劝返当事人，回国参与环境修复工作，出资百万元，共同开展被损害公益修复工作。此案就可以凸显社会团体在检察工作或者更可以说在社会生活中的重要作用，诉前程序更是可以加强与社会团体的沟通交流，既能听到社会对检察、对行政机关的不同声音，也能通过诉前程序

---

① 参见徐昕:《论私力救济》，广西师范大学出版社 2015 年版，第 401 页。

借助社会团体的力量，提高办案质效，扩展工作宽度和广度。

三、督促依法行政的功能

现代国家，行政权在国家权力结构中居于事实上的中心地位，其发生作用的广度和强度都是立法权和司法权所无法企及的。[①]行政主体基于“理性经济人”的角度，行使行政自由裁量权使得其在作出具体行政行为时可能会出现偏颇，为防止出现行政不作为、乱作为，需要完善对行政权监督的严密网络。行政公益诉讼诉前程序能够督促行政机关依法行政，这是行政公益诉讼的重要目的，也是党的十八届四中全会《决定》提出探索检察公益诉讼制度的初衷。通过诉前程序，能够促进行政机关审视自身在公益保护中存在的不足，寻找较优公益行政保护的途径，理顺行政职能关系，提高依法履职的水平，推动法治政府建设。

（一）督促行政机关依法行政

根据《检察公益诉讼解释》第21条人民检察院“应当向行政机关提出检察建议，督促其依法履行职责”，该规定所针对的对象是行政机关的违法行政行为或者行政机关的行政不作为，其目的是充分发挥行政机关自查自纠的主观能动性，及时作为以避免公共利益损害的扩大。诉前程序制度的目的是建立充分发挥行政主体自我及时纠错，正确行使职权的机制，一方面，通过诉前程序，检察机关在提起行政公益诉讼之前给予行政机关主动自我纠正先前行为机会，依据法定职责积极采取措施，既能督促行政机关第一时间维护国家和社会公共利益，又能起到协调检察权和行政权之间关系的作用。另一方面，诉前程序并不是否定和忽视后续的诉讼阶段的重要程度。在办理行政公益诉讼案件中，诉前程序是重视后续的起诉环节的，并且以后续诉讼程序为支撑，以保证诉前程序更好的开展、落实。未能自觉守法是对法秩序的一次破坏，未能严格执法是对法秩序的二次破坏。行政公益诉讼的诉前程序是对两次破坏的同时监督，而且是选择了一种成本最小的监督方式，直接作用于“二次破坏”，从而实现对“一次破坏”的纠正，通过这种方式维护了法秩序的统一。相较于诉讼程序，行政公益诉讼诉前程序是一种多主体参与的公开沟通机制，行政公益诉讼通过诉前

① 参见杨海坤、章志远：《中国行政法原论》，中国人民大学出版社2007年版，第121页。

程序所发出的检察建议往往还会被抄送给人大、政协、行政机关上级主管部门等，既能起到在更高层面推动环境污染、执法不严等普遍性问题的解决，还能起到积极的普法效果，不得不说，诉前程序的整个动员过程就是一场生动的法治公开课。[①]

（二）督促行政机关积极履职

行政公益诉讼制度其实不仅是监督问责机制，在一定程度上更是检察权与行政权合作的国家治理机制，而诉前程序充分体现了对行政机关执法权的尊重，更有利于促进行政机关积极履职和科学执法。维护社会公共利益是行政机关应该履行的责任，诉前程序能够很好地监督行政机关将自己的责任落实到位。公共利益的维护关系到行政机关的良好形象，但是行政机关在履行职责的时候难免会出现一些疏漏，直接诉讼会很大程度上影响行政机关的形象，诉前程序能够促使行政机关进行自我纠错，找到工作有待完善之处，尽量避免直接诉讼的发生，这有利于行政机关自我职能的发挥。相对于来自司法机关的外部监督，由行政主体自我纠正的行为更值得提倡，较之司法监督更有便利性、专业性。“闻道有先后，术业有专攻”，专业的问题还需专业的人士去处理才是最高效、最科学的选择。一方面对于所产生的问题自身更了解解决方法，提升了效率，节省了成本。另一方面为自己“敲响警钟”，都说“授之以鱼不若授之以渔”，与其等到进入诉讼程序，借助法院、检察院等机关利用法律的强制手段来解决问题，不如通过诉前程序，让行政机关审视自身，通过目光向内、审视向内、修正向内，才能自内而外的改变。且诉前程序中检察建议的手段也具有实体上的参考意义，检察机关可以在检察建议中写明针对行政机关行政行为的改善方式，让检察建议更具有可操作性。对于行政机关而言，一份写明具体变更方案的检察建议对科学执法具有重要的参考意义，便于其提高行政执法效能，促进其积极履职。故诉前程序能恰如其分地平衡与稳定检察机关和行政机关的关系，尊重行政权的同时，帮助其解决自身问题，提高依法行政水平的同时，提升依法履职的积极性。

---

① 参见陈磊：《立足制度优势彰显检察公益诉讼价值功能》，载《检察日报》2022年2月21日。

（三）督促行政机关提高行政协作水平

实践中的公益问题往往错综复杂，一个公益问题的出现，对应的可能不只是一个行政机关，有时可能是多个行政机关，由于职责界限不清等问题存在，可能会导致不同行政机关之间互相推诿，诉前程序的设置有利于这类现象的处理。在案件发生后，检察机关通过对案件的初步调查，分别明晰各部门职责以及履行情况，根据各行政机关所需、所为分别制发不同的检察建议，检察建议内容同时督促各行政部门联合执法，共同保护修复被损害公益。诉前程序是结合我国检察机关的法律监督职能和行政机关执法职能设计的创新制度，体现国家治理理论中多方合作精神，能够综合检察机关和行政机关履行职能的不同方式共同处理公益问题。因此，解决公益类问题的重要思路之一就是改变争讼的对抗模式，转为协调工作与相互合作，形成检察机关和行政机关社会治理的合力，进而达到社会和谐的良好效果。以浙江省青田县办理的倾倒渣土案件为例，青田县东源镇五陵村红光大桥附近的河道被非法倾倒了大量的渣土，经现场调查，被排放渣土明显，渣土主要呈黄色固体状，零星掺有黑色，部分渣土堆表面呈开裂状，且有部分渣土已进入河床。案涉河道途经青田县高湖镇、东源镇多个村庄，河道上的渣土对生态环境和行洪排涝产生许多危害。一是冬季天气干燥，多大风天气，长期裸露的渣土遇风会尘土飞扬，严重影响当地空气质量；二是渣土中可能含有的重金属或者其他的有害物质渗滤至河道、河水中，严重影响河道泥土和河水水质，导致水污染；三是大量的渣土会造成河道淤积，影响河道行洪排涝能力，可能导致洪涝灾害。检察机关调查核实后向青田县水利局、青田县东源镇发出检察建议，建议其履行监管职责，及时清理现场渣土，对辖区内河道固体污染开展常规化、日常化巡查，切实保护青田水资源生态环境。检察建议发出后，水利局联合镇政府共同及时进行生态环境修复，并开展了联合巡察活动，进一步在县域内尤其是各村内开展保护环境宣传活动，真正达到办理一个案件，治理一片的法律效果。诉前程序实际是监督行政理念和方式转变的体现，相对于对抗式监督，诉前程序在保留监督刚性的同时，更增加了监督柔性，为行政部门在建立协同治理、服务行政理念的同时提供了协作机制，促进各机关部门善用沟通、协商的工作方式，共同维护公共利益，共同做好提供公共服务，协同社会治理。

第四章　诉前程序的运行理念

公益诉讼诉前程序不仅是有效维护社会公共利益的手段，更是有效推进法治、构建法治社会的途径，其有效运行离不开科学、多层次的理念体系。理念，是指上升到理性高度的思想观念，理念决定方向。最高人民检察院张军检察长指出，理念是指导、引领我们办好检察案件的思想、灵魂。公益诉讼诉前程序的运行理念，应是检察机关作为社会公共利益代表，在履行监督职责时应秉持的理性、客观、平和的思想观念。检察公益诉讼的理念不是简单地来自宪法和法律对检察机关的性质定位，也不是完全受实践功利的制约和形塑，而是有其自身发展的规律性、阶段性和价值性诉求。① 建立科学、多层次的诉前程序运行理念体系，有助于正确指导实践办案，确保办案效果符合维护公共利益保护这一初心。诉前程序理念体系应由双赢多赢共赢理念、注重在诉前保护公共利益理念、依法规范理念等内容组成。双赢多赢共赢是新时代检察监督工作之出发点和落脚点，注重在诉前保护公共利益是行政公益诉讼诉前程序之核心，依法规范是一切执法司法活动之基础。

第一节　双赢多赢共赢

随着经济社会不断发展，我国社会主要矛盾已经转化为人民日益增长的美好生活需要和不平衡不充分的发展之间的矛盾。② 这一历史背景要求检察机关

---

① 参见王新颖:《建立多层次的检察公益诉讼理念体系——专访中国人民大学教授、博士生导师汤维建》，载《人民检察》2021 年第 21 期。

② 参见党的十九大报告。

在履行检察监督职权过程中，将检察监督活动与满足人民群众需求充分结合起来，同时兼顾监督与被监督关系，树立平等协作的监督地位观和互利共赢的监督价值观。正因其丰富的理论内涵和一致的内在逻辑，双赢多赢共赢理念已成为指导、引领公益诉讼诉前督促程序运行的最重要理念之一。

一、双赢多赢共赢理念的内涵

双赢多赢共赢理念是指检察机关在公益诉讼诉前程序中，始终坚持与行政机关之间监督地位上的平等性和价值追求上的一致性，以诉前督促依法行政，实现二者相得益彰、公共利益得到切实维护的效果。正是检察机关与行政机关之间监督地位上的平等性和价值追求上的一致性的特点，为双赢多赢共赢理念在诉前督促程序中的成功运行奠定了扎实理论基础。

（一）监督地位平等性

检察机关和行政机关均具有明确的宪法地位，根据宪法规定，检察机关行使法律监督职权，行政机关行使国家行政职权。因此，在我国治理体系中，检察机关和行政机关作为监督者和被监督者，虽然职能相互独立各有不同，但其职权均来源于宪法，同出一源，是一种平行的规范关系。[①] 最高人民检察院张军检察长在向全国人大常委会作民事诉讼和执行活动法律监督工作情况报告时提出，“监督不是你错我对的零和博弈，也不是高人一等。监督机关与被监督机关责任是共同的，目标是一致的，赢则共赢，损则同损”。[②] 这一监督理念不仅适用于民事检察监督，同样适用于行政公益诉讼。在诉前程序中，检察办案人员应树立平等协作的监督地位观，不卑不亢行使监督职权，既不居高临下“高人一等”，也不低声下气“低人一头”。在摆正位置的前提下，充分运用圆桌会议、公开听证等方式与行政机关展开沟通，听取行政机关在行政执法过程中遇

---

① 参见王学成、曾翀：《我国检察权制约行政权的制度构建》，载《行政法学研究》2007 年第 4 期。

② 张军：《最高人民检察院关于人民检察院加强对民事诉讼和执行活动法律监督工作情况的报告（摘要）——2018 年 10 月 24 日在第十三届全国人大常委会第六次会议上》，载最高人民检察院网站，https://www.spp.gov.cn/zdgz/201810/t20181026_396684.shtml，2022 年 2 月 8 日访问。

到的困难，找准监督发力点。

以浙江省丽水市莲都区人民检察院办理的督促整治“畜禽肉品”食品安全隐患行政公益诉讼案为例，2020年初，该院发现农贸市场商户销售涉嫌未经检验检疫的冷鲜禽，存在食品安全隐患。调查过程中，发现市场监管部门存在履职不到位情形，遂前往市场监管部门就存在的问题、整改措施进行沟通。沟通过程中，发现市场监管部门自身早已发现该问题，但因屠宰源头不规范，上游监管不到位，加之与负责禽类屠宰监管的农业农村部门之间衔接不畅，导致市场流通领域监管存在依法履职时取证困难的现实困境，市场监管部门撰写了问题专报上报区政府，寻求解决路径。在充分听取市场监管部门的意见后，检察机关随即深入各大农贸市场询问经营户、市场管理工作人员，前往案涉定点屠宰企业实地调查，经调查发现市场畜禽肉类产品销售不规范的根源，在于市区唯一的定点屠宰企业卫生状况差、屠宰质量差、检验检疫标志发放不规范等，经该企业屠宰的禽类不受消费者欢迎，市场经营户出于利益需求，借此自行屠宰禽类，打起销售未经检验检疫禽肉的主意，私屠滥宰肉品乘机混入流通市场，危害食品安全。找准问题根源后，检察机关向农业农村部门制发行政公益诉讼诉前检察建议，督促整改，并与农业农村部门两次召开圆桌会议沟通协调，帮助解决执法难题。该案得到了行政机关的高度重视和配合，案涉企业积极整改，改善卫生状况，引入数字技术手段实现屠宰流水线转型升级，提高了屠宰质量。在整改屠宰源头的基础上，2021年，检察机关再次对农贸市场冷鲜禽销售行为进行“回头看”检查，发现仍然存在经营户销售未经检验检疫禽类产品的行为，经过充分调查取证后，检察机关向市场监管部门制发诉前检察建议，督促市场监管部门开展专项检查和行业整治。因此次监督系基于此前屠宰源头监督和治理之后的跟进监督，故赢得了市场监管部门充分理解和配合，取得了良好的整改效果。

该案件中，检察机关若在发现农贸市场禽类食品销售不规范行为之初，就以监督者居高临下的姿态就案办案，不与行政机关进行充分沟通寻找问题根源，便向市场监管部门就其监管不到位问题制发检察建议，虽从监督本身来说没有问题，但可能不会得到行政机关的理解和配合，未经源头治理的整改也仅能“治标”而不“治本”，使监督效果流于表面。反之，摆正监督者与被监督者是平等主体的立场，通过圆桌会议等方式充分听取行政机关诉求，提供检察机关力所能及的协助，则能够直达问题根源，提高监督质效，实现检察监督和行政执法的双赢、各方依法履职和社会公共利益得到维护的多赢以及司法执法良性互动带来的社会进步的共赢。

（二）价值追求一致性

检察机关和行政机关同为中国特色社会主义法治国家的建设者，二者有维护公共利益的共同目标。在传统行政法理论中，行政机关被视为公共利益的主要代表，其基本任务就是保护公共利益，实现公共政策。[①] 行政机关作为公共政策的实施者，也是实现公共利益的最直接主体。检察机关启动行政公益诉讼诉前督促程序，其目标是力求通过磋商或检察建议督促行政机关纠正不履职或违法履职行为，实现维护国家利益和社会公共利益。故检察机关和行政机关虽分工不同，但二者的工作目标和价值追求是一致的，都是为公正司法、依法行政和公共利益的实现。基于上述价值追求的一致性，检察机关应树立互利共赢的监督价值观，在监督过程中结合好行政机关的工作目标，达成“赢则共赢、败则同损”的共识，积极与行政机关构建良性互动的监督关系。

1. 建机制架平台互相协作。可以共同价值追求为基点，通过与行政机关建立线索移送机制、信息共享机制、联席会议机制等协作配合机制，从机制架构上搭建平等的互利共赢协作平台，以此推进行政公益诉讼诉前程序工作顺利展开。如浙江省杭州市钱塘区人民检察院针对辖区某村级后备干部公开招考中违法限制岗位性别，办理浙江省首例妇女权益保护行政公益诉讼案件后，浙江省人民检察院与浙江省妇女联合会会签《关于建立公益诉讼协作配合机制的意见》，为全省检察机关在探索推进妇女权益保护公益诉讼案件方面提供制度保障，双方协作基点正是保护妇女合法权益的共同价值追求；又如浙江省丽水市莲都区检察院在办理督促保护散葬烈士墓行政公益诉讼案中，与退役军人事务局以更好推进红色资源保护为共同目标，联合出台《关于建立烈士纪念设施管理保护协作配合机制的实施意见》；再如莲都区人民检察院与医保部门联合出台《关于建立医疗保障基金监管行政执法与检察职能长效协作机制的实施意

① 参见王明远：《论我国环境公益诉讼的发展方向——基于行政权与司法权关系理论的分析》，载《中国法学》2016 年第 1 期。

见》，联动搭建医保数据核查平台，依托该平台信息共享机制，莲都区人民检察院先后办理督促整治医疗机构违规使用医保基金行政公益诉讼案和督促整治医疗机构违规出售中药穿山甲饮片危害药品安全行政公益诉讼案。协作机制的建立，使行政机关认识到检察机关是帮助促进依法行政的，而不是“挑毛病”“添麻烦”的，在思想上打消了对检察监督的顾虑，行政公益诉讼诉前程序的督促、整改质效自然得到提升。

2. 以同理心促成同向行。可通过换位思考、充分沟通的方式与行政机关达成价值认同上的一致。实践中，检察机关在调查取证时可能会遇到阻力，诉前督促推进困难。此时需要检察机关充分运用政治智慧、法律智慧，从行政机关价值追求角度出发思考问题，推进案件办理。如浙江省丽水市莲都区人民检察院办理的督促整治窨井盖行政公益诉讼案，检察机关在调查中发现市区窨井设施权属不明、监管不到位，安全事故频发，存在极大安全隐患，在走访对接行政机关时，相关部门均表示没有管理职责。检察机关经查阅法规后，最终确定住建部门为行业监管部门。起初住建部门认为其监管职责不明，且已经在法定职责范围内履职，对检察机关的监督有不同意见。检察机关多次前往住建部门沟通对接，探讨住建部门关于行业监管职责的规定，消除认识分歧，阐明窨井盖权属单位众多，住建部门属于窨井盖的行业监管部门，不应只对权属为住建部门的井盖进行管理，而应担负起路面所有窨井盖安全管理的行业监管职责，最终从消除公共安全隐患、完善机制建设、促进社会治理等角度与住建部门达成一致认识，向住建部门制发诉前检察建议督促履职后，得到住建部门高度配合，迅速开展窨井盖维护情况专项排查行动，将受损窨井盖全部更换，对产权不明的问题窨井盖开展现场认领和处置，并针对检察机关提出的窨井设施质量标准较低问题制定出台地方性标准。

二、双赢多赢共赢理念的践行路径

双赢多赢共赢理念所蕴含的丰富监督智慧和巨大社会价值，只有通过案件的高质量办理，才能真正体现和迸发出来。随着检察机关对自身检察权运行规律的重新审视，检察机关积极转变思维，始终坚持以人民为中心，从传统个案监督转变为类案监督，从监督一案到促进治理一片，是践行双赢多赢共赢理念的有效路径。

（一）坚持以人民为中心

双赢多赢共赢监督理念的运行，依赖于广泛的群众基础。如前所述，双赢多赢共赢理念要求检察机关在履行检察监督职权过程中，始终坚持以人民为中心，将检察监督活动与满足人民群众需求充分结合起来。从检察公益诉讼制度实施之初法定的食品药品安全、生态环境和资源保护、国有财产安全、国有土地使用权出让四大领域，到之后对英烈权益、安全生产、公民个人信息等领域的不断拓展，检察机关的公益诉讼视角始终都是围绕着人民群众的根本利益展开的。检察机关在关乎人民群众利益的领域监督行政机关积极、正确履职，行政机关借助检察监督视角对其履职行为进行重新审视后加以整改完善，最终共同实现更好保护公共利益的目标，是完全符合人民群众对美好生活的向往和期待的。检察机关和行政机关之间执法司法衔接越顺畅，则公共利益保护越高效。因此，人民视角是检察机关运用双赢多赢共赢理念推进公益诉讼工作的金钥匙。如 2021 年 10 月，最高人民检察院印发《关于在部分省区市试点推广代表建议、政协提案与公益诉讼检察建议衔接转化工作机制的方案》，建立人大代表建议、政协委员提案与检察公益诉讼相互衔接转化机制，凝聚人大、政协、检察机关三方合力，将人大代表和政协委员代表人民利益属性转化为公益保护动能，以此增强行政机关接受监督的主动性，最终实现双赢多赢共赢。

（二）从个案到类案

践行双赢多赢共赢理念，需要检察机关重新审视检察权运行规律，转变传统的个案监督思维，树立类案监督理念。公益诉讼制度施行过程中，检察机关在监督领域、监督方式、与行政机关互动模式等方面不断探索、完善。制度施行之初，部分检察机关以个案监督思维开展监督，如针对某一处建筑垃圾堆放问题、某一个个人偷逃税款问题等制发检察建议开展诉前督促，未形成类案监督的系统思维。个案监督思维下的公益诉讼易走向重案件数量轻案件质效的误区，也易使检察机关留下为监督而监督的负面形象，与双赢共赢多赢理念背道而驰。类案监督是指检察机关在履职过程中，通过解析个案，发现其规律性，进而发现某一行业或领域存在的普遍性问题，针对该普遍性问题开展督促，使之达到以个案监督为切入点，实现类案治理效果，达到检察机关与行政机关及社会各方双赢多赢共赢的目标。如丽水市人民检察院针对古树名木保护不到位问题，在全市检察机关开展“守古树，护名木”公益诉讼专项监督，通过对全市古树名木保护领域存在的建档挂牌、缺少保护设施、地面硬化等普遍性问题提出诉前建议，督促行政机关加强对古树名木的保护措施，实现提出一个建议推动一类问题解决的效果。

（三）从监督到治理

践行双赢多赢共赢理念，最终目的是助力检察机关与行政机关共同推动社会善治。因此，检察机关在诉前督促中，除了着眼案件本身以外，更应以更高站位更宽视野，跳出检察看监督，跳出监督看治理，以完善社会治理的大局观开展督促工作。如浙江省丽水市云和县人民检察院办理的督促整治特种设备叉车违规使用安全隐患案，该院针对辖区内属于特种设备的叉车监管问题，因为行政机关之间职责界限不清、安全责任主体不明等原因，致使监管缺位，叉车违规上路行驶，产生重大安全生产隐患问题，运用“专家论证＋公开听证”办案模式，全面论证安全隐患及其危害后果，厘清行政机关“多头”监管的职责界限，向行政机关制发诉前检察建议，助推行政主管部门建章立制，形成合力，强化叉车安全监管。虽然诉前督促程序已经取得成效，但检察机关并未止步于此。云和县人民检察院在跟进监督过程中，积极争取当地党委、政府支持，联合公安、应急管理、市场监督管理、综合行政执法等部门共同制定《关于加强叉车安全生产领域公益诉讼检察与监管执法协作配合的若干意见》，将诉前督促成果转化为社会治理效能。案件虽办结了，但治理的脚步从未停止，截至目前，检察机关仍在积极推动地方立法，力促省市场监管部门完善叉车信息管理系统，建立个人叉车备案登记管理制度，将一县之域的治理向一省之域拓展延伸。以检察履职完善社会治理，正是双赢多赢共赢理念的应有之义。

第二节　注重在诉前保护公共利益

2019 年 10 月，张军检察长在全国人大常委会作最高人民检察院《关于开展公益诉讼检察工作情况的报告》时强调，各级检察机关要以理念变革引领公益诉讼检察工作开拓创新，要树立“诉前实现保护公益目的是最佳司法状态”理念，发挥诉前程序统筹协调、督促行政机关综合治理的独特优势。[①]树立注重在诉前保护公共利益工作理念，是新时代检察机关能动履职、提升公益保护效率、优化执法司法资源的必然要求，对切实提升行政公益诉讼工作质效具有重要指引价值。检察机关要将增强诉前程序刚性作为抓手，强化自身专业建设，提升检察建议制发质量，并积极争取外部力量参与支持，为公益保护贡献检察智慧和检察方案。

一、注重在诉前保护公共利益的内涵

（一）注重在诉前保护公共利益的含义

注重在诉前保护公益理念是指检察机关将诉前实现公益保护作为工作主线，切实提升诉前监督质效，促使问题不必经历诉讼即获得妥善处理与解决。

我国检察公益诉讼制度区别于域外国家公益保护模式，尤其是行政公益诉讼制度具有前瞻性与改革性，有学者提出了“检察机关作为公益诉讼人与法律监督职能存在冲突，影响检察监督”[②]的质疑。对此，破解之道是充分体现诉前程序制度设计独立价值，将其作为检察机关在司法体制改革背景下积极履行法律监督职能的突破点，而将诉讼程序作为“刚性”司法救济来保障和提升诉前程序效力。诉讼程序主要起到兜底、补充作用，即只有在出现“不得不”“必须”等情形时才提起诉讼。[③]在诉前保护公益应是行政公益诉讼办案重中之重。只有通过诉前督促程序，检察机关才能最大程度调动起行政机关的能动性与主动性，利用其专业、资源、经验等方面优势，及时修复受损公益。因而，“与许多人的想象不同，检察公益诉讼九成以上都没有走到对簿公堂，却同样实现了

---

① 参见《最高人民检察院关于开展公益诉讼检察工作情况的报告》，第十三届全国人民代表大会常务委员会第十四次会议，2019 年 10 月 23 日。

② 曹奕阳：《检察机关提起环境行政公益诉讼的实践反思与制度优化》，载《江汉论坛》2018 年第 10 期。

③ 参见谭家超：《行政公益诉讼的制度逻辑与发展》，载《广东行政学院学报》2020 年第 6 期。

公益保护的监督效果”。[①]

树立注重在诉前保护公共利益工作理念，就是要求检察机关立足法律监督职能，紧紧围绕人民群众关注的公共利益痛点、难点持续发力，对案件线索进行细致筛选、甄别，并主动与相关职能部门沟通协调，通过磋商、诉前检察建议等方式监督纠正行政违法行为，实现社会治理法治化、现代化。例如，在浙江省丽水市莲都区人民检察院督促保护原生态樟树群行政公益诉讼案中，针对中心城区原生态樟树群因城市重点工程建设需要，拟未经审批移植、遭受破坏的情况，检察机关通过诉前检察建议、向市政府通报案情等方式，引起党委政府高度关注。分管副市长两次组织现场调研，四次牵头召开专题会议。在诉前程序阶段即推动政府变更建设规划和土地使用性质，将樟树群全部原址保留，并出台古树名木保护机制，在全国率先建立“树评”制度，最大程度实现经济发展和生物多样性保护双赢共赢。[②] 近年来，全国检察机关守正创新，办理了一批具有典型性、示范性、引领性的诉前程序案件，莲都区人民检察院办理的该案就是其中一个缩影，不仅彰显了我国行政公益诉讼制度的特点与优势，更是通过一次次实践，有力诠释并丰富了注重在诉前保护公共利益工作理念的内涵。

（二）注重在诉前保护公共利益的必要性

为什么要注重在诉前保护公共利益？一方面，公益保护具有系统性、紧迫性，需要在诉前阶段即予以修复、整改，而非以长周期的诉讼方式进行置后性救济。例如在 2020 年上半年疫情防控时期，浙江省各地检察机关通过磋商、检察建议等方式，在特殊时期高效办理案件，及时防范化解公共卫生安全风险隐患，为打赢疫情防控阻击战提供了有力法治保障。该省评选的典型案例中，既有检察机关督促规范病例收治定点医院及集中隔离医学观察点医疗废物应急处置行政公益诉讼案，又有督促落实大中型超市、商住楼等公共场所疫情防控措

---

① 张璁:《四省交界“九龙治水”如何破解，生态、生产、生活如何兼顾，请看——南四湖治污记》，载《人民日报》2022 年 2 月 17 日，第 19 版。

② 参见最高人民检察院生物多样性保护公益诉讼典型案例之浙江省丽水市莲都区人民检察院督促保护原生态樟树群行政公益诉讼案，载最高人民检察院网站，https://www.spp.gov.cn/xwfbh/wsfbt/202110/t20211009_531433.shtml#2。

施行政公益诉讼案，[①] 体现出注重在诉前保护公共利益工作理念在指引检察机关主动作为、高效履职中的积极作用。其中，2020 年 2 月中旬，浙江省缙云县人民检察院在履职过程中发现，该县多家大中型超市未按规定落实疫情防控措施，消费者未测量体温、未佩戴口罩即可随意进入，存在新冠病毒传播风险，危害公共卫生安全。缙云县检察院立即将情况通报县疫情防控指挥部及相关行政机关，并及时向县卫生健康局发出诉前检察建议。收到检察建议后，县卫生健康局立即开展专项执法行动，在短短 10 天内，共现场检查商贸服务单位 819 家，发放《商贸服务业疫情防控要点》通知 5380 份，出具卫生监督意见书 676 份，及时有效弥补了全县疫情防控管理漏洞。另一方面，基于我国行政公益诉讼协同之诉的特殊定位，检察机关在办案中应坚持"共治而非胜诉"工作主线，以行政机关的积极能动履职为主要价值追求，通过诉前阶段有效监督，堵塞监管漏洞，与被监督主体形成公益保护协作配合关系，充分发挥多元主体共同治理效能。例如北京铁路运输检察院为督促整治直播和短视频平台食品交易违法违规行为，协同市场监管部门引导部分龙头企业联合签署《网络直播和短视频营销平台自律公约》，从平台自律、保护消费者权益、协同共治等方面压实平台管理责任；推动海淀区市场监管局出台长效机制，加强对辖区内相关营销活动的监管，达到"办理一案、规范一业、治理一片"目的，[②] 切实体现了注重在诉前保护公共利益工作理念在指引检察机关与行政机关协同治理中的价值取向。

二、注重在诉前保护公共利益的践行路径

检察机关在践行注重在诉前保护公共利益工作理念时，要将充分发挥诉前检察建议作用作为重点，把检察建议做成刚性、做到刚性，真正让检察监督落地见效。为此，检察监督应当从以下方面进一步完善。

---

① 参见《浙江省检察机关服务疫情防控阻击战公益诉讼典型案例发布》，载微信公众号"浙江检察"，2020 年 6 月 19 日。

② 参见最高人民检察院"3·15"食品药品安全消费者权益保护检察公益诉讼典型案例之北京铁路运输检察院督促整治直播和短视频平台食品交易违法违规行为行政公益诉讼案，载最高人民检察院网站，https://www.spp.gov.cn/xwfbh/wsfbt/202103/t20210315_512526.shtml#2。

（一）全面掌握公益受损情况

检察机关应当通过精准研判案件线索、深入调查取证等方式，全面掌握公益受损情况，为推动问题在诉前阶段获得整改打下扎实基础。

第一，诉前程序案件线索的分析、利用关系着检察机关对公益受损事实的初步了解，检察机关在诉前程序办案中，要按照一定标准对线索进行评估、筛查、分类运用。[①] 如按照公益性、可查性、违法性三个维度，提炼出有价值线索，提升诉前程序案件立案质效。另外，检察机关还可以探索运用大数据、人工智能等技术实现线索的高效筛选、利用。例如，沈阳市人民检察院通过建立公益诉讼大数据平台，实现智慧办案。利用该平台，检察官可以"数据多维度聚焦分析"技术寻找百姓关心的高发、多发、频发问题，更有针对性开展专项监督工作。同时，平台可以通过卫星影像的现场信息历史比对、周边环境、行政单位执法数据、相关法条等参考信息生成分析报告，为现场办案创造有利条件。[②]

第二，调查核实是公益诉讼办案最核心的环节，它不仅是认定违法事实、确定公益损害的基础，也是提升办案质效、确保整改落实的重要保障。检察机关要做实做细调查核实工作、全面收集事实证据，对行政机关是否履职及履职程度作出准确判定，从而提升建议内容的精准度及说服力。如，福建省龙岩市新罗区检察院在办理龙岩市雁东生物科技有限公司污染环境、未按动物防疫相关要求进行死猪无害化处理行政公益诉讼案时，在制发诉前检察建议前，通过走访企业、调查企业周边情况、拍照取证、航拍固证、调阅复制行政执法卷宗材料、询问农业局相关行政执法人员、委托专业机构进行取样检测等方式，就涉案企业是否存在环境违法、动物防疫违法情形展开重点调查。发现涉案企业未经环境影响评价，生产过程中产生的大量废液未经处理直接排放至周边，严重污染环境；未配备染疫动物扑杀间、无害化处理间、冷冻库，工作人员未配备防护措施、未采取必要消毒措施等，违反动物防疫相关规定；未落实林业行政处罚相关决定。检察机关据此找准问题关键，分别向区环保局、农业局及林

① 参见卢彦汝:《公益诉讼案件线索筛查与运用》，载《检察日报》2020年9月24日，第7版。

② 参见韩宇、周长鸿、关毅:《大数据平台助力沈阳公益诉讼驶入快车道》，载《法治日报》2021年10月20日，第3版。

业局送达诉前检察建议，为案涉问题全方位整改打下扎实基础。[①]

（二）提高检察建议制发质量

1. 客观、真实、全面、准确撰写检察建议。第一，诉前检察建议中应当全面载明公益受损具体情况，充分说明、论证公益受损范围、程度等，提升检察建议说服力；第二，办案人员应对相关规定、行业规范等进行深入研究，阐明提出建议的法律依据，并说明公益受损与行政机关不依法履职间的关联性，提升检察建议的说理性；第三，坚持客观公正、实事求是，注重建议内容的可行性及针对性，确保行政机关能够按照检察建议内容依法全面行使职权；第四，完善检察一体化办案机制，加强对检察建议针对问题领域、事实、法律依据及具体建议内容等事项的审核把关，重要、疑难、复杂的检察建议发出前须经上级检察院审查批准。例如，为确保案件质量，江苏省检察院严控审批"阀门"：对非法律规定领域的一律不批、公益属性不强的一律不批、行政公益诉讼中被监督对象已有部分履职行为的暂缓批准、综合效果不明显的暂缓批准。[②]

2. 创新检察建议书送达方式。对具有重大影响的案件，以"公开送达 + 座谈会""公开送达 + 警示教育会""现场宣告送达"等方式，邀请人大代表、政协委员共同见证，还可以推动将检察建议落实整改情况纳入当地年度综治考核或者法治政府考核，促使被监督机关积极履行法定职责，增强与检察机关协同履职的主动性，有效彰显诉前检察建议重要地位，发挥诉前程序应有功能。[③]

（三）提升自身专业能力

一是加强学习，及时更新法律监督和公益保护理念，加深对诉前程序制度的认识与理解，提高站位、明确定位，不断发展和完善诉前监督思维与方式；二是进一步优化公益诉讼专业化办案组织，配齐配强一线办案力量，注重

① 参见张雪樵主编：《行政公益诉讼典型案例实务指引·生态环境资源保护领域》（上册），中国检察出版社 2019 年版，第 88–100 页。

② 参见卢志坚、管莹：《三个"高含金量"数据是怎样炼成的》，载《检察日报》2018 年 8 月 5 日，第 2 版。

③ 参见龙婧婧：《行政公益诉讼诉前程序的现实困境与完善路径》，载《江苏警官学院学报》2021 年第 5 期。

在诉前程序办案中提升综合技能，包括现场勘验检查、调查取证、释法说理沟通协调、文书撰写等多方面能力与技巧；三是加强人才培养，通过相关业务培训、业务竞赛、理论研究等方式提升办案人员综合素质；四是建立公益诉讼专家智库，邀请包括各领域高校教师在内各行业专业人才成为各地检察机关专家智库成员，为疑难复杂案件出具专家意见，为公益诉讼专业化办案提供“外脑”支撑。

（四）借助外部推力增强诉前程序刚性

1. 以体制优势提升监督刚性。公益保护是一项系统工程，我国监督主体较为多元化，检察机关在办理诉前程序案件时，可以积极争取党委、人大、政府的支持，加强与纪检监察机关沟通，借助外力推动工作，切实提高检察建议刚性与执行力。如针对多发、高发问题及时向当地党委、人大、政府提交专项监督报告，争取其作出相关决定，予以协调解决；对被监督机关存在严重问题、社会影响大、群众关注度高的案件，可以将情况通报人大、纪检监察机关等，形成监督合力，确保诉前检察建议得到有效落实。

2. 以社会力量提升监督刚性。社会公众的力量是巨大的，他们能在提供案件线索、参与现场勘察、强化宣传等方面发挥重要作用，检察机关可以通过丰富社会公众参与渠道的方式推动公益保护问题在诉前得到圆满解决。例如，2020 年 1 月，浙江省丽水市人民检察院联合市司法局、市民政局出台公益组织、公益人士、公益律师与检察公益诉讼加强协作配合的机制，构建公益诉讼“三公”模式，使检察机关从“单打独斗”变为“联合作战”，扩大公益保护“朋友圈”。两年时间里，全市“三公”人士直接参与案件办理 60 余次，有效助力受损公益快速发现、及时处理、高效修复。

（五）以诉促不诉

如果检察机关在上述环节已做了扎实工作，但检察建议内容仍没有得到有效落实，对少数此类行政机关，应当依法提起行政公益诉讼，做到当诉则诉、以诉促改。诉是为了更少的诉或不诉就能解决问题，实现监督效益最大化。[①]

---

① 参见傅国云:《行政公益诉讼彰显督促之诉协作之诉特色》，载《检察日报》2020 年 3 月 1 日，第 3 版。

诉前程序与诉讼程序相互配套、相互保障，一方面要追求尽量将公益受损问题解决在诉前，从而减少诉讼中两造对抗局面的发生，节约司法资源；另一方面，要运用好诉讼这一监督“利器”，凸显诉前检察建议预防警示作用，倒逼行政机关在法定期限内落实建议内容，从而提升诉前阶段公益保护实效。

第三节　依法规范

“一个法律制度，从其总体来看，是一个由一般性规范同适用与执行规范的个殊性行为构成的综合体。它既有规范的一面，又有事实的一面。”[①] 法的普遍性与安定性是法的基本要素，在追求法制统一的目标下，对该二者也应于法的事实和规范双重层面上进行检验。检验的基本标准，即在规范意义上是否存在完整而自洽的法律体系，在事实运作方面是否严格执行、适用和遵循该法律制度。[②] 所以应当依据法律规定运行诉前程序，在履行过程中应严格规范。

一、依法规范的内涵

履行诉前程序要依法规范，要求行政公益诉讼诉前程序应符合法律规定。这是行政公益诉讼诉前程序必须服从法律的基本工作理念，是指法无明文规定不得任意启动行政公益诉讼诉前程序。具体包括主体法定、内容合法、程序规范等。但是鉴于本书第一章第四节诉前程序的规范基础，将相关法律、行政法规、地方性法规、司法解释等内容进行了系统阐述，故本节中就该部分内容不再赘述。

（一）主体法定

诉前程序主体即检察机关及行政机关，其中检察机关是监督主体，行政机

① 周维栋、汪进元:《监察建议的双重功能及其宪法边界》，载《法学评论》2021 年第 5 期。

② 参见樊崇义主编:《检察制度原理》，中国人民公安大学出版社 2020 年版，第 264 页。

关是被监督主体。《行政诉讼法》第25条规定了人民检察院督促行政机关依法履职的职权。人民检察院办理行政公益诉讼诉前案件，应依法独立公正地行使检察权，即指人民检察院以事实为根据，以法律为准绳，不受行政机关、社会团体和个人干涉，公正地处理案件，独立地行使检察权。① 学术界对部分领域的行政公益诉讼诉前程序及起诉主体存在争议，但是《行政诉讼法》《检察公益诉讼解释》及《办案规则》等相关法律、司法解释，均仅规定了检察机关为行政公益诉讼诉前程序及起诉主体，因此不得以检察机关内设机构、检察官或者办案组织为监督主体，除检察机关以外的其他组织和个人，也不得以行政公益诉讼之名监督行政机关。

（二）内容合法

检察机关履行诉前程序有明确的法律依据和授权，《人民检察院组织法》《行政诉讼法》及相关司法解释等均有直接规定诉前程序的启动规则及其他规则。

1. 依法启动。行政公益诉讼诉前程序的启动，是由检察机关对行政公益诉讼案件线索进行登记备案管理，对符合管辖规定，且经初查后，确实存在侵害国家利益或者社会公共利益的违法行为，予以立案调查。② 如并无现实的侵害国家利益或者社会公共利益，但存在危害风险的不作为或者作为不到位行为，是否可以启动行政公益诉讼诉前程序，《办案规则》并没有明确规定。但是，最高人民检察院针对安全生产监管工作中存在的突出问题，从“抓前端，治未病”出发，向应急管理部制发的安全生产溯源治理方面的第八号检察建议，即为预防性检察建议。因为溯源治理类检察建议是结合办案中发现的前端问题，目的在于预防危害结果的发生。③ 因此，如存在损害国家利益和社会公共利益风险的行政不作为或者作为不到位行为，可以启动行政公益诉讼诉前程序，督促行

---

① 参见王晋：《以修改人民检察院组织法为契机完善检察权依法独立行使的保障制度》，载《人民检察》2016年第12-13期。

② 参见《办案规则》关于公益诉讼案件立案的相关规定。

③ 参见最高人民检察院发布的《最高检制发八号检察建议 助推安全生产溯源治理》关于八号检察建议制发的具体情况，载最高人民检察院官网，https://www.spp.gov.cn/xwfbh/wsfbh/202203/t20220318_54946.shtml，2022年4月1日访问。

政机关进行整改，防患于未然，将公共利益损害风险降到最低，这也是保护公益的初衷。最高人民检察院八号检察建议以自身示范的方式，弥补了《办案规则》之不足。在《办案规则》出台之后，《安全生产法》第74条第2款明确规定对安全事故隐患，检察机关可以提起行政公益诉讼，表明立法机关已经开始注意到此类问题，故其他领域的预防性督促规则也将有立法的现实可能性。

2. 办案范围。《检察公益诉讼解释》规定了生态环境和资源保护、食品药品安全、国有财产保护、国有土地使用权出让四个行政公益诉讼领域。除此之外，其他导致损害国家利益与公共利益的行政违法行为，或者不履职行为，基层人民检察院若无法律授权，不能擅自启动督促程序，应该层报上级批准后，才能对此类行为进行督促整改。对于“等”外行政公益诉讼办案领域的拓展，十九届四中全会提出了明确要求，各级检察机关积极探索，并在探索中不断完善监督，有的探索领域最终上升到立法层面，被新修订的法律所确认。如2020年江西省南昌市人民检察院从媒体报道中发现，部分手机App存在违法违规收集或者使用公民个人信息的问题，根据网络安全法等法律规定，向市公安局、市网信办发出诉前检察建议，行政机关均开展了整改工作，并将线索移送省通信管理局，开展全省范围内行业整改。各地检察机关探索办理个人信息保护领域的案件，为推动立法提供了司法实践依据。[①]随后全国人大常委会审议通过的《个人信息保护法》，明确授权检察机关提起个人信息保护公益诉讼。在公益诉讼的不断实践探索过程中，全国人大常委会审议通过的《军人地位和权益保障法》《英雄烈士保护法》《未成年人保护法》《安全生产法》等，均增加了提起公益诉讼的规定，明确了军人地位和权益保障领域、未成年人保护领域、英雄烈士保护领域、安全生产领域系公益诉讼办案范围。

二、依法规范的践行路径

通过诉前程序督促行政机关维护公益，是检察行政公益诉讼制度的主要内容。《行政诉讼法》第25条要求人民检察院在提起公益诉讼前，应先依法督促行政机关纠正违法行政行为、履行法定职责。检察机关开展行政公益诉讼工作

① 参见《从最高检发布的典型案例看公益诉讼检察发展变化》，载《检察日报》2021年12月30日，第8版。

以来，行政机关在诉前程序及时整改占绝大多数。

行政公益诉讼诉前程序一般分为两个阶段：即调查取证与制发检察建议。

（一）调查取证环节

调查取证环节包括调查、审查等工作事项，主要有：行政机关的履职责任、相关的法律规范、行政机关未依法履行职责的事实、公共利益遭受侵害情况等，上述内容均需检察机关调查核实。检察机关根据调查后掌握的证据决定是否向相关行政机关提出检察建议。但仍有一些待规范问题。

《办案规则》明确规定了检察建议的种类及受案范围，并且规定了检察建议应载明的内容，同时也详细规定了如何调查取证，但并未规定检察机关在进行调查取证时所采用的证明标准。

在行政公益诉讼诉前程序中，检察机关发现行政机关未依法履职，如符合制发检察建议的，需承担证明责任。一般情况下，在检察建议中载明行政机关的职权范围、法律依据、查明的违法履职或者不作为的事实等来完成证明责任。并在规定期限内，由行政机关进行整改、履职并进行回复。由此可见，启动诉前程序的证明标准相对较高。但是在实践中，因为往往需要行政机关配合调查工作，才能实现证明责任，所以检察机关的取证过程较为曲折。且检察机关的调查取证权缺乏强制性保障，有时因强制力不足而受阻，导致检察机关的举证能力不足。因此，需要适当规范证明标准，以提高行政公益诉讼诉前程序启动率，督促行政机关履职，保护公共利益。

（二）检察建议环节

检察建议应当规范化。检察建议书包括引言、查明事实、法律依据、释法说理、检察建议等部分。但是检察机关制发的检察建议往往会出现格式及内容不规范等问题。

1. 格式问题。有些检察官在书写检察建议的时候，思路不清，制作的检察建议质量不高。检察建议书的格式应有清晰脉络：引言部分说明线索来源、调查审查概况；正文部分首先阐述查明的事实，再列举法律规定，可将法律条文直接引述，再根据查明的事实和法律规定进行释法说理，最后再提出检察建议及办理、回复要求。

2. 内容问题。《办案规则》已经明确规定了检察建议应载明的内容，但对检察建议的内容详实程度并未作详细规定。就整体价值而言，检察建议应区别于行政公益诉讼的诉讼请求。诉前程序制发的检察建议不应局限于某一个具体的个案，应将类案监督思维蕴含在检察建议中，通过制发的检察建议，使行政机关不仅需要纠正被监督的具体行政行为，而且还能举一反三，通过横向、纵向自我纠察，防止类似案件的发生，实现公共利益的整体保护，这就要求检察建议的内容从个案监督提升到类案监督的高度。因此，检察建议的内容和行政公益诉讼诉讼请求内容应是一种包含与被包含的关系，而不应仅仅强调两者的一致性。检察建议的内容可以根据个案进行拓展，将检察建议制作成包含溯源治理或者预防性内容的建议，不仅可以对符合起诉条件的行政行为进行督促，也可以对一些需要督促整改但不属于诉讼请求范围的行为进行督促，确保检察建议刚性与类案监督效果的统一，使监督更到位更具有意义。

三、专业化建设

检察公益诉讼制度是党的十八届四中全会作出的重大战略部署，对优化司法职权配置，推进依法行政，维护国家和社会公共利益，促进法治中国建设具有重大意义。[①] 检察公益诉讼制度已经取得显著成就，但依然处在初步发展阶段，存在一些值得探索的问题。行政公益诉讼实践中，检察机关也有败诉的，从中反映出一些突出问题，即队伍专业化建设水平和检察官能力素质有待提升。故个案的依法规范的问题需要重视，全面推进检察队伍专业化建设的问题更加应该重视。各级检察机关都应正视自身不足，全力提升业务水平。

一要以提升检察人员的能力素质为主要培养目标。通过专业培训、岗位练兵、业务竞赛、考核评比等措施，提高检察人员办案水平和通过办案发现普遍性、深层次问题，运用法治思维分析问题、提出对策的能力，增强检察建议阐述事实的精准性、分析论证的严谨性、释法说理的透彻性、文字表达的简洁性和提出建议的可行性。[②]

二要在实际办案中提升检察人员调查取证能力。行政公益诉讼诉前程序案

① 参见夏云娇:《行政公益诉讼检察机关败诉案件检视及省思》，载《河南财经政法大学学报》2021 年第 5 期。

② 参见罗欣:《检察建议做成刚性的内涵及路径》，载《人民检察》2019 年第 1 期。

件不同于公诉案件就在于，证据必须通过查询、调取、复制相关材料，通过调查研究，并询问当事人、有关单位工作人员或者其他相关人员，听取被建议单位意见，综合全部证据材料进行分析，结合专业人员、相关部门或者行业协会等对专门问题提出的意见，委托鉴定、评估、审计，现场走访、查验等方式查明事实情况，确保提出的问题有事实和法律根据，使提出的建议有针对性，符合实际且具有可操作性。故需要在干中学、学中干，在一线办案过程中锤炼队伍，提升实操能力。

三要探索建立专家咨询论证制度。对于检察建议中涉及的疑难、复杂和专业性较强的问题，可向相关领域专家咨询或邀请相关专家进行论证，确保检察建议专业性。以高质量检察建议，提高被监督单位对检察建议接受度，从根本上把检察建议做成刚性。

队伍建设是促进检察机关依法规范履职的重要基础。通过培养高素质人才队伍，方能确保依法规范监督行政机关的履职能力，使检察机关行政公益诉讼更加行稳致远。

第二篇　程序篇

第五章　管辖与立案

管辖与立案是行政公益诉讼包括诉前程序案件的办理中首要研究和解决的程序问题。管辖是解决检察机关对行政公益诉讼案件在受理和立案方面的权限划分问题。立案是检察机关对于“在履行职责中发现”的案件线索，经过初步审查后，认为国家利益或者社会公共利益受到侵害，可能存在违法行为的，决定启动行政公益诉讼的一种诉讼活动，是行政公益诉讼诉前程序启动的开端。

第一节　管　辖

作为重要起诉要件之一的管辖是三大诉讼中非常重要的基础性问题。管辖不仅涉及“管”的分工和职权，还涉及“辖”的效果。管辖体制像“销钉”一样锁定司法资源和办案路径，深刻影响着司法制度的运行和功效发挥。[①]诉讼程序上的管辖，是指各级司法机关之间以及同级司法机关之间受理案件的权限和分工。我国普通的民事诉讼、行政诉讼，将管辖定位为法院审判权的划分问题。世界范围内，无论是大陆法系国家，还是英美法系国家，诉讼法意义上的管辖，是指法院在受理和审判一审案件方面的权力分配。[②]但是行政公益诉讼区别于

① 参见刘艺:《行政公益诉讼管辖机制的实践探索与理论反思》，载《国家检察官学院学报》2021 年第 4 期。

② 参见陈瑞华:《刑事诉讼法》，北京大学出版社 2021 年版，第 203 页。

普通的行政诉讼。从《行政诉讼法》第25条第4款关于行政公益诉讼的制度来看，我国的行政公益诉讼在程序上分为两个阶段，即诉前程序和起诉程序。诉前程序的办案机关是检察机关，诉讼程序只是行政公益诉讼的一个阶段，因此法院内部对一审行政公益诉讼案件审判权的分配，只是管辖制度所要解决的一部分问题。考虑到行政公益诉讼的启动环节，存在着究竟由哪个地方的检察机关以及由哪一级检察机关对某一行政公益诉讼案件进行受理和立案的问题，因此，行政公益诉讼诉前程序的管辖还应当解决检察机关对行政公益诉讼案件在初始受理和立案方面的权限划分问题。

一、诉前程序管辖的概念、性质和特点

诉前程序管辖，是指在人民检察院收到公益诉讼线索后，由哪一个检察机关或者由哪一级检察机关负责立案启动调查程序的诉讼制度。

民事诉讼法、行政诉讼法都有关于地域管辖、级别管辖、移送管辖、指定管辖等管辖制度的规定，但这些管辖均属于诉讼管辖，或者称审判管辖。有学者认为："我国传统行政诉讼以主观诉讼为主，从未设定职务管辖原则。'管辖'理论只用于特指各级人民法院可行使裁判权的范围。在刑事诉讼领域，职能管辖的内容会基于参与办案的公安、检察、法院的职能来确定，进而在刑事诉讼领域，检察机关的办案范围用'管辖'来指称。"[①] 行政公益诉讼起诉环节的管辖应当适用上述行政诉讼法关于管辖的规定。但是行政公益诉讼诉前程序中的管辖不同于民事诉讼、行政诉讼中的审判管辖，因为行政公益诉讼诉前程序是检察机关为督促对国家利益或者社会公共利益负有监督管理职责的行政机关依法履职而行使的公权力，即诉前程序中的管辖是解决检察机关对行政公益诉讼案件在初始受理和立案方面的权限划分问题，即属于"职能管辖"，故区别于普通的私益诉讼。

基于上述属性，诉前程序中的管辖相对于普通行政诉讼具有以下特点：第一，主体不同。诉前程序管辖的主体是检察机关，而诉讼管辖的主体则是人民法院。第二，功能不同。诉前程序管辖是为解决检察机关对行政公益诉讼案件

① 刘艺：《行政公益诉讼管辖机制的实践探索与理论反思》，载《国家检察官学院学报》2021年第4期。

在初始受理和立案方面的权限划分问题，而诉讼管辖是为解决人民法院在受理和审判检察机关提起的行政公益诉讼一审案件方面的权力分配问题。第三，任务不同。诉前程序管辖承担的任务主要是检察机关对行政公益诉讼案件立案后调查、取证等工作，而诉讼管辖承担的任务主要是人民法院对于检察机关提起的行政公益诉讼进行居中裁判。第四，主动性不同。诉前程序管辖由检察机关根据自己的职权主动作为，而诉讼管辖则是人民法院基于检察机关的起诉而被动受理。

综上，检察机关在诉前程序中就要完成一系列的调查、取证工作，即行政公益诉讼诉前程序中的“调查”，类似于刑事案件中的“侦查”，故行政公益诉讼诉前程序中的管辖就是“调查管辖”，类似于刑事案件中的“侦查管辖”，两者均可称之为“立案管辖”。

二、管辖的具体情形

司法实务中主要依靠地域管辖、级别管辖、指定管辖、移送管辖、管辖权转移以及管辖冲突解决机制来进行立案管辖的确定和调节。

（一）地域管辖

地域管辖，是指对国家利益或者社会公共利益负有监督管理职责的行政机关存在违法行使职权或者不作为的违法情形的，从横向上确定由哪个地方的检察机关启动行政公益诉讼程序的问题。如果说级别管辖是解决由哪一“级”的人民检察院实施管辖，那么，地域管辖则是解决由哪一“地”的人民检察院实施管辖。我国各级人民检察院是根据行政区划设立的。只有在人民检察院管辖区内发生的行政公益诉讼诉前程序案件，才能由该地人民检察院管辖。因此，管辖区的大小是人民检察院对行政公益诉讼诉前程序案件行使管辖权的空间界域。[①]

《办案指南》规定：“检察机关提起行政公益诉讼的案件，一般由违法行使职权或者不作为的行政机关所在地的基层人民检察院管辖。”例如 2018 年 7 月 15 日，国家药品监督管理局发布通告：国家药监局根据线索组织检查组对长春长生生物科技有限责任公司（以下简称长春长生）生产现场进行例行检查。检

① 参见胡建淼：《行政诉讼法学》，法律出版社 2019 年版，第 203 页。

查组发现，长春长生在冻干人用狂犬病疫苗生产过程中存在记录造假等严重违反《药品生产质量管理规范》（药品 GMP）行为（以下简称长生疫苗案）。假如经过初查，发现是因为长春市食品药品监督管理局高新开发区分局违法行使职权或者不作为所致，则由长春市食品药品监督管理局高新开发区分局所在地的基层人民检察院管辖，即由长春市高新开发区人民检察院管辖。如果是因为原国家食品药品监督管理总局违法行使职权或者不作为所致，则由原国家食品药品监督管理总局所在地的基层人民检察院管辖，即由北京市西城区人民检察院管辖。关于地域管辖问题，《办案规则》第 13 条第 1 款规定："人民检察院办理行政公益诉讼案件，由行政机关对应的同级人民检察院立案管辖。"可见，无论是之前的《办案指南》，还是最新的《办案规则》，关于地域管辖的规定基本是一致的，都采取了被监督行政机关属地管辖的原则。

（二）级别管辖

级别管辖，是指对国家利益或者社会公共利益负有监督管理职责的行政机关存在违法行使职权或者不作为的违法情形的，从纵向上确定由哪一级检察机关启动行政公益诉讼程序的问题。按照《人民检察院组织法》的规定，我国的人民检察院分为基层人民检察院、分州市（地）级人民检察院、省级人民检察院和最高人民检察院共四级，而且根据《人民检察院组织法》和《办案规则》的规定，这四级人民检察院都拥有行政公益诉讼管辖权。一个行政公益诉讼案件究竟由哪一级人民检察院立案调查，这就是级别管辖所要解决的问题。诉前程序级别管辖制度的存在建立在两个前提之上：一是存在两级以上的检察机关。如果一个国家只有一级检察机关，那么就不可能存在上下级检察机关之间的分工问题，从而也就不会发生级别管辖；二是两级以上的检察机关都拥有管辖行政公益诉讼诉前程序的权力。如果所有行政公益诉讼诉前程序案件都一律由某一级检察机关管辖，那同样不会发生级别管辖的问题。[①]

《办案指南》规定："违法行使职权或者不作为的行政机关是县级以上人民政府的案件，由市（分、州）人民检察院管辖。"笔者对该规定持有异议，第一，该规定仅就违法行使职权或者不作为的行政机关是县级以上人民政府的，

① 参见胡建淼:《行政诉讼法学》，法律出版社 2019 年版，第 193-194 页。

规定了级别管辖，即由市（分、州）人民检察院管辖。当违法行使职权或者不作为的行政机关是人民政府的其他职能部门时，仍然由行政机关所在地的基层人民检察院管辖。又以长生疫苗案为例，如果是因为原国家食品药品监督管理总局违法行使职权或者不作为所致，则由原国家食品药品监督管理总局所在地的基层人民检察院管辖，即由北京市西城区人民检察院管辖。这样就导致一个县级的检察机关监督一个部级的行政机关，监督者与被监督者在级别上出现严重不对等的情况，势必影响监督工作的开展。第二，该条款仅规定了市（分、州）人民检察院（地市级检察机关）对违法行使职权或者不作为的县级以上人民政府有管辖权，同样会导致监督者与被监督者在级别上出现严重不对等的情况。假如当违法行使职权或者不作为的行政机关是县级或者设区市的人民政府时，由市（分、州）人民检察院管辖没有问题。但假如违法行使职权或者不作为的行政机关是省级人民政府或者更高级别的政府时，一个地级市的检察机关则难以完成对该级别的人民政府实施监督。

鉴于《办案指南》中关于级别管辖制度存在的问题，《办案规则》关于级别管辖制度作了相应的调整和完善。《办案规则》第 13 条第 1 款规定："人民检察院办理行政公益诉讼案件，由行政机关对应的同级人民检察院立案管辖。"尽管该条内容很简单，但它既有关于地域管辖的规定，即由行政机关"对应的"人民检察院立案管辖，又有关于级别管辖的规定，即由行政机关对应的"同级"人民检察院立案管辖。这一规定就解决了《办案指南》关于级别管辖规定中存在的问题。还以长生疫苗案为例，假如违法行使职权或者不作为的行政机关是吉林省人民政府时，则由行政机关对应的同级人民检察院立案管辖，即由吉林省人民检察院立案管辖。假如违法行使职权或者不作为的行政机关是原国家食品药品监督管理总局，则由行政机关对应的同级人民检察院立案管辖，即由最高人民检察院立案管辖。同时，《办案规则》第 13 条第 2 款在针对行政机关为人民政府时，从检察机关监督人民政府的过程中存在的客观困难出发，作出了更加科学合理的规定，即"行政机关为人民政府，由上一级人民检察院管辖更为适宜的，也可以由上一级人民检察院立案管辖"。仍以长生疫苗案为例，假如违法行使职权或者不作为的行政机关是吉林省人民政府时，一般由吉林省人民检察院立案管辖，但"由上一级人民检察院管辖更为适宜的，也可以由上一级人民检察院立案管辖"，即也可以由最高人民检察院立案管辖。

《办案规则》第13条主要是从被监督的行政机关的级别上，作了关于级别管辖的规定。同时，《办案规则》第15条则是从案件的重大、复杂程度上也作了关于级别管辖的规定，即“设区的市级以上人民检察院管辖本辖区内重大、复杂的案件。公益损害范围涉及两个以上行政区划的公益诉讼案件，可以由共同的上一级人民检察院管辖”。例如，湖南省检察机关在办理长沙县城乡规划建设局等不依法履职案[①]过程中，发现威尼斯城第四期项目违法建设对当地生态环境和饮用水水源地造成重大影响，损害社会公共利益，考虑到该项目1—6栋已经销售完毕，仅第6栋就涉及320户，涉及众多群众利益，撤销该项目的建设工程规划许可证和建筑工程施工许可证并拆除建筑，将损害不知情群众的利益。鉴于该案重大、复杂，经报告湖南省人民检察院后，由湖南省长沙市人民检察院立案管辖，经调查终结，由湖南省长沙市人民检察院分别向长沙县城乡规划建设局、长沙县行政执法局和长沙县环境保护局提出行政公益诉讼诉前检察建议。基于上述两个条款的规定，基本上解决了实务中所遇到的级别管辖问题。

（三）指定管辖

指定管辖，是指上级检察机关根据办案需要或者下级两家检察机关对管辖权发生争议后协商不成的情况下，由上级检察机关进行指定的管辖制度。《办案规则》第17条第1款规定：“上级人民检察院可以根据办案需要，将下级人民检察院管辖的公益诉讼案件指定本辖区内其他人民检察院办理。”另外，从《人民检察院组织法》第10条第2款[②]和《办案规则》第10条第1款[③]的规定看，上下级检察机关是领导关系，在办理案件的过程中，具有体制上的优势，当下级检察机关办理行政公益诉讼案件过程中遇到地方阻力和干扰因素时，上级检察机关可以根据办案需要，将下级检察机关管辖的公益诉讼案件指定本辖区内

---

① 参见最高人民检察院第十三批指导性案例（高检发研字〔2018〕30号）。

②《人民检察院组织法》第10条第2款规定：“最高人民检察院领导地方各级人民检察院和专门人民检察院的工作，上级人民检察院领导下级人民检察院的工作。”

③《办案规则》第10条第1款规定：“最高人民检察院领导地方各级人民检察院和专门人民检察院的公益诉讼检察工作，上级人民检察院领导下级人民检察院的公益诉讼检察工作。”

其他检察机关办理，以排除地方阻力和干扰因素。例如，黑龙江省鸡西市鸡冠区在办理城市二次供水安全行政公益诉讼案件[①]过程中，由于鸡西市恒信达物业管理有限公司北欧印象小区供水部门未取得卫生许可证而擅自供水，二次供水设施未按规定期限进行清洗、消毒，直接从事管、供水人员未按规定经卫生知识培训和健康检查上岗，二次供水水质未按期检测，致使该小区生活饮用水卫生安全隐患持续存在，侵害社会公共利益。负有监督管理职责的行政机关是黑龙江省鸡西市鸡冠区卫生和计划生育局，但黑龙江省鸡西市人民检察院根据办案需要，遂将该案指定鸡西市滴道区人民检察院管辖。

当两家检察机关对管辖权发生争议时，根据《办案规则》第 17 条第 3 款[②]的规定，首先由争议双方协商解决，在协商不成的情况下，应当报请它们共同的上级检察机关指定管辖。例如浙江省龙泉市与福建省蒲城县交界，当浙江省龙泉市人民检察院与福建省蒲城县人民检察院对某件公益诉讼案件的管辖权发生争议时，应当报请它们共同的上级人民检察院，即由最高人民检察院指定管辖。

（四）移送管辖

移送管辖，是指人民检察院对已经立案的行政公益诉讼诉前程序案件，经调查核实认为本院对该诉前程序案件没有管辖权，从而依法将该诉前程序案件移送给有管辖权的人民检察院管辖。

移送管辖，实质上并不是对管辖权的移送，而是对诉前程序案件本身的移送。故，移送管辖与管辖权转移存在最大的不同：移送管辖是以移送人民检察院“无管辖权”为前提；而管辖权转移则以移送人民检察院“有管辖权”为前提。

《办案规则》第 26 条第 1 款前段规定：“人民检察院发现公益诉讼案件线索不属于本院管辖的，应当制作《移送案件线索通知书》，移送有管辖权的同级人民检察院，受移送的人民检察院应当受理。”从该规定看，移送管辖必须具备以下三个条件：第一，移送案件的人民检察院已经受理了诉前程序案件（至少受

① 参见最高人民检察院“保障千家万户舌尖上的安全”公益诉讼专项监督活动典型案例。

② 《办案规则》第 17 条第 3 款规定：“人民检察院对管辖权发生争议的，由争议双方协商解决。协商不成的，报共同的上级人民检察院指定管辖。”

理了诉前程序案件线索）；第二，移送案件的人民检察院对该诉前程序案件没有管辖权，否则就没有必要再行移送其他人民检察院受理；第三，受理移送的人民检察院对该诉前程序案件具有管辖权。只有同时具备上述三个条件，移送管辖才能得以成立。

为防止人民检察院对诉前程序案件在受理问题上相互推诿，出现诉前程序案件管辖上的真空地带，《办案规则》第 26 条第 1 款后段同时规定："受移送的人民检察院认为不属于本院管辖的，应当报告上级人民检察院，不得自行退回原移送线索的人民检察院或者移送其他人民检察院。"该条规定的"不得自行退回原移送线索的人民检察院或者移送其他人民检察院"，是指该移送的案件不管是否符合法定立案条件，只要移送人民检察院制作了《移送案件线索通知书》，并将案件线索移送给受移送的人民检察院，移送人民检察院作出的《移送案件线索通知书》对受移送的人民检察院即具有约束力，受移送的人民检察院不得自行退回原移送线索的人民检察院或者移送其他人民检察院。即使该移送确有错误，受移送人民检察院"应当报告上级人民检察院"。

《办案规则》第 26 条第 2 款规定："人民检察院发现公益诉讼案件线索属于上级人民检察院管辖的，应当制作《报请移送案件线索意见书》，报请移送上级人民检察院。"从该条款规定看，移送管辖既适用地域管辖，也适用级别管辖。也即，移送管辖既可以在同级之间不同地域的检察机关之间进行移送，也可以在不同级别的检察机关之间进行移送。

（五）管辖权转移

管辖权转移，是在依照地域管辖、级别管辖等规则能够确定办理具体案件管辖的基础上，通过交办、提办等方式，突破管辖规则主要是级别管辖的限制，实现管辖权在上下级人民检察院之间的灵活流动。为了解决最初立案时案件"简单"，但立案调查后才发现案件重大、疑难、复杂，需要由上级检察机关提级管辖的情况，以及上级检察机关立案后发现交由下级检察机关办理在调查取证、沟通协调、警示教育等方面更为适宜时，需要交由下级检察机关管辖的情况。《办案规则》第 18 条第 1 款规定："上级人民检察院认为确有必要的，可以办理下级人民检察院管辖的案件，也可以将本院管辖的案件交下级人民检察院办理"，该制度的法律意义在于它赋予了上级检察机关灵活管辖的权力，解决了级别管辖制度中可能遇到的困难和障碍。例如，最高人民检察院挂牌督办的湖南省洞庭湖下塞湖非法矮围整治公益诉讼系列案中，发现夏某某自 2005 年开始在下塞湖违法修建矮围、涵闸、非法采砂，以及采取矮围、赶网和电捕等禁止方式非法捕捞水产品，破坏了下塞湖区域生态环境资源。2018 年 6 月，最高人民检察院对本案挂牌督办。湖南省人民检察院成立专案领导小组，省市县三级检察院一体化办案。由湖南省沅江市（县级市）人民检察院对沅江市水务局立案调查，并提出公益诉讼诉前检察建议；沅江市人民检察院的上级检察机关湖南省益阳市人民检察院提级管辖，对沅江市林业局、沅江市财政局立案调查，并提出公益诉讼诉前检察建议。

《办案规则》规定管辖权转移制度，其法律意义在于它赋予了上级人民检察院对诉前程序案件管辖的灵活性，即上级人民检察院可以根据不同的案件情况，决定诉前程序的管辖权。管辖权转移与移送管辖看似很接近，从形式上来看，都是某一行政公益诉讼诉前程序的管辖权从一个检察机关移送到另一个检察机关，但二者在实质上却大相径庭，主要有以下区别：

第一，移送基础不同。管辖权转移是对诉前程序案件有管辖权的人民检察院将管辖权交给本无管辖权的人民检察院；而移送管辖则是人民检察院将受理的不属于自己管辖的诉前程序案件移送给有管辖权的人民检察院。

第二，决定权限不同。根据《办案规则》第 18 条的规定，管辖权转移必须由上级人民检察院决定，下级人民检察院只有报请上级人民检察院的建议权，而没有决定权；移送管辖则没有该限制条件，且移送管辖可以不经过受移送的人民检察院同意，迳行将案件移送有管辖权的人民检察院。

第三，法律后果不同。管辖权转移是级别管辖的一种特殊情形，其目的是调整上下级人民检察院之间的管辖权；而移送管辖则是对错误立案管辖的一种自我纠正。

三、立案管辖与诉讼管辖的衔接

据上所述，公益诉讼管辖解决的是一个公益诉讼案件由哪个地方的检察机关以及哪一级检察机关办理的问题。实践中，人民法院对于行政诉讼实行交叉管辖制度，对检察机关提起行政公益诉讼产生了影响。

以浙江省丽水市行政诉讼交叉管辖制度为例，2022年1月1日以前[①]，龙泉市、云和县、庆元县三地的行政诉讼案件实行相互交叉管辖。依照该管辖制度的规定，由龙泉市人民检察院调查终结并提起行政公益诉讼的案件，应当由云和县人民法院管辖，这样就造成行政公益诉讼的调查和起诉机关与审判机关在地域管辖上出现了不对应。司法实务中，为解决该问题，各地的做法也不尽相同。例如浙江省首例行政公益诉讼起诉案件，2018年，景宁畲族自治县（以下简称景宁县）人民检察院在办理景宁县国土资源局未充分履行对国有建设用地使用权出让合同监管职责行政公益诉讼案件[②]过程中，经调查、审查终结后，于2018年4月12日向法院提起行政公益诉讼。根据当时的行政诉讼管辖相关规定，景宁县的行政诉讼案件应当由云和县人民法院管辖，于是景宁县人民检察院先向云和县人民法院提起行政公益诉讼，之后，为了解决起诉机关与审判机关在地域管辖上的对应问题，又由丽水市中级人民法院将该案指定给景宁县人民法院管辖。但是，2015年福建省清流县人民检察院诉清流县环境保护局行政公益诉讼案（以下简称福建清流案）[③]的做法则不同，该案由清流县人民检察院立案调查，发现清流县环境保护局在办理刘某某非法焚烧电子垃圾污染环境一案过程中，并未对刘某某作出相应的行政处罚，也未对扣押的电子垃圾等危险废物进行无害化处置，而是将其转移至不具有危险废物经营资质的清流县九利油脂有限公司仓库贮存，侵害了社会公共利益。经审查终结，由清流县人民检察院将清流县环境保护局直接起诉至福建省明溪县人民法院，由明溪县人民法院经开庭审理后，最终也由该县法院作出行政公益诉讼判决，这样就导致了起诉机关与审判机关在地域管辖上的不对应。

上述不对应的情况则会带来以下问题：第一，起诉、开庭等办案程序上的不方便。第二，给后续的法律监督工作带来困难。《宪法》第134条规定："中华人民共和国人民检察院是国家的法律监督机关。"根据宪法对检察机关的定

① 2022年1月1日起，《关于实施行政诉讼跨域管辖制度的意见》规定：当事人（原告）可以对一审行政诉讼案件选择丽水市辖区内9个基层人民法院中任意一个法院管辖，该制度对检察机关提起行政公益诉讼的影响跟之前是一样的。

② 参见浙江省人民检察院《关于全省检察机关开展公益诉讼工作一周年精品案事例的通报》（浙检发民字〔2018〕32号），2018年6月29日。

③ 参见检察机关提起公益诉讼试点工作典型案例，2016年1月6日。

位，检察机关是国家的法律监督机关。提起行政公益诉讼的检察机关不仅是起诉的主体，同时还肩负着法律监督的重要职责。另外，根据《行政诉讼法》第93条第2款和第3款[①]的规定，检察机关在对人民法院诉讼监督的过程中，无论是对已经发生法律效力的判决、裁定，还是对审判监督程序以外的其他审判程序中审判人员的违法行为的监督，都要求检察机关与被监督的人民法院属于"同级"范畴。那么，问题出现了。还以福建清流案为例，案件是由清流县人民检察院提起诉讼的，审判机关不是对应的清流县人民法院，而是明溪县人民法院。而对明溪县人民法院的审判活动负有监督职责的检察机关则是明溪县人民检察院。这样就会导致，提起行政公益诉讼的清流县人民检察院最清楚整个案件事实、审判活动以及后续的执行活动等情况，但不能对明溪县人民法院的审判活动以及后续的执行活动进行法律监督，而对明溪县人民法院的审判、执行活动具有法律监督职责的明溪县人民检察院则是整个案件的"案外人"，难以履行好法律监督职责。

为解决上述问题，《办案规则》第16条[②]创设性地将"立案管辖"与"诉讼管辖"进行了分离。仍以福建清流案为例，清流县人民检察院对清流县环境保护局立案调查后，认为需要向明溪县人民法院提起行政公益诉讼的，应当将案件移送明溪县人民法院对应的同级人民检察院，即由明溪县人民检察院审查后再向明溪县人民法院提起行政公益诉讼。这样，就可以解决上述检察机关的立案管辖与人民法院的诉讼管辖相冲突的问题。

---

① 《行政诉讼法》第93条第2款规定："地方各级人民检察院对同级人民法院已经发生法律效力的判决、裁定，发现有本法第九十一条规定情形之一，或者发现调解书损害国家利益、社会公共利益的，可以向同级人民法院提出检察建议，并报上级人民检察院备案；也可以提请上级人民检察院向同级人民法院提出抗诉。"第3款规定："各级人民检察院对审判监督程序以外的其他审判程序中审判人员的违法行为，有权向同级人民法院提出检察建议。"

② 《办案规则》第16条规定："人民检察院立案管辖与人民法院诉讼管辖级别、地域不对应的，具有管辖权的人民检察院可以立案，需要提起诉讼的，应当将案件移送有管辖权人民法院对应的同级人民检察院。"

第二节 立 案

立案是行政公益诉讼诉前程序的开始阶段，是检察机关经过对线索的评估工作，认为国家利益或者社会公共利益受到侵害，可能存在违法行为的情况，决定是否进行调查并启动诉前程序的诉讼活动。

在行政公益诉讼诉前程序中，立案既是检察机关启动调查程序的诉讼活动，又是整个行政公益诉讼程序开始的标志，故具有以下性质：

1. 立案是检察机关在行政诉讼法授权范围内实施的诉讼活动。未经行政诉讼法的明确授权，任何国家机关都不得对行政公益诉讼案件进行立案。否则，所有的立案调查活动不具有法律效力。

2. 立案程序确认了“初查”的法律后果。检察机关对公益诉讼案件线索进行评估后，可以对案件进行一定的初步调查，这种调查活动被称为“初查”。《办案规则》第 27 条规定：“人民检察院应当对公益诉讼案件线索的真实性、可查性等进行评估，必要时可以进行初步调查，并形成《初步调查报告》。”该条款为检察机关办理行政公益诉讼案件进行初查提供了法律上的依据。在立案之前的“初查”阶段所获取的证据，伴随着立案程序的进行方可得到认可，具有法律上的效力。

3. 立案是行政公益诉讼诉前程序启动的开端。作出立案决定，通常带来以下法律效果：一是被初查的案件正式成为“行政公益诉讼案件”；二是检察机关可以采取相应的调查措施和手段依法进行调查取证工作；三是行政公益诉讼办案期限正式开始计算。

立案是一个完整的诉讼程序，不仅包括对线索的发现、移送、评估、管理和备案，还包括对线索材料的审查和作出立案与否的决定等。

一、线索的发现、评估和管理

（一）线索发现

《行政诉讼法》第 25 条第 4 款规定行政公益诉讼的案件线索仅限于检察机

关在“履行职责”中发现。这一规定，体现了检察权的谦抑性、有限性、兜底性和协同性。检察公益诉讼要尊重行政机关的行政权，严守检察权边界，不得干扰行政权的正常行使，即检察机关在与“履行职责”无关的情况下，不得迳行到行政机关找线索。任何一条行政公益诉讼线索都必须是检察机关在“履行职责”中发现。《办案指南》对“履行职责”作了明确的规定，包括“履行批准或者决定逮捕、审查起诉、控告检察、诉讼监督、公益监督等职责”，即检察机关在办案过程中发现的线索均属于“在履行职责中发现”。《办案指南》同时规定：“实践中，对于通过行政执法与刑事司法衔接平台、行政执法与行政检察衔接平台等发现案件线索的，视为‘在履行职责中发现’”，即检察机关在行政执法信息共享平台上发现的线索也视为“在履行职责中发现”。《办案指南》关于“在履行职责中发现”的规定，为检察机关办理公益诉讼案件在线索发现上提供了根本遵循和规范依据。但是随着检察机关公益诉讼工作的深入开展以及人民群众对检察公益诉讼的新期待新需求，最高人民检察院在公益诉讼办案领域也相应地进行了“积极稳妥”的拓展，在案件线索发现方式上也进行了相应的补充和完善。《办案规则》第 24 条①在吸收《办案指南》原有的三大项规定的基础上，又新增了两项具体的线索发现方式和一项兜底性条款，为检察机关拓展线索发现方式提供了更为广阔的空间和法律上的依据。

（二）线索移送

发现案件线索是办理案件的首要任务，没有案件线索就无从谈及案件。办案过程中，为有效地发挥线索收集功能，使得案件线索不流失或者少流失，有必要建立线索移送机制。具体到行政公益诉讼案件线索移送问题，主要涉及以下三方面的情况：一是检察机关各内设部门之间的移送；二是检察机关之间的相互移送；三是检察机关与外部其他机关的移送。

1. 检察机关各内设部门之间的线索移送。无论是《办案指南》还是《办案规则》，对检察机关各内设部门之间的线索移送问题，都作了专门的规定，即

① 《办案规则》第 24 条规定：“公益诉讼案件线索的来源包括：（一）自然人、法人和非法人组织向人民检察院控告、举报的；（二）人民检察院在办案中发现的；（三）行政执法信息共享平台上发现的；（四）国家机关、社会团体和人大代表、政协委员等转交的；（五）新闻媒体、社会舆论等反映的；（六）其他在履行职责中发现的。”

"人民检察院其他部门发现公益诉讼案件线索的，应当将有关材料及时移送负责公益诉讼检察的部门"。加强检察机关各内设部门之间的协作与配合，实现信息互通与共享，首先要打通各内设部门之间的信息壁垒，才能有效地经营案件线索。比如浙江省龙泉市人民检察院办理的非法改装货车专项整治行政公益诉讼案，是刑事检察部门在办理一起货车因非法改装导致交通肇事的案件过程中发现了肇事车辆存在非法改装并上路行驶的违法事实，进而危害公共交通安全的公益诉讼线索，遂将该线索移送本院公益诉讼部门。公益诉讼部门收到该线索后，立案并展开调查，发现不仅肇事车辆存在非法改装的违法事实，还发现在龙泉经济开发区内创业大道、环城南路、龙泰路、浙大路等道路上存在多辆擅自改装的重型自卸货车违法上路行驶的违法行为。经过调查取证后，浙江省龙泉市人民检察院依法向负有监督管理职责的浙江省龙泉市道路运输管理局提出行政公益诉讼诉前检察建议。

2. 检察机关之间的相互移送。《办案规则》第 26 条第 1 款前句规定："人民检察院发现公益诉讼案件线索不属于本院管辖的，应当制作《移送案件线索通知书》，移送有管辖权的同级人民检察院，受移送的人民检察院应当受理。"这一规定主要是为解决管辖问题而出台的配套规定。最初受理案件线索的检察机关经初步调查发现本单位没有管辖权，应当将案件线索移送有管辖权的同级检察机关。四川省泸州市人民检察院与重庆市人民检察院第五分院还建立了《关于建立长江上游生态环境保护跨区域检察协作机制的意见》等工作机制。比如 2020 年 3 月 20 日，重庆市江津区人民检察院在塘河川渝交界地段实地巡查时，发现四川省泸州市合江县辖区内存在村民生活污水直排，污染塘河的违法事实。重庆市江津区人民检察院对排污事实和源头进行初查后，将该案件线索及相关证据材料移送四川省泸州市合江县人民检察院。同年 4 月 9 日，四川省泸州市合江县人民检察院对该案立案调查，并向相关行政机关提出行政公益诉讼诉前检察建议，建议其切实履行农村生活污水处理监管职责，完善生活污水处理站设施建设，加强日常运行监督，取得了良好的办案效果。同时，《办案规则》第 26 条第 1 款后句还规定："受移送的人民检察院应当受理。受移送的人民检察院认为不属于本院管辖的，应当报告上级人民检察院，不得自行退回原移送线索的人民检察院或者移送其他人民检察院。"防止检察机关之间的推诿，避免案件线索的流失。

3. 检察机关与其他机关的移送。《办案规则》第 31 条[①] 规定了检察机关在办理公益诉讼案件的过程中发现涉嫌犯罪或者职务违法、违纪线索的，应当移送公安、纪委监委等其他有管辖权的主管机关。2019 年 3 月 5 日全国“两会”期间，全国人大代表、山西省人民检察院检察长杨景海在做客“新时代四大检察”网络访谈时谈道：“在办理公益诉讼案件过程中，检察机关向公安机关移送涉嫌刑事违法犯罪案件线索 104 件，公安机关立案 66 件。向纪委监委移送相关行政机关工作人员涉嫌违法犯罪线索 22 件，纪委监委立案 25 人，给予党政纪处分 27 人。”

全国各地检察机关与纪委监委共同建立了线索移送机制。比如，浙江省丽水市莲都区人民检察院办理的丽水市某局不依法履行职责案，就是莲都区纪委、区监委在办理纪检监察案件过程中，发现 2015 年前后，丽水市莲都区南明山街道水南村村民胡某某向南明山街道旭光村六队和十六队承包该村集体土地后，在旭光村以办鳄鱼养殖基地合作社为名，实际却是在旭光村河头自然村范围内进行非法开采砂石的违法行为，遂向检察机关移送了公益诉讼案件线索，2019 年 11 月 4 日莲都区人民检察院对该案立案调查，并向相关行政机关提出行政公益诉讼诉前检察建议，有效遏制了非法采砂的违法行为，保护了国土资源。

（三）线索评估

案件线索收集之后，要对其进行科学地评估。《办案规则》第 27 条规定：“人民检察院应当对公益诉讼案件线索的真实性、可查性等进行评估，必要时可以进行初步调查，并形成《初步调查报告》。”评估线索应当重点围绕以下内容展开：第一，线索的真实性，即是否属于检察机关履行职责中发现的情形，违法和公益受损的情形是否真实存在。第二，线索的可查性，即是否属于行政公益诉讼案件范围，社会公共利益受到损害的事实和程度是否可以得到查证，调查取证存在什么困难和障碍等。第三，线索的风险性，包括社会舆情、信访风险、引发群体性事件的风险等。比如浙江省龙泉市人民检察院在履行职责中发现龙泉市安仁镇在铺设天然气管道过程中，其中一段需要临时占用项边村的林

① 《办案规则》第 31 条规定：“负责公益诉讼检察的部门在办理公益诉讼案件过程中，发现涉嫌犯罪或者职务违法、违纪线索的，应当依照规定移送本院相关检察业务部门或者其他有管辖权的主管机关。”

地，项边村欲借此机将除天然气管道铺设范围内的林木申请采伐之外，还想将天然气管道铺设范围周边的林木一并申请采伐，项边村遂向林业主管部门申请林木采伐许可证，但林业主管部门以林权争议尚未解决为由迟迟未作出林木采伐行政许可，导致项目部（业主方）为赶工期在没有办理林木采伐许可证的情况下将林木采伐。对该线索如何评估？需要考虑以下三个方面的问题：

1. 对于林业主管部门不给项目部（业主方）办理林木采伐许可证的行为是否可以进行公益诉讼？因全市铺设天然气管道需要临时占用的“项目内采伐”，如果林业主管部门应当作出行政许可但迟迟未作出行政许可，因天然气工程涉及全市人民的用气问题，影响到全市人民的生产生活，笔者认为就该林业主管部门的不作为可以提起行政公益诉讼。但项边村以天然气管道铺设需要临时占用林地为契机，欲将天然气管道铺设范围周边的林木一并进行采伐，对于该“项目外采伐”，如果林业主管部门应当作出行政许可但迟迟未作出行政许可，只是损害了项边村集体的利益，不涉及公共利益的保护问题，属于私益保护问题，项边村可以就林业主管部门的该项不作为提起普通的行政诉讼，请求其依法履行行政许可职责。

2. 对于项目部（业主方）为赶工期在没有办理林木采伐许可证的情况下将林木非法采伐的行为是否可以进行公益诉讼？《森林法》第 56 条规定，采伐林地上的林木应当申请采伐许可证，并按照采伐许可证的规定进行采伐。项目部（业主方）为赶工期在没有办理林木采伐许可证的情况下将林木非法采伐的行为属于滥伐林木行为，造成森林资源损害，侵害国家利益和社会公共利益，属于公益诉讼的监督范围。

3. 行政公益诉讼和民事公益诉讼如何优先选择？对于项目部（业主方）滥伐林木的行为，既有林业主管部门监管上的问题，也有项目部（业主方）民事侵权问题。一个案件线索既涉及行政公益诉讼，又涉及民事公益诉讼时，优先选择行政公益诉讼，理由如下：首先，检察公益诉讼制度创设初衷是通过检察权监督行政权的行使。十八届四中全会《决定》规定：“检察机关在履行职责中发现行政机关违法行使职权或者不行使职权的行为，应该督促其纠正。探索建立检察机关提起公益诉讼制度。”可见，中央最初的顶层设计就是通过检察公益诉讼制度来监督行政机关违法行使职权或者不行使职权的行为。其次，从司法实务来看，无论是公益诉讼试点期间还是全国正式实施以来，检察机关办理的公益诉讼案件中，行政公益诉讼案件占 90%以上，民事公益诉讼不足 10%。可见，司法实务中，检察机关在保护国家利益和社会公共利益的方式选择上优先考虑行政公益诉讼。最后，每个领域的公益诉讼案件专业性都很强，对办案人员要求具备较高的专业知识和办案能力，行政机关恰恰具备专业的执法队伍、办案设备和办案能力。相比于检察机关，实现该领域公益保护无疑更有优势，而行政公益诉讼恰好能实现督促行政机关，发挥其履职优势。

（四）线索管理

《办案规则》第 25 条第 1 款前句规定："人民检察院对公益诉讼案件线索实行统一登记备案管理制度。"检察实践中，一般对线索管理都能做到线索统计、分类等，但没有建立固定的线索科学管理流程，没有对线索作出不同等级的科学分流。分流是根据线索的不同特点和影响程度，作出分类、交办、移送和存查等处理，没有科学分流将导致线索利用率低。同时办案部门对于存查线索的管理和整合利用重视不够，对价值小的线索一般直接予以放弃，因此在一定程度上造成线索资源的浪费。[①] 鉴于司法实务中存在的上述问题，《办案指南》进一步细化了案件线索管理要求，即行政公益诉讼案件线索由公益诉讼案件办理部门统一管理。公益诉讼案件办理部门应当建立案件线索台账，对案件线索来源、案件类型、被监督对象、分流转办、案件承办人、审查意见、诉前程序及诉讼情况等逐一列明，实行一案一登记、一案一跟进，并对案件流转、审查意见、诉前程序等节点实行层级管理。

（五）线索备案

《办案规则》第 25 条第 1 款后句规定："重大案件线索应当向上一级人民检察院备案。"公益诉讼案件线索备案制度的设立，主要基于以下三个方面的考虑：第一，有利于发挥上级检察机关的指导功能。根据《人民检察院组织法》和《办案规则》的相关规定，上下级检察机关之间既是组织领导关系，又是业务指导关系。下一级检察机关将重大、敏感案件的线索及时向上一级检察机关

① 参见叶伟忠、何成林、祝王升、刘雅婷：《新形势下深化法律监督的路径选择》，载《人民检察》2018 年第 19 期。

报备，有利于上级检察机关及时掌握下级检察机关的办案动向，可以对下级检察机关办理的案件进行有针对性的指导。比如2020年突如其来的新冠肺炎疫情期间，最高人民检察院、省级人民检察院都规定了涉疫案件线索的报备制度。第二，有利于实行一体化工作机制。《办案规则》第11条第1款规定："人民检察院办理公益诉讼案件，实行一体化工作机制，上级人民检察院根据办案需要，可以交办、提办、督办、领办案件。"下级检察机关只有将重大案件线索向上级检察机关及时进行报备，上级检察机关才能通盘考虑，整体把控，统一调配，确保一体化工作机制落地见效。第三，有利于案件统一标准。下级检察机关将重大案件线索向上级检察机关报备后，上级检察机关可以集中研究共通的普遍性问题，以便统一法律适用，统一办案标准，统一取证规范，避免"同案不同办"的现象发生，维护检察机关的形象和司法权威。

二、立案条件

《办案规则》确立了三个阶段所需要的证据条件：一是立案条件；二是提出行政公益诉讼诉前检察建议的条件；三是提起行政公益诉讼的条件。相比较而言，立案条件处于最低的层次，对证据的要求最低。

（一）一般立案条件

《办案规则》第28条规定："人民检察院经过评估，认为国家利益或者社会公共利益受到侵害，可能存在违法行为的，应当立案调查。"与此同时，第67条进一步规定："人民检察院经过对行政公益诉讼案件线索进行评估，认为同时存在以下情形的，应当立案：（一）国家利益或者社会公共利益受到侵害；（二）生态环境和资源保护、食品药品安全、国有财产保护、国有土地使用权出让、未成年人保护等领域对保护国家利益或者社会公共利益负有监督管理职责的行政机关可能违法行使职权或者不作为。"由此可以看出，行政公益诉讼立案的一般条件有两个：

1. 公益损害要件，即国家利益或者社会公共利益受到侵害。在立案审查阶段，只要有初步的证据证实国家利益或者社会公共利益受到侵害即可，在立案前不必要求查清涉案的每一个事实，因为立案之后还要进行一系列调查取证工作。比如，浙江省龙泉市人民检察院在办理范某某等人非法猎捕、杀害、出售珍贵、濒危野生动物一案时，由于行政机关怠于履行监督管理职责导致某一种野生动物被非法猎捕，在立案审查阶段只需要查明有野生动物被非法猎捕，可能对野生动物资源以及自然界生物链造成影响即可，至于说被非法猎捕的野生动物是国家级重点保护还是省级重点保护物种，是否确实对野生动物造成了侵害，是否对生物链造成了影响以及有多大的影响，可以在立案后通过进一步调查来查明。

2. 不依法履职要件，即对保护国家利益或者社会公共利益负有监督管理职责的行政机关可能违法行使职权或者不作为。在立案审查阶段，只需要查明行政机关的监督管理职责，以及可能存在违法行使职权或者不作为的事实即可。比如，浙江省龙泉市人民检察院在办理王某某等人销售有毒、有害减肥胶囊一案时，侵权人在减肥胶囊里添加国家明令禁止添加的西布曲明、酚酞等有毒、有害成分，并通过微信销售给全国各地的消费者，损害了社会公共利益，市场监督管理部门有监督管理职责，则可以认定行政机关可能存在怠于履行职责的情形。立案后，应当进一步查明行政机关的监督管理职责是否符合法律法规的相关规定，是否依法全面履行了监督管理职责。

（二）以事立案的情形

有些案件线索经过评估，甚至经过了初步调查，仍难以确定不依法履行监督管理职责的行政机关的，是否可以立案。《办案规则》第 29 条作出了明确的规定，即“对于国家利益或者社会公共利益受到严重侵害，人民检察院经初步调查仍难以确定不依法履行监督管理职责的行政机关或者违法行为人的，也可以立案调查”。需要注意的是，根据《办案规则》第 28 条和第 67 条关于立案的一般规定，经过初步调查，查明行政机关的监督管理职责，以及可能存在违法行使职权或者不作为的情况下，公益损害要件只要求“受到侵害”即可，而《办案规则》第 29 条关于以事立案的规定，则是经过初步调查仍难以确定不依法履行监督管理职责的行政机关或者违法行为人的，对于公益损害要件则要求“受到严重侵害”，如果公益损害只是受到一般的侵害，尚未达到“严重侵害”程度的，则不能以事立案。

（三）行政强制执行的立案问题

司法实务中，对于行政机关作出行政决定之后，行政相对人不依法履行，行政机关向人民法院申请行政强制执行后，根据地方裁执分离规定，人民法院将行政强制执行案件交由有强制执行权的行政机关执行，行政机关不依法履职的，对该类案件的监督，检察机关的做法基本上是一致的，即进行“行政非诉执行监督”而非公益诉讼监督。但对于行政机关作出行政决定之后，行政相对人不依法履行，行政机关有强制执行权而怠于强制执行，或者没有强制执行权而怠于申请人民法院强制执行的，对该类案件的监督，各地的做法差别较大。

为统一办案标准，《办案规则》第 68 条[①]规定了四种情形应当立公益诉讼案件而非行政非诉执行监督案件。但前提必须是《办案规则》第 67 条规定的办案领域，即必须限定在“生态环境和资源保护、食品药品安全、国有财产保护、国有土地使用权出让、未成年人保护等领域”，那么对于《办案规则》第 67 条规定以外的其他领域的案件，笔者倾向于进行行政非诉执行监督而非公益诉讼。

（四）案件数的确定

司法实务中，对于同一侵害国家利益或者社会公共利益的损害后果，数个负有不同监督管理职责的行政机关均可能存在不依法履行职责情形的，有的检察机关选择其中一个负有监督管理职责的行政机关进行立案，但也有检察机关针对数个负有不同监督管理职责的行政机关分别立案。比如，浙江省龙泉市人民检察院在办理口腔诊所医疗废水直排行政公益诉讼案件[②]过程中，发现全市范围内有 21 家口腔诊所在未对医疗废水采取严格消毒等预处理措施的情况下，直接将医疗废水排入城市管网下水管道，破坏生态环境，侵害了社会公共利益。经过检察机关初查，发现卫生行政主管部门应当对其管辖范围内的医疗机构设

---

① 《办案规则》第 68 条规定：“人民检察院对于符合本规则第六十七条规定的下列情形，应当立案：（一）对于行政机关作出的行政决定，行政机关有强制执行权而怠于强制执行，或者没有强制执行权而怠于申请人民法院强制执行的；（二）在人民法院强制执行过程中，行政机关违法处分执行标的的；（三）根据地方裁执分离规定，人民法院将行政强制执行案件交由有强制执行权的行政机关执行，行政机关不依法履职的；（四）其他行政强制执行中行政机关违法行使职权或者不作为的情形。”

② 参见龙检行公建〔2017〕4 号、5 号行政公益诉讼案件。

置审查和批准，加强对医疗废水处理方案的审查，对其管辖范围内的医疗废水的预处理负有监督管理职责。同时，还发现县级以上地方人民政府城镇排水与污水处理主管部门，对本辖区范围内医疗废水未经处理直排城市排水管网的行为负有监督管理职责。经过调查取证，检察机关对卫计部门和住建部门的不依法履行职责的行为分别立案调查，分别提出行政公益诉讼诉前检察建议，督促两家行政机关分别履行监督管理职责。

另外，对同一行政机关对多个同一性质的违法行为可能存在不依法履行职责情形的，有的检察机关参照行政诉讼中人民法院采取“一案一评价”的方式，涉及多少行政相对人就立多少案，再逐案发出检察建议。但也有检察机关从公益诉讼的制度初衷和功能出发，对同一行政机关对多个同一性质的违法行为可能存在不依法履行职责情形的，作为一个案件立案。比如，浙江省龙泉市人民检察院在办理机制砂场非法侵占林地行政公益诉讼案件[①]过程中，发现全市范围内多家机制砂场存在非法侵占林地进行制砂、堆砂的违法情况，破坏了生态环境资源，侵害了社会公共利益。检察机关经初步调查，认为虽然违法的主体不同，但均属于同一性质的违法行为，负有监督管理职责的行政机关只有林业行政主管部门，于是决定立一个行政公益诉讼案件即可起到监督效果。

鉴于司法实务中各地的做法千差万别，为统一办案标准，以办案效果作为检察机关追求的目标和价值，《办案规则》第69条统一了立案标准，即：第一，对于同一侵害国家利益或者社会公共利益的损害后果，数个负有不同监督管理职责的行政机关均可能存在不依法履行职责情形的，人民检察院可以对数个行政机关分别立案，并分别向各行政机关提出行政公益诉讼诉前检察建议；第二，人民检察院在立案前发现同一行政机关对多个同一性质的违法行为可能存在不依法履行职责情形的，应当作为一个案件立案，只能向该行政机关提出一份行政公益诉讼诉前检察建议；第三，对于同一行政机关对多个同一性质的违法行为可能存在不依法履行职责情形的，在发出检察建议前发现其他同一性质的违法行为的，应当与已立案的案件并案处理，并向该行政机关提出一份行政公益诉讼诉前检察建议。

① 参见龙检行公建〔2022〕6号行政公益诉讼案件。

三、立案程序

经过对案件线索的评估、案件初查以及对可能适用的法律法规的分析，认为符合行政公益诉讼立案条件的，就应当立案调查。

行政公益诉讼诉前程序立案一般应当遵循以下程序：（1）检察官对案件线索进行评估后提出立案或者不立案的意见，建立一个行政公益诉讼线索案卡，应当制作《立案审批表》。（2）经过初步调查的，还应当制作《初步调查报告》，报请检察长决定后制作《立案决定书》或者《不立案决定书》。（3）决定立案的，应当在7日内将《立案决定书》送达行政机关。

第六章 证 据

证据是行政公益诉讼案件的灵魂，证据是否充分直接决定行政公益诉讼案件的质量。检察机关办理行政公益诉讼案件应当根据《检察公益诉讼解释》《办案规则》《办案指南》等相关司法解释的规定依法开展调查取证工作，完成案件所需要的证据材料的收集。调查取证工作是行政公益诉讼案件办理程序中非常重要的环节，没有调查取证，就没有证据的收集。检察机关在完成调查取证工作后，应当根据证据的特征对收集到的证据进行分类归纳，确定证据的类别。同时，根据证明责任，确保启动行政公益诉讼诉前程序的案件事实清楚，证据确实、充分。

第一节 调 查

检察机关在开展调查取证工作之前应当制定好取证的计划，并做好调查前的必要准备工作。检察机关的调查取证工作应当重点围绕行政机关的法定职责、行政机关是否存在违法行使职权或者不作为的事实、国家利益或者社会公共利益受到损害的事实开展调查取证工作。检察机关进行调查取证工作可以采取复制卷宗、询问证人、委托鉴定以及进行现场勘验等方式进行。调查应注意在立案后进行，在调查的时候应当有两名检察人员参与，确保调查程序的合法。

一、调查的前期准备

（一）制定合理科学的调查取证计划和取证清单

行政公益诉讼的调查取证工作，与行政公益诉讼的诉前程序以及之后的诉讼程序案件的质量密切相关。检察机关在开展调查取证之前要做好充分的调查准备，明确需要调取哪些证据材料，同时根据证据的重要性、证据调取的时间紧迫性，制定合理的调查步骤。如对行政机关不依法履行生态环境保护职责等案件中，对案件现场的勘验，水质、土壤等相关污染物的取样的紧急程度就要高于对案件相关证人的询问。

（二）根据取证情况准备必要的取证设备

在开展调查取证工作之前，相关调查设备要准备到位，保障调查取证工作的顺利进行。如对案件现场进行勘验，就要准备好相机、卷尺、激光测距仪器等相关设备。如到异地或者偏远乡下询问证人，则需准备好便携式打印件、印泥、A4 打印纸、笔记本电脑等相关设备。随着科技的发展，数字检察工作将会与公益诉讼取证工作紧密结合，在今后的公益诉讼调查取证工作中，将会运用到更多的调查取证设备，如无人机、公益诉讼现场勘查箱、公益诉讼快检实验室等相关配套设备。检察机关在取证之前要将相关设备进行充电、调试，确保能正常使用。

（三）进一步收集与案件相关的法律法规

行政公益诉讼案件在立案的时候，针对的是发现行政公益诉讼的初步线索，即可以启动立案程序。调查取证程序是对线索的进一步核实，并非所有立案的线索都要启动诉前程序，检察机关根据调查取证的情况，对案件区分情况作出终结案件或者提出检察建议的处理。为此，检察机关在开展调查取证之前要进一步研究相关案件所涉及的法律法规，厘清案件的法律关系，推进下一步的调查取证工作正常化进行。

二、调查的对象

（一）行政机关的法定职责

检察机关启动行政公益诉讼诉前程序，首先要做的是明确监管的行政机关。对于部分事项的监管行政机关法律法规有明确的规定，如《森林法》第 9 条[①]规定林业局为林业主管部门，《环境保护法》第 10 条第 1 款[②]规定生态环境局为环境主管部门。为此，根据上述法条的规定，涉及林业的相关行政监管事项，履行监管职责的行政机关即为林业局或者林业职能与自然资源监管职能合并的自然资源规划局，涉及的环境保护的相关行政监管事项，履行监管职责的即为地方的生态环境保护分局。

在司法实践中，部分省级政府为了推进和规范综合行政执法工作，推行"大综合一体化"行政执法改革。如浙江省人民代表大会常务委员会于 2021 年 11 月 25 日，通过了《浙江省综合行政执法条例》，该条例第 8 条[③]明确县级人民政府可以将市场监管、生态环境、文化市场等专业领域的部分或者全部执法事项纳入综合执法范围，由综合执法部门行使执法权限。在综合行政执法改革的大背景下，以浙江省龙泉市为例，龙泉市人民政府于 2020 年 11 月 30 日，将涉及发展改革、公安管理、自然资源管理等 20 个方面共 300 项行政执法事项的行政处罚权及与行政处罚相关的行政调查权和行政强制权划转至龙泉市综合行

① 《森林法》第 9 条规定："国务院林业主管部门主管全国林业工作。县级以上地方人民政府林业主管部门，主管本行政区域的林业工作。乡镇人民政府可以确定相关机构或者设置专职、兼职人员承担林业相关工作。"

② 《环境保护法》第 10 条第 1 款规定："国务院环境保护主管部门，对全国环境保护工作实施统一监督管理；县级以上地方人民政府环境保护主管部门，对本行政区域环境保护工作实施统一监督管理。"

③ 《浙江省综合行政执法条例》第 8 条规定："设区的市、县（市、区）综合行政执法部门，应当按照省人民政府批准的综合行政执法事项目录确定的范围，行使相应事项的行政处罚权以及与行政处罚相关的行政检查、行政强制措施等职权。设区的市、县（市、区）人民政府可以根据本地实际，将市场监管、生态环境、文化市场、交通运输、应急管理、农业等专业领域的部分或者全部执法事项纳入到综合行政执法范围，并对相关专业行政执法队伍进行归并整合。具体方案由设区的市人民政府报省人民政府批准后实施。"

政执法局行使。[①] 2021 年 12 月 31 日，龙泉市人民政府公布新增综合执法事项统一目标，将水利管理、民政管理、建设管理等 16 个方面 264 项行政处罚事项在龙泉市范围内由综合行政执法局行使。[②] 为此，龙泉市检察院今后在办理行政公益诉讼案件中对上述总共 564 项的行政执法事项应当建议由龙泉市综合行政执法局履行监管职责。根据龙泉市政府的行政执法划转事项，对于《森林法》第 39 条第 1 款[③] 规定的内容的处罚今后即由龙泉市综合行政执法局行使。

检察机关在查明行政机关的法定职责时，不仅要查阅法律、法规、规章确定的法定职责，还要参考地方政府制定发布的权力清单和涉及行政机关职权、机构设置的文件。如在机关改革设置中，2019 年初，浙江省云和县撤销林业局，将原来林业局的职能划转至县自然资源和规划局，而浙江省龙泉市继续保留林业局。

（二）行政机关违法行使职权或不作为的事实

1. 行政机关违法行使职权的事实。行政机关违法行使职权是指行政机关虽然有行使职权的行为，但其未按法律、法规或者规章的规定依法行使职权，其主要表现形式有：（1）行使职权的主体不符合法律规定；（2）行为事实证据不充分；（3）适用法律、法规错误；（4）不符合法定程序；（5）滥用职权；（6）存在明显不当等。具体在行政公益诉讼案件中，是指在法定领域行政机关违法行使职权，导致国家利益或者社会公共利益受到侵害。在司法实践中比较常见的行政违法行为，在破坏生态环境和资源保护领域，如违规发放采伐许可证、环评许可证等，在国有财产保护领域，如违法发放补贴、减免费用等。随着检察机关公益诉讼受理案件范围的扩增，行政机关违法行使职权的类型将会增多。

最高人民法院公布的长江流域环境资源审判典型案例中，贵州省金沙县人

---

① 详见龙泉市人民政府通告〔2020〕第 14 号，载 http: //www.longquan.gov.cn/art/2020/12/3/art_1229426307_4276645.html，2022 年 4 月 1 日访问。

② 详见龙泉市人民政府通告〔2021〕第 19 号，载 http: //www.longquan.gov.cn/art/2021/12/31/art_1229382448_2387478.html，2022 年 4 月 1 日访问。

③《森林法》第 39 条第 1 款规定：“禁止毁林开垦、采石、采砂、采土以及其他毁坏林木和林地的行为。”

民检察院诉毕节市七星关区大银镇人民政府不当履职行政公益诉讼案[1]即为典型的违法行使职权案件。贵州省七星关区大银镇政府将该镇集镇及附近村产生的固体生活垃圾收集后，雇请专人运输倾倒在该镇某村旁边的公路边进行露天堆放，影响当地群众的生活。该情况在检察机关发出诉前检察建议后，行政机关虽然有书面回复，但未积极进行整改，后检察机关将行政机关诉至法院，法院判决确认大银镇政府倾倒垃圾的行为违法。

2. 行政机关不作为的事实。行政不作为是指行政机关具有法定职责，但不履行或者不积极履行法定职责。理论上，行政不作为一般由以下要件构成：（1）行政主体；（2）特定的作为义务；（3）不作为的行为；（4）具有作为的可能性。[2]其中第一、二项的构成要件即为具体的行政机关具有法定职责，第三项为行政机关存在不履行或者不积极履行职责的行为，第四项为行政机关对相关事项具有作为的可能性，法不能强人所难，如对相关事项行政机关因客观原因无法作为的，则检察机关不应认定行政机关存在不作为。对于行政公益诉讼而言，是指行政机关对公益诉讼的法定领域具有监督管理职责，但其不履行或者不积极履行法定职责，导致国家利益或者社会公共利益受到损害。如浙江省龙泉市人民检察院办理的某行政机关对道路交通安全监管失职行政公益诉讼诉前程序案件中，检察机关发现崎岖蜿蜒的道路两边的转角镜出现破损、模糊不清的情况，导致道路通行条件变差，影响司机安全驾驶，增加道路交通事故发生的风险，但对于道路设施负有监管职责的行政机关未履行相关监督管理职责，未及时对破损、模糊不清的道路转角镜进行更换，存在损害社会公共利益的情况。

上述案件中，行政机关即存在典型的行政不作为的情况，对属于其监管职责范围内的道路转角镜破损情况不及时进行更换。检察机关发现上述案件线索后，应当根据公益诉讼办案的相关规定，开展调查取证工作，通过现场勘查、制作证人笔录、咨询专家意见等方式，固定行政机关存在行政不作为的证据，并及时启动行政公益诉讼诉前程序，督促行政机关依法履行职责，对破损的转角镜进行更换或维修。

---

① 该案为长江流域环境资源审判十大典型案例之八，（2016）黔0382行初4号。

② 参见魏琼、梁春程：《行政公益诉讼中“行政机关不依法履行职责”的认定》，载《人民检察》2019年第18期。

（三）国家利益或者社会公共利益受到侵害的事实

1. 国家利益受到侵害的事实。根据《行政诉讼法》第 25 条第 4 款的规定，启动行政公益诉讼诉前程序的前提条件为，在法定领域负有监督管理职责的行政机关违法行使职权或者不作为，导致国家利益或者社会公共利益受到侵害。国家利益受到侵害主要是指行政机关对国有财产保护、国有土地使用权出让等方面违法行使职权或者不作为，导致国有财产损失。国有财产主要包括国有土地、海域、水流、矿产资源、野生动物资源、无线电频谱资源、所有权归国家所有的文物等。如在 2021 年建党百年之际，浙江省检察院和杭州市军事检察院联合部署开展了“守护红色军事文化遗址”公益诉讼专项行动。又如 2019 年浙江省人民检察院和杭州军事检察院联合开展的“探索开展维护国防利益和军事利益”检察公益诉讼专项监督活动。红色军事文化遗址、军事设施和国防设施属于国有财产，对上述财产的保护，就属于对国家利益的保护。

在对国家利益受到侵害的情况进行调查的时候，检察机关首先要明确被侵害对象的权属，如被侵害的对象属于私人财产的，则属于私人利益不属于公益诉讼的范畴。其次，要通过拍照、视频、现场勘验等方式固定国有财产遭受到侵害的事实。最后，查明该侵害是否属于持续状态，即国家利益受到侵害是否属于持续存在的。

2. 社会公共利益受到侵害的事实。社会公共利益是指与广大人民群众密切相关的利益，广大人民群众既可以指全国人民，也可以指特定区域内流动的人民。行政公益诉讼中的社会公共利益受到侵害是指对特定的领域负有监督管理职责的行政机关违法行使职权或者不作为，导致社会公共利益受到侵害。与社会公共利益相对的是私人利益，检察机关在开展公益诉讼调查的过程中要注意区分私人利益与社会公共利益。如针对食品安全问题，广场、公园、码头、车站等自动售货机出售的食品，因购买对象具有不确定性，为此，针对上述自动售货机出售的食品，如存在食品安全问题，就属于侵犯了社会公共利益，属于公益诉讼的案件办理范畴。对于私人家庭，如发生食品安全问题，一般不考虑为公益诉讼的办案范畴。

检察机关在对公益诉讼进行调查的时候，对于所涉事项是否属于社会公共利益，应当把握以下几个方面的内容：

（1）所涉对象人员的数量问题。如侵犯公民个人信息的案件中，行政机关在进行公民个人信息公示的时候，未将公民的敏感信息身份证号码、电话号码、家庭详细住址等敏感信息去标识号处理，导致众多人员的敏感信息被公开，就属于侵犯了社会公共利益。但如果行政机关公示的对象只有一个人，就不属于侵害了社会公共利益，在此种情况下，检察机关可以口头与行政机关联系，告知其在进行公民个人信息公示的时候，注意对个人隐私信息的保护，但不宜通过检察建议的方式启动行政公益诉讼诉前程序。

（2）涉及对象是否具有确定性的问题。社会公共利益，顾名思义就是指社会上不确定对象的利益。如上述案例中，广场、公园、码头等地方的自动售货机出售的食品，任何人都可以购买，所涉及的对象具有不确定性，为公益诉讼的办案范围。

（3）侵害行为是否属于持续性。如一个侵害社会公共利益的行为，短暂的发生后，监管行政机关立即采取补救措施，通过自身的行为保障了社会公共利益。行政公益诉讼诉前程序属于检察监督行为，对于轻微的侵害社会公共利益的行为，行政机关自行采取了补救措施，则检察机关一般不应启动行政公益诉讼诉前程序。

三、调查的方式

（一）查阅、调取、复制有关执法、诉讼卷宗材料等

执法、诉讼卷宗材料能直接反映出一个行政行为是否合法、合理。针对《办案规则》第 68 条[①]规定的公益诉讼办案范围，查阅、调取、复制有关执法、诉讼卷宗材料对案件的办理至关重要。如为查明行政机关是否怠于申请法院强制执行，检察机关就要查阅、调取、复制行政机关的行政处罚卷宗，查明行政机关作出的行政处罚日期、处罚文书的送达日期以及行政处罚作出后是否存在

① 《办案规则》第 68 条规定："人民检察院对于符合本规则第六十七条规定的下列情形，应当立案：（一）对于行政机关作出的行政决定，行政机关有强制执行权而怠于强制执行，或者没有强制执行权而怠于申请人民法院强制执行的；（二）在人民法院强制执行过程中，行政机关违法处分执行标的的；（三）根据地方裁执分离规定，人民法院将行政强制执行案件交由有强制执行权的行政机关执行，行政机关不依法履职的；（四）其他行政强制执行中行政机关违法行使职权或者不作为的情形。"

行政复议、行政诉讼的情形，通过查阅、调取、复制执法卷宗，明确行政机关申请法院强制执行的期限。如在人民法院强制执行过程中，行政机关违法处分标的物的案件，则检察机关应当查阅、调取、复制法院的有关卷宗，查明法院的执行情况、行政机关违法处置标的物的情况、法院是否有对行政机关的违法情形作出司法处理以及行政机关的违法处置行为是否得到补救，违法处置的标的物是否已被追回等相关情形，根据查明的情况作出是否监督的决定。

检察机关查阅、调取、复制有关执法、诉讼卷宗材料应当注意以下几方面：第一，需要通过拍照方式复制卷宗的，最好使用相机拍摄卷宗，确保拍照的清晰度，同时也可以避免手机拍照出现证据材料被泄密的情况。第二，需要通过复印的方式复制相关卷宗的，要与行政机关进行充分沟通，最好做到整本卷宗复制，避免出现需要多次复制的情况。第三，如通过调取的方式查阅卷宗，调取手续一定要到位，要确保有两名以上的检察人员一起去调取相关卷宗，归还卷宗的时候要做好交接工作，确保卷宗的安全，同时对调取来的卷宗要加强保管，避免出现卷宗遗失的情况。第四，检察机关查阅、调取、复制卷宗，要做好卷宗管理的保密工作，不得将卷宗用于与办理公益诉讼无关的工作。

（二）询问行政机关工作人员、违法行为人以及行政相对人、利害关系人、证人等

检察机关在开展调查取证工作过程中，对了解案情的相关人员制作询问笔录，有利于检察机关查清事实，厘清法律关系。如对行政机关违法行使权力，向不符合条件的人颁发行政许可案件的调查过程中，检察机关向行政机关工作人员、行政相对人等人员制作询问笔录，可以让检察机关更加快速地查明案件的基本情况。

检察机关在公益诉讼取证过程中，对相关人员进行询问的时候应当注意以下几个方面的内容：

1. 不得对当事人采取限制人身自由的强制措施。检察机关办理公益诉讼案件对相关人员使用的是询问，制作的是询问笔录，询问主要是向相关人员了解事情的相关情况，相关人员对检察机关的询问应当如实回答。刑事案件中，犯罪嫌疑人拒不配合侦查的，检察机关可将犯罪嫌疑人传唤到案，而公益诉讼的取证工作不得采取传唤的强制措施。

2. 询问地点的要求。《人民检察院刑事诉讼规则》第 193 条第 1 款[①]对刑事案件的询问证人地点作出了规定。检察机关在办理公益诉讼案件过程中，对于询问相关人员的地点可以借鉴检察机关办理刑事案件的相关规定，可以通知相关人员到检察机关接受询问，也可以到相关人员的单位进行，也可以到现场或者被询问人认为合适的地方进行询问。

3. 制作完成后的核对要求。询问笔录制作完毕后，要将笔录内容交给当事人核对，并由当事人在核对后的笔录上签字确认。

4. 异地询问的处理。对于被询问人处于异地的，检察机关可以采取视频的方式对相关人员进行询问，并对询问过程进行全程的录音、录像，也可以委托被询问人所在地的检察机关协助制作询问笔录。

（三）向有关单位和个人收集书证、物证、视听资料、电子数据等证据

检察机关在办理公益诉讼案件过程中，应当全面地向有关单位和个人收集与案件相关的书证、物证、视听资料、电子数据等证据材料。在诉前阶段收集证据时，不应仅考虑案件能否启动诉前程序，还应同时考虑所收集的书证、物证、视听资料、电子数据等证据材料是否符合诉讼阶段的证据使用标准。在行政公益诉讼案件的庭审质证过程中，检察机关所收集的相关证据，需要通过庭审质证，才能作为案件判决的依据，而证据是否为原件，将对证据是否能被法庭采信产生直接的影响。为此，检察机关在对书证、物证、视听资料、电子数据等证据材料进行取证的时候，应当首先调取证据的原件。如因客观原因不能调取原件的，对于书证应调取复印件，并在复印件上注明调取人、提供人、调取时间等相关信息，并做好与原件的核对工作。对于物证应当通过拍照、录像等方式进行调取。对视听资料、电子数据则应当通过复制的方式进行调取，并说明来源和复制的经过，特别要注明复制过程中未对视听资料、电子数据进行过任何修改。

---

① 《人民检察院刑事诉讼规则》第 193 条第 1 款规定："询问证人，可以在现场进行，也可以到证人所在单位、住处或者证人提出的地点进行。必要时，也可以通知证人到人民检察院提供证言。到证人提出的地点进行询问的，应当在笔录中记明。"

（四）咨询专业人员、相关部门或者行业协会等对专门问题的意见

行政公益诉讼所涉及的知识面广，专业性强，包括环境损害评估、物品价值认定、税收征收、消防安全保护、林地、耕地破坏范围及破坏程度认定等。比如，对某个场所是否存在消防安全隐患，以及哪些地方存在消防安全隐患，整改需要哪些材料等检察机关可以咨询专业的消防部门，对于整改需要物品的价值检察机关可以咨询物价部门。咨询专业人员、相关部门或者行业协会对专门问题的意见是检察公益诉讼特有的调查方式，检察机关要充分运用好该调查方式，以便于检察机关更好地开展公益诉讼工作。在咨询方式上检察机关可以书面咨询相关人员、部门、协会，也可以口头咨询相关人员、部门、协会。咨询意见相比于委托鉴定，在操作上更具有便捷性，司法成本也相对较低。

2021年6月22日，最高人民检察院印发《行政机关专业人员兼任检察官助理工作办法（试行）》，根据该规定检察机关可以聘请相关专家长期为公益诉讼提供专家意见。如2021年6月，浙江省金华市检察院就聘请了人力资源和社会保障局、自然资源和规划局、生态环境局、审计、税务、社保等9家行政机关的22名行政专业人员为该院的特邀检察官助理。特邀检察官助理将参与对涉案相关专业问题的回答、解释、说明等职责，充分利用自身专业知识和行政执法实务为检察办案提供专业意见。①

在司法实践中，部分检察机关为破解行政公益诉讼中遇到的专业性问题，与学院建立常态化的合作关系。如2021年12月浙江省丽水市检察院与丽水学院签订合作协议，建立常态化的合作关系，检察机关在办理公益诉讼案件过程中，遇到的一些专业性问题、技术性难题，可借助学院专家的力量，由专家向检察机关提供专业的意见，破解办案技术难题。②

（五）委托鉴定、评估、审计、检验、检测、翻译

上述第四种取证方式，在司法实践中一般以口头的方式进行为主。如果检

① 参见《浙江金华：聘任22名行政机关专业人员兼任检察官助理》，载微信公众号“浙江检察”，2021年11月22日。

② 参见《推进生态环境领域共赢共建——丽水市检察院与丽水学院签订合作协议》，载微信公众号“浙江丽水检察”，2021年12月7日。

察机关需要对专业性的问题有详细的分析意见，就需要委托专业的机构对相关内容进行鉴定、评估、审计、检验、检测、翻译等。鉴定、评估、审计、检验、检测、翻译机构均需具备相关主管部门颁布的执业许可证，其出具的相关意见具有行业的权威性。检察机关根据鉴定、评估、审计、检验、检测、翻译等机构出具的意见，权衡是否有必要对案件启动行政公益诉讼诉前程序。案件经过诉前程序后，如行政机关未履职的，检察机关可根据已有的鉴定、评估、审计、检验、翻译的意见，未完全履职的可以再次委托鉴定、评估、审计、检验、翻译以确定是否需要启动行政公益诉讼案件的诉讼程序。如检察机关在收到的食品中存在安全隐患的线索，在对线索进行调查的时候就要委托专业的机构进行检验、检测，明确线索所涉及的食品是否存在安全问题，如存在问题则进一步研究是否需要启动行政公益诉讼诉前程序。

（六）勘验物证、现场

勘验物证、现场是指公益诉讼调查人员对案件有关的物品、场所亲临查看、了解与检验，以发现和固定案件所存在的各种物品和痕迹的一种调查方式。检察机关勘验物品、现场应当注意以下问题：第一，在发现公益诉讼案件线索后第一时间进行，确保物品、现场不被破坏。第二，检察机关在对公益诉讼所涉及的物品、现场进行勘验的时候应当由两名以上检察人员共同进行，并对现场进行拍照、录制视频等方式固定物品以及现场情况，同时制作勘验笔录。第三，在勘验的过程中，检察机关应当邀请与案件无关的人员作为见证人，全程见证现场的勘验，并要求见证人在勘验笔录上签字。第四，检察人员在开展勘验物证、现场的时候，必要的时候可以要求检察技术人员予以协助，共同开展勘验工作。

（七）其他调查方式

检察机关在开展公益诉讼调查的过程中，除了使用上述调查方式外，还可以根据案件调查的需要使用其他的合法调查方式进行调查。如通过专家论证会、听证会等相关方式查明案件存在的问题、明确监管主体以及案件的处理方案等。

四、调查的程序

在行政诉讼的过程中，如果行政机关的行政行为存在违反法定程序的，法院可以根据《行政诉讼法》第70条的规定，判决撤销或者部分撤销行政行为，并可以责令行政机关重新作出行政行为。为此，对于一个行政行为来说，行政机关是否按照法定程序开展调查取证工作，直接关系到行政行为是否合法、合理。检察机关办理行政公益诉讼案件，是对行政机关违法行使职权或者不作为行为的监督，检察机关作为法律监督机关，更应当做到按照法定程序开展调查取证工作，检察机关在开展调查取证工作过程中要注意以下内容。

（一）调查应当在案件立案后进行

根据《办案规则》第27条、第28条[①]的规定，检察机关发现公益诉讼案件线索的，应当先对案件线索进行评估，经评估认为案件线索存在损害国家利益或者社会公共利益的，对线索进行立案处理，并在统一应用系统中生成《立案决定书》。在案件立案后，检察机关再根据系统的相关文书开展调查取证工作。如在立案之前就开展调查取证工作，虽然取得的证据与立案之后取得的证据可能一样，但存在取证违反法定程序的情况。

（二）调查文书使用要规范

检察机关在开展调查取证的过程中，如需要向有关单位和个人调取相关卷宗、书证、物证、电子数据、视听资料等相关材料的，检察机关要持单位的介绍信、工作证、统一应用系统中的调查取证通知书、调查取证清单等相关文书，开展调查取证工作。因行政公益诉讼的调查取证工作不具有强制性，且因检察机关的调查取证工作往往与被调查的单位存在直接的利害关系，如检察机关在调查的过程中存在手续不齐全的情况，很可能在调查的过程中会出现被调查的单位和个人不配合的情况。

---

① 《办案规则》第27条规定："人民检察院应当对公益诉讼案件线索的真实性、可查性等进行评估，必要时可以进行初步调查，并形成《初步调查报告》。"第28条规定："人民检察院经过评估，认为国家利益或者社会公共利益受到侵害，可能存在违法行为的，应当立案调查。"

（三）调查主体应确保不少于两名检察人员

《办案规则》第 36 条规定检察机关开展调查和收集证据，应当由两名以上检察人员共同进行。检察机关在开展调查取证工作的过程中，不管是向行政机关工作人员、违法行为人、行政相对人、利害关系人、证人制作询问笔录，还是调取书证、物证、视听资料、电子数据，勘验物品、现场等取证工作，都应当确保由两名以上检察工作人员共同进行。刑事案件的侦查，《刑事诉讼法》明确规定开展调查取证工作需要两名以上侦查人员，《行政处罚法》规定实施行政处罚的必须需要两名以上执法人员。两人以上共同开展调查取证工作，是司法机关办理刑事案件、行政机关办理行政案件、检察机关办理公益诉讼案件的基本要求。为此，检察机关在开展公益诉讼调查取证的过程中，应当确保有两名以上检察工作人员共同进行，不能为了图方便由一名检察人员单独进行，否则会出现取证主体不合法的情况。

（四）调查程序不随提出诉前检察建议而结束

检察机关开展公益诉讼调查，调查从立案的时候开始到行政机关依法履行职责，国家利益或者社会公共利益受到侵害状态得到消除时结束。在司法实践中，部分检察机关在启动行政公益诉讼诉前程序后，就不再对案件开展调查取证工作，而是等待行政机关的回复。虽然检察机关启动诉前程序后给予了行政机关 15 日或者两个月的回复期限，但在行政机关的回复期限内，检察机关如发现新证据的仍应当积极开展调查取证工作，一方面可以促进行政机关的积极履职，另一方面也为后续启动诉讼程序固定相关的证据材料。

五、调查后的处理

（一）终结案件办理

检察机关在对案件进行调查后如案件出现下列情况，应当作出终结案件的处理。

1. 行政机关未违法行使职权或者不作为。检察机关在立案的时候，是针对法定的领域，行政机关可能存在违法行使职权或者不作为，导致国家利益或者社会公共利益受到损害，而立案进行调查。在检察机关进行调查后，如果发现行政机关未违法行使职权或者不作为的，办案人员应当在报检察长决定后，对案件作出终结审查处理，并在统一应用系统中生成《终结案件决定书》。[①]

2. 国家利益或者社会公共利益已得到有效保护。行政公益诉讼调查的主要内容之一就是国家利益或者社会公共利益受到侵害的事实。如果在检察机关的调查过程中，发现国家利益或者社会公共利益已经得到了有效地保护，例如广场舞音响噪音扰民的事件，噪音产生者对噪音采取了有效的降噪措施，将噪音控制在合理的范围，那么在此情况下检察机关就没有启动行政公益诉讼诉前程序的必要了，办案人员同样在报检察长决定后，对案件作出终结审查处理。

3. 行政机关已经依法履行职责全面采取整改措施。检察机关从发现案件线索、开展调查到启动行政公益诉讼诉前程序需要一定的办案时间，在此期间存在行政机关对损害事实，依法全面采取整改措施的情况。如对城区窨井盖被破损，存在公共安全隐患的事实，在检察机关启动诉前程序之前，行政机关依法对破损的窨井盖进行了更换，切实维护了社会公共利益。在上述情况下，检察机关也没有必要启动诉前程序，而应依程序对案件作出终结审查处理。

（二）提出检察建议

检察机关在开展全面的调查取证工作后，认为在法定的领域，行政机关存在违法行使职权或者不作为，导致国家利益或者社会公共利益受到损害的，应当依法提出检察建议。具体关于提出检察建议的相关内容，本书第八章将会进行详细阐述。

第二节　证据形式

我国的《刑事诉讼法》《民事诉讼法》以及《行政诉讼法》均有按照证据的特征对证据进行分类的规定。检察机关在办理行政公益诉讼诉前程序案件完成

① 《办案规则》第 74 条第 2 款规定，终结案件的，应当报检察长决定，并制作《终结案件决定书》送达行政机关。

调查取证后，也应当对所收集的证据材料进行分类，并根据分类情况，明确相关证据的待证事实。行政公益诉讼诉前程序案件的证据在类别上与三大“诉讼法”存在相似之处，但行政公益诉讼诉前程序案件的证据也具有一定的特殊性，行政公益诉讼诉前程序的证据均是检察机关在行使公益诉讼调查取证权的过程中自行收集的证据，类似于检察机关之前办理反贪、反渎案件的自行侦查。

一、证据的概念与意义

行政公益诉讼诉前程序的证据是指检察机关在发现公益诉讼线索后，依法开展调查取证所收集的能证明在法定领域，负有监管职责的行政机关违法行使职权或者不作为导致国家利益或者社会公共利益受到侵害的相关证明材料。

行政公益诉讼诉前程序证据具有以下意义：

（一）证据是检察机关启动行政公益诉讼诉前程序的基础

行政公益诉讼诉前程序，必须建立在证据确实、充分的基础上。行政公益诉讼诉前程序是否合法、合理，行政机关是否会采纳检察建议的内容，以及后期的行政诉讼过程中法院是否会判决支持检察机关的诉讼请求，这些都与证据存在着紧密地联系。如检察机关启动诉前程序的证据不足，直接影响诉前程序的效果，如未查清监督主体就启动诉前程序，可能会产生监督对象错误的问题，如检察建议内容事实不清，则可能会面临检察建议内容不被接受的情况。

（二）充分的证据能提升行政机关整改效率

行政机关在收到检察机关的检察建议后，应当对检察机关的建议内容进行充分的研究，并根据检察机关的建议内容积极的落实整改措施。检察机关向行政机关提供的证据材料是行政机关进行整改的依据条件之一，检察机关提供的证据充分，行政机关整改可以更加有针对性。如检察机关在履职中发现行政机关对违规焚烧秸秆监管失职案件中，检察机关应当向行政机关提供在何地何时存在违规焚烧秸秆的证据材料，以便行政机关根据检察机关的建议有效地履行监管职责，及时地查清事实，并对检察建议内容作出相应的处理。

（三）证据是行政机关今后执法的借鉴

基层行政机关存在执法人员法律知识薄弱、基础事务多的情况，有时会出现执法不统一、不规范的情况。检察机关办理行政公益诉讼案件不仅仅是为了针对个案开展监督，而且也是为行政机关今后针对类似情况的规范执法提供法律上的指导。为此，检察机关在行政公益诉讼诉前案件中，规范的收集证据是行政机关今后执法的借鉴。

二、证据的种类

（一）书证

书证是指根据其记载的内容反映出案件事实的证据材料。书证是检察公益诉讼调查取证收集到的最主要的证据种类之一。书证的表现形式存在多样性，既可以是文字、图像、符号等，也可以是文字、图像、符号等内容的相互结合。书证所记载的内容往往能直接证实案件存在的事实，如对于国有土地使用权出让领域，督促出让金收取的行政公益诉讼诉前程序案件中，土地出让合同、出让金缴纳发票、欠缴出让金公司的工商登记信息等材料就属于书证。在上述证据中土地出让合同能证明出让时间、出让金额、缴纳期限等事实，缴纳发票证明已缴纳的金额以及仍未缴纳的金额，工商登记信息证明欠缴出让金的主体。书证与其他证据相比往往具有更高的证明性，如在司法实践中，书证所记载的内容与证人证言所陈述的内容存在相冲突的情况，那么在此种情况下，司法机关一般应当采信书证所能证实的案件事实。

（二）物证

物证是指与案件事实具有关联性的一切物品与痕迹。物证具有三个特点：首先，它以实体物作为载体，是一种物质的存在，因而具有客观性。其次，它可排斥人为的主观性，因而具有可靠性。最后，物证也被称为“哑巴证据”，它本身不会说话，需依赖人们的解读。[①] 物证根据其存在的形式可以分为可移动的物证和不可移动的物证。如行政机关对商家销售无生产日期、无保质日期、

① 参见胡建淼:《行政诉讼法学》，法律出版社 2019 年版，第 341 页。

无产品成分的产品未履行监管职责的行政公益诉讼案件中，检察机关依法调取的“三无产品”就属于可以移动的物证。检察机关对调查取得的物证，应当妥善地进行保管，确保物证不遗失，也不受到保存环境因素而影响物证的性质。对于检察机关调查取得的可移动的物证，在物证保存上公益诉讼部门可以借鉴刑事检察部门，建立统一的物证保管室，如无条件建立统一物证保管室的，可将公益诉讼部门取得的物证统一存放到刑事检察部门的物证保管室。不可移动物证，因物种的体积庞大等因素，存在不可移动性，如行政机关对道路交通安全未履行监管职责案件中，检察机关查明道路护栏破损、道路转角镜破损、道路路面破坏等物品，就属于不可以移动的物证，对于不可移动物证检察机关可以通过拍照、录像等方式对涉及的物证进行固定。

（三）视听资料

视听资料是指采用现代科学技术手段，将与行政公益诉讼有关的原始场景、原始的声音等储存于电子计算机或者其他科学技术设备中的证据形式。视听资料是近年来随着科学技术发展新出现的一种重要的证据材料。现在《刑事诉讼法》《民事诉讼法》《行政诉讼法》均已将视听资料列为一种独立的证据材料。视听资料与其他证据材料相比更加直接、明确。如检察机关在调查行政机关对林地保护监管失职案件中，检察机关通过无人机拍摄的林地被破坏的现场视频资料就属于典型的视听资料。2021 年高检院牵头办理的“南四湖”保护系列公益诉讼案件中，“南四湖”流域生态环境卫星遥感监测情况，就属于视听资料，该案件是典型的科技与公益诉讼办案相结合。因视听资料存在可复制性，检察机关在保存视听资料的时候要注意视听资料的安全性，防止被他人复制与修改。

（四）电子数据

电子数据是指以电子形式存在，可以证明公益诉讼案件事实的相关材料。电子数据是与数字检察密切相关的一种证据形式。电子证据具有非物质性、高科技性、脆弱性等特征。[①] 电子证据的非物质性是指电子证据具有无形性，不能直接被人民所认知。高科技性是指电子证据的生成、调取、保存均与电子技

① 参见樊崇义:《刑事诉讼法学》，法律出版社 2016 年版，第 227 页。

术存在关联性。脆弱性是指电子数据虽然具有高科技性，但也存在容易被他人修改、删除等情况。电子数据主要的类型有网络聊天记录、电子邮件、网站公告等。如丽水市缙云县人民检察院办理的陶某某侵犯英烈名誉民事公益诉讼一案[①]中，检察机关提供的第四组证据中的第1号证据“缙云义工志愿者群1”微信聊天记录就属于电子数据证据。如在检察机关办理的行政机关未依法履行公民个人信息保护案件中，行政机关在网站上违规发布涉及公民敏感信息的公告，检察机关收集的公告网站信息就属于电子数据。

（五）证人证言

证人证言是指对检察机关办理的行政公益诉讼案件需要调查的事实具有一定了解的相关人员，根据检察机关的通知或者自行要求到检察机关对相关事实进行陈述的内容。在行政公益诉讼案件中证人证言主要包括以下几类人员：行政相对人、侵权人、被侵权人、被监督行政机关工作人员等相关人员。《办案规则》第68条第1项[②]，该法条中涉及的被处罚人，如检察机关向其了解案件事实，其即属于证人。行政机关对于食品安全领域监管不到位案件中，食品销售者以及食品购买者的陈述，均属于证人。对于被监督行政机关工作人员的陈述是否应当认定为证人证言，笔者认为，工作人员的陈述有别于被监督行政机关的单位意见，是其根据检察机关调查的内容，对履职过程中了解到的事实进行的陈述，同样也属于证人证言。如被监督单位对相关事实出具的书面的意见，则属于书证，不属于证人证言。

证人证据与其他证据相比具有一定的不稳定性，容易受到证人的主观思想的影响，在检察机关的调查过程中容易作出对自己或者单位有利的陈述。证人证言虽然具有一定的不稳定性，但证人的证言具有不可代替性，如对于安全生产事件的调查，在事发现场的证人对客观事实的陈述内容，具有其亲历性的感知，该感知是他人无法代替的。鉴于证人证言的上述特征，对于证人证言是否采纳，检察机关应当综合所调取的证据材料进行综合认定。

---

① 详见（2019）浙11民初81号判决书。

② 《办案规则》第68条第1项规定：“人民检察院对于符合本规则第六十七条规定的下列情形，应当立案：(一) 对于行政机关作出的行政决定，行政机关有强制执行权而怠于强制执行，或者没有强制执行权而怠于申请人民法院强制执行的。”

（六）鉴定意见

鉴定意见是指在检察机关开展行政公益诉讼调查的过程中，根据检察机关的委托，专业的机构依据其专业的知识对相关内容作出书面的意见。在司法实践中，公益诉讼案件中较为常见的鉴定意见有破坏生态环境资源类案件（如盗伐林木、滥伐林木、森林失火、非法占用农用地等案件）的生态修复设计、污染环境案件的生态环境修复评估。对于生态环境的修复有直接修复和缴纳生态修复金两种方式。虽然对于有明确侵权人的生态修复案件在一般情况下检察机关以启动民事公益诉讼为主，但在民事公益诉讼案件中当事人选择缴纳相关的生态修复费用的案件，则后期的生态修复行为由相关的行政机关组织实施。前述案件中，如相关行政机关在合理的期限内不履行生态环境的修复职责，则检察机关可根据调查情况，启动行政公益诉讼诉前程序，督促行政机关依法履行生态环境的修复职责。鉴定意见是鉴定机构根据其专业的知识所作出的，具有较强的科学性，是检察机关处理案件的重要依据。

（七）专家意见

专家意见是指根据检察机关咨询由相关专业的人员对相关事项提供专业的分析意见。出具专家意见的专家一般都是在某个行业具有权威性的人员，专家意见可以是口头陈述也可以是专家个人出具的书面意见。专家意见与证人证言的区别在于，证人证言是对客观事实的陈述，而专家意见是对相关事项的分析意见。专家意见与鉴定意见的区别在于出具意见的主体不同，鉴定意见是由专门的机构出具，需在鉴定意见中加盖鉴定机构的章，专家意见是由专家个人出具，如出具的是书面意见，则由专家个人签名即可。

专家意见的出具给检察机关办理公益诉讼案件提供专业的参考意见。如浙江省龙泉市人民检察院办理的王某某、兰某某、翁某某非法猎捕、杀害珍贵、濒危野生动物刑事附带民事公益诉讼案件[①]，检察机关为在庭审中进一步说明国家为什么要保护野生动物，野生动物白鹇、果子狸等被猎捕、杀害后，会对生态造成什么损害，被猎捕、杀害的白鹇、果子狸的损害价值如何确定的问题，专门聘请了中国鸟类多样性保护与生态文明科学首席科学传播专家、浙江自然

① 详见（2018）浙 1181 刑初 111 号案件。

博物馆副馆长陈某某以专家证人身份出庭作证，其在庭审中的陈述内容就属于专家意见。

（八）勘验笔录

勘验笔录是指检察机关在开展公益诉讼调查取证的过程中，对案件有关的场所、物品等情况进行观察、测量、拍照、绘图等活动，并对活动的过程进行记录的内容。现场勘验笔录对于公益诉讼的案件办理十分重要，虽然对于调查的现场可以通过拍照、录像等形式记录下来，但对于现场的位置、长度、宽度、损害面积等情况，就需要通过测量的方式进行，将测量后的数据记录到勘验笔录中，为案件的下一步办理提供数据上的支持。如对于行政机关对非法采砂监管不到位行政公益诉讼案件中，检察机关的勘验笔录中就要对非法采砂的位置、采砂的大致面积等情况予以记录。勘验笔录与现场方位图、现场照片、现场视频等材料相结合，共同反映出损害国家利益或者社会公共利益的事件的基本情况。

检察机关在进行现场勘验的时候，要客观、真实地记录现场的情况。对于勘验笔录的制作与公益诉讼其他笔录一样，应当由两名以上检察人员共同进行制作。同时为了确保现场勘验的客观、公正性，检察机关在进行现场勘验的时候应当在现场邀请相关人员对现场的勘验过程进行见证，在勘验结束后请见证人在现场勘验笔录上签字确认。

第三节　证据规则

行政公益诉讼诉前程序中，检察机关应当对检察建议中提出的相关内容，履行证明的责任。检察机关在履行证明责任的时候，应当根据证据的真实性、合法性、关联性、合理性等对证据进行分析研究，并决定采纳的证据材料。在启动行政公益诉讼诉前程序的时候，检察机关所收集的证据材料，应当达到案件事实清楚，证据确实、充分的证明标准。

一、证明责任

（一）诉前程序的证明责任

证明责任，是指司法机关或者当事人收集或者提供证据证明主张的案件事实成立或者有利于自己的主张的责任，否则，将承担其主张不能成立的危险。[①]“三大诉讼法”均对证明责任作出具体的规定。

《刑事诉讼法》第51条[②]规定，刑事案件的举证责任在检察机关或者自诉人，被告人无须承担举证责任。

《民事诉讼法》第67条[③]规定，在民事诉讼中，当事人对自己的主张有提供证据的义务，同时对于因客观原因无法自行取证的可申请法院依法调取证据，且法院认为有必要的可自行开展调查取证。民事诉讼中，存在举证责任的例外情形，即举证责任的倒置。

《行政诉讼法》第34条[④]规定，行政诉讼中举证责任由行政机关承担，即行政机关要对自己作出的行政行为是否合法、合理提供证据材料，如未能依法提供证据，则需承担败诉的风险。行政诉讼的举证责任与刑事诉讼的举证责任相反，行政诉讼采取的是由被告承担举证责任的模式。

行政公益诉讼诉前程序来源于《行政诉讼法》第25条的规定，且被鉴定对象与普通行政诉讼案件中的被告一样，均为具有相关职责的行政机关，其证明责任是否可以参考普通的行政诉讼案件，实施举证责任倒置。笔者认为，在行政公益诉讼诉前程序中，不应采取行政诉讼中的举证责任倒置，普通行政诉讼案件是因为行政相对人在行政诉讼调查取证中处于弱势地位，对于行政机关保管的证据材料，行政相对人无法调取，为此，《行政诉讼法》规定了举证责任倒

① 参见樊崇义：《证据学》，中国人民公安大学出版社2003年版，第235页。

② 《刑事诉讼法》第51条规定：“公诉案件中被告人有罪的举证责任由人民检察院承担，自诉案件中被告人有罪的举证责任由自诉人承担。”

③ 《民事诉讼法》第67条规定：“当事人对自己提出的主张，有责任提供证据。当事人及其诉讼代理人因客观原因不能自行收集的证据，或者人民法院认为审理案件需要的证据，人民法院应当调查收集。人民法院应当按照法定程序，全面地、客观地审查核实证据。”

④ 《行政诉讼法》第34条规定：“被告对作出的行政行为负有举证责任，应当提供作出该行政行为的证据和所依据的规范性文件。被告不提供或者无正当理由逾期提供证据，视为没有相应证据。但是，被诉行政行为涉及第三人合法权益，第三人提供证据的除外。”

置的证据规则。而在行政公益诉讼诉前程序的过程中，检察机关享有调查取证的权利，检察机关根据案件的办理需要可以向行政机关调取卷宗、书证、物证、视听资料、电子数据等证据材料。对于检察机关的调查取证行为，行政机关应当予以配合。同时,《办案规则》第45条[①]为检察机关的调查取证工作提供了法律上的保障。

检察机关启动行政公益诉讼诉前程序是在全面调查取证的基础上启动，为此在证明责任上行政公益诉讼诉前程序与刑事诉讼的证明责任应当类似，即由检察机关对自己提出的检察建议内容承担举证责任。检察机关举证内容为被监督行政机关存在违法行为或者不作为，导致法定领域的国家利益或者社会公共利益受到损害。在行政公益诉讼诉前程序中，检察机关对上述需要证明的内容提出证据，而行政机关对于检察机关的证据没有异议或者未提出实质性的反驳证据的，行政机关应当对检察机关提供的证据予以认可。针对检察机关检察建议中陈述的事实，举证责任在检察机关，但行政机关可以对相关事实提出自己的看法或者异议，但不承担检察机关检察建议内容的举证责任。同样，在经过行政公益诉讼诉前程序后，行政机关未进行整改的，在行政诉讼的过程中，对行政机关存在行政违法或者行政不作为，导致国家利益或者社会公共利益受到损害的举证责任也在检察机关。

（二）检察机关的说服责任

在诉讼案件中，检察机关和行政机关都需要说服人民法院，这是诉讼结构所决定的。在诉前督促程序中，这种结构不是“控—辩—审”三角结构，而是“检察机关—行政机关”直接对向关系。检察机关与行政机关在互相沟通、探讨和说服的基础上，达成共识，形成对检察建议的整改措施并落实，从而保护公益。检察机关是否履行说服责任，是能否避免进入诉讼阶段的重要方面。检验检察机关是否履行了说服责任的标准，既可以是行政机关是否接受检察机关的建议，也可以是在后续的诉讼中，法院是否采纳检察机关的诉讼请求。为实现说服责任，检察机关应当对公益受损事实情况、行政机关的法定职责及违法履

① 《办案规则》第45条规定：“行政机关及其工作人员拒绝或者妨碍人民检察院调查收集证据的，人民检察院可以向同级人大常委会报告，向同级纪检监察机关通报，或者通过上级人民检察院向其上级主管机关通报。”

职或不履职的内容、相应证据、违法履职或不履职及与公益受损间的因果关系等，进行阐述和论证。

在司法实践中，部分侵害国家利益或者社会公共利益的情形，存在多个行政机关均具有监管职责的情形。如对于文物存在被破坏、消防安全等问题，属地乡镇、文物保护主管单位、综合行政执法局、消防等部门均具有监管职责。一个事件多个行政机关均具有监管职责，可能会出现行政机关之间相互推诿的情况。同时，部分行政事务在履职上具有一定的难度，行政机关有时会出现畏难情绪。如《办案规则》第 68 条第 3 项规定，根据地方裁执分离规定，人民法院将行政强制执行案件交由强制执行权的行政机关执行，行政机关依法不履行的，属于公益诉讼的办案范围。对于土地违法领域裁执分离案件，乡镇（街道）认为单凭自身力量，无法完成违章建筑的拆除任务。

检察机关在遇到上述情况的时候，可以通过诉前磋商、公开听证、专家论证、圆桌会议的方式，与行政机关共同探讨事情的解决方案。如浙江省龙泉市人民检察院办理的督促某行政机关对浙江日报旧址履行监管职责行政公益诉讼诉前程序案件，检察机关通过公开听证的方式，明确事项的解决主体、解决方式。该案件通过公开听证的方式办理，检察机关在听证会上进行了良好的说服责任，让被监督行政机关从法理、情理上都接受了检察建议的内容，案件的办理取得了良好的效果。

二、证据采信

证据的采信是指检察机关在办理公益诉讼案件过程中，对依法调查取得的证据材料是否采纳作为办案证据的一个分析过程。对于证据的采信，检察机关首先要从证据的“三性”上进行分析，同时，对于鉴定意见还要特别注意对鉴定意见的合理性进行分析。

（一）真实性

检察机关在开展公益诉讼调查取证的过程中，必须确保证据具备真实性。即证据必须是伴随着事实的发生、发展的过程中而遗留下来的，不以人的主观意识为转移而存在的材料。证据的真实性，要求证据必须是原始保存下来的，不存在加工、修改、修缮的情况。同时证据的真实性是指证据必须以其存在的本身来证明案件的事实，不以办案人员的判断、推理、猜测、理解、假设来证明案件的事实。证据的真实性还要求办案人员不得以道听途说、小道消息等方式获得的信息，未经核实直接作为案件办理的证据。如检察机关办案人员收到举报信反映春节期间，道路上存在较多的活禽交易，但举报人并没有提供相关照片或者视频。针对上述情况，检察机关启动行政公益诉讼诉前程序之前，必须对道路上存在活禽交易的情况进行核实，确保事件的真实性。为此，检察机关办理公益诉讼案件，所收集的证据必须是客观真实存在的证据。

（二）合法性

证据的合法性，是指检察机关在开展公益诉讼取证的过程中，取得的证据符合法定程序。证据是否合法取得，直接关系到行政机关是否会认可检察机关所提供的证据材料。检察机关办理公益诉讼案件，必须依照《检察公益诉讼解释》《办案规则》《办案指南》等相关司法解释的规定，依法开展公益诉讼的调查取证工作，确保取证程序合法。

（三）关联性

检察机关所收集的案件证据材料必须与启动的行政公益诉讼诉前程序案件之间存在关联性。即对于行政公益诉讼诉前程序而言，检察机关所收集的证据在待证事实上必须与本书第六章第一节调查对象的内容具有直接的关联性。在取证时，检察机关向行政机关调取了整本的执法卷宗，卷宗的材料可能会很多，检察机关要做好对材料的梳理，如行政机关的一些内部的审批、流转签发单等材料，与检察机关调查的案件的事实的关联性就不大。检察机关在检察建议中列明的证据材料应当是与案件的事实具有关联性的证据材料。

（四）合理性

在司法实践中，鉴定机构出具鉴定意见的时候，在鉴定标准适用上会出现不一样的情况，在此种情况下检察机关就要对鉴定意见的合理性进行研究，并决定是否采纳。如龙泉市某林业规划设计有限公司出具生态修复设计方案，2019 年 12 月 9 日，出具的叶某某盗伐林木一案的生态修复设计方案中，购买木荷苗的费用为每株 3 元，购买枫香苗的费用也是每株 3 元，种植树苗的挖穴费用为每穴 1.625 元。2020 年 12 月 9 日，出具的金某某滥伐林木一案的生态修复设计方案中，购买木荷苗的费用为每株 10 元，购买枫香树苗的费用为每株 5 元，种植树苗的挖穴费用为每穴 4.25 元。上述两份鉴定意见，出具的时间相差刚好一年，但在购买树苗以及种植树苗的挖穴费用上均存在较大的差距，特别是购买木荷苗的费用相差了 3 倍多。

针对上述两份适用标准差距较大的鉴定意见，应由鉴定人作出合理解释。鉴定人陈某某陈述之所以会出现前后费用差距较大的情况，是因为《森林法》于 2019 年 12 月 28 日进行了修订，并于 2020 年 7 月 1 日起实施。2020 年 6 月 29 日浙江省林业局发布《关于认真贯彻落实新修订〈森林法〉切实做好林木采伐管理等相关工作的通知》，该通知对于树木的补种标准作出了新的规定。基于上述原因导致 2019 年底和 2020 年底出具的鉴定意见在标准的适用上出现了较大的差距。上述两份鉴定意见的适用标准差异问题，鉴定人能作出合理的解释，检察机关对上述鉴定意见应当予以采信。如果对于上述情况，鉴定人不能作出合理的解释，检察机关可以对认为不合理的鉴定文书再次委托其他的鉴定机构进行鉴定，根据鉴定意见再综合考虑采信哪份鉴定文书。

三、证明标准

（一）证明标准的概念和意义

证明标准又称证明要求、证明任务，是指承担举证责任的人提供证据对案件事实加以证明所要达成的程度。当事人提供的证据达到了证明标准，就意味着当事人履行了证明责任，他提出的主张就会成立。[①]

证明标准是当事人履行举证责任的指引，当事人根据证明标准知道自己何时应当进行举证或者提供反驳性的证据。证明标准是裁判者或者事实认定者对具体事实是否认定的行为准则，根据当事人提供的证据，如果裁判者或者事实认定者认为这些证据对待证事实的证明达成了证明标准，则认为该事实为真。[②]

① 参见樊崇义:《证据学》，中国人民公安大学出版社 2003 年版，第 263 页。

② 参见樊崇义:《证据学》，中国人民公安大学出版社 2003 年版，第 263 页。

（二）证明标准的具体适用

《刑事诉讼法》第200条[①]规定刑事案件的证明标准为案件事实清楚，证据确实、充分。《行政诉讼法》第69条[②]规定行政诉讼案件的证明标准为行政行为证据确凿，适用法律、法规正确，符合法定程序的，行政案件的证明标准与刑事案件的证明标准类似。最高人民法院《关于适用〈中华人民共和国民事诉讼法〉的解释》第108条、第109条[③]规定了民事诉讼的两种证明标准，分别为高度可能性和排除合理怀疑。

行政公益诉讼诉前程序该采用何种证明标准，是刑事、行政案件的事实清楚，证据确实、充分，还是民事案件的高度可能性和排除合理怀疑。笔者认为，对于行政公益诉讼诉前程序的证明标准，应当与刑事、行政案件的证明标准一致，即启动诉前程序必须达到事实清楚，证据确实、充分。对于事实清楚，要求检察机关必须查明在公益诉讼的法定领域，有监管职能的行政机关存在违法行为或者不作为，导致国家利益或者社会公共利益受到侵害的事实。如对于行政公益诉讼的国有土地使用权出让领域，对于行政机关怠于履行土地出让金收取的事实，检察机关必须查明存在土地出让的情况、出让金欠缴、行政机关未积极履行催收的事实。证据确实、充分要求检察机关启动诉讼程序发出的检察

---

① 《刑事诉讼法》第200条规定："在被告人最后陈述后，审判长宣布休庭，合议庭进行评议，根据已经查明的事实、证据和有关的法律规定，分别作出以下判决：(一)案件事实清楚，证据确实、充分，依据法律认定被告人有罪的，应当作出有罪判决；(二)依据法律认定被告人无罪的，应当作出无罪判决；(三)证据不足，不能认定被告人有罪的，应当作出证据不足、指控的犯罪不能成立的无罪判决。"

② 《行政诉讼法》第69条规定："行政行为证据确凿，适用法律、法规正确，符合法定程序的，或者原告申请被告履行法定职责或者给付义务理由不成立的，人民法院判决驳回原告的诉讼请求。"

③ 最高人民法院《关于适用〈中华人民共和国民事诉讼法〉的解释》第108条规定："对负有举证证明责任的当事人提供的证据，人民法院经审查并结合相关事实，确信待证事实的存在具有高度可能性的，应当认定该事实存在。对一方当事人为反驳负有举证证明责任的当事人所主张事实而提供的证据，人民法院经审查并结合相关事实，认为待证事实真伪不明的，应当认定该事实不存在。法律对于待证事实所应达到的证明标准另有规定的，从其规定。"第109条规定："当事人对欺诈、胁迫、恶意串通事实的证明，以及对口头遗嘱或者赠与事实的证明，人民法院确信该待证事实存在的可能性能够排除合理怀疑的，应当认定该事实存在。"

建议的内容，必须有相关的证据予以证实，同样对于上述的国有土地使用权出让领域的行政公益诉讼案件，检察机关在启动诉前程序之前应当收集土地出让合同、出让金缴纳发票、证人证言等相关证据材料来证明检察建议的事实。检察机关作为法律监督机关，在履行公益诉讼诉前程序中，应当履行对监督内容的证明责任，让检察建议的内容达到事实清楚，证据确实、充分，体现检察机关专业性，督促被监督机关有效地履行整改职责。

第七章　磋　商

磋商是指行政公益诉讼诉前程序中，检察机关通过圆桌会议、发出事实确认书等方式，与行政机关就其是否存在违法行使职权或者不作为、国家利益或者社会公共利益受到侵害的后果、整改方案等事项进行商量讨论、交换意见，督促行政机关履行职责，保护公共利益。

第一节　磋商的性质和效力

2021 年 7 月 1 日起正式施行的《办案规则》新增了磋商，被规定于第三章行政公益诉讼下第一节立案与调查中。《办案规则》第 70 条规定："人民检察院决定立案的，应当在七日内将《立案决定书》送达行政机关，并可以就其是否存在违法行使职权或者不作为、国家利益或者社会公共利益受到侵害的后果、整改方案等事项进行磋商。磋商可以采取召开磋商座谈会、向行政机关发送事实确认书等方式进行，并形成会议记录或者纪要等书面材料。"

一、磋商的产生与发展

磋商酝酿阶段，需要更加柔性的诉前手段。随着公益诉讼的持续深入推进，检察建议已不能完全满足行政公益诉讼的需要，一是检察权的谦抑性要求检察权进一步自我约束，避免检察权恣意行使。实务中一段时期因片面追求案件数量，出现过滥发检察建议的情况，损害了检察建议的严肃性。[①] 二是谨守检察机关“公共利益看门人”的角色[②]，需要充分尊重行政权，探索与行政机关共同维护公共利益的实践路径。实务中不区分情况，一律制发检察建议的做法，客观上造成了行政机关对检察建议存在抵触情绪，从长远来看，不利于行政公益诉讼持续良性深入开展。三是进一步优化诉前程序的需要。目前诉前程序的督促手段仅有制发检察建议。案件的情况千差万别，行政机关面临的执法难题也各有不同，需要区别处理。如湖北省襄阳市高新区检察院办理的噪音污染案，一方面涉事企业因噪音污染问题被当地居民举报，另一方面涉事企业是当地引进的重点企业，刚刚从疫情期间恢复为良性生产经营局面。[③] 该案由当地检察院牵头组织召开诉前磋商会议，利用磋商所具有的沟通、协调功能，很好找到了利益平衡点，既回应了居民诉求，又保护了企业利益，通过磋商促进和解，最终达到多赢效果。

2019 年至 2021 年 7 月 1 日，实务探索阶段。考察《检察公益诉讼解释》《办案指南》等，均无磋商直接相关的条文规定。但磋商于 2019 年已有实务探索，在浙江、上海、广州、湖北、湖南等全国多地均有实务案例。2019 年至 2021 年 3 月，全国检察机关在办理无障碍环境建设公益诉讼案件中，共立案 803 件，其中行政公益诉讼案件 801 件，发出诉前检察建议 643 件，诉前磋商结案 29 件。[④] 浙江省人民检察院在其《2020 年全省公益诉讼检察工作要点》中明确提出推行诉前磋商制度。浙江省金华市婺城区、浙江省温州市鹿城区、上海市金山区、江苏省无锡市锡山区、湖北省襄阳市襄州区等地区的检察机关在探索实践中制定了磋商具体实施办法的机制文件，规定了磋商的适用范围、启动程序、形式内容等。

---

① 参见《最高人民检察院关于开展公益诉讼检察工作情况的报告》，载最高人民检察院网站，https://www.spp.gov.cn/spp/tt/201910/t20191024_435925.shtml，2022 年 1 月 29 日访问。

② 参见马超：《行政公益诉讼诉前磋商机制》，载《华南理工大学学报（社会科学版）》2021 年第 4 期。

③ 参见《湖北襄阳高新区：诉前磋商放大公益保护效应》，载最高人民检察院网站，https://www.spp.gov.cn/dfjcdt/202107/t20210729_525264.shtml，2022 年 1 月 29 日访问。

④ 参见《最高检与中国残联共同召开新闻发布会 将“有爱无碍”进行到底》，载最高人民检察院网站，https://www.spp.gov.cn/zdgz/202105/t20210515_518199.shtml，2022 年 4 月 4 日访问。

2021年7月1日至今，磋商被正式写入《办案规则》。在《办案规则》公布施行以前，关于推行磋商的表述已散见于最高人民检察院下发的《关于积极稳妥拓展公益诉讼案件范围的指导意见》等文件。关于是否要推行磋商制度，实务中一直有不同声音。2021年7月1日正式施行的《办案规则》采纳了这项制度，自此磋商在行政公益诉讼中作为正式制度被固定下来。

磋商作为诉前督促程序的一部分，检察机关和行政机关在此阶段开始就实体问题交换意见。从程序设置目的角度来讲，它是一种比检察建议更为柔性的监督手段，是公益诉讼制度正式写入《行政诉讼法》以来，对于督促行政机关依法积极履职的有益探索补充，对于充分发挥诉前程序作用，实现双赢多赢共赢具有重要意义。在保持检察权谦抑和尊重行政权的基础上，充分尊重和发挥行政机关的主观能动性，将检察机关的法律优势和行政机关的专业优势结合起来，督促行政机关依法充分履职，形成检察机关与行政机关的良性互动，推动社会治理。

二、磋商的性质

行政公益诉讼诉前程序中的磋商相比于诉前程序中的其他程序既有行政公益诉讼的共性特征，也有着自身的独特性质。

理论上对磋商本质属性的讨论可以概括为以下两种学说：一是协商说。该说认为磋商是检察机关与行政机关就恢复被侵害的公共利益进行协商。目的在于及时、高效的让受损的公共利益恢复至圆满状态。[①]二是交换意见说。该说认为磋商是检察机关与行政机关就后者违法行使职权或不作为以及公共利益受损的情况交换意见。倾向于对案件核心问题的认定。[②]

笔者认为，磋商兼具协商和交换意见的性质，交换意见是协商的前提，协商是交换意见的保障。没有对国家利益或社会公共利益受到损害的确认，就没有对行政机关违法行使职权或不作为的确认。《办案规则》兼采了协商说和交

① 参见何莹等:《行政公益诉讼磋商程序的价值与定位》，载《人民检察》2021年第3期。

② 参见何莹等:《行政公益诉讼磋商程序的价值与定位》，载《人民检察》2021年第3期。

换意见说，[①]不仅要在磋商阶段完成对案件基本事实、行政机关未充分履职的确认，也要在此阶段与行政机关商讨整改方案，完成对公共利益的保护。在协商和交换意见的基础上，磋商的性质又可以拓展为以下几个方面：

（一）调查性

磋商作为诉前督促程序的一部分，存在于调查环节，具有调查性质。它是一种调查手段，是检察机关调查核实权的表现形式，具有获取、核实证据的功能。《办案规则》将磋商规定于行政公益诉讼一章立案与调查小节下，整个小节围绕行政公益诉讼的立案条件、立案程序、调查事项、调查结束后的程序处理等方面展开，由此可以看出磋商是一种调查手段。

调查核实权是检察机关办理行政公益诉讼案件依法履职的重要保障，《人民检察院组织法》《检察公益诉讼解释》均对检察机关的调查核实权作出了规定，《办案规则》以“列举＋兜底＋禁止性”规定的方式规定了检察机关的调查核实权，调查手段包括查阅、调取、复制有关执法、诉讼卷宗材料、询问行政机关工作人员、违法行为人、行政相对人、利害关系人、证人等以及咨询专业人员、相关部门或者行业协会等对专门问题的意见等方式。

磋商作为调查手段具有特殊性。一是调查手段具有复合性。在检察机关向行政机关开展磋商前，一般需要向有关单位或个人收集物证、书证等证据、勘验现场。而在磋商过程中，伴随核实事实的过程，需要询问行政机关工作人员，涉及专业知识的，需要咨询专业人员，以及委托鉴定、评估、检验、检测等。二是磋商作为调查手段，不是检察机关办理行政公益诉讼的必经程序，只有在检察机关认为必要时才会进行。一般而言对于案情简单，行政机关整改容易，且公共利益没有受到严重侵害的案件，可以通过与行政机关磋商解决。三是通过磋商与行政机关达成合意，相关行政机关依法采取整改措

---

①《人民检察院组织法》第21条规定：“人民检察院行使本法第二十条规定的法律监督职权，可以进行调查核实……”《检察公益诉讼解释》第6条规定：“人民检察院办理公益诉讼案件，可以向有关行政机关以及其他组织、公民调查收集证据材料；有关行政机关以及其他组织、公民应当配合；需要采取证据保全措施的，依照民事诉讼法、行政诉讼法相关规定办理。”

施，达成维护公共利益的目的后，检察机关可以依据《办案规则》第 74 条的规定终结案件。

（二）督促性

《办案规则》第 70 条规定人民检察院在决定立案后，可以就行政机关是否存在违法行使职权或者不作为、国家利益或者社会公共利益受到侵害的后果、整改方案等事项进行磋商。磋商内容包括了行政行为、损害后果、整改方案等。在此阶段，检察机关已实质向行政机关表达了督促整改的要求。这说明磋商不仅仅是一种调查手段和对事实的确认，带有明显督促性质。检察机关与行政机关进行磋商不仅是在行使自身的调查核实权，更负担着沟通协调的职能。检察机关所代表的检察权与行政机关所代表的行政权在磋商这一制度的撬动下，以磋商为手段，以维护公共利益为目的，其背后逻辑和检察建议相同，以检察监督来启动行政机关的自我纠错功能，弥补公益保护死角，相比于检察建议，磋商将受损的公共利益恢复至圆满状态这一过程进一步前移，背后是促进案件繁简分流、提高办案效率、节约司法资源的考量。

（三）非必经性

磋商的非必经性表现在两个方面。一是磋商不是调查阶段的必经程序。调查作为从立案到发出检察建议之前的必经程序，具有采集固定证据，核实国家利益、社会公共利益遭受侵害事实的作用，而磋商的启动带有或然性，目前尚无相关法律、司法解释对启动磋商的具体条件作出规定，仅有部分检察机关在实践探索中出台了内部的机制性文件。因此在实务办案中，是否启动磋商具体由承办案件的检察官在职权范围内确定。二是磋商启动后，诉前程序并不当然走向终结。如磋商成功，符合《办案规则》第 74 条规定的结案条件，则可以终结案件。如磋商不成功，可根据《办案规则》第 73 条的规定，提出检察建议。如提出检察建议后，相关行政机关仍不依法履职，则可根据《办案规则》第 79 条的规定，提起行政公益诉讼或移送其他人民检察院处理。

（四）协同性

磋商作为诉前程序的组成部分，其诞生就带有明显的协同性特征。《办案规则》明确赋予检察机关与行政机关进行磋商的权利，通过圆桌会、听证会等多种方式，就公共利益受损情况交换意见，本质上还是通过磋商达成保护公共利益的合意。检察机关在这个过程中既是监督者，也是解决问题的对策提供者，最终对策的落地需要行政机关执行。磋商的协同性表明其不是检察权的越位，而是国家治理能力、治理体系现代化的要求，是法律监督体系持续完善的结果，“现代国家治理体系是一个有机的制度系统，从中央到地方各个层级，从政府治理到社会治理，各种制度安排作为一个统一的整体相互协调、密不可分”[①]。检察权的谦抑性决定了检察机关不可能直接代替行政机关去执法。该制度设计的初衷，仍是充分发挥检察机关的监督作用，以公权力来监督公权力，以检察监督的介入来弥补行政履职的死角，通过检察机关的督促来激活行政机关主动履职、依法履职、有效履职、充分履职，与行政机关形成公共利益保护合力，打通依靠行政机关自身难以发现或者无法克服的“中梗阻”，让行政权得到更好的行使。

三、磋商的效力

（一）磋商产生的效力

根据《办案规则》规定，磋商启动于立案后，发送检察建议前，因此磋商又被称为是“检察建议之前的建议”。磋商启动后会产生以下效力：

一是调查的延伸。《办案规则》第70条规定检察机关在立案后可以与行政机关进行磋商。磋商的前提一般是检察机关已经在前期掌握了行政机关违法行使职权或不作为，公共利益受到损害的确实充分的证据。整改方案的提出需要证据证明损害事实，与行政机关的沟通也需要证据作为支撑。检察机关在与行政机关进行磋商的过程中，囊括了检察机关和行政机关对证据进行举证、质证、认证的过程，其实质是调查在磋商阶段的延伸和表现。通过磋商，检察机关和行政机关就公共利益受损的情况交换意见，检察机关可以在此阶段询问行政机关工作人员等，听取他们的专业意见以及整改将会遇到的困难等，双方共同完善整改方案。

二是公益保护的前置，把公益保护做在前。磋商将保护公共利益的进程更

① 俞可平:《推进国家治理能力和治理水平现代化》，载《前线》2014年第1期。

进一步前置。传统的行政公益诉讼诉前程序需要经历发现线索、立案、审查、检察建议、行政机关整改回复等系列流程。直到行政机关接到检察建议后，才会采取措施开始保护受到侵害的公共利益。磋商发生于立案后，提出检察建议前，尽管它是被包含在调查中，却带有督促行政机关依法履职的作用，磋商让对公共利益的保护进一步提前，而不用等到发送检察建议。

三是繁简分流的路口。“健全办案规范体系。……全面推开公益诉讼立案后磋商程序，实现办案繁简分流。”[①] 实务中行政公益诉讼案件案情各不相同，即使是同类型案件也表现出不同的难易特征。磋商设计的目的之一就在于案件的繁简分流，在诉前程序的制度设计中留出简单案件快速办理的通道。如山西省阳泉市人民检察院在实践中总结出“六步走”磋商办案机制，与涉案执法主体进行磋商，缩短了办案期限，实现双赢多赢共赢。[②]

四是承前启后的关口。磋商上接立案下承检察建议，作为比检察建议柔性灵活的督促手段，磋商有着督促和调查的双重属性，这种性质以及磋商本身所处的特殊关口，决定了磋商程序一旦启动，诉前程序或者因为磋商的成功，公共利益得到有效保护而走向终结，或者因为磋商的失败，诉前程序继续进行，走向检察建议。从实务考量，检察机关如在诉前磋商阶段不能与行政机关就整改达成一致，作为后续督促手段的检察建议也很难达到督促行政机关履职的目的，检察建议仅仅是作为一个必须经过的流程，最终需要提起行政公益诉讼来达到维护公共利益的目的。在此情况下，诉前磋商作为调查手段的价值被凸显。检察机关需要做好磋商阶段的留痕记录，进一步固定证据，以备后续诉讼中使用。

（二）关于磋商效力的思考延展

磋商是适应新时代检察机关法律监督工作特点的务实举措，但作为一个新生制度，不可避免的在实务中仍存在一些困惑。磋商作为自上而下推行的制度创新，在实务中一直存在争议。

---

① 参见《关于印发〈2020 年公益诉讼检察工作总结〉的通知》（高检八厅〔2021〕3 号），2021 年 5 月 15 日。

② 参见《山西阳泉：“六步走”磋商办案机制解决环保难题》，载无锡市人民检察院网站，http://wx.jsjc.gov.cn/tslm/tszs/201911/t20191129_934333.shtml，2022 年 1 月 29 日访问。

这种争议反映在实务中，最高人民检察院《关于积极稳妥拓展公益诉讼案件范围的指导意见》指出要加强与行政机关的磋商，之后《关于印发〈2020年公益诉讼检察工作总结〉的通知》继续坚持要全面推开公益诉讼立案后的磋商程序。浙江作为磋商的试点地区，浙江省人民检察院在《2020年全省公益诉讼检察工作要点》中也明确提出要推行诉前磋商制度，探索开展诉前磋商。但实践中部分地区检察机关未办理过诉前磋商案件，对磋商的实务探索实际陷入停滞。

《办案规则》施行以前，磋商并不属于调查环节的一种调查手段，表现为诉前程序中与检察建议并列的督促手段。实务中一线办案人员反映的一个问题，磋商作为诉前程序督促手段的补充，是否与检察建议重复？尽管磋商是比检察建议更为柔性的制度设计，在实务试点操作中，两者表现出一定的同质化倾向。

认为磋商与检察建议重复的理由：一是磋商与诉前检察建议功能重合。磋商和检察建议都是督促手段。检察建议作为柔性的诉前督促手段，本身具有协商属性。检察建议本身不排斥磋商，行政公益诉前程序的设计也不排斥磋商，实务中检察机关发出建议前多会与行政机关进行沟通，再安排磋商实无必要。二是实务表现不佳。尽管磋商的本意是鼓励检察机关与行政机关共同协商解决行政公益诉讼案件，但在实务表现中不尽如人意。部分地区实践中，磋商和检察建议同质化严重。在行政机关看来，磋商与检察建议并无区别。此外，磋商是否真的能节约司法资源存疑。

《人民检察院公益诉讼办案规则（试行）》（征求意见稿）行政公益诉讼一章第一节的标题为立案磋商，其第83条第1款规定："人民检察院应当在立案后七日内与被监督行政机关进行磋商，就其不依法履行职责和国家利益或者社会公共利益可能受损事实交换意见，并形成书面材料。"从该章节设置以及法条规定可以看出，诉前磋商延续的是过去试点的思路，最初并不是作为一种调查手段被设置，而是发出检察建议前的必经环节。

相比于现行《办案规则》，《人民检察院公益诉讼办案规则（试行）》（征求意见稿）体现出更强烈的将问题解决在发出检察建议之前的愿望。但该规定存在以下几个方面问题：一是如将诉前磋商设定为诉前必经程序，必然不利于公益诉讼的稳妥推进。二是"一刀切"的要求磋商，在实务中的可操作性存疑。实务中并非所有案件都适合磋商。三是将诉前磋商设置为必经程序，不利于案件的繁简分流，客观上反而增加了司法成本。现行《办案规则》对诉前磋商的规定符合当前行政公益诉讼开展的实际。

第二节　磋商的案件范围、内容与方式

磋商适用的案件范围、具体内容以及以何种方式进行磋商是磋商在实务适用中无法回避的问题，尽管现行《办案规则》对磋商的案件范围、内容与方式均作出了规定。但理论上仍不乏可以探讨的空间。

一、磋商的案件范围

（一）在探索阶段磋商的适用范围

《办案规则》施行以前，各地对磋商适用范围各有不同的探索。如浙江省温州市鹿城区人民检察院出台的《行政公益诉讼诉前磋商规范指引》，规定磋商范围为："国家利益或者社会公共利益受到侵害程度轻微的；行政机关违法行使职权或者不作为情节轻微的；涉及两个以上行政机关监管职责交叉，需要协作配合的以及其他适合磋商的情形。"①

探索时期，实务中磋商的适用范围主要分为三种情形，②一是复杂案件适用磋商。相关行政职权分散于不同行政机关或行政机关间存在职能交叉，检察机关通过磋商凝聚治理合力，如江苏省仪征市人民检察院办理的塔山水库行政公益诉讼案③。二是轻微案件适用磋商，提升办案效率，节约司法资源，如浙江省

---

①《行政公益诉讼诉前磋商程序如何规范？这个〈指引〉十条给出答案！》，载网易网，https://www.163.com/dy/article/FCJ1NQDG0514GSK8.html，2022 年 1 月 29 日访问。

② 参见何莹、宋京霖、莫斯敏：《行政公益诉讼磋商程序研究》，载《中国检察官》2020 年第 19 期。

③ 参见《江苏仪征：圆桌会议促三家行政机关形成水利设施整治合力》，载最高人民检察院网站，https://www.spp.gov.cn/zdgz/202010/t20201028_483207.shtml，2022 年 1 月 29 日访问。

天台市人民检察院办理的山涧垃圾环境污染案[①]。三是将磋商作为必经程序，提升办案质量。实务中采取该做法的检察机关相对罕见。

理论界对于磋商范围的讨论，主要有以下几种观点：

1. 磋商必经说。该观点认为应当将磋商作为立案后的必经程序，换言之磋商适用于所有行政公益诉讼案件。[②]《人民检察院公益诉讼办案规则（试行）》（征求意见稿）中采纳了该观点，但这一点观点并未被正式施行的《办案规则》所吸收。

2. 轻微磋商说。该观点认为磋商适用于“行为轻微、具有纠正治理紧迫性、无对抗性、整改难度不大等情形的行政公益诉讼案件”[③]。换言之，也就是简单行政公益诉讼案件。该观点与磋商繁简分流的制度设计目的相契合。需要注意的是“具有纠正治理紧迫性”这一点。笔者认为具有紧迫性的案件仍要视情况磋商。磋商这一词语的本身带有协商沟通之意。实务操作中，两部门如要进行磋商，需要有对应级别的决策者出面，如系轻微案件、整改容易、职责明确且检察机关和行政机关之间沟通顺畅，则磋商有利于事情的快速解决。反之如沟通不畅，磋商反而可能增加流程，拖延时间，不利于公共利益及时止损。

3. 模糊磋商说。该观点认为，适用于磋商的案件有以下几类：一是履职情况模糊，即不能充分证明行政机关怠于履职。实务中有的案件处于“尽责履职”的模糊地带，行政机关已在职权范围内依法履职，但因为客观原因限制，履职效果未能达到理想要求。在此情况下，进行磋商更有助于督促行政机关采取进一步措施，并防止后期检察机关如要提起行政公益诉讼可能面临无法充分证明行政机关怠于履职的被动局面。二是职责归属模糊，即行政机关职能交叉的案件。现实中行政机关部门职权划分情况复杂，不同地区或者同一地区不同时期都可能存在对职权划分的不同规定。因此对该类案件采取磋商，有利于凝聚合

① 参见《浙江天台：山涧垃圾被及时清理》，载最高人民检察院网站，https://www.spp.gov.cn/zdgz/202004/t20200417_458934.shtml，2022 年 1 月 29 日访问。

② 参见何莹、宋京霖、莫斯敏：《行政公益诉讼磋商程序研究》，载《中国检察官》2020 年第 19 期。

③ 张少祥：《行政公益诉讼磋商制度构建》，载 2020 年贵州省检察院理论研究年会优秀论文集，第 360 页。

力，共同推动问题解决。三是整改时间模糊，即整改时间难以预估的案件。实务中，有的公益诉讼案件情况复杂，尤其是涉及多部门、需要审批的案件，实际很难在两个月内完成整改。四是损害发生模糊，即预防性公益诉讼案件。即在损害尚未发生、刚刚发生或者已经发生但尚未造成损害后果的阶段，检察机关通过磋商介入，预防公共利益受损。①

分析模糊磋商说可以发现，其适用跳出了简单案件的范畴，看似不符合磋商繁简分流的制度设计目的，实则对于实务办案具有很强的指导意义。履职情况模糊、职责归属模糊、整改时间模糊等都是实务办案中的痛点。（1）对于履职情况模糊的公益诉讼案件。假定某跨行政区域倾倒建筑固废案，违法主体在W市，倾倒垃圾涉及L市多个县区，对该案的办理就需要跨市协作执法。针对该案，仅仅发出检察建议难以达到保护公共利益的实际效果。在此情况下，通过引入磋商，推动有关部门敲定联合执法方案，无疑是一条解决问题的路径。（2）对于整改时间模糊的公益诉讼案件。某些案件情况复杂，需要向上报批或者涉及多部门协调，实际整改效果很难在两个月内看到，在涉及部门职权交叉的情况下，可能还会出现两部门互相推诿，谁也不管的情况。通过磋商来办理该类案件更有利于厘定职责，确保整改落地，公共利益保护到位。（3）对于损害发生模糊的公益诉讼案件。国家利益或社会公共利益受到损害是行政公益诉讼案件诉前程序启动的必备要件，这种损害包括国家利益或社会公共利益可能遭受的现实危险状态，尽管实务中已有对预防性行政公益诉讼案件的探索，但对于此类案件，检察权的介入仍需要慎之又慎。

（二）对于磋商范围的思考

《办案规则》并未对磋商范围作出具体规定，检察机关可以自主决定是否磋商以及对哪些案件进行磋商。笔者认为磋商案件范围的确定，不必拘泥于简单、轻微行政公益诉讼案件，应当本着双赢多赢共赢的理念，依据案情选择最适宜维护公共利益的方式，可以包括以下四类案件：

1. 简单、轻微案件。行政机关违法行使职权或者不作为事实清楚，公共利

① 参见李德军、霍云：《行政公益诉讼立案后磋商原则与机制构建》，载《检察日报》2020年10月9日，第3版。

益受到侵害证据充分，行政机关易于整改且整改态度积极。国家利益或者社会公共利益受到侵害程度轻微的，或者行政机关违法行使职权或者不作为情节轻微的，也可以在磋商阶段解决。

2. 模糊案件。具体包括：（1）监管职责模糊，多家行政机关存在监管职责交叉，对此类案件通过磋商，解决职责分工上的认识。（2）履职情况模糊，行政机关并非没有履职，而是没有充分履职，对于此类案件适用磋商，有利于消解行政机关的抵触情绪，挖掘行政机关在履职中的痛点难点，与行政机关形成合力，共同推动案件圆满解决。（3）整改时间模糊案件，即短期内难以完成整改的案件。磋商有利于推动行政机关依法履职，给行政机关更充分的履职时间。（4）损害模糊的案件，即预防性行政公益诉讼案件。[①] 国家利益和社会公共利益受到损害不能狭隘的理解为实害结果，也应包括危险结果。在某种行为或者行政机关不作为高概率会导致实害结果，并且这种损害是不可逆的或者将会导致的后果极为严重，应当允许检察机关依法介入，充分发挥行政公益诉讼诉前程序的督促作用。

3. 争议案件。行政机关和检察机关之间对案件定性有争议，或存在重大认识分歧。此类案件适用磋商，有助于与行政机关求同存异，理顺案件脉络，同时避免检察机关因为信息差对案件做出错误定性，在后期陷入被动。

4. 整改难度较大的案件。该类案件往往存在时间长、牵涉面广、牵涉人数多。背后既可能是行政机关长期不作为积累的结果，也可能是当地特殊的历史原因。此类案件通过磋商，充分听取行政机关意见，在理清案件大背景以及行政机关实际困难的基础上，有的放矢地达成整改方案或者协议，可以有助于将案件解决在诉前阶段。

二、磋商的内容

（一）理论上对磋商内容的讨论

理论上对磋商的内容不乏探讨，了解理论上对磋商内容的探讨对我们今日的办案具有启发意义，有助于我们更加深刻地把握法条内涵，指导实践办案。

---

① 参见李德军、霍云：《行政公益诉讼立案后磋商原则与机制构建》，载《检察日报》2020 年 10 月 9 日，第 3 版。

1. 五步走说。该说认为磋商内容应当从以下几个方面着手，第一步检察机关说明履职情况，介绍案件基本情况。第二步由行政机关说明履职情况、履职困难等，并提出履职计划。第三步检察机关和行政机关就保护受到损害的公共利益达成初步共识。如行政机关否认存在检察机关所说的违法行使职权或不作为，认为不是其职权范围，则磋商终止。第四步检察机关和行政机关就如何修复受损的公共利益进行沟通协调。由行政机关拿出方案，检察机关评估合理性，并进行增补。第五步磋商达成结果。磋商结果以会议纪要、会议记录等方式体现，并交各方签字。①

该说立足于磋商流程，完整地反映了一种具有普适性的磋商路径，并分解出每个流程的工作要点。如第一、第二步的“问答”环节，先由检察机关介绍履职情况，提出“问题”，再由行政机关对检察机关提出的问题进行说明，只有在行政机关对自身应当履职而没有履职或违法履职才导致公共利益受损这一问题和检察机关达成了共识的基础上，磋商才能继续。这是一条逻辑完整、内容全面的磋商路径指导。实务中可以根据案件的具体情况以此为蓝本设计磋商方案，但不必拘泥于此。

2. 四明确说。该说认为磋商内容应当从四个维度予以明确，一是明确国家利益或社会公共利益受到损害的事实。二是明确履职主体。尤其是涉及多机关职责交叉的案件。三是明确履职的方式。即提出切实可行的整改建议。四是明确保障方案。即从人、财、物等方面保障磋商内容落实到位。同样磋商要以会议纪要等书面方式交双方签署后留痕。②

该说从四个维度介绍了磋商内容应当包含的重点，分别是事实、主体、方式和保障。在明确损害事实的基础上，厘定履职主体，明确主体之后才能讨论如何履职以及如何保障履职到位的问题。

（二）对磋商内容的思考

根据《办案规则》，检察机关可以就行政机关是否存在违法行使职权或者不

① 参见黎青武、刘元见:《“磋商”语境下行政公益诉讼诉前程序制度的完善路径探究》，载《北京政法职业学院学报》2021 年第 2 期。

② 参见李德军、霍云:《行政公益诉讼立案后磋商原则与机制构建》，载《检察日报》2020 年 10 月 9 日，第 3 版。

作为、公益受到侵害的后果、整改方案等事项与行政机关进行磋商。磋商内容应当从三方面着手，一是调查核实证据，二是与行政机关交换处理意见，三是确定整改方案。

1. 调查核实证据。证据是检察机关与行政机关进行磋商的前提，也是后续程序顺利开展的重要保障。调查核实证据的过程实质是确认行政机关是否存在违法行使职权或者不作为、公益受到侵害后果的过程，也即查明案件事实的过程。

2. 与行政机关交换处理意见。在前期确认相关事实的基础上，检察机关与行政机关之间就案件的实体处理进行协商。在此阶段，检察机关需要充分听取行政机关的意见和建议。

3. 确定整改方案。磋商的督促性决定了磋商的主要内容不是对违法行使职权或者不作为以及公益受到侵害的后果的确认，而是就整改的具体内容与行政机关交换意见。这也是磋商区别检察建议的价值所在。磋商的主要内容即是如何进行整改，主要目的是与行政机关共同拟定整改方案，督促行政机关履职。

整改方案的具体内容分为以下几个方面：

（1）整改的范围、程度。需要指明整改的具体对象以及预定达到的效果。该效果既要以行政机关"尽责履职"为落脚点，也要从当地实际和行政机关的自身能力出发。如以浙江省景宁县人民检察院办理的古廊桥保护公益诉讼系列案为例。该案中需要保护的古廊桥范围是明确的，但该案中所涉古廊桥均为文物保护单位，对其进行保护，根据保护程度的不同涉及不同部门职权，检察机关如对该案进行磋商，需要明确整改程度。最低为行政机关需就有关问题向上提出修缮保护申请或根据《文物保护法》等相关法律规定，制定保护方案，实质启动对文保单位的修缮保护工作。

（2）整改的方式、步骤。根据案件的情况和进展，有的放矢地选择方式、步骤。以浙江省景宁县人民检察院办理的河道砂石系列案为例。该案中有的砂石为有主物，系临时堆放形成，整改方式可以选择通知相关责任人限期清理。有的砂石为无主物，则可由当地乡镇拍卖处理，相关款项归入国库。

（3）保障方式，如资金来源、力量保障等。浙江省杭州铁路运输检察院开展浙江铁路无障碍环境建设检察公益诉讼专项监督行动过程中，组织召开问题整改协调会，推动铁路部门将整改资金纳入经费预算，确保整改到位。浙江省人民检察院在办理督促规范无障碍环境建设行政公益诉讼系列案中，围绕机场、铁路客站等站内站外无障碍环境设施衔接等重点问题，与浙江省住建、交通运输、国资等部门开展磋商，通过凝聚多部门合力，为推动相关问题解决提供了力量保障。青海省人民检察院在办理督促维护公共交通领域残疾人权益行政公益诉讼案中，通过召开磋商会议，充分发挥牵引、协同、沟通、协调作用，督促政府部门和社会组织积极履行扶残助残责任，争取财政补贴资金，降低企业运营成本。

（4）磋商文件。在整改方案之上，还可以形成反映检察机关和行政机关磋商过程的磋商文件，磋商文件可以由以下部分组成：第一部分基本案情。简要载明案件的事实、证据。第二部分检察机关的意见。载明检察机关初步的意见及其法律论证过程，并附检察机关拟定的整改方案（草案）。第三部分行政机关的意见。载明行政机关的初步意见，以及对违法行使职权或不作为以及公益受损结果的说明。第四部分争议焦点。如检察机关和行政机关对案件认识存在巨大分歧，则需要在该部分写明。第五部分合意备忘。载明检察机关和行政机关在磋商中形成的一致意见。第六部分整改方案。检察机关与行政机关最终共同敲定的整改方案。

（三）与生态损害赔偿磋商制度的交叉

生态损害赔偿磋商是指负有生态环境监管职责的行政机关，在生态环境损害发生后，就生态赔偿等事项与赔偿义务人展开磋商，要求其承担责任的制度。该制度肇始于中央“两办”于2015年发布的《生态损害赔偿制度改革试点方案》，在2017年中央深化改革领导小组发布的《生态损害赔偿制度改革方案》中进一步完善。《民法典》吸纳了《生态损害赔偿制度改革方案》的规定，在法律层面明确赋予国家规定的机关或者法律规定的组织的索赔权，《民法典》第1234条、第1235条分别规定了侵权人违反国家规定造成生态环境损害应承担的修复责任和赔偿责任。具体参见生态损害赔偿磋商和诉前磋商比较表（表1）。

表 1　生态损害赔偿磋商和诉前磋商比较表

	诉前磋商	生态损害赔偿磋商
磋商发起人	检察机关	赔偿权利人，[①]即政府及其指定部门
磋商的相对人	行政机关	赔偿义务人
磋商内容	是否存在违法行使职权或者不作为、国家利益或者社会公共利益受到侵害的后果、整改方案等事项	损害事实和程度、修复启动时间和期限、赔偿的责任承担方式和期限等具体问题
磋商范围	视行政公益诉讼案件情况确定	生态环境损害

生态损害赔偿制度自诞生以来，其与行政公益诉讼之间如何衔接一直是理论和实务关注的重点问题。包含于行政公益诉讼诉前程序中的磋商与生态损害赔偿磋商，如在生态损害领域产生交叉，则同样要面临两项制度如何衔接的问题。对此可以借鉴已有生态环境公益诉讼案件与生态损害赔偿制度间发生交叉时的处理办法。

路径一：生态损害赔偿优先。检察机关将发现的生态环境案件线索移交相关部门，由相关部门直接与赔偿义务人展开磋商。

路径二：检察机关介入监督。检察机关作为保险兜底，在行政机关未履行相关职责的情况下介入，引导行政机关与赔偿义务人共同展开磋商。如浙江省杭州市和杭州市萧山区两级检察院联合办理的全省首例野生动物资源领域生态环境损害赔偿磋商案[②]，在该案办理中，杭州市检察院向杭州市林业水利局发出检察建议，建议其与侵权行为人进行生态损害赔偿磋商。该院多次与市林业

① 《生态环境损害赔偿制度改革方案》："国务院授权省级、市地级政府（包括直辖市所辖的区县级政府，下同）作为本行政区域内生态环境损害赔偿权利人。省域内跨市地的生态环境损害，由省级政府管辖；其他工作范围划分由省级政府根据本地区实际情况确定。省级、市地级政府可指定相关部门或机构负责生态环境损害赔偿具体工作。省级、市地级政府及其指定的部门或机构均有权提起诉讼。跨省域的生态环境损害，由生态环境损害地的相关省级政府协商开展生态环境损害赔偿工作。"

② 参见《浙江杭州：办理全省首例野生动物资源领域生态环境损害赔偿磋商案》，载最高人民检察院网站，https://www.spp.gov.cn/spp/zdgz/201905/t20190515_418263.shtml，2022年1月29日访问。

水利局进行协调沟通，引导其开展生态损害赔偿磋商工作。

路径三：检察机关与相关行政部门建立合作机制，共同推进辖区内生态损害案件的办理。如发生在浙江省义乌市的脂肪醇聚氧乙烯醚硫酸钠环境污染案。义乌市人民检察院根据工作规程，与市环保局共建识别点，后义乌市检察院召集当地街道、金华市生态环境局义乌分局举行环境损害公益诉讼诉前磋商会议，由政府与肇事者傅某达成赔偿方案。①

三、磋商的方式

（一）磋商方式的分类

1. 磋商按照参与磋商的行政机关数量分类，可以分为单独磋商和联合磋商。有的案件案情简单、职责明确，只需要和特定行政机关磋商即可。如四川省天府新区成都片区人民检察院督促规范公共基础设施适老化建设行政公益诉讼案，该院与当地城市建设局开展诉前磋商，推动公共基础设施适老化建设，切实维护老年人合法权益。②还有的案件职责交叉或案情复杂，需要多行政主体的参与，才能推动案件解决，如黑龙江省铁路检察机关督促健全铁路旅客车站无障碍设施行政公益诉讼系列案，齐齐哈尔铁路检察院在办案中邀请市、县残联，政府及住建、城管部门共同磋商，督促相关行政机关对火车站进行无障碍设施建设。③

2. 按照磋商是否采取书面方式，可分为书面方式、口头方式。口头方式的磋商好处在于：（1）灵活便宜，节约成本。如在青海省人民检察院督促维护公共交通领域残疾人权益保障行政公益诉讼案④中，办案干警走访了青海省民政厅、青海省残联、青海省发改委、青海省西宁市残联等多家单位，如全部采用

---

① 参见《浙江义乌：公益诉讼诉前磋商解决一环境损害赔偿难题》，载正义网，http://www.jcrb.com/procuratorate/jckx/202004/t20200408_2140400.html，2022 年 1 月 29 日访问。

② 参见《最高检发布无障碍环境建设公益诉讼典型案例》，载最高人民检察院网站，https://www.spp.gov.cn/spp/xwfbh/wsfbh/202105/t20210514_518136.shtml，2022 年 4 月 4 日访问。

③ 参见《最高检发布无障碍环境建设公益诉讼典型案例》，载最高人民检察院网站，https://www.spp.gov.cn/spp/xwfbh/wsfbh/202105/t20210514_518136.shtml，2022 年 4 月 4 日访问。

④ 参见《最高检发布无障碍环境建设公益诉讼典型案例》，载最高人民检察院网站，https://www.spp.gov.cn/spp/xwfbh/wsfbh/202105/t20210514_518136.shtml，2022 年 4 月 4 日访问。

书面方式磋商，未免耗时耗力，客观上拉长了办案时间。（2）便于与行政机关进行沟通。书面的磋商书是为了便于行政机关了解案情、提示重点，但在案件办理的前期，如系复杂案件，检察机关尚未掌握信息全貌，过于正式的书面磋商方式可能会导致行政机关产生抵触情绪，有所保留，不利于查清案件事实。

书面方式磋商表现形式多种多样，包括发送磋商意见书、发送事实确认书等。实务中书面方式的磋商好处在于：（1）书面的磋商方式更为正式，应用场景广，符合检察机关法律监督者的角色定位。（2）书面的磋商方式可以留痕。便于检察机关向行政机关介绍案情、提示重点，行政机关也可以通过该书面磋商文件快速了解案情、针对性的作出反馈，同时便于后期制作会议纪要等文书。《办案规则》并未规定磋商必须采用书面形式，这让实务中检察机关可以根据案件情况灵活选择磋商方式。

3. 按照磋商的形式分类，可分为简便方式和正规方式的磋商。正规方式则包括座谈会、听证会、发送事实确认书等方式。简便方式的磋商包括电话联系、即时通讯、发送邮件等方式。

（二）实务中磋商方式的具体运用

检察实务中，磋商方式表现形式多样，检察官办案可以根据具体案情进行灵活选择。

1. 简便方式磋商，一般适用于案情简单、职责归属明确的案件。如浙江省天台县检察院办理的山涧垃圾案[①]。该院在该案的办理中采用了电话磋商的方式，该院在前期经过线索核实，明确职责归属后，采取电话方式与行政机关进行磋商，在三天内办结案件无疑极大节约了司法资源，提升了办案效率。本案中值得注意的细节是，检察机关在进行现场调查时会同了有关乡镇领导共同前往现场查看，这个细节从侧面反映出检察机关和行政机关在进行电话磋商以前，前期已有良好的沟通基础。同时前往现场查看的举动相当于两家共同确认了公共利益遭受损害的事实，以及行政机关对本身不作为造成这一结果的默示容认，这为案件后续通过电话磋商迅速办结打下了坚实基础。

---

① 参见《浙江天台：山涧垃圾被及时清理》，载最高人民检察院网站，https://www.spp.gov.cn/zdgz/202004/t20200417_458934.shtml，2022年1月29日访问。

2. 正式方式磋商，如采用圆桌会、座谈会等形式。圆桌会议或座谈会的磋商方式适用范围广，几乎所有类型的磋商均可使用。案情复杂或多家行政机关存在监管职责交叉的案件可以优先考虑，最高人民检察院《关于积极稳妥拓展公益诉讼案件范围的指导意见》也指出："同时涉及若干被监督行政机关的，可以通过圆桌会议共同磋商。"如武汉市东湖新技术开发区检察院督促拆除违建案[①]，该院在办理该案的过程中采取现场磋商的方式，兼顾了法理、情理、事理。针对直接拆除会影响企业经营的情况，检察机关在调查核实的过程中，向企业做了大量释法说理工作，争取到了企业的理解。针对行政机关职责交叉的问题，检察机关邀请相关行政机关和企业到场磋商，既厘定了权责，又通过企业参与，让行政权和检察权在"阳光下"运行，最大限度地保障了企业的知情权、参与权，为后续拆违工作的开展奠定了坚实的基础。

上述成功的磋商案例都有以下几个方面的特点：一是因案制宜选择磋商方式。磋商方式可以多样，不必拘泥于书面、口头或者座谈会，而要根据案件情况灵活选择，磋商方式只是形式。二是"磋商"融入调查核实全过程。"功夫在功夫之外"，大量工作做在磋商之前，融于调查核实。

四、磋商程序的始终

（一）磋商的启动

根据《办案规则》第70条的规定，磋商开始于人民检察院决定立案以后。值得思考的是，在立案之前，是否还可以进行磋商。笔者认为在立案以前，可以进行磋商，原因如下：

第一，从磋商的性质而言，尽管探索时期有观点要将其作为与检察建议并列的程序设计，[②]在《人民检察院公益诉讼办案规则（试行）》（征求意见稿中）也延续了这种思路，但在正式施行的《办案规则》中，磋商是作为一种调查手段被设计在调查程序中。作为行政公益诉讼的调查不是仅存在于立案后，作为

① 参见《湖北武汉东湖新技术开发区：诉前磋商督促拆除存在八年的违建》，载最高人民检察院网站，https://www.spp.gov.cn/dfjcdt/202107/t20210716_524087.shtml，2022年1月29日访问。

② 参见何莹、宋京霖、莫斯敏：《行政公益诉讼磋商程序研究》，载《中国检察官》2020年第19期。

保障行政公益诉讼顺利进行的手段，调查贯穿行政公益诉讼案件的全过程。基于此，发现线索后，立案前也可以磋商。

第二，从磋商的目的来讲，行政公益诉讼作为典型的“不诉之诉”，在诉前阶段解决案件，将公共利益的保护最大程度的提前是它的价值追求。磋商这一制度创新，原本就是为了将公共利益的保护再度提前，以更加灵活的手段，通过与行政机关平等对话，来督促行政机关依法履职。尽管《办案规则》规定的是立案后可以与行政机关进行磋商。但从磋商的制度属性和设置目的来讲，不排斥在发现线索后立案前，检察机关主动与行政机关进行磋商。

第三，从实务的角度来看，允许磋商广泛融入于行政公益诉讼诉前程序更有利于将案件办结在诉前。从《宪法》到《人民检察院组织法》对检察机关的定位都是法律监督者。检察机关的角色定位使其自身不具有行政管理职权，也不具有行政执法权。这决定了公共利益保护的落实最终还是要落到行政机关这个被监督者身上。因客观存在的信息差，检察机关不可能比行政机关更了解相关领域行业现状、专业知识和内部规范性文件等，作为“外行”监督“内行”，检察机关必须有谦虚谨慎的态度，尊重行政权。允许检察机关在立案前磋商，通过扎实而有效的沟通，促进检察机关做好释法说理，消解行政机关的抵触情绪，吸纳行政机关的专业意见，才能凝聚治理合力，及时解决问题，做到双赢多赢共赢。

（二）磋商的中止

磋商中止是指行政机关非出于自身主观因素，囿于客观原因，需要中止与检察机关的磋商，在客观原因消失后，行政机关愿意与检察机关继续磋商的制度。需要注意的是《办案规则》没有磋商中止的规定。

《办案规则》规定了诉前程序的中止，是指发出诉前检察建议后，因客观原因，人民检察院可以中止审查的情形。磋商发生于发出诉前检察建议之前，但受到客观因素的影响，同样可能发生磋商中止的情形。磋商中止的原因包括以下情形：（1）因行政机关相关职能部门转隶、撤销、职能调整或部门负责人变更等原因，需要等待承接职能的新的行政机关或新的部门负责人。此种情况下并非行政机关主观上不想磋商、不愿磋商，而是客观不能磋商。（2）该行政公益诉讼案件的处理需要等待另一案件的处理结果。随着检察公益诉讼的不断推进，不排除会出现行政公益诉讼案件的处理需要等待另一案件处理结果的情形。

（3）其他应当中止磋商的情形。指因客观因素影响，其他暂时无法继续磋商的情况。如受到疫情影响或相关工作人员被发现与案件存在利害关系，应当回避而没有回避。

通过以上论述，可以发现磋商中止具有以下特征：（1）行政机关主观上不拒绝磋商，是客观原因导致了磋商暂时无法进行。（2）中止因素消失后，磋商可以继续进行。

磋商中止的法律后果。磋商中止是因为客观不能，而非主观不愿。磋商中止的同时，诉前程序也中止，等待客观因素消失后，继续诉前程序。

（三）磋商的终止

磋商终止即磋商程序结束。《办案规则》没有规定磋商终止制度。磋商的终止可以包括以下情况：（1）行政机关依法履职，国家利益或社会公共利益得到充分保护。在磋商过程中或接到磋商邀请后，行政机关依法履职，使被损害的公共利益恢复至圆满状态，或者已经采取足以保护公共利益、恢复损害的履职措施，继续磋商已无必要。（2）发现不属于行政机关的职责范围。经与行政机关沟通，发现该行政公益诉讼案件不属于行政机关的职责范围。需要注意的是，不属于行政机关的职责范围应以法律法规或相关“三定”方案作为依据，而不能根据行政机关的主观抗辩。只有经查实不存在职责交叉或职责不明，该行政机关确无相关职责的情况下，才能终止磋商。（3）行政机关拒绝或单方面退出磋商。拒绝或单方面退出磋商包括事前、事中拒绝或单方面退出磋商。拒绝不必是明示的，可以是默示的。实务中可能表现为行政机关消极对待磋商邀请、推诿派出磋商代表等。（4）其他可以终止磋商的情形，指上述情况外，其他可以终止磋商的情况。

磋商终止的法律后果。磋商终止下分三条路径：（1）诉前程序继续进行，检察机关提出检察建议。如行政机关拒绝或单方面退出磋商，则诉前程序继续进行，检察机关向行政机关提出检察建议。（2）诉前程序终止，案件终结。如磋商中行政机关已依法履职，公共利益已得到充分保护，则案件到此终结。（3）磋商继续进行。磋商作为一种调查手段可以贯穿于诉前程序至发出检察建议前的全过程，因此磋商的终止并非终局性的终止。如第一轮磋商终止后，经过检察机关的努力，行政机关愿意继续磋商的，可以继续进行下一轮的磋商。

第八章　诉前检察建议

诉前检察建议是检察机关提起行政公益诉讼的重要前置程序与形式，无论是效力、文书撰写、提出模式都与其他检察建议或意见有较大区别。诉前检察建议是以非诉的形式维护公共利益，当检察机关提出检察建议，而行政机关依然未依法履职或履职不到位时，检察机关可以提起公益诉讼以进一步维护公共利益。因此，诉前检察建议在诉讼作为其补位支撑的情况下，具有一定的刚性监督职能。而检察机关在探索建立行政公益诉讼制度的同时，也在不断改进诉前检察建议的程序。如拓展诉前检察建议的提出方式、完善检察建议文书内容、探讨具体建议如何实施，使得诉前检察建议较之一般检察建议更具有灵活性。

第一节　诉前检察建议的效力

行政公益诉讼诉前检察建议是检察建议制度在行政公益诉讼领域的一大创新应用，其着眼于纠正行政机关的违法行为，督促其积极履行职责，在恪守检察权和行政权的权力边界的同时，发挥着检察机关的法律监督效能。实务中，诉前检察建议已成为大部分行政公益诉讼案件的主要结案方式。这对于提升检察机关办案质效、促进行政机关自觉履职和节约司法资源具有重大意义。本节聚焦于诉前检察建议的效力，就其内涵、性质、效力影响因素和效力体现等方面进行具体阐述。

一、诉前检察建议的内涵及性质

（一）诉前检察建议的内涵

诉前检察建议是指检察机关在向人民法院依法提起行政公益诉讼之前，为督促有关行政机关依法履行职责，而先行向其提出履行监管职责的检察建议。作为整个行政公益诉讼至为重要的关键环节，诉前检察建议旨在尽量减少诉讼环节，节约司法资源，提高检察机关办理行政公益诉讼案件的质量和效率，督促行政机关及时纠正违法行使职权或不作为。

（二）诉前检察建议的性质

从历史沿革来看，自20世纪50年代起，检察建议就开始被运用于法律监督工作中。目前，检察建议主要包括再审、纠正违法、公益诉讼、社会治理和其他类型。[①]行政公益诉讼诉前检察建议作为检察建议诸多类别中的一种，其必然带有检察建议的共性，同时又具有自身的特性。

1.共性：柔性监督。“建议”一词通常被解释为“针对客观存在，提出自己合理的见解或意见，使其向着更加良好的、积极的方面去完善和发展”。从字面意思来看，检察建议天然带有“柔性基因”。然而，不同于一般意义上的建议，依托于检察权，检察建议作为履行法律监督职责的重要方式，其本质上仍然是一种公权力的行使。只不过不同于抗诉等能够直接产生确定性程序效果的刚性法律监督，其柔性体现在非强制性、协商性和不确定性。

首先，检察建议是非强制性的。就其作为一种检察行为而言，不同于侦查、公诉活动，国家法律并未赋予强制措施作为其效力保障。就其文书属性而言，不同于判决、裁定等法律文书，检察建议也无强制执行力以确保实施。可以说，检察建议的直接作用在于提醒、督促被监督单位及时纠错整改和依法履职，其效力的发挥很大程度上依赖于被监督单位的自觉性。非强制的属性决定了检察建议需要依靠其说理能力和说服能力引发对方的自觉行动。

其次，检察建议带有一定的协商性。检察建议的非强制性反映出其本身的弱权力性。但就为实现检察建议的目标而言，权力的强势程度与效力大小并非

① 《人民检察院检察建议工作规定》第5条。

成绝对的正比关系。检察机关作为监督者，与被监督者在打击违法犯罪、保护公共利益和促进社会治理等层面上的目标是一致的。相较于单向的权力制约，检察建议这一监督方式具有互动性、沟通性和协商性。根据《人民检察院检察建议工作规定》，检察机关在调查核实阶段和正式发送检察建议前，都可以听取、征求被建议单位的意见。宣告送达检察建议书应当商被建议单位同意。被建议单位在一定期限内可以提出异议，检察机关对异议应当立即进行复核，异议成立的及时修改检察建议书或者予以撤回，异议不成立的应说明理由。[①] 以上内容均体现了检察建议需尽可能取得被监督对象的支持和理解，尽量减小检察权与行政权之间的摩擦和法律监督的阻力，以实现监督效果的最优状态。

此外，检察建议的实施效果具有不确定性。因检察建议不带有制裁功能，也并不直接纠正行为，其内容的实现程度依赖于被建议方的自觉行动。因此，被建议对象对检察建议有可能接受，也可能不接受，接受履行的程度也会有差异，其发挥的法律效果是不可预测的。[②]

2. 特性：以诉讼为约束。检察建议被引用于行政公益诉讼诉前程序之中，在保持检察建议制度共性的同时，其作为诉前程序的重要一环，必然附着有别于其他类型检察建议的程序特性。立足于诉前程序分析，诉前检察建议具有程序前置性和诉讼约束性这两大特性。

就其程序前置性而言，检察机关为督促有关行政机关依法履行职责，必须先行向其提出履行监管职责的检察建议。在行政机关未正确履职时，才能向法院提起行政公益诉讼。可见，诉前检察建议发挥了诉讼过滤网的作用。实务中，诉前检察建议作为主要结案方式，将大部分案件截留在诉讼程序之前，在实现法律监督质效的同时，极大程度上减少了诉累，节约了司法资源。

诉前检察建议与其他类型的检察建议一样并无法律强制力，但因其具有引发进入诉讼环节的程序性权力，在很大程度上增强了其法律约束力。行政机关在面对及时积极履职整改和日后进入复杂冗长的诉讼程序这两个选项时，不管是为了维护自身的尊严或是从经济角度考虑，都不会想成为被诉方。诉前检察建议的诉讼约束力进一步强化了督促行政机关及时依法履职的效力。

---

① 《人民检察院检察建议工作规定》第 14 条、第 17 条、第 18 条、第 23 条。

② 参见吕涛:《检察建议的法理分析》，载《法学论坛》2010 年第 2 期。

二、诉前检察建议的效力影响因素

（一）专业性

专业性是检察建议刚性效力的源泉。行政公益诉讼所保护领域涵盖面广，因检察机关和行政机关彼此术业有专攻，受制于专业壁垒，检察机关对于各种领域的知识水平难以与行政机关相比肩。加之现实情况中的问题错综复杂，不具备专业优势的检察工作人员所制发的诉前检察建议内容容易欠缺专业高度和说理深度。实务中，部分检察建议存在文字表达口号化、空泛化，建议事项泛泛而谈、流于形式等问题。难以将问题剖析透彻，也就难以对症下药地提出高水平的解决方案，进而难以获得行政机关的理解和认同，督促其积极依法履职。

提升诉前检察建议的专业性，既要切实提高检察人员的能力素养，又要善于借助外脑智慧。因行政公益诉讼所涉领域众多，行业标准以及法律依据庞杂，存在大量的行政部门，检察人员的知识结构很难在短时间内达到符合办案的要求。解决涉及办案中的疑难复杂问题，需充分发挥外脑作用。检察机关可联合组建专家智库，形成各类型案件人才充沛、可调动性强的专家队伍。在遇到棘手问题时，便可及时咨询专家意见和组织论证，弥补知识短板，提升检察建议的专业性。

（二）权威性

被监督者对检察建议信服而不产生怀疑即是检察建议权威性的体现。权威性根植于检察建议内容的专业性，同时也离不开规范性和严肃性。法律机关的司法公信力即部分彰显于法律程序及法律文书的规范性和严肃性之中。就诉前检察建议而言，这两者既要在制作、说理和管理等内部工作上落实，又要在发送、宣告、跟踪等外部工作中保障。以送达方式为例，仅凭借公文传送的方式难以彰显检察建议的权威性，影响监督效果。可以采用宣告送达、约谈送达等方式，在检察机关或者被建议单位现场送达，公开示证说理，听取对方意见，既充分保证被建议单位的知情权，又能进一步强化和宣示检察建议的监督职能作用，增强权威性。

（三）监督力

检察建议发挥作用关键在落实，检察机关的跟进监督则是落实效果的重要推动力。检察机关要摒弃“重制发检察建议，轻回访跟进监督”的理念，树立全面持续跟进监督的监督理念。检察建议发出后，要通过询问、走访、会商、联席会议等方式开展跟踪督促，做到定期回访。对于落实困难的，要及时帮助指导。对于拖延回复、虚假回复等对待检察建议敷衍塞责的，要及时启动下一步监督程序。

三、诉前检察建议的效力体现和价值追求

（一）督促行政机关及时依法履职

诉前检察建议通过主动找出行政机关忽视的问题，督促其检视自身行政行为，积极整改履职，自我修复，从而及时解决问题，防微杜渐，防止事态严重化。行政机关在收到检察建议后仍未履职，导致社会公益仍处于被侵害或未恢复的状态，则符合行政公益诉讼提起的条件，检察机关可通过提起诉讼以督促行政机关履职。因此，相较于其他诉讼活动中的检察建议，行政公益诉讼中的检察建议则更具约束性。诉讼具有纠错性、补偿性、谦抑性的特征，因此行政公益诉讼的提起也必然十分慎重。[①] 以诉讼为保障能够进一步发挥诉前检察建议的督促作用，同时也是贯彻“源头治理”和“诉前实现保护公益目的是最佳司法状态”理念的重要保障。

（二）制约与平衡权力

检察机关在行使法律监督职能时要把握好检察权和行政权的关系，形成良性互动的工作局面。检察权既要切实发挥在行政公益诉讼领域的作用，不能缺位，也要明晰彼此职能定位，恪守权力边界，在权限范围内按程序行使好工作职能，不能越位。诉前检察建议作为检察权的行使方式之一，在发挥监督职能的同时也体现出对行政机关主体地位的尊重。这种监督方式对于公共利益救济

① 参见王俊娥、刘慧：《行政公益诉讼诉前检察建议质效问题研究》，载《中国检察官》2019 年第 4 期。

的作用是补充性、非强制性的，这意味着诉前检察建议内容的实现程度需要依托于被建议单位的自主性。尽管后续启动诉讼程序能够发挥一定的约束作用，但就最大程度实现诉前检察建议的价值、提高行政机关履职质效和减轻诉累来看，通过说理，说服行政机关自觉履职才是其目的所在。在制发诉前检察建议的过程中，通过听取被建议单位的意见，可以使得问题更加明晰，观点更加透彻，解决方式更加合理可行。一方面充分发挥了检察权对于行政权的监督制约作用，另一方面也做到了对于行政权的尊重，体现了检察权的谦抑性。

（三）节约司法资源

在我国经济社会快速发展，法治国家建设进程加快及人民群众法治观念和维权意识不断提升的背景下，我国各类诉讼案件数量呈递增态势。实务中，诉前检察建议的分流作用使得大部分行政公益诉讼案件都以诉前检察建议的方式结案，只有极小部分进入审判程序，从源头上减少了行政公益诉讼案件量。一方面既为行政机关减轻了诉累，另一方面又切实帮助了审判机关减轻审判压力并提高办案质效。

（四）推进法治政府建设

确保依法行政和提升行政效能是推进法治政府建设的必由之路。检察机关作为保障国家法律统一正确实施的司法机关，在新时代法治政府建设过程中，具有重要的保障推进作用。检察机关针对行政机关违法行使职权或不作为引起的危害公共利益的案件发出诉前检察建议，拓宽了法治政府建设中司法监督的路径，强化了司法监督的力度，可进一步规范行政机关的法律实施行为，确保其依法行政。另外，“法定职责必须为、法无授权不可为”是确保行政机关职能运行高效的履职原则。诉前检察建议通过列明问题和释法说理，明确整改要求，可督促行政机关把该管的事务管好、管到位。同时也有助于行政执法人员提升法治思维，提高依法行政的能力。

（五）构建社会治理新格局

诉前检察建议突出的互动性和沟通性为检察机关与行政机关之间的协作履职提供了条件。在公益保护领域，检察机关与行政机关虽分工不同，但目标一致。诉前检察建议的主旨是双赢多赢共赢，其目的是监督和支持行政机关依法行政，帮助解决棘手问题。通过诉前检察建议这一非对抗的柔性监督方式，可以正向激发双方参与社会治理的主动性和积极性，以保护公益为共同目标，构建社会治理新格局。

第二节 诉前检察建议的主要内容

诉前检察建议是指行政公益诉讼诉前程序中，检察机关为履行公益职责向行政机关发出的法律文书。在制作文书时，需要列明公益受侵害的事实、行政机关违法履职的事实与应当履职的义务来源及检察机关进行监督的法律依据。本节主要介绍诉前检察建议文书的格式与主要内容，对需要撰写的案件事实及法律依据进行分析，为实务中文书的具体化与规范化提供参考。

一、诉前检察建议的格式

诉前检察建议书由首部、正文和尾部组成。首部包括标题、文书文号、行政机关名称；正文包括案件来源及监督目的、调查查明的案件基本情况、认定的被监督行政机关违法行使职权或者不作为的事实、理由和法律依据、提出检察建议的法律依据、建议的具体内容、回复期限；[①] 尾部包括行使监督职权的检察机关名称、落款日期、单位公章。

检察建议书属于检察机关的正式文书之一，在制作时应当符合形式规范、内容完整、语言简洁、法条准确和逻辑清晰等要求，坚持客观理性的立场，尽量使用不带有主观感情色彩的字词，统一数字与标点符号规范。

二、诉前检察建议的内容

（一）公共利益受到侵害的事实

在法律文书写作中常常出现“事实”一词，它是对客观存在或曾经客观存

① 参见《办案指南》的相关规定。

在的事件或行为的命题描述，有真伪之分。而案件事实则是对案件基本情况的描述，主要在两种情况下被使用：一是真实发生过的事实；二是被法律认定的事实。虽然未进入诉讼程序，但诉前检察建议作为检察机关的正式文书，其内容代表着检察机关查明后的事实，而公共利益受到侵害的事实是检察机关开展行政公益诉讼办案的基础，也是整篇文书生效的立足点，至关重要。所以实务中诉前检察建议的案件基本情况属于第二类，即被检察机关认定、作为发出检察建议书依据的案件事实。

在行政公益诉讼领域，案件事实通常不包含主观事实，没有主客观相统一的要求。检察机关无须证明当事人或单位实施某种行为时的主观目的，只需要通过证据客观描述存在的情况，如“甲砍伐林木”与“某厂排放污水”属于客观存在的事实，它不以人的意志为转移。但该事实是否属于公共利益受到侵害的事实，需引入具有法律意义的价值判断，属于法律问题。如上文中的“污水”，是指在生产与生活活动中排放的水的总称，但要认定某厂实施了违法行为，需要先证实排放的水体水质不符合法律规定的污水标准。因此，在撰写时，实际上分为客观存在的事实、可能导致公共利益受到侵害的后果以及两者之间的因果关系分析。

例如，在生态环境与资源保护领域，应当详细描述当事人的行为如何破坏生态环境、不利于资源保护；在国有财产领域，应当重点描述涉案人或单位于何时何地如何导致国有财产遭到损失，以及具体损失金额；在食品药品领域，则应当对食品药品名称、成分、生产日期、保质日期等与案件有关的内容进行展开分析。

但在对这一部分进行撰写时，又会出现两个问题：一是叙述上述内容是否需要具体详细？如北京市某区检察院与宁夏回族自治区某县检察院的某份食品药品领域检察建议书均被采纳为实务指引案例，但两者在描述案件事实时，一个详细阐述了多家涉案店铺的名称、地址与六种具体违法行为，另一个却只用列举式描述概括性地提出涉案店铺存在某类问题。二是证据是否需要展开列举？目前关于检察建议书撰写的规定中并未提及证据，实务中也很少有检察机关将证据罗列在检察建议书中。

要解决这两个问题，首先要明确检察建议书的功能与目的，即督促行政机关依法履职。如果案件事实描述简单模糊，会使后文中的法律依据难以一一对应，影响对公益损害后果的认定，同时也可能会导致行政机关对文书内容产生质疑，不利于行政机关接受监督。而证据是确定案件事实真实存在的根据，体现了检察机关在办案过程中的司法公正原则，应当体现在检察建议书中。至于在实务中该如何统一体现，或许可以参照刑事起诉书中证据的罗列方式，以提高检察建议书的规范性。

（二）行政机关不依法履职的事实和理由

行政机关不依法履职的类型分为违法行使职权与行政不作为，相较于公益受到侵害的事实更不易于取证。根据《办案指南》，诉前程序中对行政机关不依法履职的认定标准宽限于提起诉讼时的认定标准，在撰写认定理由时通常以单纯法条作为依据。如北京市门头沟区人民检察院向永定镇人民政府发出的检察建议中只列举了相关法条，以简单说明“拆迁过程中永定镇政府未尽到审查义务，……使得王某某违法获得安置补偿，造成国有资产损害，国家利益受到侵害”[①]。再如福州市闽侯县人民检察院向高新区市场监督管理局发出的检察建议中，只简单提到“你单位负有对本行政区域内的食品安全监督管理的职责，应当依法履行相关职责”[②]，对于“相关职责”也只是详细列明法条，未再进行侵害后果说明与法理分析。可见检察建议文书更多的篇幅放在案件基本情况上，对行政机关不依法履职的事实与理由往往一笔带过，语焉不详。

但这一现象并不能完全归因于检察机关对法条理解不足导致文书质量不高。首先，行政公益诉讼案件领域逐渐扩展，而每个领域又包含多类型、多范围的案件，检察机关要完全掌握行政机关的职权及相关领域的现状实属不易，对应当如何行使职权、职权行使过程中会产生何种困难等问题也很难深入了解。其次，因实践中多数行政公益诉讼案件以行政不作为展开，其中又分为完全不作为与部分不作为。当行政机关未采取任何措施时，检察机关只能从法条展开说明其应当履行的职责，无法就不存在的行为一一论证其行为意义。而公共利益受到侵害的后果已在上文案件事实部分论述，若再举证说明，容易导致此处冗

---

① 最高人民检察院第八检察厅编:《行政公益诉讼典型案例实务指引》，中国检察出版社 2019 年版，第 76 页。

② 最高人民检察院第八检察厅编:《行政公益诉讼典型案例实务指引》，中国检察出版社 2019 年版，第 42 页。

杂重复。

因此，检察建议中关于行政机关未依法履职的事实与理由应当分两种情况去撰写：一是违法行使职权，此时需详细写明行政机关的具体违法行为，并结合法条一一指出不当之处，以陈述事实为主；二是不作为，当行政机关未采取措施时，应当以分析法条为主，写明行政机关本应行使的职权。但无论是哪种情况，都要以法条为依据，主要分析行政机关未依法履职与案件事实发生及公共利益受到侵害之间的因果关系。这一部分是检察机关确定制发对象、介入具体行政行为的有力支撑，应当确保诉前检察建议的提出有理有据，有的放矢。

（三）提出诉前检察建议的法律依据

诉前检察建议的法律依据分为两类，一是认定公益受到侵害的法律依据；二是认定行政机关未依法履职的法律依据。如湖北省十堰市郧阳区人民检察院向林业局发出的检察建议中，先阐述当事人破坏生态公益林的行为违反了《森林法》第 18 条第 1 款与《森林法实施条例》第 16 条第 1 款之规定，再阐述林业局未依法履职行为不符合《行政处罚法》第 44 条、第 51 条与第 52 条之规定，[①]分别给出了两类法律依据。实务中后者常常存在争议，所以《办案规则》规定，检察机关认定行政机关履行监督管理职责的依据为法律、法规、规章，同时以行政机关的“三定”方案、权力清单和责任清单等作为补位参考。如北京市通州区人民检察院向通州区文化委员会发出的检察建议中，就详细阐述了《北京市通州区权力清单》中规定的履职形式。[②]而安徽省临泉县检察院向临泉县国土资源局发出的检察建议中，则提到了临泉县人民政府发布的文件《关于切实加强烧结类砖厂管理工作的通知》，以此作为行政机关监管职责的来源补充。[③]由此可见，诉前程序的实务运用除了以法律为依据外，也从行政原则与精神层面上督促行政权的依法行使，实现了其非诉地位的补充性与监督目的。

---

① 参见最高人民检察院第八检察厅编:《行政公益诉讼典型案例实务指引》，中国检察出版社 2019 年版，第 557–558 页。

② 参见最高人民检察院第八检察厅编:《行政公益诉讼典型案例实务指引》，中国检察出版社 2019 年版，第 499 页。

③ 参见最高人民检察院第八检察厅编:《行政公益诉讼典型案例实务指引》，中国检察出版社 2019 年版，第 541 页。

在此基础上，诉前检察建议在适用法条时还具有特殊性。因行政公益诉讼程序参照行政诉讼，而《行政诉讼法》中规定了人民法院审理案件的依据是法律和行政法规、地方性法规，[①]并不包含规章，规章仅仅作为参照，即人民法院有权审查规章的合法性。当规章与上位法冲突、无权限或者不合理时，不能作为审理诉讼的依据。因此，检察建议在引用法条时，应当尽量引用法律法规，避免单独以规章作为依据的情况，以保障诉前程序的衔接性。

（四）建议事项

《人民检察院检察建议工作规定》提出了“明确具体”“有操作性”的要求，并规定检察建议书一般包括“建议的具体内容”，那么，检察机关在撰写建议事项时应当以简单的概括方式，还是详尽的指导意见？实务中，这两种写法都较为常见。简单如湖南省湘阴县人民检察院向湘阴县发改局发出的检察建议：“1. 依法查处违法行为；2. 依法履行监管职责，加强市场监管，确保市场交易合法秩序。”[②]“查处违法行为”与“依法履职”适用于所有行政机关，属于概括类写法。详细如福建省光泽县人民检察院向光泽县农机管理总站发出的检察建议，案情占篇幅少而建议内容占篇幅多，写明了“采取措施”为“会同财政部门收回光泽县兴农菇业专业合作社享受的补贴资金并取消其今后享受补贴资金的资格”[③]，并对“加强履职能力”与“加强宣传教育”都展开阐述。

若以简单概括的形式提出检察建议，可能会导致内容模糊，行政机关的理解与检察机关的本意有所出入；但检察建议内容过于详细，不利于行政机关根据具体情况依法履职，而且术业有专攻，检察机关提出的意见不一定具有专业性与针对性。无论是哪种方式，都有可能导致检察建议的内容与下一阶段的诉讼请求不一致，影响程序流程。所以，检察机关在撰写建议内容时，应当因地制宜，根据领域及案情提出详略得当的建议：一是具有可诉性，检察建议的内容必须与公益诉讼请求相衔接，以保障提起公益诉讼的程序正当性；二是具有

① 参见《行政诉讼法》第63条。

② 最高人民检察院第八检察厅编：《行政公益诉讼典型案例实务指引》，中国检察出版社2019年版，第64页。

③ 最高人民检察院第八检察厅编：《行政公益诉讼典型案例实务指引》，中国检察出版社2019年版，第100页。

可操作性，检察机关在难以具备相关专业知识的情况下，提出的建议应该尽可能贴近行政实务，履职期限应当清晰而履职步骤可以简略，具备可拓展与可实施空间；三是可供行政机关发挥主观能动性，检察机关不适宜对行政机关的具体整改方式进行明确限制，而应当针对可采取措施类型及禁止采取措施类型提供建议。

三、诉前检察建议的可诉性

诉前检察建议服务于诉讼，是行政公益诉讼的前置程序。当检察机关发出检察建议而行政机关仍然未能履职时，检察机关可以提起行政公益诉讼，继续督促行政机关维护公共利益。在诉讼中，检察机关向人民法院提出的诉讼主张应当具有正当性、明确性、具体性，根据规定，可以向人民法院提出撤销或者部分撤销违法行政行为、在一定期限内履行法定职责、确认行政行为违法或者无效等诉讼请求，用以保障受到侵害的公共利益。在这一点上，诉前检察建议与行政公益诉讼具有同一目的，属于同一程序的先后步骤，所以建议内容应当与诉请一致。但实务中仍然存在一些问题：(1) 提出检察建议后发现相关联的新情况新问题。当行政机关已回复时，检察机关面临着终结审查与提起诉讼的选择，如果认为行政机关已针对检察建议的内容履职完毕，那么新情况未能得到解决；如果根据新情况提起诉讼，那么会出现诉讼请求与检察建议不一致的情况；(2) 检察机关已履职但未获得效果，以至于建议内容已实现，但公益仍然处于侵害状态中，检察机关同样面临终结审查与提起诉讼的选择。如果终结审查，则检察建议的功能未能发挥，目的未能实现；如果提起诉讼，又要注意未获得整改效果的原因是出于主观敷衍，还是客观障碍。若是主观敷衍，行政机关在抗辩时可以举证自己已采取了所有整改措施；若是客观障碍，检察机关强行起诉则是无视不可抗力，即便胜诉也无法达成良好的社会效果。这两种情况都会导致诉请与建议出现较大出入。

针对第一种情况，检察机关在提出建议时要全面考虑案情及后续发展，如新情况与上一份检察建议内容相关联，检察机关可以与行政机关以磋商、补充建议等方式提出进一步要求，或以“检察建议回头看”的方式督促行政机关举一反三。如属于新发现的事实，另有公益受到侵害，可以适时发出新的检察建议；针对第二种情况，检察机关应充分衡量行政机关是否发挥主观能动性、尽到应尽之义务，在生态环境等公益难以短时间恢复的领域内，撰写建议时尽量提出阶段性要求。

另外，提起公益诉讼的前提条件是检察建议未被行政机关采纳或表面采纳，未实质性履职。有观点认为，“当行政机关实质上未依法履责，且未针对检察建议回复合理理由的，检察机关提出公益诉讼请求可以不受检察建议的拘束”。①即检察建议只需与诉讼请求保持监督精神上的一致性，不要求绝对意义上的相同。在目前未有硬性规定的情况下，检察机关应当从实务中继续探索一致性与可诉性的适用度，以保证诉前检察建议内容具有针对性，避免程序脱节，起诉无据。

第三节　诉前检察建议的提出

如前文所述，诉前检察建议是指检察机关在向人民法院依法提起行政公益诉讼之前，为督促有关行政机关依法履行职责，而先行向其提出履行监管职责的检察建议。提出检察建议，应当立足检察职能，结合司法办案工作，坚持严格依法、准确及时、必要审慎、注重实效的原则。因此诉前检察建议的提出并不是随意的，而是需要遵循一定的程序。故诉前检察建议需要在适当期限内按照特定的形式提出。

一、诉前检察建议的提出形式

诉前检察建议的提出形式也可称为诉前检察建议的提出方式。诉前检察建议一般应当直接、明确地提出。但是出于检察建议制发效果的考虑，实践中也演变出许多丰富的提出形式。这些形式使得检察建议针对的问题的解决不再是由检察机关或者行政机关一方唱“独角戏”，而使得各相关方都能参加到问题的治理当中来。换言之，是通过发送形式倒逼质效提升。增强检察建议推动社会治理的治理力量、治理水平、治理能力和治理专业化程度。此外，提出形式的

① 张亮：《行政公益诉讼中不作为行为的判断与诉请》，载《兰州学刊》2020年第2期。

丰富也使得检察建议的约束力（检察建议的刚性）得到提升，检察建议从而由纸面变得立体，从形式化变得实在化。

（一）诉前检察建议的提出依据

行政公益诉讼的诉前检察建议属于诉前程序部分，其规定于行政诉讼法之中，故诉前检察建议的提出应当依据行政诉讼法。《行政诉讼法》第 101 条规定，人民法院审理行政案件，关于期间、送达、财产保全、开庭审理、调解、中止诉讼、终结诉讼、简易程序、执行等，以及人民检察院对行政案件受理、审理、裁判、执行的监督，行政诉讼法没有规定的，适用民事诉讼法的相关规定。民事诉讼法对送达设置了专章予以规定，送达方式有直接送达、邮寄送达、公告送达等。《人民检察院检察建议工作规定》第 18 条规定了送达检察建议书，可以书面送达，也可以现场宣告送达。《办案规则》第 76 条规定了人民检察院可以采取宣告方式向行政机关送达《检察建议书》，必要时，可以邀请人大代表、政协委员、人民监督员等参加。由此可见，就检察建议的提出而言，一般情况下都需要以直接送达的方式向行政机关提出，但是也存在着其他的提出形式。

（二）诉前检察建议的提出方式

检察建议一般而言是直接向被建议单位提出，但实践中检察建议的提出方式是多种多样的。这些提出方式一部分是法律的明确规定，还有一部分是实践中检察机关充分发挥能动作用，创新出的新方式、新方法（有些创新后来也为法律所确定）。这些新方式进一步推动了检察建议的实际效果，直接服务了检察建议的落地。综观目前检察机关的实践，检察建议的提出可以归为三大类：一是直接提出，即最为传统的提出方式，将文书直接送达给被建议对象；二是邮寄送达、留置，即在直接送达有困难时通过邮寄的方式送达或者留置在特定地点视为送达；三是公开宣告，即送达检察建议时具备一定的公开性。

1. 直接提出。《民事诉讼法》第 88 条第 1 款规定了直接送达诉讼文书，应当直接送交受送达人。受送达人是公民的，本人不在交他的同住成年家属签收；受送达人是法人或者其他组织的，应当由法人的法定代表人、其他组织的主要负责人或者该法人、组织负责收件的人签收；受送达人有诉讼代理人的，可以送交其代理人签收；受送达人已向人民法院指定代收人的，送交代收人签收。

2. 邮寄送达、留置。直接提出是一般的提出方式，检察机关将检察建议直接送达被建议对象。但在实践中直接提出却也面临着问题。例如，2018 年，某县检察院向某县行政机关发出检察建议书，但在送达时遭该行政机关拒收，后该检察院送达人员对检察建议书依法进行了留置送达。后经协调，最终该检察建议通过邮寄送达的方式进行了送达。《办案规则》第 76 条规定了机关拒绝签收的，应当在送达回证上记录，把《检察建议书》留在其住所地，并可以采用拍照、录像等方式记录送达过程。这一规定是对拒收行为的解决方式法律化。

尽管法律规定了邮寄送达、留置送达，但是由于行政公益诉讼涉及主体的特殊性，并不能就“一寄了之”。在我国，公益诉讼工作是检察机关新拓展的检察权运行领域，最初主要依靠各地检察机关发挥主观能动性，进行各种有益的探索。全国已经有二十余个省级人大常委会出台加强检察公益诉讼工作的专项决定，其中一些省的专项文件强化了诉前检察建议的落实刚性。如浙江省人大常委会出台的决定文件规定了行政机关及其工作人员不配合调查的，检察机关可以将相关情况报告同级党委、人大常委会，通报人民政府，或者建议监察机关、被调查单位上级部门依法处理。这些做法直接强化了检察建议的提出，推进了诉前检察建议工作的进行。

3. 公开宣告。为了增强检察建议的刚性并取得检察建议更好的社会效果，实践中还探索出许多检察建议的提出方式，最为典型的就是公开宣告送达。比如，2020 年 5 月 15 日，浙江省出台了《关于加强检察公益诉讼工作的决定》，其中第 3 条规定，诉前检察建议，可以采用直接送达、公开宣告等方式送达，必要时可以邀请人大代表、政协委员、人民监督员等参加。对于社会影响大、群众关注度高的公益诉讼案件，可以将检察建议抄送同级党委、人大常委会、人民政府和监察机关。《办案规则》第 76 条规定，人民检察院可以采取宣告方式向行政机关送达《检察建议书》，必要时，可以邀请人大代表、政协委员、人民监督员等参加。例如，2018 年 12 月，青田县检察院在办理青田县众鑫公司非法排污案中，青田县检察院向县建设局发出检察建议书。采取的是现场宣告送达的方式，向县建设局、环保局、水利局、综合行政执法局、温溪镇政府等部门代表，及部分人大代表、政协委员及企业代表公开宣读了检察建议书，并对涉及污水处理费的相关法律条文逐一进行释法说理。以“零距离”“看得见”

的方式向被建议单位"面对面"进行了释法说理和普法宣传，切实保障了被建议单位的知情权和表达权，帮助厘清法定职责，促使其主观认识发生转变，形成良性互动，增强守护"公益"合力，实现了双赢多赢共赢理念。

从实践情况看，一份优质的检察建议送达时如果结合公开宣告方式，将会促进被建议单位更重视、更易接受和采纳检察建议，从而取得更好的社会效果。办理公益诉讼案件，必须要转变观念，用好公开宣告这一有用的送达方式。对符合公开宣告条件的检察建议充分运用宣告送达方式，宣告前对被建议单位进行告知提醒、示证说理，在保障被建议单位知情权和异议权的前提下强化检察建议公开宣示的监督职能作用。对于社会关注度高、利益涉及面广、比较典型或者问题疑难复杂的检察建议案例，坚持"能宣告、尽宣告"。必要时可邀请人大代表、政协委员、人民监督员、新闻媒体、被建议单位主管机关或行业组织代表、案件当事人等共同见证监督，扩大检察建议社会影响力，促进"柔性"建议得到"刚性"落实。

二、诉前检察建议的提出期限

在检察公益诉讼开展之初，检察建议的提出时间并无明确的法律要求。虽然如此，但检察建议作为检察机关诉前的督促履职手段，其制发必须考虑到检察建议发出后督促履职的实际效果。诉前检察建议是否具有良好实效的考量因素之一便是检察建议制发的时效性。若检察机关未及时开展调查并发出检察建议，则可能会导致该检察建议的成效有所折扣。故检察建议的提出虽无外在的期限限制，但是从诉前程序的实质要求出发，检察建议必须及时在一定期限内提出，以满足检察建议督促履职及时、有效的要求。

（一）提出期限法律设置

《办案规则》对行政公益诉讼的诉前程序办案期间作了几个规定：第 70 条规定，人民检察院决定立案的，应当在 7 日内将《立案决定书》送达行政机关；第 75 条规定，经调查，人民检察院认为行政机关不依法履行职责，致使国家利益或者社会公共利益受到侵害的，应当报检察长决定向行政机关提出检察建议，并于《检察建议书》送达之日起 5 日内向上一级人民检察院备案；第 76 条规定，人民检察院决定提出检察建议的，应当在 3 日内将《检察建议书》送达行政机关。以上几个规定对检察建议的提出过程作了松散的时间限制，比如立案后 7 日的送达行政机关时间，3 日内送达检察建议书的时间。这些规定都服务于检察建议提出的及时性要求，避免办案期限过长，延误对公益损害的挽救。

问题在于，以上规定了检察建议提出期限为“检察机关决定提出检察建议的，应当在七日内送达”，那么该期限从何时起算？《办案规则》第 73 条规定，调查结束，检察官应当制作《调查终结报告》，区分情况提出终结案件或提出检察建议的处理意见。根据该规定，提出检察建议期限的起算点在调查结束后，决定提出检察建议时开始起算。可见提出期限在于调查终结并且决定提出的时间起 3 日内。可见该期限其实具有较大的灵活性，“三日”的期限还是取决于调查的结束时间，若调查迟迟无法完成，那么 3 日的时间限制其实并无较大的约束力。从这一角度看，出于公益损害保护的必要性和及时性角度出发，应当对调查期间作出规定。

横向比较其他部门法的相关规定，刑事诉讼法对侦查期间作了严格的限制，审查起诉期间也有相应的时间规定，退回补充侦查也具有次数和时间的规范。参考以上这些规定的做法，可以适当对检察建议调查的时间作出调查期间的规定，避免公益诉讼的调查无限拖延，也使得对检察建议提出的时间规定能够有所依据，落到实处。

（二）提出期限的实践考察

对于检察建议提出的期限，实践中并没有过多的关注，检索最高检发布的一些典型案例，对于提出期限也存在着不同的期间。云南省安宁市温泉地下水资源保护公益诉讼系列案，安宁市检察院于 2018 年 5 月 15 日立案审查，5 月 22 日依法对市国土局、水务局、财政局、温泉街道办事处等单位和部门分别针对上述问题发出诉前检察建议，督促依法履职，切实保护温泉地下水资源。从立案到提出仅经过了 7 天。陕西省扶风县渭河沿线砂石企业违法占地破坏资源环境案中，2017 年 11 月 13 日，扶风县人民检察院从网站舆情中发现该线索后，认为符合行政公益诉讼立案条件，遂成立专案组开展调查。2018 年 4 月 17 日，扶风县检察院向该县国土资源局发出检察建议，其中调查到提出历时达 5 个多月。浙江省诸暨市房地产、装修行业侵犯消费者个人信息公益诉讼案中，诸暨市人民检察院在办理陈某某等人侵犯公民个人信息案中发现本案线索，认为可能侵害社会公共利益，于2019年1月9日立案调查。经层报浙江省人民检察院批准，诸暨市人民检察院于1月15日向诸暨市市场监督管理局发出督促其依法履职的检察建议，尽管该案件有复杂的层报手续，但是还是在7日中制发了检察建议。贵州省榕江县人民检察院诉栽麻镇人民政府不依法履职案中，依据《贵州省传统村落保护和发展条例》相关规定，栽麻镇人民政府负责本行政区域内传统村落的保护和发展，2018年4月，榕江县检察院在调查走访中发现栽麻镇人民政府可能存在怠于履职情形，遂决定立案调查。2018年5月7日，榕江县检察院向榕江县栽麻镇人民政府发出检察建议，建议对中国传统村落宰荡侗寨和归柳侗寨依法履行保护、监管职责，其中立案调查后到提出检察建议也历时将近两个月。

可见诉前程序的调查过程并没有统一的法律规定，案件类型、案件的复杂程度差异都可能也会导致调查期间的不同。公益诉讼涉及的范围往往大于一般诉讼，过短的时间并不能满足调查的要求。公益诉讼可能会面临公共利益侵害迅速扩大的紧迫危险，期限过长容易拖沓进而导致公益损害扩大。总的来说，目前仍属于行政公益诉讼开展的初期，对于诉前程序的调查期限仍应灵活设置。

第九章　对落实诉前检察建议的监督

诉前检察建议是公益诉讼诉前程序的重要组成部分，它直接决定着检察建议的效能。基于诉前程序设计的制度逻辑，检察机关在发出检察建议后并不意味着诉前程序的终结，而是应当持续跟进监督，督促行政机关及时依法履职，以实现维护国家和社会公共利益的目的。在落实检察建议的过程中，虽然行政机关没有怠于履行职责，但是可能会因突发事件等客观原因导致不能整改到位，在认定行政公益诉讼具有起诉期限的基础上，引入中止制度，可以解决诉前程序中的突发状况。检察机关经过跟进监督调查后，检察官应根据调查结果区分情况作出处理决定。本章主要从跟进监督、诉前程序的中止与审查终结三个方面阐述落实诉前检察建议的监督内容。

第一节　跟进监督

行政公益诉讼诉前检察建议发出后，检察机关应当及时对行政机关依法履职、受损公益恢复和回复整改等情况跟进监督。跟进监督是衔接诉前程序与诉讼程序的最后一个环节，做好跟进监督工作不仅有利于诉前程序取得监督效果的最大化，也为检察机关后续提起诉讼做足做好有效准备。而实务中，各地检察机关对跟进监督理解把握不一、做法不一，缺乏统一的具体操作规程，有必要在工作中予以规范。本节从跟进监督的概念、相关规定出发，结合司法实践探索，就跟进监督的发生条件、主要内容及程序构建等方面进行阐述。

一、跟进监督的必要性

跟进监督指的是行政公益诉讼诉前检察建议发出后，人民检察院应当及时对行政机关回复整改、依法履职、受损公益恢复等情况进行审查、调查、评估、研判等的检察监督工作。[①] 即检察建议发出后，检察机关不应当单纯地等待，而是应当在期限到来之前以及行政机关回复后跟进监督，调查了解行政机关是否进行整改、回复内容与实际整改情况的异同，及时发现行政机关不整改、不及时整改的现象，防止出现不及时回复、回复内容与检察建议不一致、回复内容与实际整改情况不一致等现象。

在 2015 年 7 月公益诉讼试点工作时期，最高人民检察院《检察机关提起公益诉讼试点方案》并未对检察建议的跟进监督作出规定。但在之后 2016 年 12 月的《关于深入开展公益诉讼试点工作有关问题的意见》以及《办案指南》都对跟进监督作出了相关规定。2021 年 7 月 1 日起正式施行的《办案规则》也设置了诉前检察建议的跟进监督程序，把公益诉讼案件"回头看"作为一项"规定动作"。《办案规则》第 77 条[②] 规定，检察机关在提出检察建议后，要跟进监督，调查收集证据材料；第 79 条[③] 又对跟进监督后的处理规定了三种不同的结案方式。

但包括《办案规则》在内，对诉前检察建议落实情况跟进监督的规定都较为原则，未进行细化，例如在什么情形下应当跟进监督，如何跟进监督，如何评估跟进监督效果等一系列问题都没有作出明确的规定。对此，各地检察机关对跟进监督进行了有益的探索，如浙江省人民检察院在 2020 年和 2021 年全省公益诉讼检察工作要点中都对落实跟进监督工作作了部署，明确可以通过采取实地走访、第三方评估、召开听证会等方式及时跟进了解行政机关落实诉前检察建议的整改情况，判断行政机关是否未积极履行职责的情形，是否仍然存在

---

① 参见 2021 年 2 月 23 日《浙江省人民检察院行政公益诉讼诉前检察建议跟进监督实施办法》（浙检发办字〔2021〕19 号）第 2 条。

② 《办案规则》第 77 条规定："提出检察建议后，人民检察院应当对行政机关履行职责的情况和国家利益或者社会公共利益受到侵害的情况跟进调查，收集相关证据材料。"

③ 《办案规则》第 79 条规定："经过跟进调查，检察官应当制作《审查终结报告》，区分情况提出以下处理意见：（一）终结案件；（二）提起行政公益诉讼；（三）移送其他人民检察院处理。"

危害后果，为下一步判断是否提起行政公益诉讼做足做好准备。同时，浙江省人民检察院部署了行政公益诉讼诉前检察建议跟进监督的试点工作，并于2021年2月制定出台了《浙江省人民检察院行政公益诉讼诉前检察建议跟进监督实施办法》，从行政诉前检察建议整改落实的监督情形、监督方式、监督程序等跟进监督制定了详细的工作规程。又如福建省人民检察院出台了《关于建立行政公益诉讼诉前圆桌会议机制的规定（试行）》，规定可以通过组织召开诉前圆桌会议的形式跟进监督的具体工作规则。

在行政公益诉讼中，诉前实现维护公益目的是最佳司法状态，也是检察监督价值实现最大化的表现，而判断诉前程序是否实现该目的的主要依据是诉前检察建议是否真正得以落地见效。而要使检察建议真正落实到位，就要检察机关持续跟进监督。通过持续跟进监督，一是可使检察监督更具刚性；二是可使公益维护的司法目标始终处在检察机关的监督视野之中；[①] 三是可充分调动诉前非诉法律监督资源，避免检察机关提起诉讼，减少对司法资源浪费，又达到行政机关主动履职目的，起到超越公益保护重要意义。

然而，在实务中，少数检察建议书一发了之、不了了之，缺乏后续的跟进监督或跟进监督流于形式，整改成效限于纸面。检察建议"落地难"，同类问题易反弹等问题使检察建议权威不足、成效不显，也不利于后续的提起行政公益诉讼工作。为此，最高人民检察院自2018年4月起开展了为期3个月的行政公益诉讼"回头看"专项活动，对2018年办理的10万余件诉前检察建议持续落实情况进行评查，重点排查是否存在虚假整改、事后反弹回潮等问题，发现行政机关逾期未回复的1973件、实际未整改的909件、整改不彻底的5403件、事后反弹回潮的466件。[②] 通过"回头看"专项活动，在增强检察建议刚性等方面有了明显成效，但跟进监督的制度仍有待进一步健全。

二、跟进监督的发生条件及具体情形

《办案指南》对在诉前程序中，行政机关书面回复或不回复的跟进监督重点

① 参见《建立多层次的检察公益诉讼理念体系——专访中国人民大学教授、博士生导师汤维建》，载法学空间，http://www.lawsky.org/show.asp?id=1142，2022年4月10日访问。

② 参见《中国最高检：公益诉讼需持续跟进监督 绝不允许办凑数案》，载新浪看点，http://k.sina.com.cn/article_2748597475_a3d444e302000rdsm.htm，2022年4月2日访问。

分别进行了阐述。[①] 即诉前整改要围绕行政机关回复整改、依法履职、受损公益恢复等情况进行审查、调查、评估、研判，排查案件是否存在虚假整改、整改不到位、事后反弹回潮、是否穷尽监管手段、受损公益是否得以真正保护等。但为防止检察权的滥用，保持检察权与行政权的界限，检察机关跟进监督应当坚持比例原则、有效原则，跟进频次不宜过高。

《办案规则》第 82 条[②] 对行政机关未落实诉前检察建议的情形进行了兜底式的列举。结合《办案规则》及司法办案实践，综合考虑行政机关的履职态度不同以及案涉领域不同，履职表现方式各异等因素，本节将监督发生条件总结归纳为六种具体情形进行分述。

情形一：行政机关对诉前检察建议持异议、逾期不回复、不整改的案件应如何跟进监督。一是针对行政机关对检察建议持异议的情形。《人民检察院检察建议工作规定》第 23 条[③] 明确规定了被建议行政机关具有异议权。因为此时行政机关与检察机关对案件事实等方面发生了重大分歧，检察机关必要时可依职权召开公开听证会、圆桌会议等，邀请行政机关、人大代表、行业专家等人员参与，听取被监督行政机关不采纳检察建议理由，对案件事实、证据、法律适用、处理意见等进行充分论证，通过论证努力消除双方间的分歧，达成一致意

① 《办案指南》规定："检察机关收到行政机关书面回复的，应当及时对行政机关纠正违法行为或者依法履行职责情况，以及国家利益或者社会公共利益受到侵害的情况跟进调查。根据案件需要，检察机关可以及时就有关情况与行政机关进行沟通，听取意见。回复期满后，行政机关没有回复的，检察机关应重点围绕检察建议的内容，对行政机关是否依法全面履行职责，国家利益或社会公共利益是否得到有效保护进行调查。"

② 《办案规则》第 82 条规定："有下列情形之一的，人民检察院可以认定行政机关未依法履行职责：（一）逾期不回复检察建议，也没有采取有效整改措施的；（二）已经制定整改措施，但没有实质性执行的；（三）虽按期回复，但未采取整改措施或者仅采取部分整改措施的；（四）违法行为人已经被追究刑事责任或者案件已经移送刑事司法机关处理，但行政机关仍应当继续依法履行职责的；（五）因客观障碍导致整改方案难以按期执行，但客观障碍消除后未及时恢复整改的；（六）整改措施违反法律法规规定的；（七）其他没有依法履行职责的情形。"

③ 《人民检察院检察建议工作规定》第 23 条规定："被建议单位对检察建议提出异议的，检察官应当立即进行复核。经复核，异议成立的，应当报经检察长或者检察委员会讨论决定后，及时对检察建议书作出修改或者撤回检察建议书；异议不成立的，应当报经检察长同意后，向被建议单位说明理由。"

见。如果异议不成立的，检察机关则应当及时督促行政机关依法履行职责；反之，若检察建议确有不当的，则应当修改或者撤回检察建议书。二是针对行政机关逾期不回复、不整改的情形。在行政机关未回复或回复未违法履职的情况下，检察机关应当跟进调查是否存在不依法履职、公共利益受损情形及行为与结果间的因果关系。例如锦屏县环保局行政公益诉讼案[①]中，锦屏县检察院在2014年8月就七家石材加工企业非法排污问题向锦屏县环保局诉前检察建议。在跟进监督过程中，锦屏县检察院发现仍有两家违法企业未整改，遂于2015年4月再次向锦屏县环保局发出检察建议，但锦屏县环保局逾期未回复，也未依法督促整改，导致违法行为仍处于持续状态，后锦屏县检察院依法向人民法院提出行政公益诉讼。

情形二：行政机关回复已依法全面履职，国家和社会公共利益已得到有效修复的案件应如何跟进监督。此时启动跟进监督，是对行政机关回复情况进行分析评估，即整改方案是否得到全面落实，是否存在虚假落实或反弹回潮的情形。对该种情形不应采用机械、单一的方式进行跟进监督，而应当根据案情繁简予以区别跟进。一是针对案情简单、专业性弱的案件，由于不需要专业机构或专业人士介入，只需大众朴实的价值观就可判断，便可采用调阅卷宗、群众回访、实地复查等简单、易操作的方式跟进监督，客观公正评价整改情况。例如河南省濮阳市华龙区人民检察院督促整治装饰装修行业泄露公民个人信息行政公益诉讼案[②]中，华龙区人民检察院对公民个人信息安全保护情况进行"回头看"时，电话回访120人次，调查问卷回访200份。受回访人普遍认为辖区内房产装饰装修等领域电话推销明显减少。案件中的方式不仅有效评价了检察建议落实整改的情况，也大大提高了人民群众对检察机关办案满意度和获得感。二是针对案情复杂、专业性强的案件，由于这类案件对专业性需求较高，普通大众往往难以胜任，检察官也由于缺乏专业知识、对外协调难等原因，也难以胜任。因此，有必要时可通过委托专业机构鉴定、评估、审计等"借助外

① 参见《第八批指导性案例（检例第32号）》，载12309中国检察网，https://www.12309.gov.cn/12309/gj/hlj/qqhesy/yaxy/zdajxx/202112/t20211227_11386373.shtml，2022年4月10日访问。

② 参见《检察机关个人信息保护公益诉讼典型案例》，载正义网，http://news.jcrb.com/jsxw/2021/202104/t20210422_2273153.html，2022年4月2日访问。

脑”力量来助力检察机关跟进监督工作。例如温州市龙湾区检察院在办理查处无证汽车拆解维修污染案[①]中，在行政机关回复整改到位后，龙湾区检察院开展“回头看”，对涉案地块生态环境损害部分，与生态环境部门协作，委托第三方专业机构进行评估，有效确保检察建议整改落实到位。

情形三：被监督行政机关回复违法行为人已经被追究刑事责任，或者案件已经移送刑事司法机关处理，或者行政处罚程序启动后暂时无法终结程序的案件应如何跟进监督。针对涉及刑事犯罪的案件，检察机关应当根据行政执法与刑事司法衔接的相关规定，跟进调查核实行政处罚与刑事案件的处理先后程序，以判断行政机关是否应当继续履职。针对行政处罚程序启动后暂时无法终结程序的案件，例如行政相对人逾期不履行行政决定，而其法定起诉期限尚未届满，回复期内不能完全整改到位的案件，则继续跟进调查核实，待程序终结后，行政机关应当及时回复整改落实情况。例如某区检察院认为，该区林业局未履行对被毁林地生态修复监督管理职责，行政机关回复行政相对人逾期不履行行政决定，而其法定起诉期限尚未届满。对此，该区检察机关启动跟进监督程序，直至被毁林地生态得以完全修复。

情形四：行政机关在回复期限内因客观障碍导致不能整改到位的案件应如何跟进监督。对于行政机关已采取措施但受历史原因、政策变动、自然规律影响等客观因素，整改周期长，无法在期限内按时完成整改的案件，检察机关可以与行政机关根据案件实际情况协商确认合理的整改期限，并确保后续整改到位。如破坏生态环境和资源保护类案件，由于补植复绿具有很强的季节性，往往无法在法定回复期限内整改完毕，检察机关需要给予一定的限期去落实，行政机关应出具暂时性回复文书，并载明情况、制定具体可行的整改方案。检察机关应当对整改方案是否合理、行政机关是否采取临时性措施防止损害进一步扩大等，再适时进行“回头看”，跟踪落实监督效果。例如，在重庆市石柱县水磨溪湿地自然保护区生态环境保护公益诉讼案[②]中，鉴于湿地恢复的长期性和专业性，石柱县人民政府先行制定整改修复方案，检察机关则严格落实跟踪反

① 参见闫晶晶:《整改落实不到位？“回头看”跟进监督！》，载《检察日报》2022 年 3 月 4 日。

② 参见《最高检发布检察公益诉讼十大典型案例》，载最高人民检察院网站，https://www.spp.gov.cn/zdgz/201812/t20181225_403407.shtml，2022 年 4 月 2 日访问。

馈机制，确保整改工作有序推进，受损生态得以真正修复。

情形五：整改涉及多个行政机关，且各部门间职责交叉、职责不清导致监管不到位的案件应如何跟进监督。当前，行政管理体制实行“属地管理、行业监管、分级负责”的原则，在实践中会出现多头监管情形下履职不充分，最终导致国家和社会公共利益受损情形，而要使问题得到有效解决，则需要多部门联动协作。对于该类案件，检察机关应以解决问题为目标，充分与行政机关沟通协商，可依职权召开诉前圆桌会议、听证会等多种形式，共同研究解决方案和措施，若仍不能解决的，可以专题专报形式上报至党委政府，进一步凝聚保护公益的共识和合力，推动行政机关更好履职保护公益。例如松阳县检察院督促整治松阴溪省级湿地公园放牧破坏生态环境和资源保护行政公益诉讼一案，案涉县自然资源和规划局、县农业农村局、属地乡镇政府和街道办事处等六个监管部门，但因职责不清，且正处于机构改革时期，上述部门均对本案监管职权提出异议。松阳县检察院遂向县委县政府作专题汇报，引起县委县政府高度重视，最终通过召开协调会议，促成各行政机关联合执法，形成保护湿地合力。

情形六：行政机关穷尽行政监管手段，仍无法落实整改到位的案件应如何跟进监督。公益保护不是一蹴而就的，一些老大难“硬骨头”案件，无法在短期内或一次性实现受损公益的完全救济。在这种情况下，检察机关应当及时与行政机关沟通协商，主动帮助其分析原因、商量对策。必要时，检察机关可依职权或依行政机关申请召开诉前圆桌会议，共同研究制定整改措施，形成合力，进一步达成共识，解决问题。若仍不能解决的，可督促行政机关通过制定替代性修复方案或以专题专报形式上报至党委政府，最大限度减轻公益受损程度。

三、跟进监督的程序构建

（一）程序启动

提出诉前检察建议后，检察机关应当实时动态跟进整改落实情况，对行政机关在回复期限届满前未回复的，及时给予提醒。在收到书面回复后，行政机关回复存在上述六种情形之一的，检察机关即启动跟进监督程序，全面记录行政机关回复情况，建立跟进监督档案。

（二）调查审查

1. 书面审查。检察机关在收到回复后，应当先审查行政机关整改回复内容在内涵和外延方面是否全部覆盖检察建议书建议整改内容。[①] 即应当先行书面审查，对照检察建议书的内容，与书面整改回复进行逐一比对分析，查看回复内容是否有遗漏事项，整改措施是否具体详实，整改效果是否附有相关证明材料等，以得出是否整改落实到位的初步结论。

2. 调查核实。经审查认为，确需进一步调查核实的，对整改落实情况可以参照《人民检察院检察建议工作规定》第 14 条 [②] 的规定，进行调查核实。调查核实工作应当由包括至少一名员额检察官的办案单元进行。检察人员可就专门性问题听取专业意见、评估意见等，可采用口头或书面方式进行，形成书面材料并由相关人员签名或盖章。

（三）研判评估

检察机关在跟进监督后，应根据审查、调查核实形成的证据材料，从政治效果、法律效果和社会效果就行政机关是否依法全面履职、国家利益或者社会公共利益是否得到有效保护作出研判、评估。一般案件，可由承办检察官或办案组研判；疑难复杂或争议分歧较大的案件，可组织召开员额检察官联席会议、公开听证会、诉前圆桌会议研判；专业性较强的案件，可委托第三方鉴定、评估、验收、审计等；案件涉及面广的案件，可采用调查问卷、群众回访形式研判。

---

① 参见《诉前检察建议整改成效评估“六法”》，载正义网，http: //news.jcrb.com/jszx/202105/t20210531_2284152.html，2022 年 4 月 2 日访问。

② 《人民检察院检察建议工作规定》第 14 条规定：“检察官可以采取以下措施进行调查核实：（一）查询、调取、复制相关证据材料；（二）向当事人、有关知情人员或者其他相关人员了解情况；（三）听取被建议单位意见；（四）咨询专业人员、相关部门或者行业协会等对专门问题的意见；（五）委托鉴定、评估、审计；（六）现场走访、查验；（七）查明事实所需要采取的其他措施。进行调查核实，不得采取限制人身自由和查封、扣押、冻结财产等强制性措施。”

（四）作出决定

员额检察官（办案组）应当根据研判结果，区分情况分别作出以下决定：认为行政机关已依法全面履职，国家利益或者社会公共利益得到有效保护，符合结案条件的，应当提出终结审查意见；认为行政机关已依法行使职权，但存在不能归因于行政机关的情形无法在回复期内整改完毕的，应当提出进一步跟进监督的意见；认为行政机关行使职权符合《行政诉讼法》第 25 条第 4 款情形，达到起诉条件的，依法提出提起行政公益诉讼的处理意见，以维护公共利益。

（五）报备制度

对行政机关不采纳检察建议且经双方充分沟通仍不能达成一致意见，或对检察建议不落实、落实不到位的，提出检察建议的检察机关应当逐级向上一级检察机关报告并报备，以保证上级检察机关及时动态掌握案件情况，并及时将相关情况通报给同级行政机关。

（六）情况通报

对行政机关拒不回复、拒不整改、敷衍塞责、整改不到位的，检察机关可将有关情况通报上级行政机关；必要时，可以报告同级人大、党委；对涉嫌失职渎职等问题线索，应当及时移交监察机关处理。同时，对行政机关积极配合、及时整改并取得实效的，也应及时向同级党委、政府、人大或其上级行政机关报告。

第二节　诉前程序的中止

在落实诉前检察建议的过程中不可避免会出现一些客观因素干扰，导致行政机关不能及时履职，而检察建议的回复期是有限的，如果在回复期满行政机关仍然不能整改到位或者是在回复期内已经发生了阻碍事件，且行政机关没有怠于履行职责，那么就可以引入中止制度。中止制度是需要建立在行政公益诉讼具有起诉期限的基础上进行讨论。本节从诉前程序中止的概念出发，结合行政公益诉讼起诉期限的理论研究，对比民事诉讼时效中止等制度，就诉前程序中止的发生条件、程序运行与恢复进行进一步阐述。

一、诉前程序中止的概念与发展

本书诉前程序的中止是指行政公益诉讼诉前检察建议发出后，行政机关在法律、司法解释规定的整改期限内已依法作出行政决定或者制定整改方案，但因突发事件等客观原因不能全部整改到位，且没有怠于履行监督管理职责情形的，人民检察院可以中止审查。①

（一）中止制度的发展沿革

综观我国现行立法及相关规定，从2015年公益诉讼试点工作以来到2021年《办案规则》正式实施，虽然公益诉讼办理有了更加明确的指引，但是针对检察机关在提出检察建议之后应该在什么期限内起诉并没有明确规定。中止制度应当基于诉讼时效进行讨论，否则没有必要。2019年，有学者提出应设置合理的诉前程序履职“可变期间”，引入诉讼时效中止制度。②这主要是基于实践中发现行政机关督促整改时间有时存在不可控的情形，履职时间紧张，应增设弹性空间应对实际变数。值得关注的是，起初《人民检察院提起公益诉讼试点工作实施办法》第40条规定行政公益诉讼诉前程序行政机关履职回复期限为1个月，公益诉讼工作全面铺开后，《检察公益诉讼解释》第21条将行政机关诉前履职回复期限延长为2个月。这表明试点后发现应当给予行政机关一定程度上充足的履职期限。但是这还不足以应对所有实践中发生的客观因素，《办案规则》中正式规定了行政公益诉讼诉前程序中止审查制度。

（二）行政公益诉讼起诉期限的观点争论

虽然诉前程序的中止制度有了进一步的规定，但是行政公益诉讼的时效问

① 《办案规则》第78条。

② 参见王晓航、张源:《行政公益诉讼诉前程序需要“优化”》，载《检察日报》2019年3月21日，第3版。

题还是没有得到明确规定。不过也不乏学者进行讨论，主要可以归纳为三种观点：一是认为检察机关只要履行了诉前程序，而行政机关不依法履职导致公共利益持续受到侵害，可以随时提起诉讼，不应设置起诉期限；[①] 二是认为检察机关提起行政公益诉讼应遵循行政诉讼法所规定的一般和特殊起诉期限制度；[②] 三是认为行政公益诉讼应当受到时效制度约束，区别于行政诉讼法中规定的起诉期限，构建专属的行政公益诉讼时效制度。[③]

针对第一种观点，可以在法律规定的细枝末节中找到答案，行政公益诉讼应受起诉期限的约束。在试点之初，全国人大常委会就在授权时明确要求“试点工作应当稳妥有序，遵循相关诉讼制度的原则”，这点在《人民检察院提起公益诉讼试点工作实施办法》中也有体现。之后行政公益诉讼被规定在行政诉讼法之中，根据《检察公益诉讼解释》第 26 条规定，“本解释未规定的其他事项，适用民事诉讼法、行政诉讼法以及相关司法解释的规定”。从以上规范层面看，行政公益诉讼程序应当基于行政诉讼法框架，行政公益诉讼案件的起诉期限在没有明确规定的情况下，应当适用行政诉讼法以及相关司法解释的规定。从理论层面分析，设置时效制度可以督促检察机关积极行使诉权，让诉前督促程序真正发挥督促作用，督促行政机关及时履行自身职权，有效保护公共利益。因此，在没有明确规定行政公益诉讼时效制度的情况下，采用第二种观点较为合理。[④] 针对第三种观点也有其提出的合理性和前瞻性，毕竟行政公益诉讼较之行政诉讼而言，其诉讼目的和主体要素均不相同。有别于行政诉讼“民告官”的定位，行政公益诉讼是“官告官”的诉讼，非私益救济，而是一种客观诉讼，这种本质上的区别必然会要求进一步完善构建行政公益诉讼的客观诉讼机制，其中也应包括特定的时效制度。目前，诉前程序中止审查制度被明确规定在《办案规则》中就是行政公益诉讼时效制度的一大进步，相信以后在实践与理论

① 参见最高人民检察院民事行政检察厅编：《检察机关提起公益诉讼实践与探索》，中国检察出版社 2017 年版，第 25 页。

② 参见刘艺：《检察行政公益诉讼起诉期限适用规则研判》，载《中国法律评论》2020 年第 5 期。

③ 参见施立栋：《论行政公益诉讼的起诉期限》，载《浙江社会科学》2020 年第 1 期。

④ 《行政诉讼法》第 46 条规定了行政诉讼法规定的一般起诉期限是 6 个月；最高人民法院《关于适用〈中华人民共和国行政诉讼法〉的解释》第 64、65、66 条规定了特殊起诉期限。

的碰撞下，会有更加详细的规定。

（三）行政公益诉讼起诉期限性质及中止制度的横向比较

行政诉讼法规定的起诉期限与民事诉讼时效、刑事追诉时效虽同属于时效制度，但却存在着目的、功能等众多不同。民事诉讼时效又称为消灭时效，是为了促进权利人及时行使权利，就像谚语“法律不保护躺在权利上睡觉的人”所形象描述的一样，一旦诉讼时效经过，被告人就获得了时效抗辩权。行政起诉期限目的除了促进行使诉权外，更是为了维护行政行为的稳定性，超过起诉期限则会被法院驳回起诉，体现了法的安定性。民事诉讼时效属于可变期间，发生法定事由的可以中止、中断，而行政起诉期限为具有除斥期间类似属性的不变期间，不能中止、中断。行政公益诉讼虽在行政诉讼法的框架之下，其起诉期限却具有诉讼时效的功能，目前引入了诉讼时效的中止制度更证实了这一点。刑事追诉时效的目的主要在于维护社会关系的稳定，节约司法成本和打击现行的刑事犯罪，与行政公益诉讼起诉期限关联性、参考性有限，这里不过多地讨论与阐述。综合诉权层次、诉权性质、消灭条件、有可变期等因素来看，行政公益诉讼起诉期限更宜被视为一种时效制度，① 这里应该是指区别于行政起诉期限的特殊时效制度。而这种时效制度的目的与意义主要在于要求检察机关在必要期限内提起行政公益诉讼，积极行使公益诉权来驱使行政法律关系及时稳定，让公共利益得到及时保护，抓住有利时机。②

民事诉讼时效中止规定在《民法典》第 194 条，在诉讼时效期间的最后 6 个月内，因客观障碍不能行使请求权的，诉讼时效中止，自中止时效的原因消除之日起满 6 个月，诉讼时效期间届满。笔者认为行政公益诉讼起诉期限中止的概念也是一致，指因发生某种事由而使正在进行的时效停止计算，待事由消除后继续计算。民事诉讼时效中止适用的节点是在诉讼时效期间的最后 6 个月，而行政公益诉讼诉前程序中止发生的节点没有具体规定，只要求行政机关在法律、司法解释规定的整改期限内已依法作出行政决定或者制定整改方案就行，即行政机关已在积极履职保护公益，只是因为客观不能才能适用中止制度，那

---

① 参见刘艺:《检察行政公益诉讼起诉期限适用规则研判》，载《中国法律评论》2020 年第 5 期。

② 参见张昊天:《行政公益诉讼起诉期限问题研究》，载《清华法学》2021 年第 3 期。

么这个适用的节点是在诉前检察建议发出之后还是回复之后呢？笔者认为，应当在检察建议回复日或回复期满后才可以提出中止。一方面，是因为需要给予行政机关一定履职期限，只有在行政机关积极履职的前提下，发现客观因素介入，才能启动中止程序，防止中止程序滥用，这要求行政机关已作出整改决定，而且是最佳方案。在这个条件下，如果在回复期满之前就出现客观因素，行政机关可以直接进行回复，在回复后再申请中止；如果是无法确定的客观因素，可以等回复期满客观因素还未消除的情况下，再申请中止，当然也要求行政机关进行期满回复。另一方面，是因为中止作为期间制度，应当在行政公益诉讼起诉期限内提出，这就涉及起诉期限起算点的计算，起算点应该按照目前大多数学者支持的观点，是从检察建议回复日或回复期满开始计算，按照行政案件起诉期限的一般规定，期间长度为6个月，这跟民事诉讼时效中止的节点时间也相吻合，有一定的合理性。

二、诉前程序中止的发生条件

（一）引入诉前程序中止的必要性

虽然现行有关诉前程序履职期限的规定已经由试点期间的一个月增加至两个月，并规定了紧急情况下行政机关有15天的回复履职期，但是在实践操作中仍会有许多客观的原因导致行政机关无法及时履职，这是由于行政公益诉讼案件具有长期性和复杂性等特性。这些特性主要体现在案件本身和行政机关两个方面。

从案件本身进行分析，一是涉及人数的群体性。部分公益诉讼案件涉及面广、体量大，不单单是一个行政机关本身作出决策就行，可能还有别的行政机关和第三人，这些主体之间都需要进行反复交流沟通，达成一致意见，或者等第三人的利益事项处理完毕，工作量大、耗费时间长，比如固体废物清理案件中，可能就会涉及环保、国土和所在地人民政府等多个部门，各部门所承担的职责不同，不是某个部门牵头就能解决，需要进一步协调配合。二是案件类型的复杂性。部分公益诉讼案件涉及的事项比较专业，或者是涉及陈年旧事，需要深入调查计算，或者是涉及刑事案件。比如检察机关办理的国有财产保护案件，很多线索是来自于刑事职务犯罪案件，像丽水经济开发区房屋征收领域的贿赂犯罪中，法院在审理过程中通常不会追回行贿人通过向国家工作人员行贿而违法获取的房屋征收款，可以通过行政公益诉讼进行追回，但是其中就涉及刑事程序与公益诉讼程序的衔接问题，如果行政公益诉讼案件诉前程序的期限届满，但是刑事案件裁判还没有结果，就需要引入弹性期间制度。三是恢复周期的长期性。实践中，生态环境类型的行政公益诉讼案件占到大多数，其中牵扯到很多时令性的问题。比如林木恢复类案件，林木种植到成活需要一定的时间，而且取决于气候、季节等因素，如果诉前程序的时间刚好经过了种植植物的最佳日期，就要等到来年，这时候就需要中止诉前督促程序，给予一定的观察期。又如土地恢复类案件，也是需要等待生态环境本身的新陈代谢，再进行检测、评判，只依靠行政机关的回复来决定是否要提起公益诉讼是不科学的，可能还会导致司法资源的浪费，贸然起诉最终法院还是要视生态恢复情况而定。从行政机关本身的原因进行分析，可能会出现职权调整等偶发性事件，也是需要中止诉前程序，待职权调整到位再恢复。

因此，由于案件的特殊性，导致行政机关在积极作为的情况下，被侵害的权利还是无法得到立即救济。所以当存在因客观原因导致行政机关无法按期整改到位的，检察机关应当启动中止诉前程序。建立诉前程序中止制度，有利于适应行政机关履职和公益保护中可能出现的复杂疑难情形。

（二）对中止发生条件的具体建议

《办案规则》只将中止发生的条件限定在“突发事件等客观原因不能全部整改到位”，并没有详细阐述客观原因的种类，这会带来实践上的一些操作难题。归纳诉前程序的中止发生条件中的客观原因主要可以分三种情况。第一，出现法定不可抗力事件。可以参考民事法律中关于不可抗力的情况规定。根据《民法典》第 180 条，不可抗力是不能预见、不能避免且不能克服的客观情况。在行政公益诉讼诉前程序中主要是指行政机关在履职的过程中突然出现的客观障碍情况。比如检察建议要求行政机关在 2 个月内完成植被恢复，但是植被恢复过程中出现了山体滑坡、洪水等自然因素，导致行政机关无法在规定的期限内完成植被修复任务，行政机关可以将情况回复并同时申请诉前程序中止。第二，出现需要优先处理的事件。比如涉及行刑衔接等问题或涉及第三人，要优先等前述案事件处理完毕的情况下，可以先申请中止，待案事件处理完毕后再恢复诉前程序。假如某卫生部门等相关行政机关正在督促相关企业，改进生产设备以降低对生态环境的污染，但是由于突发重大疫情需要优先处理，此种情况就可以引入时效中止，让相关行政机关将主要精力先集中到重大疫情防治工作中。第三，计划内的客观因素。针对环境公益诉讼案件中补植复绿、土地复垦等问题，需要一定恢复期限的，行政机关可以在提出方案后再申请诉前程序中止。还有一些行政机关在履行职责的过程中可能存在一些审批事项等时间较长的手续程序，可以申请中止，比如行政机关督促企业进行设备升级，而由政府负担扶持资金，可能会涉及资金审批等事项。

三、诉前程序中止的运行

（一）程序启动

目前，在《办案规则》第 78 条第 2 款只阐明了“中止审查的，应当经检察长批准，制作《中止审查决定书》，并报送上一级人民检察院备案。中止审查的原因消除后，应当恢复审查并制作《恢复审查决定书》”。并未规定申请中止的对象、步骤等内容。对此，在程序启动上，可以分为依申请和依职权两种方式。

1. 依行政机关申请启动。因行政公益诉讼被监督对象是行政机关，诉前程序中止的前提是基于行政机关履职，因此能够申请诉前程序中止的对象应当也只有行政机关本身，在申请的同时还应当提交证明已履行职责和出现客观因素的相关证据材料。行政机关应当在回复后再提出诉前程序中止的申请，具体理由已在前文阐述，是否同意由检察机关审核之后根据实际情况决定。

2. 依职权启动。《行政诉讼法》第 48 条规定了起诉期限的耽误制度，而耽误制度是依申请而启动，最终由人民法院作出审查认定。有别于法院的中立性，行政公益诉讼诉前程序的中止可以依职权启动，主要基于检察机关处于一个督促和监督的地位。因此，行政机关如果在回复或者回复期届满后并未提出诉前程序中止，检察机关在跟进监督后可以依职权主动进行中止条件审查，在审查后作出是否中止的决定。

（二）理由审查

行政机关申请诉前程序中止后，检察机关应当在实施诉前程序中止制度的过程中，履行规范的审批程序，结合跟进监督的内容，对行政机关申请中止的理由进行实质审查，并在审查报告中记载审查过程与内容，只有符合中止程序的发生条件，才能批准行政机关的申请或依职权启动中止程序，防止滥用，以保证公益诉讼的严肃性。建议确定中止审查的批准期限，如接收到申请 7 日内进行审查回复。

（三）中止期限与恢复审查

诉前程序的中止期限是否是无限期的，笔者认为答案是否定的。行政诉讼中设置了 5 年或 20 年的最长保护期，民事诉讼中设置了 20 年的最长诉讼时效，主要目的是促进法律关系稳定，维护法律秩序。因此，应当设置行政公益诉讼的最长起诉期限，在行政公益诉讼诉前中止的过程中，如果不可抗力持续的时间较长，在审查后发现行政机关无法履职的，可以从中止程序转为终结。目前并未规定行政公益诉讼的最长起诉期限，诉前程序的中止期限可以有多长，这主要还要从行政公益诉讼的价值，结合起诉期限的目的进行具体设置。在这个基础上，建议检察机关要及时履行跟进监督的职责，至少每年进行一次恢复审查，一旦造成诉前程序中止的客观原因消失，就应当启动恢复程序。恢复程序的启动可以参照中止程序的启动，分为依行政机关申请和依职权启动，人民检察院应当对恢复理由进行及时审查，并制作《恢复审查决定书》。另外，建议可以增加由第三人申请恢复的程序，原因在于恢复诉前程序与公益修复关系密切，这时公益人士等第三人往往会在此方面积极作为，如果在行政机关和检察机关都还未申请或启动恢复程序的情况下，由第三人提出申请，有利于促进恢复程序的积极运行，加强公益的及时保护。

第三节　诉前程序的审查终结

民事诉讼和行政诉讼的终结是在诉讼过程中，由于某种法定事由的出现，使诉讼程序不可能继续进行或继续进行已无意义时，由法院依法结束诉讼程序的制度。刑事侦查终结是公安等相关机关对于自己立案侦查的案件，经由一系列的侦查活动，按照已查明的事实、证据，依据法律规定，足以对案件作出起诉、不起诉或撤销案件的结论，决定不再进行侦查，并对犯罪嫌疑人作出处置的一种诉讼活动。而本节诉前程序的审查终结同上述民事、行政和刑事侦查的终结有所不同，从程序逻辑和检察建议产生的方法来看，人民检察院对审查终结的行政公益诉讼案件，应当区分情况作出以下决定:（1）终结案件;（2）提起行政公益诉讼;（3）移送其他人民检察院处理。

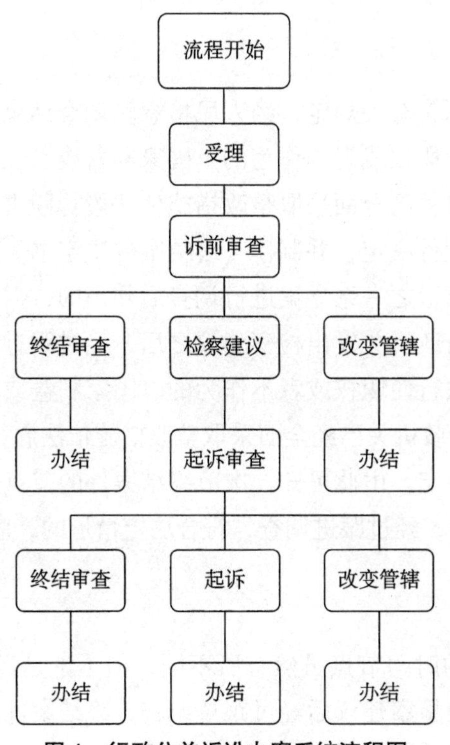

图 1　行政公益诉讼办案系统流程图

一、终结案件

终结案件是行政公益诉讼诉前程序审查终结的第一种情形。检察机关在办理行政公益诉讼案件中，大多数案件都在诉前程序中得到了“案结事了”，提起诉讼是极少数。从实践数据中可以得知，在诉前程序终结案件实现“事了”，更有利于公共利益的及时有效保护，大大提高了效率，极大地节约了司法资源。

（一）概念

终结案件是指人民检察院对受理案件作出事实和法律上的认定，并依法决定终结案件，是行政公益诉讼诉前程序的案件结束程序。其作为诉讼规范中的法律事实，案件终结后作出的终结决定具有法定的效力，即程序运行的结果因程序的公定力产生权威性、既定力和约束力。只有具备约束力的决定才会得到行政机关和当事人的遵守，防止案件终而未结。

（二）节点

根据《办案规则》有关规定，经人民检察院调查结束，审理查明案件存在行政机关未违法行使职权或者不作为的、国家利益或者社会公共利益已经得到有效保护的、行政机关已全面采取整改措施依法履行职责等情形之一的，应当报检察长作出终结案件决定，并制作《终结案件决定书》送达行政机关。上述的终结案件出现的情形之一系立案进行调查后作出的，但本节所述终结案件系发生在检察机关向行政机关发出检察建议之后，经过跟进调查，案件审理查明发现行政机关未违法行使职权或者不作为的、国家利益或者社会公共利益已经得到有效保护的、行政机关已经全面采取整改措施依法履行职责等情形之一的，应当作出终结案件决定。由此可知，本节终结案件的节点是在检察机关向行政机关发出检察建议后，经过跟进调查，符合法定情形的，应终结案件。

（三）标准

上述终结案件的时间节点虽然有所不同，但不论是经过立案后调查结束，还是向行政机关提出检察建议后经过跟进调查，终结案件的标准应该一致，即行政机关是否全面履行法定职责、是否实现公益保护目的。本节内容将通过时间轴进行剖析：

2018 年 3 月 2 日起实施（2020 年 12 月 29 日修正）的《检察公益诉讼解释》相关规定，行政机关在收到检察建议后应在法定期限内依法履行职责，回复期限届满后行政机关仍不依法履行职责的，人民检察院依法提起诉讼。但对“依法履行职责”的标准认定并没有明确解释。

2018 年 3 月 12 日最高检印发《办案指南》内容，检察机关对判断行政机关是否依法履行职责的标准倾向于整改结果方面的主客观表现，以是否实现公益保护目的为衡量基础。

2021 年 7 月 1 日施行的《办案规则》第 74 条和第 82 条规定，检察机关以正、反两个方面对判断行政机关是否依法履行职责作了细化。即情形一是被监督的行政机关在法定期限内依法履行职责，整改到位、受损的公共利益得到有效保护；情形二是经调查核实，公共利益未受到损害的，或者公共利益已得到了有效保护；情形三是经核实，检察机关立案监督的行政机关对立案所涉及的公共利益受损不具有法定监管职责，或该行政机关不具有违法履职情况；情形四是经跟进监督核实，检察机关立案监督的行政机关已依法全部履行职责的，公共利益的损害不是行政机关未依法履职导致的。上述四种情形的出现，因为事实已经查清，责任已明确，或保护公共利益的目的已实现，检察机关应在法定期限内根据案件管理程序的要求，作出终结案件决定，制作终结案件决定书并送达被监督行政机关。

另外，还要特别关注在实践中比较常见的行政机关虽按期回复但未采取整改措施或者仅采取部分整改措施的情况，也就是行政机关“敷衍整改”“虚假整改”，可以认定为行政机关未依法履行职责的标准。违法行为人即使已被追究刑事责任或者案件已移送刑事司法机关处理，但行政机关应当依法给予责令停产停业、吊销许可证或者执照等行政处罚或者处置相关损害，需要继续履职的，行政机关不能“一移了之”，检察机关可以继续督促行政机关依法履职。

（四）结果

从前述“行政公益诉讼办案系统流程图”可以看出，检察机关对受理案件经过诉前审查，作出事实和法律上的认定后，认为案件应依法决定终结的，应依照案件办理程序的要求，予以办结。

二、提起行政公益诉讼

诉讼是检察业务的基石。虽然诉前程序体现了监督效益原则，在实践中也解决了大部分案件，但通过向行政机关提出检察建议的诉前监督方式不具有强制性，当发现行政机关拒不纠正违法或不依法履行职责的情形时，监督目的将难以实现，国家利益和社会公共利益得不到有效及时的保护。此时，检察机关提起行政公益诉讼这一监督方式就有了"刚性"。

（一）概念

行政公益诉讼是指检察院认为行政主体行使职权的行为违法，侵害了公共利益或有侵害之虞时，为维护公共利益，向行政机关提出检察建议，督促其依法履行职责。行政机关不依法履行职责的，人民检察院依法向人民法院提起诉讼的制度。检察机关提起行政公益诉讼，是行政公益诉讼诉前程序审查终结的第二种情形。

（二）条件

起诉条件直接关系着检察机关可否提起行政公益诉讼，修正后的《行政诉讼法》虽建立了行政公益诉讼制度，但未提出明确具体的行政公益诉讼起诉条件。在《办案规则》第 46 条规定人民检察院对符合起诉条件的公益诉讼案件，应依法向人民法院提起诉讼，也未提出明确起诉条件。因而，明确具体的行政公益诉讼起诉条件至关重要，这成为当前检察机关亟须研究的首要课题。

起诉条件必须满足两个方面：

一是诉前检察建议没有达到应有效果，国家利益或者社会公共利益仍处于受侵害状态，且不存在客观原因或者虽然存在客观原因，但障碍因素已经消除的。对检察机关提起行政公益诉讼，依据《行政诉讼法》第 25 条第 4 款规定，行政机关不依法履行职责的，人民检察院应依法向人民法院提起诉讼。但由于诉讼程序往往耗时长、成本高，甚有"官不上庭"的传统观念影响，检察机关往往先通过启动行政公益诉讼诉前程序向行政机关提出检察建议的"柔性"方式进行监督，更能促进行政机关纠正违法行为的主动性，更好地节约司法资源，提高监督效率，有效保护国家利益和社会公共利益。只有行政机关拒不纠正违法行为、履行法定职责，或行政机关虽按期回复但未采纳整改措施抑或仅采纳部分整改措施，即"搪塞整改""弄虚整改"等，国家和社会公共利益仍处于受侵害状态时，检察机关才可以提起行政公益诉讼。

二是满足起诉的程序和实质条件。

第一，程序条件上，行政公益诉讼案件，除应符合人民法院管辖法律规定外，还应注重行政诉讼的受案范围。实践中，可能出现行政机关作为一般民事主体，与其他民事主体签订店面、场地等出租合同而导致国有资产流失案，此时应判断行政机关是否行使了行政职权，与对方当事人是否处于平等地位，确定是否属于行政行为，进而确定是否能提起行政公益诉讼。如某地文化艺术馆、老干局等没有履行向国资主管部门报批的程序，与公民个人就各自管理的店铺签订了显失公平的租赁合同，国有资产流失证据充分，检察机关提出检察建议要求其追回流失的国有资产未果。此时应先明确国资主管部门和文化艺术馆、老干局等相关行政机关是否存在怠于履行行政职权情形。[①]

第二，实质条件上，检察机关提起行政公益诉讼应当坚持适合性、必要性、比例原则，确保起诉与所要的目的达到政治效果、法律效果、社会效果相统一。由于提起行政公益诉讼具有强制性，属于最有效的监督方式，但也是成本最高、周期最长、影响最大的。因此，并非诉前程序未达预期效果，检察机关就必然会提起行政公益诉讼。

第三，掌握有国家和社会公共利益受到侵害的初步证据。关于初步证据在本书第六章“证据”中有详细的论述，此处就不再赘述。

（三）期限

关于提起行政公益诉讼的期限，在实务中，人民法院在对行政公益诉讼的起诉条件审查时，并不包括起诉期限，亦不乏有采用行政公益诉讼免受起诉期限约束观点的个案，由于在本章第二节“诉前程序的中止”中关于行政公益诉讼起诉期限有了详细的论述，此处就不再赘述。

（四）诉求

行政公益诉讼的诉讼请求，承载着检察机关在办理公益诉讼案件过程当中的实体诉求。其不仅是修复受损国家利益和社会公共利益的判断根据，也是在对案件证据及事实综合考量的基础上所提出的审限及裁判范围、指引诉辩方向的主要航标。从相关规定来看，人民检察院可以根据行政机关的不同违法情形，向人民法院提出确认行政行为违法或无效、撤销或部分撤销违法行政行为、依

① 参见最高人民检察院民事行政检察厅编：《检察机关提起公益诉讼实践与探索》，中国检察出版社2017年版，第166页。

法履行法定职责、变更行政行为等诉讼请求，基本与行政诉讼相同。

作为行政公益诉讼提起诉讼请求，不能不提到检察建议，其是行政公益诉讼从诉前过渡到诉讼的重要环节。检察建议与诉讼请求的内容是不是可以高效对接，对诉讼能否正常进行起到了关键性作用。然而，检察建议与诉讼请求的内容对接可能存在三种情况：一是完全一致的情形，二者完全一致的没有争议，亦不会出现行政机关的质疑，诉讼程序可以平稳对接。二是完全不一致的情形，此种情形是不应当出现，因为诉讼请求应当以检察建议为基础，二者之间不可能也不应该背道而驰。三是不完全一致的情形，即检察建议与诉讼请求不一致，此种情形最值得探讨，由于本书关注的是诉前程序，限于篇幅原因，此处就不详细展开。

三、移送其他人民检察院处理

移送其他人民检察院，是按照相关规定，为确保该案件的审理，将案件进行移送。本节所述移送其他人民检察院是检察机关向行政机关发出检察建议后，经过跟进调查，在审查终结时，发现案件应由其他行政管辖区域处理的情形，应当将案件移送其他人民检察院处理。其是行政公益诉讼诉前程序审查终结的第三种情形，有别于民事和行政诉讼程序。

（一）依据

在行政公益诉讼诉前程序审查终结时，如果出现应当将案件移送其他人民检察院处理的情形，那么关于案件应当如何进行移送、移送哪些材料等问题，目前并没有作出明确的规定，但我们可以透过行政和民事两大诉讼法及司法解释的规定[①]以及《人民检察院刑事诉讼规则》第328条更为详细的规定[②]，探索出一套适用行政公益诉讼程序审查终结案件移送其他人民检察院处理的办案规则。比如，重庆、四川、贵州、云南、西藏、青海六省区市检察院建立了《关于建立长江上游生态环境保护跨区域检察协作机制的意见》，将案件移送其他人

① 即发现受理的案件不属于本院管辖的，应当移送有管辖权的人民法院，受移送的人民法院应当受理。

② 即负责捕诉的部门收到移送起诉的案件后，经审查认为不属于本院管辖的，应当在发现之日起5日以内经由负责案件管理的部门移送有管辖权的人民检察院。

民检察院处理制度化，为办案提供依据。

（二）要求

本院案件移送其他人民检察院，根据相关法律法规规定，检察机关检察权的行使在程序上应遵循级别对应的规则。因此在制度设计上，检察机关对诉前程序案件的管辖，应与人民法院对诉讼案件的管辖一致。由于本书第五章第一节对人民检察院关于“移送管辖”“管辖权转移”等内容进行了详细论述，此处不再赘述。

（三）结果

检察机关本院将案件移送其他人民检察院后，依照案件办理程序的要求，将本院案件作终结处理。

第三篇　实体篇

第十章　行政机关承担法律责任的判断标准

法律责任是由特定法律事实引起的对损害予以补偿、强制履行或接受惩罚的特殊义务，亦即由于违反第一性义务而引起的第二性义务。[①]尽管不同类型的法律责任的构成要件有所不同，但从总体上说，法律责任的构成要件通常包括责任主体、违法或违约行为、主观过错、损害结果、因果关系五个基本要素。[②]法律责任可以大致分为民事法律责任、行政法律责任、刑事法律责任和违宪责任。行政法律责任是指违反行政法或者或基于行政法规定的事由而应当承担的法定的不利后果。但行政法中，行政违法原则上不存在行政主体主观过错问题。[③]因此，行政公益诉讼可以借用行政赔偿责任的构成要件模式，采取“不依法履行法定职责（行为标准）+国家利益和社会公共利益受到侵害（结果标准）+关联性”的三重复合标准，即上述这三个条件同时符合的时候，行政机关才应当承担法律责任。欠缺任何一个条件，行政机关均不应当承担法律责任。

---

① 参见张文显:《法理学》(第五版)，高等教育出版社、北京大学出版社2018年版，第166页。

② 参见《法理学》编写组:《法理学》(第二版)，人民出版社、高等教育出版社2020年版，第161-163页。

③ 参见胡建淼:《行政法学》(第四版)，法律出版社2015年版，第678页。

第一节　不同判断标准的辨析

对行政机关是否履行法定职责的行为秉持何种审查标准，实质是对行政行为审查范围、角度和强度的选择。[①]一直以来，对于行政机关不依法履行法定职责致使公共利益受到侵害的判断标准，理论和实务中有三种观点：行为标准、结果标准和复合标准。[②]

一、行为标准

行为标准是指判定行政机关是否履行法定职责时，重点考量行政机关是否严格按照法律规定的内容和程序，穷尽所有法定手段履行职责，并比较行政机关应当履行的相关职责与行政机关具体实施的手段措施，看行政机关是否存在违法行政的行为，是否属于依法履行法定职责。[③]行为标准观点认为，“法律不能强人所难”，只要行政机关已经按照法定职权和法定程序实施了法律规定的行为，穷尽了所有法定手段，便能认定行政机关已经依法履行了职责。“行为基准

---

① 参见刘超：《环境行政公益诉讼诉前程序省思》，载《法学》2018 年第 1 期。

② 参见魏新兴、王园园：《环境行政公益诉讼中“不依法履行法定职责”的判断标准》，载《周口师范学院学报》2021 年第 3 期。同时参见张旭勇：《行政公益诉讼中“不依法履行职责”的认定》，载《浙江社会科学》2020 年第 1 期；刘超：《环境行政公益诉讼诉前程序省思》，载《法学》2018 年第 1 期；秦鹏、何建祥：《论环境行政公益诉讼的启动制度：基于检察机关法律监督权的定位》，载《暨南学报（哲学社会科学版）》2018 年第 5 期等文章。有的学者在文章中亦称之为行为基准、结果基准、复合基准。参见王清军：《环境行政公益诉讼中行政不作为的审查基准》，载《清华法学》2020 年第 2 期。相关学者在一些文章中，更多着眼于“不依法履行法定职责”的判断标准。不过，这些文章中的“不依法履行法定职责”，似乎应该从整体上广泛意义上理解，相当于本书中提到的“行政机关是否应当承担法律责任”的判断标准。

③ 参见刘超：《环境行政公益诉讼诉前程序省思》，载《法学》2018 年第 1 期。同时参见秦鹏、何建祥：《论环境行政公益诉讼的启动制度：基于检察机关法律监督权的定位》，载《暨南学报（哲学社会科学版）》2018 年第 5 期。

只关注行为过程，至于结果则在所不问。”①

有学者认为诉前程序中行政机关是否履行法定职责的标准应当回归行为标准且认为《行政诉讼法》新增第25条第4款应当解释为一种审查标准规则的实质变迁，明确确立了一种行为标准。②

此标准的前提在于立法者事先对于行政机关的法定职责规定的较为完备，几乎没有遗漏。而且行政机关不存在消极应付或者敷衍塞责的动机或者行为。应该说，这是一种理想状态，超越了当前立法和执法现实状态。持此观点，则当法律规范缺位或者不明确、法律规定明显不适宜时，即便环境公共利益正在遭受损失，为了符合行为标准的要求，行政机关一般会选择消极应对。③

在当前司法实践中，行政机关一般都会就自己履职的行为提出抗辩意见，提供证据材料，证明其没有违法行使职权或者不作为。

二、结果标准

所谓结果标准，就是行政机关未能及时制止损害的发生，公共利益仍然处于受到侵害状态或者处于受到侵害的潜在威胁状态，④即以公共利益受到侵害为标准，如果受到侵害，则行政机关应当承担法律责任。根据此标准，即使行政机关依法行使了法定职权，采取了法定措施，但公共利益仍然受到侵害或者处于受侵害状态，则认定行政机关未依法履职。“结果基准则只考虑结果，至于行为过程则在所不问。”⑤

在生态环境和资源保护领域，结果标准与环境行政公益诉讼目的颇为契合，

① 王清军：《作为治理工具的生态环境考评：基于水环境考评制度而展开》，载《华中师范大学学报》2018年第5期。此处行为基准，笔者认为即相当于行为标准。

② 参见刘超：《环境行政公益诉讼诉前程序省思》，载《法学》2018年第1期。

③ 参见魏新兴、王园园：《环境行政公益诉讼中“不依法履行法定职责”的判断标准》，载《周口师范学院学报》2021年第3期。

④ 参见张旭勇：《行政公益诉讼中“不依法履行职责”的认定》，载《浙江社会科学》2020年第1期。同时参见沈开举、邢昕：《检察机关提起行政公益诉讼诉前程序的实证研究》，载《行政法学研究》2017年第5期；王清军：《环境行政公益诉讼中行政不作为的审查基准》，载《清华法学》2020年第2期。

⑤ 王清军：《作为治理工具的生态环境考评：基于水环境考评制度而展开》，载《华中师范大学学报》2018年第5期。此处结果基准，笔者认为即相当于结果标准。

在司法实务中有时候似乎也较简单直接明了。比如被滥伐的公益林木是否按照要求补植复绿到位，现场实地可以直接查看。但是如果受气候等客观自然环境影响，即使行政机关采取各种方法，也难以在规定期限内完成补植复绿等生态修复工作，进而使得国家利益和社会公共利益仍然处于受侵害状态。在此种情形下，如果单纯采取结果标准，是否对行政机关要求过高或者是说对行政机关是否公平，则是一个值得考虑的问题。有学者认为，“秉持结果标准，可能违背了生态环境与资源保护、生态修复的客观规律”。①

结果标准还存在着其他弊端，例如由于结果基准与环境公共利益目标连结，因此在实践中容易造成双重误区：一是环境公共利益目标实现等于行政机关全面履行作为义务，二是环境公共利益目标未能实现等于行政机关未能全面履行作为义务。②最终可能“不仅加重了行政机关的负担，最终也无助于环境公共利益的持续有效实现”③。笔者认同该观点。

三、复合标准

复合标准（又称双重标准、“行为＋结果”标准），即行政机关不但要依法履职，而且要使公益得到保护，缺其一，行政机关均应当承担法律责任。④关于行为标准和结果标准二者之间的逻辑关系，有表里关系和并列关系两种说法。⑤

目前行政公益诉讼中常常提及这三个起诉标准：其一，行为要件方面，是否有效制止侵权行为；其二，结果要件方面，受损的公益是否得到有效保护或救济；其三，职权要件方面，若前两项不能实现，行政机关是否穷尽法定职能

---

① 许翠霞等:《环境行政公益诉讼诉前程序实证研究》，载《集美大学学报（哲学社会科学版）》2019年第1期。

② 参见王清军:《环境行政公益诉讼中行政不作为的审查基准》，载《清华法学》2020年第2期。该文将行为标准、结果标准分别称之为行为基准、结果基准。

③ 王清军:《环境行政公益诉讼中行政不作为的审查基准》，载《清华法学》2020年第2期。

④ 按照张旭勇教授的观点，双重标准最终会滑向结果标准。参见张旭勇:《行政公益诉讼中“不依法履行职责”的认定》，载《浙江社会科学》2020年第1期。亦参见刘超:《环境行政公益诉讼诉前程序省思》，载《法学》2018年第1期。同时参见魏新兴、王园园:《环境行政公益诉讼中“不依法履行法定职责”的判断标准》，载《周口师范学院学报》2021年第3期。

⑤ 参见刘超:《环境行政公益诉讼诉前程序省思》，载《法学》2018年第1期。

或手段。其中,“穷尽行政手段”是判断是否充分履职的最终标准,即如果前两者没有实现,但行政机关已经穷尽了法定履职手段的,不宜再提起行政公益诉讼。这虽然是关于行政公益诉讼检察机关起诉时的判断标准,但是对于行政公益诉讼诉前程序可以借鉴和参考。笔者认为,这里谈到的三个标准可以归结为新复合标准。第一个标准“行为要件方面,是否有效制止侵权行为”,明显是采取行为标准。此标准也存在一定的局限性,例如,第二个标准“结果要件方面,受损的公益是否得到有效保护或救济”,明显是采取结果标准;第三个标准“职权要件方面,若前两项不能实现,行政机关是否穷尽法定职能或手段”即“穷尽行政手段”标准,笔者认为是从反面对第一个行为标准进行的阻断。这实际上是以“行政机关穷尽法定职能或手段”来阻断判断“行政机关违法行使职权或者不作为”这一行为的。如果行政机关在履职中已经“穷尽法定职能或手段”,即使前两项不能或没有实现(侵权行为没有得到有效制止;受损的公益没有得到有效保护或救济),也认定行政机关的行为是依法履职的行为。应该说,上述观点在当前司法实践中具有极强的指导性。

新复合标准在司法文件中陆续得到显现。2019 年 1 月 2 日,最高人民检察院与生态环境部等九部门共同印发《关于在检察公益诉讼中加强协作配合依法打好污染防治攻坚战的意见》(以下简称《打好污染防治攻坚战的意见》),第一次在文件中提出“行政执法机关履职尽责的标准”。[①]《打好污染防治攻坚战的意见》中明确指出了“行政执法机关履职尽责的标准”:“对行政执法机关不依法履行法定职责的判断和认定,应以法律规定的行政执法机关法定职责为依据,对照行政执法机关的执法权力清单和责任清单,以是否采取有效措施制止违法行为、是否全面运用法律法规、规章和规范性文件规定的行政监管手段、国家利益或者社会公共利益是否得到了有效保护为标准。”

2020 年 7 月 28 日,最高人民检察院与中央网信办、国务院食品安全办等十部门共同印发《关于在检察公益诉讼中加强协作配合依法保障食品药品安全的意见》(高检发〔2020〕11 号)(以下简称《依法保障食品药品安全的意见》),

① 最高人民检察院、生态环境部、国家发展和改革委员会、司法部、自然资源部、住房城乡建设部、交通运输部、水利部、农业农村部、国家林业和草原局《关于印发〈关于在检察公益诉讼中加强协作配合依法打好污染防治攻坚战的意见〉的通知》(高检会〔2019〕1 号),2019 年 1 月 2 日发布。

再次在文件中提出“行政执法机关履职尽责的标准”。[①]《依法保障食品药品安全的意见》中明确指出了“行政执法机关履职尽责的标准”：“对食品药品监管不依法履行法定职责的判断和认定，应以法律规定的食品药品有关部门法定职责为依据，对照食品药品有关部门的执法权力清单和责任清单，以是否采取有效措施制止违法行为，是否全面运用法律法规、规章和规范性文件规定的行政监管手段，国家利益或者社会公共利益是否得到了有效保护为标准。同时充分考虑环境污染、异常气候、检验能力、监管力量、突发情况等因素对食品药品安全监管工作的影响。”相比于主要适用于生态环境领域的《打好污染防治攻坚战的意见》，主要适用于食品药品领域的《依法保障食品药品安全的意见》，在行政机关“不依法履行法定职责的判断和认定”方面，基本思路和模式是一致的，既采用行为标准，也采取结果标准。值得注意的是，《依法保障食品药品安全的意见》增加了“同时充分考虑环境污染、异常气候、检验能力、监管力量、突发情况等因素对食品药品安全监管工作的影响”的内容。这说明，制定者对一些特殊因素可能影响行政机关依法履行法定职责的实际情形有着清醒认识。

2021 年 7 月 1 日实施的《办案规则》第 82 条虽然是关于检察建议书发出后对于“行政机关未依法履行职责”的认定，但是仔细考量第 82 条内容，主要还是围绕行政机关行为的判断。[②]

在司法实践中，新复合标准也展现出强大的生命力，如在 2018 年 12 月最高人民检察院公布的第十三批指导性案例之陕西省宝鸡市环境保护局凤翔分局

① 最高人民检察院、中央网信办、国务院食品安全办、司法部、农业农村部、国家卫生健康委员会、海关总署、国家市场监督管理总局、国家广播电视总局、国家粮食和物资储备局、国家药品监督管理局《关于印发〈关于在检察公益诉讼中加强协作配合依法保障食品药品安全的意见〉的通知》（高检发〔2020〕11 号），2020 年 7 月 28 日发布。

② 《办案规则》第 82 条规定：“有下列情形之一的，人民检察院可以认定行政机关未依法履行职责：（一）逾期不回复检察建议，也没有采取有效整改措施的；（二）已经制定整改措施，但没有实质性执行的；（三）虽按期回复，但未采取整改措施或者仅采取部分整改措施的；（四）违法行为人已经被追究刑事责任或者案件已经移送刑事司法机关处理，但行政机关仍应当继续依法履行职责的；（五）因客观障碍导致整改方案难以按期执行，但客观障碍消除后未及时恢复整改的；（六）整改措施违反法律法规规定的；（七）其他没有依法履行职责的情形。”

不全面履职案（检例第 49 号）。[①] 在案例的“指导意义”中，明确指出“对行政机关不依法履行法定职责的判断和认定，应以法律规定的行政机关法定职责为依据，对照行政机关的执法权力清单和责任清单，以是否全面运用或者穷尽法律法规和规范性文件规定的行政监管手段制止违法行为，国家利益或者社会公共利益是否得到了有效保护为标准。行政机关虽然采取了部分行政监管或者处罚措施，但未依法全面运用或者穷尽行政监管手段制止违法行为，国家利益或者社会公共利益受侵害状态没有得到有效纠正的，应认定行政机关不依法全面履职”。

此外，还有一种称之为兼采标准的观点。其认为采取行为标准还是结果标准，要根据案件的具体情况来具体分析。[②] 也即“既要看行为的本身，也要看行为的结果”，“要根据不同案件做具体处理”[③]。但其也承认，“要有一个相对统一的标准”[④]。这些观点，与上述标准在本质上也是大同小异。

第二节　三要素复合型标准的建立

应该承认，无论是单纯的行为标准、结果标准，还是复合标准，都有一定的合理性，在行政公益诉讼的理论探索过程中留下了宝贵经验。在司法实践中，也发挥了一定的作用。但是囿于种种原因，均没有对连接行为与结果的关联性给予足够的重视。笔者认为，不应该忽视关联性的主要作用，应该在汲取上述经验的基础上，借鉴行政赔偿责任的构成要件模式，建立“行为 + 结果 + 关联性”的三要素复合型标准。

---

① 参见《关于印发最高人民检察院第十三批指导性案例的通知》，载《检察日报》2018 年 12 月 26 日，第 3 版。

② 参见王春业：《行政公益诉讼“诉前程序”检视》，载《社会科学》2018 年第 6 期。

③ 参见王春业：《行政公益诉讼“诉前程序”检视》，载《社会科学》2018 年第 6 期。

④ 参见王春业：《行政公益诉讼“诉前程序”检视》，载《社会科学》2018 年第 6 期。

一、三要素复合型标准的内容

“行为 + 结果 + 关联性”三要素复合型标准，是指行政机关不依法履行法定职责、国家利益和社会公共利益受到侵害、行政机关不依法履职与国家利益和社会公共利益受到侵害之间存在关联性，即“不依法履行法定职责（行为标准）+ 国家利益和社会公共利益受到侵害（结果标准）+ 关联性”这三个条件同时符合的时候，行政机关才应当承担法律责任。欠缺任何一个条件，行政机关均不应当承担法律责任。

（一）行为：违法行使职权或者不作为

1. 行政行为概述。在行政法学理论，行政行为地位十分重要，“它既是连接行政主体与行政相对人的纽带与桥梁，也是开启行政复议与行政诉讼通道的基础范畴”[①]。对于何谓行政行为，学者们有不同的定义。笔者赞成采用法律行为说，即认为行政行为是指行政主体为行使职权而作出的具有行政法意义的法律行为，[②] 而行政决定与制定行政规范是两种基本的行政行为。[③] 前者则是行政公益诉讼的最主要最重要的关注对象。[④] 行政决定是行政机关依照法定职权对可确定的行政相对人作出的，旨在形成个别性的权利和义务关系的单方行为。[⑤] 行政法教科书认为行政决定要素包括行政机关、法定职权等。行政决定合法要件包括职权要件、事实要件、依据要件和程序要件。

违法判断基准时是行政诉讼中一个较为重要的理论问题。判断机关作出的行政行为是否违法，是基于行政机关作出行政行为时所依据的“事实和法律状态”（可称之为“当时基准时”），还是认定机关判断时的客观上的“事实和法律

---

① 章志远：《行政法学总论》，北京大学出版社 2014 年版，第 152 页。

② 参见姜明安：《行政法与行政诉讼法》（第七版），北京大学出版社、高等教育出版社 2019 年版，第 149 页。

③ 参见姜明安：《行政法与行政诉讼法》（第七版），北京大学出版社、高等教育出版社 2019 年版，第 133 页。

④ 其他行政行为如政府信息公开等也有可能是行政公益诉讼关注的对象，例如侵犯不特定多数人的个人信息进而侵害社会公共利益。

⑤ 参见姜明安：《行政法与行政诉讼法》（第七版），北京大学出版社、高等教育出版社 2019 年版，第 139 页。

状态”（可称之为“当下基准时”），并没有一个统一的规则。有学者认为对不作为的认定判断，原则上采用“当下基准时”。[①]其理由是采用“当下基准时”有利于保护行政相对人的合法权益，也使违法判断与当下法律秩序保持一致。[②]行政公益诉讼中，认定行政机关违法行使职权或者不作为时采用“当时基准时”还是“当下基准时”，也是值得探讨和研究的问题。笔者认为，行政公益诉讼中认定行政机关违法行使职权或者不作为时，原则上应该采用“当时基准时”，这样，有利于监督和促进行政机关依法行政。当然，如果采用“当下基准时”更有利于保护公共利益的除外。

违法行使职权或者不作为是行政机关承担公益保护法律责任的行为要件，是诉前督促程序赖以发生的客观基础。何谓“不依法履行法定职责”或者“违法行使职权或者不作为”？自然是先要认识清楚这其中的“法”的范围。

首先，这里“法”的范围包括成文法。其次，应当包括不成文法，如指导性案例、行政惯例甚至行政机关自己作出的承诺。[③]行政公益诉讼与上文普通行政诉讼不同，虽然有其特殊性，但在判断和认定行政机关“不依法履行法定职责”中“法”的范围时，可以参考上述观点。在司法实践中，相关公益诉讼案件已经作出尝试，也得到了学者的肯定。[④]

不依法履行法定职责（违法行使职权或者不作为）内在既体现在合法性上，又体现在合理性上。普通行政诉讼中，法院仅对行政机关履职的合法性进行判

---

① 参见姜明安:《行政法与行政诉讼法》（第七版），北京大学出版社、高等教育出版社2019年版，第268页。

② 参见姜明安:《行政法与行政诉讼法》（第七版），北京大学出版社、高等教育出版社2019年版，第149页。

③ 参见章剑生:《现代行政法总论》（第二版），法律出版社2019年版，第497页。

④ 参见刘艺:《构建公益诉讼的客观诉讼机制》，载《法学研究》2018年第1期。该文对湖北省武汉市江岸区人民检察院诉武汉市国土与资源局行政公益诉讼案、安徽省芜湖市无为县人民检察院诉无为县国土资源局行政公益诉讼案进行了分析，其认为“检察机关认定‘是否履职’的依据并不局限于法律规定，还要求行政机关依据法律原则和精神从实现行政任务角度积极履行职责、纠正其怠于执法行为”，并认为“这是一种结果导向的转变：出于切实保护出于公益的需要，行政公益诉讼扩展了‘合法’的含义”。

断，[①] 但是行政公益诉讼不但要对履职的合法性进行判断，还要对履职的合理性进行判断。行政机关不依法履职（违法行使职权或者不作为）可以分为（积极的）违法履职与（消极的）违法不作为两种。其外观表现，包括：（1）违法履职；（2）不履职，应该履职而未履职（无任何履职行为）；（3）不充分履职，履职的力度应当达到一定程度而未达到，即程度上的部分履职；（4）不完全履职，履职的范围应当达到一定程度而未达到，即范围上的部分履职；（5）迟延履职，履职时间迟于应当履职的时间；等等。从行政公益诉讼实践看，大部分的案件主要表现为后四种情形，即行政机关不履职、不充分履职、不完全履职、迟延履职等消极的违法不作为。

2. 行政机关职权职责的认定。行政法学上，职责和职权是两个既相互联系又相互区别的概念。[②] 职权因职责而产生，多是抽象性的如行政处罚权、行政裁决权等。诉前程序办案中，首要任务是弄清楚行政机关的职责。《办案规则》第72条提供了判断依据，即人民检察院认定行政机关监督管理职责的依据为法律法规规章，可以参考行政机关的“三定”方案、权力清单和责任清单等。一般来说，法律法规规章的规定较为原则，尤其是在涉及多个行政机关职责交叉的情况时，司法办案实践中更要着重收集分析研究相关行政机关的“三定”方案、权力清单和责任清单，准确认定。

这方面，《办案指南》作出了更为详细的规定。[③] 其对行政机关法定职责、权限的依据作出了更为宽泛的界定，除法律、法规、规章外，不仅包括地方政府制定发布的权力清单和涉及行政机关职权、机构设置的文件等，还包括该行政机关在履行职责过程中常用的内部规则、操作指南、流程指引及技术标准等。此外，法定职责不仅包括该行政机关对某一违法行为进行查处的法律依据、程序、处罚条件、处罚措施等，还包括不同行政机关存在职能或者权限交叉时各

① 参见章剑生：《现代行政法总论》（第二版），法律出版社2019年版，第471页；胡建淼：《行政诉讼法学》，法律出版社2019年版，第449页。

② 参见姜明安主编：《行政法与行政诉讼法》（第七版），北京大学出版社、高等教育出版社2019年版，第98页。

③ 参见最高人民检察院民事行政检察厅《关于印发〈检察机关民事公益诉讼案件办案指南（试行）〉〈检察机关行政公益诉讼案件办案指南（试行）〉的通知》，高检民〔2018〕9号，2018年3月12日发布。

自的分工及职责。

近年来，“大综合一体化改革”在地方开展得如火如荼。如本书前文所述，2021年11月25日通过的《浙江省综合行政执法条例》，就授权设区的市、县（市、区）可以根据本地实际情况将市场监管、生态环境等专业领域部分或全部执法事项纳入综合执法范围。在司法实践中，办案人员需要结合当地实际情况，尤其是及时了解最新的政策准确把握相关行政机关的职权职责分工。不过，检察机关对于规章以下的规范性文件也要进行必要的审查。具体可以参考最高人民法院《关于适用〈中华人民共和国行政诉讼法〉的解释》第148条进行审查并作出判断。在办案实务中，对于多部门职责交叉、“九龙治水”等情况，检察机关还可以灵活采取磋商、圆桌会议等形式，综合考量，准确认定。

3. 宏观职权职责与具体监督管理职权职责的区分。宏观上的职权如《地方各级人民代表大会和地方各级人民政府组织法》第73条规定的就是县级以上地方各级人民政府的宏观职权。[①]关于宏观上的职权职责与具体的监督管理职权职责的不同，司法实践中，已有相关司法判例给予明确。如在叶胜、龚政辉诉湖北省武汉市武昌区人民政府不履行法定职责一案中，最高人民法院认为，《地

① 《地方各级人民代表大会和地方各级人民政府组织法》第73条规定：“县级以上的地方各级人民政府行使下列职权：（一）执行本级人民代表大会及其常务委员会的决议，以及上级国家行政机关的决定和命令，规定行政措施，发布决定和命令；（二）领导所属各工作部门和下级人民政府的工作；（三）改变或者撤销所属各工作部门的不适当的命令、指示和下级人民政府的不适当的决定、命令；（四）依照法律的规定任免、培训、考核和奖惩国家行政机关工作人员；（五）编制和执行国民经济和社会发展规划纲要、计划和预算，管理本行政区域内的经济、教育、科学、文化、卫生、体育、城乡建设等事业和生态环境保护、自然资源、财政、民政、社会保障、公安、民族事务、司法行政、人口与计划生育等行政工作；（六）保护社会主义的全民所有的财产和劳动群众集体所有的财产，保护公民私人所有的合法财产，维护社会秩序，保障公民的人身权利、民主权利和其他权利；（七）履行国有资产管理职责；（八）保护各种经济组织的合法权益；（九）铸牢中华民族共同体意识，促进各民族广泛交往交流交融，保障少数民族的合法权利和利益，保障少数民族保持或者改革自己的风俗习惯的自由，帮助本行政区域内的民族自治地方依照宪法和法律实行区域自治，帮助各少数民族发展政治、经济和文化的建设事业；（十）保障宪法和法律赋予妇女的男女平等、同工同酬和婚姻自由等各项权利；（十一）办理上级国家行政机关交办的其他事项。”

方各级人民代表大会和地方各级人民政府组织法》第59条第6项[①]的内容是规定了地方人民政府宏观意义上的管理职权，不针对具体的行政领域，而行政诉讼中不履行法定职责是“基于特定的事实或条件应为一定行为的具体法律义务”[②]。该案例对在行政公益诉讼中正确理解宏观上的职权职责与具体的监督管理职权职责的不同，也有极大的参考意义。

关于行政机关的监督管理职权职责，首先，要关注具体的行政法律法规规章等对行政机关职权职责的规定。以《水污染防治法》为例，“监督管理”的内容包括:（1）抽象行政行为，如第20条的总量控制;（2）行政检查，如第30条的排污单位现场检查;（3）行政指导，如第25条的发布水环境状况信息;（4）内部行政行为，如第26条的向国务院环境保护主管部门和水行政主管部门报告重要流域监测结果;（5）行政许可，如第21条的排污许可、第19条的审批环境影响评价文件;（6）自我监管，如第23条的自行监测及第24条的实行排污许可管理的企业事业单位等对监测数据的真实性和准确性负责;（7）其他行政行为，如第22条的依规设置排污口。[③]在公益诉讼视野内，第三类的行政指导和第四类的内部行政行为等“监督管理”的行为是难以提起公益诉讼的。

其次，正确理解《行政诉讼法》第25条第4款中“监督管理”。有人认为，此处的“监督管理”应该做广义理解，即包括实质意义行政中的监督和管理职能（但外延小于“行政行为”，如不包括行政救助、行政协助、行政给付、行政征用、行政划拨、行政执行等行政行为），也包括制定规范性文件和纠纷裁决等准立法和准司法功能。[④]此观点可作参考。

最后，要注意“监督管理职责”与“管理职责”的区别。负有“监督管理职责”的行政主体因其与行政相对人法律关系的特殊性，在该种法律关系中，行政主体处于支配地位。某种意义上讲，这也是其代表国家行使管理职能的体

① 2022年3月11日，全国人大对《地方各级人民代表大会和地方各级人民政府组织法》进行了修改。案例中的第59条第6项已被修改为第73条第6项。

② 参见最高人民法院（2020）最高法行申9586号行政裁定书。

③ 参见温辉:《行政诉讼法中“监督管理职责”的理解与适用》，载《法学杂志》2020年第4期。

④ 参见温辉:《行政诉讼法中“监督管理职责”的理解与适用》，载《法学杂志》2020年第4期。

现。在公共利益遭受违法侵害时，该行政主体可通过行政强制或行政处罚等刚性行政执法的方式加以规制，进而维护公共利益。与具备“监督管理职责”的行政主体相比，承担“管理职责”的行政主体则缺乏刚性的行政执法手段，即缺乏处罚、许可、强制执行等刚性行政执法手段，其在发现国家利益和社会公共利益受损时所能采取的措施仅为“通知、报告有权机关及时处理”的柔性行政执法手段。故其未及时、未完全或未将国家利益和社会公共利益受到侵害的情况报告给有权机关处理的行为应被认定为不履行法定职责。此种情况主要集中在乡镇一级人民政府层级。此种情况下，对该类行政主体进行履职情况评价时应十分谨慎，要与实际享有刚性行政执法手段的行政主体有所区别。以《大气污染防治法》为例，其第 5 条规定：“县级以上人民政府生态环境主管部门对大气污染防治实施统一监督管理。县级以上人民政府其他有关部门在各自职责范围内对大气污染防治实施监督管理。”可见，只有“县级以上人民政府生态环境主管部门”和“县级以上人民政府其他有关部门”才对大气污染防治负有“监督管理”职责。也就是说乡镇政府并没有对大气污染防治的“监督管理”的职责。根据《大气污染防治法》规定，乡镇政府承担的是宏观上的管理责任。[①]司法实践中，一些发给乡镇政府的检察建议书，从规范性意义上讲，有待于商榷。

4. 职权职责“度”的把握。在实务中，要正确把握行政机关职权职责的“度”，不能无限拔高其范围，不能超出行政机关的法定职权职责，进而正确认定行政机关是否不依法履行法定职责。例如，某公司法定代表人在朋友圈发布广告，称购买某产品赠送本公司生产的 2022 年北京冬奥会吉祥物“冰墩墩”。检察机关工作人员无意中在朋友圈发现此情况，认为涉嫌侵犯知识产权，侵害社会公共利益。而此时，行政机关对该情况还是毫不知情的，自然谈不上进行查处。此时，能否认定行政机关不依法履行法定职责，进而进行立案？笔者认为不能立案。不同于微信公众号的公开性，微信朋友圈是相对私密的地方，一般人很难发现。行政机关在正常履职过程中是无法发现公司法定代表人朋友圈违法销售产品的。行政机关依照法定职权履行职责是无法得知这一较为隐蔽的

① 《大气污染防治法》第 3 条、第 32 条、第 36 条、第 68 条、第 73 条、第 76 条，共有 6 个条文规定了地方各级人民政府的宏观职责。

信息的。法治国家里，政府是“有限政府”“法治政府”，不是“无限政府”“警察国家”。政府（行政机关）也不是全知全能的“上帝”，不能过度介入公民日常生活中，不能时时刻刻知晓掌握公民的一举一动，不能采取违法手段窥探、监视公民个人隐私。因此，本案难以认定行政机关不依法履职，检察机关不宜立案。当然如果公司在其官方微信公众号公开大肆宣传，或者在公司营业场所公开发布广告，或者有人向行政机关举报而行政机关不履职或者敷衍塞责，则可以认定行政机关不依法履行职责，可以考虑立案。

又如以李尚英等诉广饶县交通局不履行法定职责行政赔偿案件[①]为例，山东省东营市两审法院都认定广饶县交通局因其不履行法定职责造成此次交通事故是次要的原因，需要承担损害赔偿责任。法院认为，“涉案公路上堆放的猪粪，持续时间长达十余天，已影响到了公路的安全和畅通，成为一种安全隐患，但广饶县交通局客观上未能消除该隐患，应认定广饶县交通局未尽到对该公路的管理养护职责，已构成行政不作为”。假如，本案中公路上堆放的猪粪是在行政机关常规巡视巡查之后的极短时间内遗落的，行政机关难以及时发现及时清扫，此时，就不应认定行政机关怠于履职或者不依法履职。[②]即使这些猪粪危害过往车辆人员人身和财产安全，影响交通安全，也是难以认定行政机关不依法履职的。要求行政机关对道路上遗落的物品随时清扫是不现实的。除非投入特别巨大的人力和物力。这自然超出现阶段行政机关的正常状态。

（二）结果：国家利益和社会公共利益受到侵害

行政公益诉讼诉前程序中，结果是指国家利益或者社会公共利益受到侵害。对于结果的概念和范围，人们的认识是有一定争议的。后文将详细论述，这里不再赘述。

1. 结果概述。刑法理论上，张明楷教授将结果分为侵害结果与危险结果、

---

① 参见山东省东营市中级人民法院（2004）东行终字第53号行政判决书。

② 参见姜明安:《行政法与行政诉讼法》（第七版），北京大学出版社、高等教育出版社2019年版，第568页。教材持类似观点，认为“如果涉案公路堆放的猪粪系广饶县交通局履行巡视工作后极短的时间内被堆放的，对于广饶县交通局来说再去及时清理是很难的，此时，就不应认定堆放的猪粪构成公路管理的瑕疵”。本案虽然是普通行政诉讼，但对行政公益诉讼中准确把握行政机关职责的“度”也颇有借鉴意义。

物质性结果与非物质性结果等。[①] 其分类虽然是针对刑事犯罪而言的，但对于公益诉讼也是极具参考性的。本书尝试借用上述分类，将侵害国家利益和社会公共利益的结果也分为侵害结果与危险结果、物质性结果与非物质性结果等。

侵害结果是指对国家利益和社会公共利益造成的现实侵害事实。比如行政机关违法行使职权或者不作为，生态环境受到严重破坏，致使农田农作物减产、饮用水源被污染无法饮用等。

危险结果是指行为对国家利益和社会公共利益造成的现实危险状态。比如地震或者台风毁损高速公路、铁路的安全设施，对来往人员车辆人身财产安全和公共交通安全产生重大隐患，相关行政机关对此不问不管（失职），致使国家利益和社会公共利益处于危险状态（但尚未产生实际损害结果）。如果因此导致重大交通事故造成人员伤亡和财产损失，则是产生实际侵害结果。近年来，检察机关办理的一系列涉及铁路安全的公益诉讼案件，就是针对尚未发生实际发生危险结果而进行的探索和尝试，如 2020 年 12 月 24 日最高人民检察院、中国国家铁路集团有限公司联合发布 10 起铁路安全生产领域公益诉讼典型案例。这些案例中，对铁路运营公共安全产生的严重危险，就是一种危险结果。这实际上就涉及预防性公益诉讼，后文在探讨该情况时，会进一步论述。

对此，相关司法解释也有明确规定。最高人民法院《关于审理环境民事公益诉讼案件适用法律若干问题的解释》第 1 条，也明确规定对“已经损害社会公共利益或者具有损害社会公共利益重大风险的污染环境、破坏生态的行为”均可以提起诉讼。

2. 危险结果：公益诉讼预防性思维的运用。一些生态环境的损害和破坏不可逆，此时预防性思维就显得十分必要。《民法典》规定了停止侵害、排除妨碍和消除危险三种预防性责任承担方式。我国民事公益诉讼制度已在预防功能上进行了拓展。最高人民法院《关于审理环境民事公益诉讼案件适用法律若干问题的解释》中允许法定的机关和有关组织对“具有损害社会公共利益重大风险”的污染环境、破坏生态的行为提起诉讼，也规定了停止侵害、排除妨碍和消除危险等预防性责任承担方式。有学者认为，消除危险因其功能的特殊性，在今

① 参见张明楷：《刑法学》（第六版），法律出版社 2021 年版，第 221 页。

后的环境公益诉讼中必将成为一个核心的责任承担方式。[①]最高人民法院指出，“目前，实际事后补救型的恢复性责任承担方式的案件是热点，但涉及预防性责任承担方式的案件才是社会关注的焦点。”[②]最新的司法判例也完全体现了这一态度。2021年12月1日，最高人民法院发布第31批指导性案例。在北京市朝阳区自然之友环境研究所诉中国水电顾问集团新平开发有限公司、中国电建集团昆明勘测设计研究院有限公司生态环境保护民事公益诉讼案（指导案例173号）中，明确表示：预防性环境公益诉讼突破了“无损害即无救济”的诉讼救济理念，是环境保护法“保护优先，预防为主”原则在环境司法中的具体落实与体现。同时指出：预防性环境公益诉讼的核心要素是具有重大风险，重大风险是指对“环境”可能造成重大损害危险的一系列行为。

相较于民事公益诉讼，检察机关提起行政公益诉讼更需要预防性思维，发挥生态环境风险预防功能。一方面，行政机关需要按照预防性环境法律制度赋予的监管职责，积极主动地监管具有环境风险的行为；另一方面，检察机关要通过行政公益诉讼尤其是诉前程序促使甚至是倒逼行政机关建立生态环境风险监管的长效机制。一般来说，民事公益诉讼多是个案的预防生态环境风险。相对于民事公益诉讼而言，行政公益诉讼发挥的预防性作用更大，可以督促行政机关建立和完善预防风险机制。2020年5月15日浙江省第十三届人民代表大会常务委员会第二十一次会议通过的浙江省人民代表大会常务委员会《关于加强检察公益诉讼工作的决定》明确规定，“发现国家利益和社会公共利益存在被严重侵害风险隐患的，可以向行政机关发送检察建议，督促其采取措施消除隐患；发现行政机关违法行使职权或者不作为，致使国家利益和社会公共利益受到侵害的，应当向行政机关发送诉前检察建议，督促其依法履行职责。行政机关不依法履行职责的，检察机关应当依法提起行政公益诉讼”。据悉，其他一些省份也已将预防性公益诉讼列入检察公益诉讼的地方性立法计划之中。

最高人民检察院显然也是注意到预防性行政公益诉讼，如在最高人民检察院、中国国家铁路集团有限公司联合发布的10起铁路安全生产领域公益诉讼典

① 参见颜运秋：《中国特色生态环境公益诉讼理论和制度研究》，中国政法大学出版社2019年版，第80页。

② 最高人民法院环境资源庭编著：《最高人民法院关于环境民事公益诉讼司法解释理解与应用》，人民法院出版社2015年版，第287页。

型案例之湖北省孝感市违规建设工程规划许可危害高铁运行安全行政公益诉讼案，就充分体现了预防性行政公益诉讼方向，值得重视和研究。该案在典型意义中提出，“针对已经规划、尚未施工的房地产项目可能侵入铁路线路安全保护区等问题，从预防性公益诉讼的角度发出诉前检察建议，督促行政机关撤销违法的规划许可，既从源头上消除了高铁运行安全隐患，也避免了建筑完工、米已成炊后再整治所需的巨大经济成本”。同时，也强调“本案中，检察机关在公益诉讼办案中注重风险预防理念，既治末端，也重前端，防未病、治未然”。

此外，在考察国家利益和社会公共利益时，还需要对不同的国家利益和社会公共利益进行衡量。国家利益和社会公共利益是多种多样的，也会发生冲突。无论是行政机关还是由“作为公共利益的代表”的检察官组成的检察机关，都要学会平衡和取舍各种公共利益。

（三）关联性：行为与结果的联系纽带

1. 关联性概述。“关联”，汉语词典给出的意思是，“事物相互之间发生牵连和影响”[①]。“性”，后缀，加在名词、动词或形容词之后构成抽象名词或属性词，表述事务的某种性质或性能。[②]何谓关联性？目前尚没有一个明确的概念。本书尝试给出一个概念：行政公益诉讼中的关联性是指行政机关的违法行使职权或者不作为与国家利益和社会公共利益受到侵害之间的一种引起与被引起的关系，是一种弱的因果关系。

唯物辩证法认为，世界上的万物都处于普遍联系之中，普遍联系引起事物的运动发展。[③]恩格斯在谈到事物普遍联系的“辩证图景”时指出，“当我们通过思维来考察自然界或者人类历史或我们自己的精神活动的时候，首先呈现在我们眼前的，是一幅由种种任何联系和相互作用无穷无尽地交织起来的画面”。[④]事物都不是孤立的，世界上的一切都处于普遍联系之中。众所周知，“蝴蝶效应”的名言：一只南美洲亚马逊河流域热带雨林中的蝴蝶，偶尔扇动几下

① 《现代汉语词典》（第七版），商务印书馆 2019 年版，第 478 页。

② 《现代汉语词典》（第七版），商务印书馆 2019 年版，第 1469 页。

③ 参见本书编写组：《马克思主义基本原理概论》（第七版），高等教育出版社 2018 年版，第 30 页。

④ 《马克思恩格斯文集》（第 3 卷），人民出版社 2009 年版，第 538 页。

翅膀，可能在两周后在美国得克萨斯州引起一场龙卷风。“蝴蝶效应”来源于气象学，后成为混沌学中的一个概念，充分说明了事物发展的结果与看似微不足道的初始条件有着密不可分的关系。

2. 关联性与因果关系。马克思主义认为，原因与结果是揭示事物引起和被引起关系的一对范畴。在事物的普遍联系中，引起某种现象的现象就是原因。被某种现象所引起的现象就是结果。原因与结果是相互区别的，是相互依存和相互转化的。[①] 马克思主义经典作家认为，因果关系既是先行后继的关系，又是引起和被引起的关系。因果关系有一因一果、多因一果、一因多果和多因多果等多种类型和形式。法国思想家霍尔巴赫曾言：“在宇宙中一切事物都是互相关联的，而宇宙本身不过是一条相互派生的原因和结果的无穷的锁链。”[②]“宗教是这个世界的总的理论，是它的包罗万象的纲要。”[③] 宗教也是承认因果关系的。“因果”是佛教用以说明世界一切关系的理论，并且是构成其各种学说的理论基础。[④] 中国佛教协会原会长赵朴初在《佛教常识答问》一书中写道：“照佛教的说法，所谓互存关系，都是因果关系。从异时的互存关系来说，种子是因，芽是果。”[⑤] 在中国传统文化中，也有类似的因果报应思想，如“积善”“必有余庆”“积不善”“必有余殃”等。

法学理论中的因果关系来源于哲学上的因果关系。因果关系即引起和被引起的关系，是刑事法律责任和民事法律责任的必不可少的内容。在所有条件中，只有决定相应事物必然发生的条件才是该事物的原因，与该事物存在因果关系；决定该事物发生的时间、范围、规模等的条件与该事物只是一般的条件关系，而不是因果关系。[⑥] 因果关系在理论上似乎比较清楚、明确，但在实践中予以辨

① 参见本书编写组：《马克思主义基本原理概论》（第七版），高等教育出版社 2018 年版，第 35 页。

② ［法］霍尔巴赫：《自然的体系》，管士滨译，商务印书馆 1999 年版，转引自张涛：《系统及其演化的不确定性探析》，载《西安交通大学学报（社会科学版）》2010 年第 1 期。

③ 《马克思恩格斯选集》（第 1 卷），人民出版社 2012 年版，第 1 页。

④ 参见杨曾文：《中国佛教基础知识》，宗教文化出版社 2005 年版，第 124 页。佛教中的“因果”，常常与“报应”“轮回转世”连在一起。“因果报应”也称“业报”，指人的一切思想、言论和行为（身口意）都必然产生相应的后果（果报）。

⑤ 赵朴初：《佛教常识答问》，华文出版社 2011 年版，第 28 页。

⑥ 参见姜明安：《行政诉讼法》（第四版），法律出版社 2021 年版，第 442 页。

别和确认有时候却很困难。[①]关于因果关系，有多种学说。仅在刑法理论中，国内外就形成了必然因果关系说、偶然因果关系说和条件说、原因说等学说。[②]具体各种学说，后文再陈述。

不同于刑事和民事，无论是在行政公益诉讼的理论还是司法实践中，关联性似乎都不是一个关注和讨论的焦点。其实，在法学理论中，相对于因果关系，关联性也有着一定的适用空间和领域。在证据法学上，关联性是证据的“三性”即“合法性”“真实性”“关联性”之一。这里的“关联性”与上文所提及的“关联性”有所不同，更多是指一种横向的“联系”，而不是纵向的“引起和被引起的关系”。例如最高人民法院《关于审理环境民事公益诉讼案件适用法律若干问题的解释》第4条第2款规定：社会组织提起的诉讼所涉及的社会公共利益，应与其宗旨和业务范围具有关联性。这里的“关联性”就不是指“引起和被引起的关系”，更多的意思是“某种联系”。最高人民法院在裁判中认为，此处的关联性是“具有一定的联系”。[③]

笔者认为，行政公益诉讼中关联性不同于上述证据法学所指的关联性意思，某种意义上更接近于因果关系。关联性与因果关系是密不可分的，也无法分割。本书也认为，关联性不等同于因果关系，但又离不开因果关系，既具有相似性，又不等同于因果关系。关联性在引起和被引起方面弱于因果关系。可以认为，关联性是一种弱的因果关系。

对于公益诉讼中尤其是生态环境领域这种行为与结果因果关系的特殊性，最高司法者也是清楚的。因此，最高人民法院《关于审理生态环境损害赔偿案件的若干规定（试行）》第6条也仅仅是要求原告提起生态环境损害赔偿时应当就“被告污染环境、破坏生态的行为与生态环境损害之间具有关联性”而不是

① 参见姜明安：《行政诉讼法》（第四版），法律出版社2021年版，第443页。

② 参见张明楷：《刑法学》（第六版），法律出版社2021年版，第223–228页。书中对各种学说进行了较为详细的介绍。

③ 参见最高人民法院指导案例75号：中国生物多样性保护与绿色发展基金会诉宁夏瑞泰科技股份有限公司环境污染公益诉讼案，（2016）最高法民再47号。

“因果关系”承担举证责任[①]。

参考因果关系的推定原则，笔者认为，特定条件下关联性也可以实现推定原则。在生态环境领域，也可以实行举证责任倒置。

（四）三要素复合型标准的深化

在从立案、调查、磋商、发出检察建议书、跟进监督和提起诉讼、一审、二审等过程中，笔者认为有一条线，就是从关注结果（结果标准），到兼顾行为和结果，再到兼顾行为、结果和职权。[②]检察机关在立案时，一方面固然要关注行为（行为标准），但更在意的是关注结果（结果标准）。在这条线中，笔者认为，检察机关需要对行政机关是否依法履行职责（违法行使职权或者不作为）作出三到四次判断。

第一次是在立案时，具体到实务中就是在撰写立案审查报告时（甚至在立案之前应该有个基本判断）。如果认为行政机关未依法履职，则继续进行；反之则应当终结案件。司法实践中，一些行政公益诉讼线索尤其是“等”外新领域的线索，大都是从公共利益受到侵害这一结果出发，“按图索骥”“顺藤摸瓜”，进而确定负有监督管理职责行政机关，再调查其是否具有“违法行使职权或者不作为”的行为以及二者之间的关联性等。

第二次是立案后的调查阶段，具体到实务中就是调查终结后撰写调查报告时，需要再次作出判断。如果认为行政机关未依法履职，则继续进行；反之则应当终结案件。

第三次是发出检察建议书跟进监督后，具体到实务中就是规定的二个月履行期限（紧急情形 15 日）期满后撰写终结审查报告时，需要第三次作出判断。如果认为行政机关未依法履职，则继续进行，进入诉讼阶段；反之则应当终结案件，行政公益诉讼诉前程序结束。

---

① 最高人民法院《关于审理生态环境损害赔偿案件的若干规定（试行）》第 6 条规定：“原告主张被告承担生态环境损害赔偿责任的，应当就以下事实承担举证责任：（一）被告实施了污染环境、破坏生态的行为或者具有其他应当依法承担责任的情形；（二）生态环境受到损害，以及所需修复费用、损害赔偿等具体数额；（三）被告污染环境、破坏生态的行为与生态环境损害之间具有关联性。”

② 按笔者看法，职权可以看作是行为的另一方面。

第四次是提起诉讼时，具体到实务中就是撰写起诉审查报告和起诉书时需要第四次作出判断。此时，存在这种情形即行政机关在规定的二个月（紧急情形 15 日）履行期限内没有依法履职，但是在期满后检察机关提起诉讼之日前这段时间内依法履职（理论和实务中不能排除这种可能性）。笔者认为，此时检察机关既可以选择向法院提起诉讼，也可以从节约司法资源等角度出发，选择终结案件。如果认为行政机关未依法履职，则继续进行，进入诉讼阶段，提起确认违法之诉等。

下面，本书以《办案规则》条文为顺序，探寻有关脉络。

从《办案规则》第 28 条看，人民检察院“认为国家利益或者社会公共利益受到侵害，可能存在违法行为的，应当立案调查”。此处首要是看结果“国家利益或者社会公共利益受到侵害”（结果标准）；其次是看行为，行政机关“可能存在违法行为”（行为标准）。此处使用“可能”一词，笔者的理解是在立案时，检察机关对于行政机关已经掌握了初步证据材料，进而判断“可能存在违法行为”，但尚没有达到证实行政机关“存在违法行为”的“优势证据”程度。毕竟，立案阶段对于证据材料的要求不能过于严苛。

值得注意的是在公益诉讼立案中，还可以“以事立案”即《办案规则》第 29 条所规定的“对于国家利益或者社会公共利益受到严重侵害，人民检察院经初步调查仍难以确定不依法履行监督管理职责的行政机关或者违法行为人的，也可以立案调查”。此时，检察机关可能是“难以确定不依法履行监督管理职责的行政机关或者违法行为人”，但是可以确定“国家利益或者社会公共利益受到严重侵害”的结果。此种情况下的立案无疑是以结果为判断标准（结果标准）。但是此种情况下，是“可以”立案而不是“应当”立案。二者还是存在区别的。

但从《办案规则》第 67 条看，行政公益诉讼在立案时，需要同时存在两种情形：一是国家利益或者社会公共利益受到侵害；二是生态环境和资源保护、食品药品安全、国有财产保护、国有土地使用权出让、未成年人保护等领域对保护国家利益或者社会公共利益负有监督管理职责的行政机关可能违法行使职权或者不作为。从此条规定看，既有行为标准又有结果标准。笔者认为，第 28 条和第 67 条的关系属于相当于总则和分则的关系，具体到行政公益诉讼诉前程序，应该首先适用第 67 条。

从《办案规则》第 71 条看，检察机关在调查阶段，既要调查“国家利益或者社会公共利益受到侵害的事实”“行政机关的监督管理职责”“行政机关不依法履行职责的行为”“行政机关不依法履行职责的行为与国家利益或者社会公共利益受到侵害的关联性”等内容。这里的内容既有结果也有行为还有关联性。相比较立案阶段，增加了“行政机关的监督管理职责”和“行政机关不依法履行职责的行为与国家利益或者社会公共利益受到侵害的关联性”这两项。显示随着公益诉讼的进展，对检察机关的要求越来越多。

从《办案规则》第74条、第80条看，检察机关“应当作出终结案件决定”的情形主要包括:（1）行政机关未违法行使职权或者不作为;（2）国家利益或者社会公共利益已经得到有效保护;（3）行政机关已经全面采取整改措施依法履行职责等。符合其中任何一项，检察机关应该终结案件。这既有行为标准，也有结果标准，还有职权标准。

从《办案规则》第75条看，检察机关向行政机关提出检察建议的理由是“认为行政机关不依法履行职责，致使国家利益或者社会公共利益受到侵害”。该条同时规定检察机关在检察建议书中应该包括“国家利益或者社会公共利益受到侵害的事实”和“认定行政机关不依法履行职责的事实和理由”。这意味着检察机关在发出检察建议书之前或者撰写检察建议书时就应该掌握证明上述事实情况（“公共利益受到侵害的事实”和“行政机关不依法履行职责的事实”）的证据。对这一点，相关司法解释也有类似规定。《检察公益诉讼解释》第21条明确规定:“人民检察院在履行职责中发现生态环境和资源保护、食品药品安全、国有财产保护、国有土地使用权出让等领域负有监督管理职责的行政机关违法行使职权或者不作为，致使国家利益或者社会公共利益受到侵害的，应当向行政机关提出检察建议，督促其依法履行职责。行政机关应当在收到检察建议书之日起两个月内依法履行职责，并书面回复人民检察院。出现国家利益或者社会公共利益损害继续扩大等紧急情形的，行政机关应当在十五日内书面回复。行政机关不依法履行职责的，人民检察院依法向人民法院提起诉讼。”

根据《办案规则》第81条，“行政机关经检察建议督促仍然没有依法履行职责，国家利益或者社会公共利益处于受侵害状态的，人民检察院应当依法提起行政公益诉讼”。此条即为检察机关提起行政公益诉讼的依据。注意这里的用语增加了“仍然”词语。在表述“国家利益或者社会公共利益受侵害”用语上使用了“（处于受侵害）状态”词语。“状态”意味着持续。

根据《办案规则》第82条，检察机关“可以认定行政机关未依法履行职责”的情形包括:（1）逾期不回复检察建议，也没有采取有效整改措施的;（2）已经制定整改措施，但没有实质性执行的;（3）虽按期回复，但未采取整改措施或者仅采取部分整改措施的;（4）违法行为人已经被追究刑事责任或者案件已经移送刑事司法机关处理，但行政机关仍应当继续依法履行职责的;（5）因客观障碍导致整改方案难以按期执行，但客观障碍消除后未及时恢复整改的;（6）整改措施违反法律法规规定的;（7）其他没有依法履行职责的情形。除去最后一项兜底条款外，其余六项条款均是围绕着行政机关的行政行为即“依法履行职责”展开的。但是，可否据此认定，结果标准在这里不再适用了呢？笔者认为，答案是否定的。一个没有提及的前提是“国家利益或者社会公共利益处于受侵害状态”。笔者认为，第82条列举的其中情形是对上述第81条中“行政机关经检察建议督促仍然没有依法履行职责”的进一步展开。因此，结果标准仍然适用。

综上所述，笔者认为在坚持三要素标准贯穿整个行政公益诉讼全流程的同时，在诉前程序和诉讼两个阶段应该有所侧重。即使在诉前程序中的不同阶段，也应该有所侧重。在坚持三要素标准的同时，在行政公益诉讼立案时，侧重于结果；在行政公益诉讼立案后的调查阶段，兼顾结果、行为和关联性；在发出检察建议书后跟进监督阶段，兼顾结果和行为、职权（如上文所述，按本书看法，职权可以看作是行为的另一方面）；在审查诉讼时，同样兼顾结果和行为、职权。在诉讼阶段，则也应该兼顾结果和行为、职权。整个行政公益诉讼全流程中，关联性的“存在感”的确不高，大部分情况是处于隐而不言、备而待用、盘马弯弓、引而待发的状态。这也可能是司法实践中，对关联性重视不够的一个原因。

二、三要素复合型标准的正当性

如上文所述，无论是单纯的行为标准、结果标准，还是行为+结果标准，均存在着这样或那样的不足，对于连接行为与结果的关联性的重要性均缺少足够的认识。三要素复合型标准弥补了上述几种标准的不足，具有正当性。

（一）三要素复合型标准更符合法律基本原理

如上文所述，世界万物不是孤立的，而是普遍联系的。行为标准、结果标准和复合标准最大的不足，是对于连接行为与结果的关联性的重要性均缺乏足够的认识，没有给予应有的重视。也许，在上述几种标准中，可能认为关联性是无须考虑和证明的事实。但事实上，关联性的确是一个需要说明和论证的因素。某种意义上讲，上述几种标准使得“行政机关的违法行使职权或者不作为的行为”与“公共利益受到的侵害结果”之间缺乏连接。这无论是在逻辑上还是法学构成要件理论上，都不完整。通过构建行为、结果和关联性的三要素复合型标准，才符合构成要件法学理论。其理由在于：（1）若行政机关已经依法履职，自然不应当承担法律责任，法律不应当要求一个已经尽到义务的主体再去尽同样的义务；（2）若公益没有受到侵害，则不存在需要保护的对象；（3）若行政机关不依法履职与公益受侵害之间不存在因果关系，则要求该行政机关依法履职无疑是缘木求鱼。采用三要素复合标准，有利于防止出现行政机关在客观不能情况下仍然要承担法律责任的问题，有利于实事求是地督促行政机关保护公益而不至于强人所难。①

在司法实践中，关联性的论证也许有时候可能是不言而喻，有时候可能是语焉不详的。在最高人民检察院公布的各种案例中，检察机关更多的精力和笔墨都是着眼于“行政机关没有依法履行法定职责与国家和社会公共利益受到侵害”的判断上，聚焦于行为和结果的判断上。对于“关联性”的论证很少涉及。例如，在论证行政机关的失职行为（违法的不作为）与公共利益受到的侵害（结果）之间关联性时，就是一个较为困难的问题。当然在行政公益诉讼中，举证责任的分配和承担则是另外一个问题。关联性在法学理论中应该得到足够的重视。行为、结果和关联性的三要素复合型标准，更符合构成要件法学理论。

（二）三要素复合型标准更符合司法实践的长远发展

必须承认，上述无论是行为标准、结果标准，还是复合标准尽管存在着种种不足，但是也不排除在某种条件下能够解决目前检察机关司法实践中的一些办案问题。但是，一个标准不仅要能解决当下问题，更要解决长远未来问题。而上述这些标准对于解决司法实践中的长远未来问题则恐怕是无能为力的。

---

① 在确实存在结果无法得以恢复的情况下，结果标准不可作为未履行职责而起诉的理由。参见蔡文灿、杨森：《我国环境行政公益诉讼诉前程序的困境与完善》，载《哈尔滨学院学报》2020年第5期。

公益诉讼是一个自上而下的国家强力进行司法体制改革的需要，是一个前所未有的创新性司法体制改革。对于一些行政机关尤其是地方行政机关来说，参与到检察公益诉讼工作中完全是被动的、猝不及防的，是一场“遭遇战”。在试点时期，一些行政机关对于检察公益诉讼工作不甚了解，特别是在收到有关公益诉讼的检察建议书后，心中充满疑惑、疑虑。正如樊崇义教授所说，“一项先进的司法制度的贯彻实施，首先遇到的一个问题，就是诉讼法律观的转变问题，这种转变要经过一个漫长的痛苦的磨合期，要有一个认识的过错、实践的过错，要有一个从不自觉走向自觉的过程”。①

为此，检察机关做了大量工作，通过一个个鲜活的检察公益诉讼案例告诉行政机关：检察公益诉讼工作的理念是“双赢多赢共赢”，而不是“零和博弈”；检察公益诉讼工作的本质是助力行政机关依法行政，推进国家治理体系和治理能力现代化，共同维护人民根本利益，把以人民为中心落到实处。平心而论，无论是在试点期间还是在正式开展检察公益诉讼工作初期，一些检察机关的公益诉讼工作不细致。“有的检察建议质量不高，对违法事实、证据和法律适用阐述不严谨、不充分，说理性不足、操作性不强。”②

在经历了对检察公益诉讼工作的不理解、不了解甚至抵触后，行政机关正在逐渐适应检察公益诉讼工作。随着依法行政的逐渐推进，作为检察机关公益诉讼工作的主要监督对象的行政机关一方面在学习和接受检察公益诉讼，另一方面也在“研究”和“应对”检察公益诉讼。2020 年 5 月 15 日通过的浙江省人民代表大会常务委员会《关于加强检察公益诉讼工作的决定》规定，县级以上人民政府应当采取“将行政机关落实检察建议、支持配合检察机关开展公益诉讼工作情况纳入相关考核、督察内容”等五项措施，依法支持检察公益诉讼工作。2021 年 8 月 11 日，中共中央、国务院发布《法治政府建设实施纲要（2021—2025 年）》文件。文件明确提出：“支持检察院开展行政诉讼监督工作和行政公益诉讼，积极主动履行职责或者纠正违法行为。”文件同时要求“认真做好司法建议、检察建议落实和反馈工作”。未来，行政机关也许会针对行政机关

① 樊崇义：《论刑事诉讼法律观的转变》，载《政法论坛》2001 年第 2 期。此话虽然是谈论刑事诉讼制度，但是对于其他司法制度也具有类似意义。

② 张军：《最高人民检察院关于开展公益诉讼检察工作情况的报告（摘要）》，载《检察日报》2019 年 10 月 25 日，第 2 版。

的违法行使职权或者不作为的行为与国家利益或者社会公共利益受到侵害的结果之间的关联性提出抗辩意见。这可能是今后行政机关重点“抗辩”的内容，尤其是在多因一果的情况下，比如生态环境领域，既有侵权人的侵权行为，也有行政机关的违法行使职权或者不作为的行为，甚至还有自然灾害等因素影响，多种因素交织，造成国家利益或者社会受到侵害。此种情况下，准确认定其中的因果关系（关联性）就十分重要。对于侵权人的侵权行为，如果单纯是民事公益诉讼，则是更多关注因果关系。对于行政机关的违法行使职权或者不作为的行为，如果单纯是行政公益诉讼，则更多关注关联性，其要求要弱于民事公益诉讼上的因果关系。如果是行政附带民事公益诉讼，则要在查清事实的基础上，分别各自考虑认定。

如本书后文所述，行政公益诉讼诉前程序具有“司法化”的特征。笔者认为，未来应该赋予行政机关对检察建议书提出“异议”的机会和权利，[①]诉前程序的“司法化”趋势只会增强而不会减弱。因此，检察机关要未雨绸缪，建立更加规范更加准确的判断标准，积极应对可能出现的诉前程序“司法化”增强趋势。“凡事预则立，不预则废。”三要素复合型标准在考虑到传统的行为标准、结果标准和复合标准之外，更加重视关联性。行政公益诉讼中，关联性一头连接着行政机关的行政行为，另一头连接着国家利益或者社会公共利益受到侵害的结果。综上所述，三要素复合型标准更符合司法实践的长远发展。

三、主观过错的存在和构成要件的不必要

主观过错是指行为人实施违法行为或者违约行为时的主观心理状态。[②]主观过错包括故意和过失两类。[③]这里的主观过错是法律用语、规范用语，不同于一般日常生活中用语和汉语词典中“过失、错误”的意思。[④]“法律的专业语言，

① 2019年《人民检察院检察建议工作规定》专门增加了被建议单位异议的条款，但司法实务中检察机关主动告知行政机关异议权的不多，尤其在行政公益诉讼诉前程序中。且该规定层次性不高。笔者认为，未来公益诉讼立法时应该设置行政机关对检察建议书提出异议的权利救济程序。

② 参见张文显：《法理学》（第五版），高等教育出版社2018年版，第168页。

③ 参见张文显：《法理学》（第五版），高等教育出版社2018年版，第169页。

④ 参见《现代汉语词典》（第七版），商务印书馆2019年版，第501页。

不是一种科学语言，因为它的语法及语意不是建立在一种清晰的规则上。基本上，它甚至也不是一种专业语言，而是法律人之间的身份语言……也就是说，日常语言与法律的专业语言，是两个面向。”① 在行政诉讼法教材中，罕有关于行政机关主观过错的表述。现行法律法规司法解释也没有作出规定。但这并不意味着行政诉讼里不存在主观过错。笔者认为，应该承认行政公益诉讼中是有主观过错存在的空间的，但在法律责任的构成要件中原则上不需要考虑主观过错。在办案实务中亦是如此。

（一）普通行政诉讼中行政机关主观过错有存在空间

1. 刑事案件中主观过错是一个重要因素。刑事自然人犯罪案件中，主观过错对于区分罪与非罪、此罪与彼罪以及量刑等，具有重要作用。现行刑法除自然人犯罪主体外，还将单位犯罪主体纳入规制的对象。但是，单位犯罪必须要有法律的明文规定。在刑法理论中，关于单位犯罪也存在着多种学说。就我国而言，刑法理论与司法实务大体上还是赞成以同一原则为基础，同时适当考虑代位责任原则。②

2. 民事案件中主观过错也是几乎不可缺少的因素。过错责任、过错推定责任自然是离不开过错的。只有在严格责任中，才不需要考虑当事人的主观过错。这需要法律的特别规定，而且相对来说是例外，更多常态是考虑当事人的主观过错的。一般认为，法人承担侵权责任是依据“仆人过错主人负责”理论。

3. 行政行为可以被推定体现行政机关的主观过错。作出行政行为的行政机关（包括法律、法规授权的组织）不是一个有血有肉的生命体，本身不可能产生意志，也无法实施任何行为，需要通过作为自然人的内部成员来实施，其权利能力和行为能力是法律拟制的结果。行政机关是代表国家行使行政职能的国家机关，天生具有合法效力，其目的是维护公共利益。行政机关作出的行政行为体现的是国家权力机关的人民意志和利益。一般来说，行政行为都要履行一定的内部程序，包括集体决策等。当然是体现行政机关的单位整体意志的行为

---

① ［德］亚图·考夫曼：《法律哲学》，刘幸义等译，五南图书出版有限公司2000年版，第115–116页，转引自张明楷：《刑法分则的解释原理》（第二版），中国人民大学出版社2011年版，第810页。

② 参见陈兴良：《刑法总论精粹》（第二版），人民法院出版社2011年版，第564页。

（除非极端情况下有相反证据否认）。行政行为具有合法性，具有拘束力、公定力、确定力、执行力。在行政行为没有被宣布无效、违法或者撤销之前，当然是有效力的。因此，行政行为被推定天生是具有合法效力的，是有利于促进经济社会发展的，其目的是维护国家利益和社会公共利益。这应该得到行政相对人、社会团体和其他机关包括检察机关等的尊重。从这个意义上讲，行政机关的任何行政行为都是具有积极目的的，都可以认为是“故意”的。如此一来，自然也就有主观过错存在的空间。

（二）行政公益诉讼中行政机关主观过错也有存在空间

行政公益诉讼应该遵循行政诉讼的基本法理。笔者认为，应该承认行政公益诉讼里也是有主观过错存在空间的。很难否认，行政行为绝对没有主观过错。违法行使职权的行政行为中，其主观过错可以认为是故意，不作为（仅指违法的不作为）中，主观过错可以认为是过失（当然特殊情况下，不排除故意）。以2018年3月2日最高人民法院、最高人民检察院发布的十起检察公益诉讼典型案例之江苏省泰州市高港区人民检察院诉高港区水利局行政公益诉讼案①为例，笔者认为泰州市高港区水利局工作人员“对江汉公司的非法采砂行为采取‘不予处罚或单处罚款’的方式，帮助江汉公司规避监管，免予缴纳长江河道砂石资源费”的行为，尤其是水利局收到检察机关督促履职令后一直未查处的行为，充分表明了水利局的主观过错。②可见，在行政公益诉讼中，主观过错是有存在空间的，至少并没有排除。

---

① 参见最高人民法院案例指导与参考丛书编写组:《最高人民法院环境资源审判案例指导参考》，人民法院出版社2019年版，第318-319页。

② 参见江苏省泰州市高港区人民检察院诉泰州市高港区水利局行政公益诉讼案，江苏省泰州医药高新技术产业开发区人民法院行政判决书（2016）苏1291行初330号。法院一审判决书认为，“机关法人本身并无行为意志，其决策与管理活动依赖于负责人集体研究决定及工作人员具体实施……被告工作人员王根林、李忠作为代表国家履行长江采砂监管职责的办案人员，已经发现第三人的非法采砂活动，但其嗣后自主决定对第三人不予追究或仅追究部分责任，其上述行为构成效果上归属于被告高港区水利局的行政监管活动的一部分，故被告所任用人员因职务犯罪所放弃职权的行为对外仍应构成被告的不作为”。

（三）行政公益诉讼中不需要考虑主观过错要件的理由

上文简要论述了在行政公益诉讼中行政机关主观过错有存在的空间，但是否需要考虑主观过错则是另外一个问题。在这里，我们尝试给出行政公益诉讼中法律责任的构成中不需要考虑主观过错要件的几点理由。

1. 可以适用违法归责原则或过错推定原则认定行政机关的主观过错。《国家赔偿法》明确了国家赔偿责任的性质是自己责任，确立了违法归责原则和结果归责原则的多元归责原则。行政公益诉讼中对行政机关归责的认定可以采取违法归责原则，从而避免了对行政机关主观方面认定的困难。违法归责原则以行政行为客观的“违法状态”为归责依据。换句话讲，在违法归责原则下，并不需要考虑行政主体的主观过错。即使采用过错归责原则，也是可以推定行政机关存在主观过错的。有学者认为，我国行政法上的各种“违法行政行为”可视为公权力违反了法秩序的禁止性规定。[①] 笔者认为，行政机关在作出行政行为时是具有维护国家利益或者社会公共利益的“注意义务”的，一旦被认定为“违法行使职权或者不作为”，意味着违反“注意义务”，可推定其主观过错的存在。如此一来，则就无须再多讨论其主观过错了，默认存在于构成要件之中。

2. 行政机关的主观过错与行政机关承担法律责任没有直接关系。行政诉讼的标的是行政行为，诉讼主要围绕着行政行为的合法性（特定情况下，考虑合理性）展开。从法理上讲，行政诉讼是一种纠正违法行政之诉，是一种法律救济制度。行政公益诉讼中，无论最终结果如何，最终的落脚点都是需要行政机关去执行和落实。这也是司法权对行政权的谦抑和尊重。检察机关不能代替行政机关去履行行政职能。从司法实践看，检察机关在诉前检察建议书中主要是要求行政机关依法履行法定职责、变更行政行为等，这都需要行政机关去履职。在诉讼阶段，根据《检察公益诉讼解释》第25条规定，无论是确认行政行为违法或者无效（可以同时判决责令行政机关采取补救措施）、撤销或者部分撤销违法行政行为、依法履行法定职责还是变更行政行为，也都离不开行政机关行使

---

① 参见蔡仕鹏:《行政赔偿违法归责原则的合理定位》，载《行政法学研究》2008年第1期。

行政职权作出行政行为。[①] 认定主观过错对于行政机关来说并没有多大现实意义和法律意义。但是，这并不意味着这里不存在主观过错。事实上，行政机关是拟制的、抽象的，其行政行为必然是工作人员作出的。判断工作人员的主观过错对于认定其行政责任、刑事责任具有重要作用，是成立要件之一。滥用职权、玩忽职守等渎职罪的认定，离不开主观过错。但是，无论如何，行政机关的主观过错与行政机关承担法律责任的结果没有直接关系。

3. 行政机关的主观过错应该由行政机关自己举证。在行政公益诉讼中，如果行政机关认为自己本身不存在主观过错，应该由其举证。一方面，行政机关是行政行为的主体，理应最清楚自身作出行政行为时的动机想法和主观过错。另一方面，行政公益诉讼是客观诉讼，行政机关和检察机关在维护国家利益或者社会公共利益的终极目标上应该是一致的。当然，笔者认为也不排除特殊情况下，可以考虑行政机关的主观过错。在 2018 年最高人民检察院公布的指导性案例之陕西省宝鸡市环境保护局凤翔分局不全面履职案（检例第 49 号）中，就提及行政机关“主观过错”。[②]

综上所述，笔者认为在行政公益诉讼中行政机关的主观过错有存在的空间，但原则上是一个暂时不必要考虑的构成要件。

---

① 如果只是单纯地确认行政行为违法的判决，表面上看似乎不需要行政机关再次行使职权作出行政行为，但是笔者认为行政机关实际上是以以后不再作出此类行政行为的方式在（消极）履行判决。

② 参见《关于印发最高人民检察院第十三批指导性案例的通知》，载《检察日报》2018 年 12 月 26 日，第 3 版。该案例在“指导意义”中写道：办理公益诉讼案件，要对违法事实进行调查核实，围绕行政机关不依法履职或者不全面履职行为的客观表现、主观过错、与国家利益或者社会公共利益遭受侵害后果的关系以及相关的法律依据、政策要求、文件规定等全面收集、固定证据，在查清事实的基础上依法提出检察建议，督促行政机关纠正违法、依法履职。不过，笔者认为这里的“主观过错”更多是集中行政机关是否完全履职的认定上。

第十一章　行政机关不依法履职的判断

依照"依法履职+保护公益+关联性"的三要素复合型标准，显然检察机关启动诉前程序的前提是，行政机关必须存在不依法履职的行为。实践中，行政机关不依法履职行为多样。检察机关在前期线索摸排或具体案件办理中，也将工作重点放在判断行政机关是否构成不依法履职之上。

第一节　不依法履职的内在体现

行政行为的审查标准一直是主观行政诉讼中长久讨论的话题，多采用合法性与合理性审查二分原则。理论上对于两者关系存有争议。部分学者从狭义角度理解合法性，认为若行政行为符合法律规定，但实质上违背立法目的等，其行为虽然合法但不合理。[①] 另有学者认为此种行为属于实质的不合理。[②] 当2014年修订的《行政诉讼法》明确法院可对"明显不当"的行政行为审查时，合法性审查与合理性审查二分原则就已经被动摇。但为便于理解，笔者认为合法性审查标准为狭义的合法性，不包含裁量没有瑕疵、符合立法目的等合理性要素。

一、违背合法性标准

合法性原则强调行政机关在行使职责过程中应当严格遵守法律规定，其所作出的行政行为，在行为主体上合法，且在法律权限范围内，内容合法且

---

① 参见应松年主编:《行政诉讼法学》，中国政法大学出版社1999年版，第59页；罗豪才主编:《行政法学》，中国政法大学出版社1996年版，第357页。

② 参见余凌云:《论行政诉讼上的合理性审查》，载《比较法研究》2022年第1期。

程序正当。

（一）"法"的内涵和外延

判断是否违背合法性首先需要明确"法"的范围。"法"涵盖了全国人大及其常委会通过的法律，行政法规、地方性法规、自治条例和单行条例、规章等。理论界对此无不同意见。对于规范性文件，考虑到其数量庞大，多为对"法"的细化，加之制定、适用规范性文件是行政机关参与社会管理的重要一环，大量行政行为直接依据规范性文件作出，根据规范性文件判断行政行为是否合法具有监督意义。

鉴于部分规范性文件位阶较低，在配置行政机关与行政相对人的权利义务时，可能违背上位法，检察机关在以规范性文件为依据，判断行政机关是否依法履职时，应当率先考虑规范性文件是否合法。例如，制定主体是否有相应权限，制定程序是否违反相关规定，内容是否与上位法存在冲突。若规范性文件本身违背相关法律，不能成为检察机关判断行政机关是否履职的依据。在诉前审查中，若检察机关发现规范性文件同上位法冲突，可通过磋商或发出社会治理检察建议等方式对规范性文件开展监督。例如，遂昌县人民检察院发现县水利部门制发的河道采砂管理性文件无上位法依据，致使农村集体违规采砂的现象普遍存在。检察机关制发诉前检察建议，督促水利部门加强河道砂石资源利用管理，并及时废止该管理性文件。又比如，在湖南省常德市金泽置业有限公司等欠缴土地出让金公益诉讼[①]一案中，因市住建局制定的《常德市市直管建设工程前期施工监管制（试行）》违反建筑法关于建设单位在建筑工程开工前应当取得施工许可证的规定，且该规范性文件无发文对象、无发文日期、未向社会公布，未向政府法制部门备案，当地检察机关向常德市人民政府法制办公室制发社会治理检察建议，建议依法对市住建局制定的这一规范进行审查和处理。在实践中，检察机关除依照法律规定判断行政机关职责，多依照本地"三定"方案明确各行政机关具体职责。当"三定"方案与上位法冲突时，仍应以上位

① 参见《检察公益诉讼全面实施两周年典型案例》，载最高人民检察院官网，https://www.spp.gov.cn/spp/xwfbh/wsfbh/201910/t20191010_434047.shtml，2022 年 2 月 9 日访问。

法为依据开展检察监督。[①]

（二）具体表现形式

依照当前实践，检察机关主要从程序和实体两个方面对行政机关的行政行为开展监督。

1. 程序违法。在程序上，判断行政机关是否依法履行，主要考虑其是否具备法定的职权、作出的行政行为是否遵照法定步骤。例如，扬中市人民检察院发现扬中市水利农机局在处罚非法采砂行为中，多次仅收缴了罚款，未依照法定程序作出行政处罚决定，也未按照罚缴分离的规定收取罚款。以此为由，扬中市人民检察院向行政机关发出检察建议。[②]此种程序违法行为对国家和社会公共利益看似没有直接损害，但程序之外任意行使权力，监督随意，导致多起非法采砂行为未得到有效纠正。

需要注意的是，检察机关在案件审查时，应重点关注程序违法的行为与公益损害后果之间是否有因果关系，部分轻微程序违法的或不依法履职行为在公益损害之后的，应当认为其违法行为与公益损害之间没有因果关系，检察机关不宜开展诉前检察监督。

2. 实体违法。在实体要件上，主要审查行政行为所依据的事实是否清楚、内容是否合法等。例如，行政机关明知申报人不符合条件仍发放财政补贴属于实体违法。在上述扬中市水利农机局怠于履职案中，扬中市人民检察院开展监督的另外两个理由是：一是遗漏处罚事项，仅处罚款但未没收违法所得和非法采砂机具；二是罚款额度低于法定最低处罚标准。此种遗漏处罚事项、标准之外确定处罚额度的行为，影响行政相对人的实体性权益，属于实体违法，造成国家罚没款损失的同时，放纵了非法采砂行为。

---

① 参见周伟：《认定“不依法履行职责”的几项标准》，载《检察日报》2021年1月7日，第7版。

② 扬中市人民检察院诉扬中市水利农机局未依法履行长江采砂监督管理法定职责案，江苏省江阴市人民法院行政判决书（2019）苏0281行初110号。

二、违背合理性标准

（一）合理性审查之正当性

检察机关是否可以就不合理行政行为制发诉前检察建议，理论上存在一定的争议。部分学者认为合理性问题属于行政机关自由裁量范围，[①]由于公益诉讼诉前程序能强制性启动监督程序，出于对行政权的尊重，诉前程序只应发挥补充的作用。[②]有观点认为，行政机关在公益保护中扮演的复杂角色决定了检察机关应对其进行合理性审查。并且，检察建议往往会涉及行政裁量，只有对行政行为的合理性进行充分审查，才能形成较好的检察建议。[③]

依照行政诉讼法的规定，客观行政诉讼中，法院在审查行政行为的合法性时，将自由裁量权范围内滥用职权、明显不当的行政行为视为违法，允许司法权介入监督。[④]可见，一定范围内的行政行为合理性已纳入了合法性审查的范围。[⑤]既然行政行为的合理性有限度地纳入司法审查范围，则当然也可以纳入更为柔和的诉前程序审查范围。

（二）合理性判断标准之厘清

由于行政行为具有很强的专业性、技术性，检察机关在合理性审查上，对于行政机关专业性的挑战应抱有审慎的态度。同时由于公共利益牵涉社会方方面面，涉及情况多、环境复杂，检察机关在诉前程序中应当充分尊重并考虑行政机关灵活开展社会管理的需要。要审慎评价行政裁量行为的实质合法性。检

① 参见蔡勇、汪合新、杨卫玲：《公益诉讼背景下行政违法行为检察监督研究》，载《安徽工业大学学报（社会科学版）》2019 年第 5 期。

② 参见梁春程：《行政违法行为法律监督的历史、困境和出路》，载《天津法学》2018 年第 3 期。

③ 参见关保英：《行政公益诉讼中检察介入行政裁量权研究》，载《现代法学》2020 年第 1 期。

④ 参见信春鹰主编：《中华人民共和国行政诉讼法释义》，法律出版社 2014 年版，第 20 页；袁杰主编：《中华人民共和国行政诉讼法解读》，中国法制出版社 2014 年版，第 21 页。

⑤ 参见何海波：《论行政行为“明显不当”》，载《法学研究》2016 年第 3 期。

察机关监督的应当是违反法律原则、公共道德等原则性问题的行为。[①]对于一些稍轻或稍重的处罚，检察机关不能以行政机关违法履职或不履职为由制发诉前检察建议。

1. 合理性判断标准适用的前提。合理性判断的前提是该行政行为为裁量性行政行为。在诉前程序，当法律已明确行政行为条件、范围、程度等，行政机关没有选择的余地时，行政机关以其行为符合合理性标准开展抗辩时，检察机关应当不予支持。以崇阳县自然资源和规划局怠于履行收缴国有土地使用权出让金[②]一案为例，法律明确规定，对于未及时足额缴纳土地出让收入的，国土资源管理部门不核发国有土地使用证。在此问题上，行政机关没有自由裁量权。崇阳县自然资源和规划局在崇阳信达公司未全额缴纳国有土地使用权出让金的情况下，为其颁发了国有土地使用权证。此种行政行为违法。崇阳县自然资源和规划局以维护社会稳定和解决历史遗留问题为由，认为其行为符合合理行政的比例原则。此种抗辩是完全不成立的。

2. 合理性判断标准的具体适用。

（1）比例原则。所谓比例原则是指行政机关在自由裁量时，应平衡其所追求的目的和所采取的手段给个人造成的损害。[③]从适当性原则、必要性原则和狭义比例原则判断，行政机关在自由裁量权范围内，实施的行政行为应当是能实现或帮助实现行政目的的，对私益影响不超过必要限度，造成的损害未超过所追究的公益。若行政机关的行政行为违背比例原则，致使国家或社会公共利益损害的，检察机关可以向行政机关制发诉前检察建议。在东营市水利局未全面履行河道监管法定职责[④]一案中，《河道管理条例》第42条明确规定：对于违法行为，行政机关应责令停止，限期清除障碍或者采取其他补救措施，逾期不清除或者不补救的，代为清除或者补救。由此，行政机关发现相关主体在河

① 参见秦前红、陈家勋：《打造适于直面行政权的检察监督》，载《探索》2020年第6期。

② 崇阳县人民检察院诉崇阳县自然资源和规划局怠于履行法定职责行政公益诉讼案，湖北省崇阳县人民法院行政判决书（2020）鄂1223行初28号。

③ 参见黄伟丰：《行政基准的法律控制研究》，上海人民出版社2017年版，第124页。

④ 东营市东营区人民检察院诉东营市水利局未全面履行河道监管法定职责案，山东省东营市东营区人民法院判决书（2018）鲁0502行初71号。

道堤坝及其护堤非法取土的，应责令其停止违法行为。当行政机关未能查实非法取土行为人的，其应采取补救措施。但具体采用何种补救措施，法律没有明确规定，属行政机关自由裁量范围。在检察机关开展法律监督时，东营市水利局抗辩称，由于与河道平行的生产道路已符合堤防需要，且在河道管理范围以内栽植林木，如按原状恢复势必毁掉已经栽植林木，其最终采取的“以路代堤”方案符合比例原则，不仅满足防洪、除涝要求，而且有效地整合资源，减少投资，降低损失，其不构成违法履职或不履职。

另外，关于禁止不当结合原则，理论界一般认为禁止不当结合原则从比例原则等原则中推演产生，其含义为行政机关采取的手段与所追求的目的之间应有合理的联结。[①]行政机关在自由裁量过程中，所考虑的因素不应是与事件无关的因素。依照禁止不当结合原则的要求，政府在收集、使用各类信息用作自然人、企业的信用评价时，其收集、评价、公开并作为联合奖惩基础的信息，应与“信用”相联结。[②]若政府为了引导诚信的价值取向，收集并连结与信用无关的信息，其对于个人信息的收集使用，应当认为超出必要的限度和范围，损害社会公共利益，检察机关可开展诉前检察监督。

（2）平等原则。平等原则要求行政机关在相同情形下同等对待不同的相对人。在管理活动过程中，采取的任何手段都应当具备正当的、充分的理由，且在没有正当的、充分的理由下，应当受到行政惯例和内部规则条例的约束。[③]在具体适用中应当注意的是，平等性原则只适用于法律没有明确规定的情况下，作为一种补充性条款运用，所遵循的行政惯例也应当是合法的。若行政机关就自己不充分履职的行为以遵守之前行政惯例为理由提起抗辩，检察机关可着重审查该惯例是否有违反法律规定，或该惯例所遵照的法律规定或社会环境是否有所改变。在重庆市永川区林业局怠于履行林地保护监管职责[④]一案中，重庆

① 转引自刘建军：《论禁止不当联结原则行政法领域之适用性》，载《西安电子科技大学学报（社会科学版）》2006年第5期；姜昕：《公法上比例原则研究》，吉林大学2005年博士学位论文。

② 参见王瑞雪：《政府规制中的信用工具研究》，载《中国法学》2017年第4期。

③ 参见林莉红、任沫蓉：《平等原则在行政审判中的适用偏差与应对——基于对行政行为实质合法性审查的提倡》，载《北京行政学院学报》2022年第1期。

④ 重庆市江津区人民法院（2020）渝0116行初138号行政判决书。

市永川区林业局就认为以依执法惯例，对同地块、同一违法行为，区规资局处罚后林业局不再处罚为理由提起抗辩。

第二节　不依法履职的外观表现

行政机关不依法履职的内在表现主要体现为违背合法性或合理性标准，而行政机关违背合法性或合理性标准在其履行职责中表现为不履职、违法履职两种情形。接下来本节将结合各地典型案例列举说明行政机关在行使职权过程中不履职、违法履职的几种外观形态，以及相应检察公益诉讼监督情况。

一、不履职

判断行政机关是否不履职时，主要应当考虑以下三个要件：一是行政机关具有法律上的职责；二是行政机关客观上没有履行该法定职责；三是行政机关有履行该职责的可能性，即不履职非因客观上不能。实践中部分行政机关以人手不足、经费不足、管辖范围过广、方法有限等原因对检察监督提起抗辩，但实践中一般不予支持。

行政机关对相对人的违法行为负有法定监管职责，但行业相关立法滞后导致缺乏相关监管措施，致使行政机关无法做出履职行为。如浙江省莲都区人民检察院针对进口水果核酸检测阳性事件频发状况开展专项监督，发现浙江省《关于加强进口水果管控的公告》中并未对网络外卖平台进口水果经营者使用“浙食链”系统等问题作出特别规定，实践中市场监管部门在执行《关于加强进出口水果管控的公告》规定开展涉疫监管过程中，多偏重对线下实体经营者的监管，难以将网络外卖平台进口水果经营行为纳入闭环管理，能否依据《食品安全法》《传染病防治法》等相关法律规定予以处罚缺乏明确指导，网络交易平台经营者义务规则不明确，经营者未在商品详情网络页面向消费者亮明“浙食链”溯源二维码，无法核对“三证”（检验检疫证明、核酸检测证明、消毒证明）的情况突出。本案由于制度不明确导致市场监管部门陷入履职困境，导致面对市场经营者的不法行为只能采取说理告诫、要求整改等柔性手段，处罚刚性支撑不足。面对该种情况，检察机关只能建议行政监管部门尽快完善制度规定，明确各方责任并加大惩防力度。

行政机关之间职权交叉致使不同行政机关对同一违法行为负有监管职责，出现“九龙治水”无人管理的情况。在此类案件中，上位法依据与地方规定冲突导致行政主管机关重叠，特别是行政执法领域上位法规定与综合行政执法改革相互冲突，法律规定的主管机关与综合执法机关相互推诿，导致违法行为无人监管的情况突出。浙江省青田县人民检察院在办理青田县海口镇岙海线附近河道违法采砂案件中发现，在道路硬化及环境整治工程施工过程中，施工单位未经水行政主管部门批准擅自将南江村桥下附近河道内砂石料挖上岸作为工程备料。检察机关进一步调查发现，上位法《水法》《河道管理条例》《浙江省河道管理条例》中关于河道非法采砂的许可和处罚单位均为河道主管机关即青田县水利局，而青田县人民政府关于综合行政执法划转行政处罚事项的通告（青政通〔2020〕7号）及青田县综合行政执法划转行政处罚事项目录中，对于“对擅自在河道管理范围内采砂的处罚”全部划转给综合行政执法局。上位法规定与地方规定的行政机关不同，导致青田县水利局与综合行政执法局无所适从，致使公共利益长期处于被侵害状态，青田县检察院发出诉前检察建议，促使其厘清职责，依法对海口镇南江村道路硬化及环境整治工程违法采砂的行为及时进行查处，有效保护生态环境资源。

实践中较为常见的不依法履职集中在行政机关应当发现某些违法行为而未发现，导致未依法履职。在宁夏回族自治区中宁县校园周边食品安全公益诉讼案[①]中，针对全县中、小学校附近几十家小卖部、商店，存在不同程度销售无生产日期、超保质期或来源不清食品、饮料，部分商店未办理食品经营许可证、未办理健康证或健康证过期等情况，检察机关向中宁县市场监督管理局发出诉前检察建议，中宁县市场监督管理局迅速开展专项整治活动，下达责令整改通知书224份，对于在检查中发现的已生产待销售的问题饮料和未生产的产品原料进行了查封、扣押，并对发现问题的食品加工工厂老板进行了处罚。中宁县市场监督管理局作为负有该县食品生产、零售、批发行业日常监管行政职责的行

① 参见《最高检公布检察公益诉讼十大典型案例》，载最高人民检察院官网，https://www.spp.gov.cn/zdgz/201812/t20181225_403407.shtml，2022年3月15日访问。

政机关，既未发现校园周边销售不符合食品安全标准的食品、饮料，也未发现食品销售者未按照规定定期办理健康证及无经营许可证违法经营的情况，存在怠于履职的情形。在实践中，行政机关作为某行业的监管机关，由于种种原因未发现商家未经审批参与行业活动或违规参与、提供、出售相关商品、服务导致不依法履职的情形较为普遍。

实践中行政机关未依法履职且收到检察建议的情况下依旧不履职的情况较为少见。福建省三明市清流县人民检察院办理的清流县环保局公益诉讼案①较为典型。2014 年 7 月 31 日，刘某某非法焚烧电子垃圾被福建省三明市清流县环保局会同县公安局现场制止，两单位当场将尚未焚烧的危险废物电子垃圾查扣并存放在附近的养猪场。同年 8 月，清流县环保局将扣押的电子垃圾转移至不具有贮存危险废物条件的东莹公司仓库存放。同年 9 月 2 日，该县公安局对刘某某涉嫌污染环境案刑事立案侦查，并于 2015 年 5 月 5 日作出扣押决定书，决定扣押刘某某污染环境案中的危险废物电子垃圾。清流县环保局在得知该批电子垃圾被扣押后未及时将电子垃圾移交公安机关，并于 5 月 12 日将电子垃圾转移至无贮存危险废物条件的九利公司仓库存放。因刘某某涉嫌污染环境罪一案证据不足，清流县人民检察院于 7 月 7 日决定不起诉，并于 9 日向县环保局发出行政公益诉讼诉前检察建议，建议其对现场扣押刘某某尚未焚烧的电子垃圾及其焚烧后的电子垃圾残留物进行无害化处置。7 月 22 日，清流县环保局回函称，该局已拟将该批次电子垃圾及危险废物交由有资质的单位处置。12 月 16 日，清流县人民检察院得知县环保局仍未对上述案件扣押的电子垃圾和危险废物进行无害化处置，未依法履行其职责。12 月 21 日，清流县人民检察院以该县环保局为被告向清流县人民法院提起行政公益诉讼，诉请法院确认清流县环保局怠于履行职责行为违法并判决其依法履行职责。法院最终全部支持检察机关的诉请。本案中，检察机关在办理刑事案件中，依旧关注废弃电子设备的处理情况，刑事办案与公益诉讼无缝对接，严格履行公益诉讼诉前程序，以检察建议形式告知清流县环保局应对扣押的电子垃圾和焚烧后的电子垃圾残留物进行无害化处置，清流县环保局应当纠正而拒不纠正，坚持不履行法定职责，致

① 参见《第八批指导性案例》，载最高人民检察院官网，https://www.spp.gov.cn/zxjy/qwfb/201701/t20170104_362935.shtml，2022 年 3 月 15 日访问。

使国家和社会公共利益持续处于受侵害状态的，检察机关依法应当提起行政公益诉讼，并获得法院支持。

二、违法履职

（一）错误履职

错误履职是指行政机关在履职过程中未依照相关法律规定及程序履行职责，常见错误履职包括有法律规定而未依照履行，或对法律规范赋予的职权理解错误，履职中省略或忽略相关程序步骤导致程序错误等情况。如浙江省云和县农业农村局在政府门户网站公示本县领取贫困户补助人员时，将未经依法处理的相关人员家庭住址、联系方式、身份证号码等个人信息一同公布，造成相关人员个人信息泄露并可能被用于违法行为的风险，侵害社会公共利益，检察机关针对该情况向农业农村局发出诉前检察建议，督促该局依法履职，避免不特定公民个人信息泄露。该案是行政机关未严格依照规定造成公益损害风险的典型情况。广东省清新区浸潭镇人民政府为在浸潭镇白花塱旺洞口村山谷间建设使用垃圾填埋场，在未办理环评及工程竣工验收审批及规划审批等手续的情况下，未按标准施工，未在垃圾填埋场底部做防渗、防污染设施，也未按标准流程长时间进行填埋垃圾，致使周边环境造成了严重的污染。该案是清新区浸潭镇人民政府在建设过程中未依照法定程序进行规划审批、开展环评及工程竣工验收的情况下错误履职造成的环境污染。

（二）不充分履职

不充分履职是指行政机关在履职时力度不足，未穷尽手段致使履职不彻底，达不到相应行政效果。此处未穷尽手段指履职深度上未穷尽法定程序及能使用但未使用的行政手段，不包括行政职权之外以及无法通过正常行使职权达成的目的。在行政机关履职过程中存在半途而废的情况，大致可分为主观上存在畏难情绪、人事调动导致工作脱节、人员专业能力不足等几类。值得提起的是，在互联网快速发展的时代，行政机关在监督网络服务平台保护消费者合法权益中存在一定困难，会导致不充分履职的情况。在山东省滨州市滨城区人民检察院诉滨城区食品药品监督管理局不依法履职行政公益诉讼案[①]中，行政机关在收到检察机关检察建议后不充分履职未能完全达到公益保护目的。2018年，山东省滨城区检察院向该区食药局发出公益诉讼诉前检察建议书，督促该区食药局针对该县餐饮服务提供者和网络餐饮服务第三方平台未依法公示、更新相关信息的行为进行监管。7月18日，区食药局书面回复称其已经对“美团”“饿了么”等平台下达监督意见书，检察建议所说情况现已整改到位，所列商家的许可证食品信息已全部在网络平台公示，同时已要求各店将信息从平台撤下。滨城区检察院收到检察建议回复后跟进调查，发现检察建议书中部分所列商家仍然未依法整改，区食药局仍未依法全面履职，该区网络餐饮服务仍存在重大食品安全风险，可能危及不特定消费者人身、财产安全，损害社会公共利益。9月3日，滨城区检察院依法以该区食药局为被告向滨城区人民法院提起行政公益诉讼，请求法院确认区食药局怠于履行监管职责的行为违法并判令该局继续履行法定监管职责。提起诉讼后，区食药局分别向“美团”外卖总部、“饿了么”总部、“百度”等平台总部发出通知，要求其对多家授权的滨州第三方平台进行规范和约束，尽快整改。同时向上海市普陀区食品药品监督管理局、北京市海淀区食品药品监督管理局、北京市朝阳区食品药品监督管理局发出案件线索移送函，对第三方平台存在公示的餐饮服务许可证超过有效期限、部分商家未公示食品经营许可证的情况，函告该局予以调查处理。同时，区食药局对区内相关第三方平台涉及企业下达行政处罚决定书。后区食药局对滨城区代理“美团”外卖、“饿了么”外卖网络订餐平台的公示信息进行随机抽调，均合法有效。该案是山东省滨城区食药局对相关网络餐饮服务第三方平台和入网餐饮服务提供者未依法公示和更新相关信息的违法行政监管不充分、不彻底，导致检察建议回复后依旧存在部分商家仍未整改的情况。

（三）不完全履职

不完全履职是指履职范围应达到一定程度而没达到，即范围上的部分履职。行政机关不完全履职在行政监管类案件中较为常见，即行为人违反相关规定造

① 参见《“保障千家万户舌尖上的安全”公益诉讼专项监督活动典型案例》，载正义网，http: //news.jcrb.com/jxsw/201910/t20191011_2058787.html，2022年3月15日访问。

成相对应后果，行政机关在要求其负担行政责任的同时，应督促对先前行为造成的后果负担相关民事法律责任，如赔偿损失、恢复原状等。在办理湖北省宜昌市长江岸线林地保护行政公益诉讼案[①]中发现，湖北某公司及法定代表人黄某、项目负责人徐某在未办理审批手续的情况下，在宜昌市枝江市白洋镇易顺矿业码头旁长江岸边占用林地开挖砂石，平整土地，建设堆货场扩充码头，造成39.708亩林地严重毁坏。该码头系湖北易顺矿业有限公司与枝江市人民政府签订协议建设，但一直未取得港口经营许可证合规经营。宜昌市高新技术产业开发区综合执法局（以下简称高新区综合执法局）针对违法毁林行为向行政相对人下达《责令停止林业违法行为通知书》，同时将本案移交公安机关立案侦查，但是并未责令该公司对已被破坏的林地进行恢复原状。本案中违法行为人在未取得港口经营许可证的情况下毁林占地违法扩建码头，除行政拘留和罚款的行政责任可被刑罚折抵外，其他行政法律责任仍应承担。高新区综合执法局在将案件移送公安机关侦查后，未责令相对人恢复被毁林地原状，构成不完全履职。

（四）迟延履职

迟延履职是指行政机关履职时间迟于应当履职的时间，在外观表现上，行政机关迟延履职和不履职非常接近，均表现为不去主动履行行政职责，本书所说迟延履职是指在附履职期限、履职时间的行政行为中，行政机关迟延履职造成公益损害的情形。如福建省福清市人民检察院诉福清市国土资源局行政公益诉讼案[②],2014年，福建省福清市源华能源科技（福建）有限公司（以下简称源华公司）通过公开竞拍的方式，竞得福清市2014工业挂-11号地块的国有建设用地使用权，成交总价为人民币2731.887万元。福清市国土资源局出具融地工业挂牌《成交确认书》，要求源华公司在5个工作日内交纳土地出让金总额

---

① 参见《检察机关服务保障长江经济带发展典型案例（第二批）》，载正义网，http://www.jcrb.com/jcjgsfalk/dxal/gjc/fuwuchangjiangjingjidai/202003/t20200320_2133176.html，2022年3月15日访问。

② 参见《福建省福清市人民检察院对福清市国土资源局提起行政公益诉讼》，载最高人民检察院官网，https://www.spp.gov.cn/xwfbh/wsfbh/201611/t20161116_172922.shtml，2022年3月15日访问。

60% 支付的预付款，并在 30 日内结清剩余出让金；如未按时支付，违约金按照每迟延一日支付款项的千分之一计算，若迟延支付时间超过 60 日，则视为竞得人放弃该次竞得资格，前期已缴纳的竞买保证金不予退还，同时竞得人还应按土地价款总额的 20% 支付违约金；成交之日起 5 个工作日内与福清市国土资源局签订《国有建设用地使用权出让合同》，不按期签订的，同样视为放弃竞得资格，已缴纳的竞买保证金不予退还，并承担相应法律责任。源华公司未依照《成交确认书》内容履行，仅前期缴纳出让金人民币 456 万元，尚欠 2275.887 万元未缴纳，同时未与国土资源局签订《国有建设用地使用权出让合同》。现该宗拍卖土地被源华公司实际使用，且发现并未经审批搭建厂房开始运行的情况，该案中福清市国土资源局未依照《成交确认书》内容履行职责，未及时收回土地出让金及违约金，导致国有资产的流失。

第三节　特殊情形下不依法履职的判断

《办案规则》就几种特殊行政公益诉讼立案情形作出了规定。《办案规则》第 68 条明确，在法定五个公益诉讼领域，行政机关怠于强制执行或怠于申请强制执行，或违法处分执行标的的，或在裁执分离时不依法履职等情形，致使国家或社会公众利益受到侵害的，检察机关可以立案监督。[①]

一、行政非诉执行检察监督与行政公益诉讼之权力界分

行政非诉执行监督立足于监督人民法院对行政非诉执行申请所实施的活动，

① 《办案规则》第 68 条规定："人民检察院对于符合本规则第六十七条规定的下列情形，应当立案：（一）对于行政机关作出的行政决定，行政机关有强制执行权而怠于强制执行，或者没有强制执行权而怠于申请人民法院强制执行的；（二）在人民法院强制执行过程中，行政机关违法处分执行标的的；（三）根据地方裁执分离规定，人民法院将行政强制执行案件交由有强制执行权的行政机关执行，行政机关不依法履职的；（四）其他行政强制执行中行政机关违法行使职权或者不作为的情形。"

监督行政机关不依法履职的行为。[①]但对于在非诉执行监督中发现的行政机关不依法履职行为，检察机关是否可以开展行政公益诉讼监督，理论界和实务界一直存在争议。一方面，由于法律规定和行政诉讼特点，裁判结果监督和审判人员违法行为监督案件线索有限，影响力有限。与此同时，法院受理的行政非诉执行案件数量庞大。行政非诉执行监督被视为补齐行政检察短板，做实行政检察，实现“四大检察”协调发展的重要抓手。[②]最高人民检察院在全国推开的行政非诉执行监督专项行动在现实中也多有成果。以浙江省丽水市为例，2021年全市办理行政非诉执行监督案件163件，占全部行政检察案件的81%。另一方面，持肯定态度的学者认为，行政非诉执行监督应当仅限于法院的执行活动。[③]行政非诉执行监督效果弱，对于涉及社会公共利益的行政非诉执行监督案件，检察机关可通过行政公益诉讼方式开展监督。[④]实践中，早在2017年，就有地方对裁执分离下，涉及社会公共利益的行政非诉执行监督案件开展行政公益诉讼，并在案件进入诉讼阶段时得到法院的支持。[⑤]《办案规则》其实是对这种理论观点和司法现状的支持。

由此可明确，检察机关在行政非诉执行中开展行政公益诉讼监督，向行政机关制发诉前检察建议应当有以下三个条件：第一，必须是生态环境和资源保护、食品药品安全、国有财产保护、国有土地使用权出让、未成年人保护等领域；第二，必须为行政强制执行中的违法履职或不履职；第三，行政机关的违法履职或不履职使国家或社会公共利益受损。

---

① 参见张相军、张薰尹：《行政非诉执行检察监督的理据与难点探析》，载《行政法学研究》2021年第12期。

② 参见张相军：《以行政非诉执行监督为突破口做实行政检察工作》，载《检察日报》2019年5月27日，第3版。

③ 参见黄旭东、邓娟：《行政非诉执行监督中应关注三个问题》，载《检察日报》2021年6月16日，第7版。

④ 参见张相军、张薰尹：《行政非诉执行检察监督的理据与难点探析》，载《行政法学研究》2021年第12期。

⑤ 长乐市人民检察院诉长乐市国土资源局不履行保护生态环境和资源法定职责案，福建省长乐市人民法院行政判决书（2017）闽0182行初2号。

二、怠于强制执行或怠于申请强制执行

在行政非诉执行制度中，我国基本采用人民法院司法执行和行政机关自行执行并行的模式。《行政诉讼法》第 97 条明确规定，行政机关可以申请人民法院强制执行，或依法自行强制执行。如此，当相关法律明确规定行政机关应依职权强制执行而未执行或未完全执行时，其行为构成不履职。或行政机关无权自行强制执行又未向法院申请强制执行的，其行为也构成不履职。例如，在徐州市自然资源和规划局不履行林业行政管理法定职责①一案中，徐州市自然资源和规划局就行政相对人擅自改变林地用途违法建房的行为，作出行政处罚的行政决定。在行政相对人既未提起行政复议或诉讼，亦未按期履行行政处罚确定义务的情况下，行政机关未对相对人进行催告，亦未及时申请人民法院强制执行，致使行政处罚决定得不到有效执行，行政处罚纠正违法行为的目的不能实现。检察机关向行政机关发出诉前检察建议。

（一）行政机关怠于强制执行

行政机关怠于强制执行前提在于行政机关有权自行强制执行。检察机关在具体案件审查中应当注意：第一，当行政机关拥有强制执行权，但违法向人民法院申请强制执行的，其构成怠于强制执行。但若人民法院受理并裁定准予执行，最后实施强制执行的，该行为虽构成怠于履职，考虑到行政决定已被执行，此种行为虽破坏司法秩序，违背法律规定，但难认为在生态环境保护等法定行政公益诉讼领域中，存在损害国家或社会公共利益的行为，检察机关不宜对行政机关制发诉前检察建议，但可通过行政非诉执行监督的方式向人民法院制发检察建议，或向行政机关发出社会治理检察建议。②第二，当行为人因违法行为被处以有期徒刑等人身罚，行政机关另外作出行政处罚的，行政机关以行为人无人身自由为理由既未代为履行又未向法院申请强制执行的，仍构成怠于履

① 徐州市鼓楼区人民检察院诉徐州市自然资源和规划局不履行林业行政管理法定职责案，徐州铁路运输法院行政判决书（2017）苏 8601 行初 1419 号。

② 参见刘长江：《行政非诉执行检察监督应注意的几个基本问题》，载《人民检察》2020 年第 16 期。

行。[①] 依照《行政强制法》的规定，当行政相对人不履行且在催告后仍不履行排除妨碍、恢复原状的行政决定，且后果已经或者将危害交通安全、造成环境污染或者破坏自然资源的，行政机关可以代履行或委托无利害关系第三人代履行。行政机关有权通过代履行方式实施行政强制执行。虽代履行依照法律要求，需提前送达代履行决定书。相对人被处以人身罚的现实在客观上会为送达造成一定困难，但送达并非不能。行政机关仍有履行的可能性。

（二）行政机关怠于申请强制执行

当审查行政机关是否怠于向人民法院申请强制执行时，需要注意以下几点：第一，行政机关向人民法院申请强制执行，但未提交有关材料，或申请无明确的相对人时，仍构成怠于履职。在黄陵县国土资源局不履行法定职责[②]一案中，黄陵县国土资源局在申请黄陵县法院强制执行时提供的材料不全，且在规定时间内未补充提供材料，导致法院无法审查，检察机关就此发出诉前检察建议。第二，行政机关向人民法院申请强制执行，但未严格按照行政决定确定的全部内容申请的，构成不完全履职。例如，甲县国土资源局对某矿业公司违法占地行为作出行政处罚，要求拆除非法占用土地上的建筑物和构筑物，退还非法占用的土地，并交罚款 108294.4 元。在行政相对人拒不执行处罚决定后，甲县国土资源局仅就拆除建筑物和构筑物，退还非法占用的土地一项决定向人民法院申请强制执行，未提及罚款事宜。[③] 此种行为客观上使行政决定难以全部实现，未能弥补生态环境保护等行政公益诉讼法定领域遭受的损害，对于罚款不执行的行为也导致国有财产流失，客观上损害国家或社会公共利益，符合制发诉前检察建议条件。第三，行政机关未在法定期限内向人民法院申请强制执行，但曾用其他多种手段督促行政相对人履行政决定的，仍属于怠于申请

① 广德县人民检察院诉广德县林业局不履行林业行政管理法定职责案，安徽省广德县人民法院行政判决书（2018）皖 1822 行初 18 号。

② 富县人民检察院诉黄陵县国土资源局不履行法定职责案，陕西省富县人民法院行政判决书（2018）陕 0628 行初 32 号。

③ 参见《广西壮族自治区某矿业公司违法占地非诉执行监督案——依申请监督行政非诉执行“裁而不执”，保护国土资源不被侵害》，载最高人民检察院官网，https://www.spp.gov.cn/spp/xwfbh/wsfbh/201909/t20190925_432931.shtml，2022 年 2 月 15 日访问。

强制执行。当行政相对人不履行行政决定，行政机关又不能自行强制执行的，行政机关有义务向人民法院申请强制执行。这也是实现行政决定的重要方式。其虽采用多种手段督促行政相对人履行行政决定，但未用尽手段，仍构成不依法履职。第四，行政机关在法定期限内向人民法院申请强制执行后，主动撤回申请，且再未向人民法院申请强制执行，也未采取其他措施制止行政机关违法行为的，属于怠于履行。如，敦化市国土资源局撤回申请后，始终未再向人民法院申请强制执行，也未采取任何措施制止敦化兴鹏铝塑门窗加工部破坏基本农田的行为。检察机关向敦化市国土资源局制发诉前检察建议。[①]第五，行政机关作出《行政处罚决定书》后，依照法律规定允许相对人迟延或分期缴纳罚款，行政机关向人民法院申请强制执行的期限从何时起算呢？在 2021 年《行政处罚法》修改之前，法律未作出明确规定，实务界也一直存在争议。吉林省长春市中级人民法院、河北省保定市中级人民法院都曾认为应当允许行政机关在延长履行期满后次日起 3 个月内向人民法院申请强制执行。但在一审裁判中，两地法院认为行政机关申请强制执行的起算点应从行政处罚作出且行政相对人未起诉、未复议并满三个月后起算。[②]如此，实践中也有检察机关在此类案件上开展监督。例如，在南平市建阳区工商行政管理局未依法履行追缴行政处罚款项法定职责[③]一案中，南平市建阳区工商行政管理局在作出《行政处罚决定书》后，批准相对人延长缴纳罚款期限。期限届满，行政机关在送达催告书后再一次允许相对人迟延履行。相对人在两次迟延缴纳罚款后，行政机关向人民法院申请强制执行。但法院以申请超过法定期限为由不予受理。检察机关就此以不作为为理由向南平市建阳区工商行政管理局发出诉前检察建议。当案件进入诉讼阶段时，福建省南平市延平区人民法院认为，行政机关应当在催告书送达相对人后 10 日内向人民法院申请强制执行。行政机关在制发处罚催告书后再次允许相

① 敦化市人民检察院诉敦化市国土资源局不履行法定职责案，吉林省延吉市人民法院行政判决书（2018）吉 2401 行初 42 号。

② 长春市规划局向吉林省长春市中级人民法院申请强制执行案，吉林省长春市中级人民法院行政裁定书（2018）吉 01 行审复 2 号；保定市莲池区应急管理局向保定市莲池区人民法院申请强制执行案，河北省保定市中级人民法院号行政裁定书（2020）冀 06 行审复 7 号。

③ 南平市建阳区人民检察院诉南平市建阳区工商行政管理局未依法履行追缴行政处罚款项法定职责案，福建省南平市延平区人民法院行政判决书（2018）闽 0702 行初 25 号。

对人延期缴纳罚款的行为，违背法律规定，致使法院不予受理强制执行裁定，行政机关的行为属于怠于申请。2021 年《行政处罚法》修改后，法律明确规定行政机关批准延期、分期缴纳罚款的，自暂缓或者分期缴纳罚款期限结束之日起计算向申请人民法院强制执行的期限。检察机关在案件审查过程中，应重点审查行政机关是否有批准延期、分期缴纳罚款的行为，其行为是适用新法或是旧法。

三、违法处分执行标的

在当前法律体系下，行政机关在作出行政决定后，为制止违法行为、防止证据损毁、避免危害发生、控制危险扩大等，可依法对公民、法人或者其他组织的财物采取行政强制措施，可查封场所、设施，查封或扣押财物，但应妥善保管。当人民法院强制执行，需拍卖或依法处理查封、扣押的场所、设施或者财物时，应当委托拍卖的，由相应人民政府指定的拍卖人进行拍卖。若人民法院在强制执行中，行政机关违法处分执行标的，出现将本应指定特定拍卖人拍卖的物品擅自处理或低价处理等情形，致使国有财产流失，国家或社会公共利益损害的，检察机关可向相关行政机关制发诉前检察建议。

依照《行政强制法》的规定，行政机关可委托第三人保管查封的场所、设施或者财务。若因第三人违法处分执行标的，致使国家或社会公共利益受到损害的，行政机关是否构成不依法履职呢？行政机关虽委托第三人保管执行标的，但绝非一托了之，应当尽到监督管理职责，其未履行监管职责致使第三人违法处分执行标的的，致使国家或社会公共利益遭受损失的，检察机关也可以开展诉前监督。

四、裁执分离下不依法履职

行政非诉执行监督中的裁执分离是指，当行政机关依照法律规定向人民法院申请强制执行行政决定后，人民法院依照裁执分离的有关规定，裁定由行政机关组织执行行政决定。[①]

① 参见张相军、张薰尹:《行政非诉执行检察监督的理据与难点探析》，载《行政法学研究》2021 年第 12 期。

（一）监督的必要性

裁执分离最早由部分地方法院于本地区在土地征收管理领域率先实施，后由最高人民法院通过司法解释和司法文件确认并在全国范围内推开，其目的在于解决裁执一体下法院案多人少、案件执行难度大、破坏法院公平公正形象等问题。此种执行模式虽然能在很大程度上解决上述问题，但由于各类司法文件对于裁执分离在程序启动、执行主体的确定、具体执行程序、可采用的执行手段等都缺乏系统性的规定，实践中出现大量人民法院裁定执行的主体没有执行能力、没有执行权，裁定执行的行政机关怠于执行或超越裁定内容执行等问题。裁执分离的裁定长期无法得到执行，不仅损害人民法院的公信力，也使行政决定无法落到实处。检察机关对此类问题开展监督，在拓宽行政公益诉讼影响力的同时，能切实维护国家和社会公共利益。

（二）监督的范围

依《办案规则》的规定，检察机关通过行政公益诉讼诉前程序可以开展监督的行为，仅为行政机关怠于执行裁执分离决定的行为。例如，在黄某违法占地多部门怠于履职非诉执行监督案[①]中，黄某因违法占用农用地搭建洗沙线，被五华县自然资源局行政处罚，被责令退回非法占用土地并恢复土地原状。在黄某拒不履行后，五华县自然资源局向兴宁市人民法院申请强制执行。依照裁执分离的有关规定，人民法院裁定由五华县河东镇人民政府组织实施，但镇政府怠于执行。黄某违法占用农用地，违法搭建洗沙线的行为，破坏国家耕地资源和生态环境，导致当地山体滑坡、水土流失，影响当地饮用水和灌溉用水安全，属于公益诉讼五大领域之一。人民法院依照裁执分离的有关规定，裁定五华县河东镇人民政府实施强制执行符合法律规定。五华县河东镇人民政府不予执行的行为，致使国家和社会公共利益长期遭受损害。检察机关可以裁执分离下五华县河东镇人民政府怠于执行为由，向其发出诉前检察建议。

检察机关在案件审查中，另外需要注意的有：第一，若人民法院裁定某行政机关执行行政决定，但依照当地裁执分离规定，案件不属于裁执分离领域或

① 参见《全省十大行政非诉执行监督典型案例》，载阳光检务网，http://www.gd.jcy.gov.cn/dxal/202009/t20200907_2949628.shtml，2022 年 3 月 14 日访问。

行政机关没有强制执行权，此时若行政机关未依照人民法院裁定内容强制执行的，检察机关不宜开展行政公益诉讼监督。职权机关对于裁执分离的有关规定是人民法院在具体领域裁定具体行政机关强制执行的依据，超越裁执分离规定作出的裁定合法性存在缺陷。依照合法性审查原则，行政机关没有强制执行的法定职责，其怠于执行的行为不构成不依法履职。但检察机关可以通过行政非诉执行监督对人民法院开展监督。第二，若人民法院裁定具体行政机关强制执行，但行政机关因人民法院未送达裁定书而未履行相关职责的，考虑到行政机关不具有履职的可能性，检察机关不宜对行政机关制发诉前检察建议。第三，若行政机关超越人民法院裁定内容强制执行，应重点考虑此种行为是否会在行政公益诉讼法定领域，损害国家和社会公共利益。在具体实践中，人民法院依照裁执分离规定作出执行裁定书时会明确强制执行的行政机关、具体的执行内容。例如，山东省宁阳县人民法院作出的宁阳县国土资源局、李加文执行实施类执行裁定书明确，由宁阳县乡饮乡人民政府组织行政相对人退还土地，并没收地上新建的建筑物和其他设备，罚款与逾期罚款由人民法院执行。[①]若宁阳县乡饮乡人民政府对应由人民法院执行的罚款实施强制执行措施，其行为明显违背法律规定，属于不依法履职。但此行为在本案可能涉及的生态环境和资源保护领域不存在损害国家和社会公共利益的问题，其收缴罚款也不能认为造成国有财产流失，不宜以诉前检察建议开展监督。

五、执行和解中的不依法履职行为

《行政强制法》第 42 条允许行政机关与相对人达成执行协议，约定分阶段履行。若相对人采取措施补救，可减免加处的罚款或滞纳金。《行政处罚法》第 66 条也明确相对人经济困难的，可延期或分期缴纳罚款。上述规定就是所谓的执行和解。

执行和解是行政机关为了更好地实现执法目的，在不损害社会公共利益的前提下，人性执法的一种体现。即使如此，在实践中仍会存在行政机关执行和解行为使行政执法目的难以实现，损害社会公共利益的情形。检察机关在审查

① 宁阳县国土资源局向山东省宁阳县人民法院申请强制执行案，山东省宁阳县人民法院行政裁定书（2015）宁行非执字第 207 号。

中应当重点关注。第一，无正当理由，行政机关允许当事人分期、分阶段履行期限、履行方式明显超过合理范畴，致使行政决定事实上难以实现，国家和社会公共利益事实上受到损害。第二，执行和解多有限制，对于罚款，只有当事人确有经济困难时才可延期或分期缴纳。执行和解目的在于使行政决定能够更好的执行，若当事人本身具备履行能力，就没有和解的必要。减免加处的罚款和滞纳金只有在当事人采取补救措施之后。且减免的仅仅为已加处的罚款或滞纳金，对于尚未加处的罚款或滞纳金或罚款本金，行政机关不能减免。行政机关在当事人不满足延期、分期缴纳罚款，或减免加处的罚款和滞纳金条件，而与当事人达成执行和解的，使国有财产遭受损失，致使国家和社会公共利益遭受损害，检察机关可以启动行政公益诉讼诉前程序。如，因无锡市某金属制品有限公司、无锡市某漂染有限公司等 17 家企业环保违法，相关行政机关作出行政处罚决定，并向法院申请强制执行。在执行过程中，涉案企业未缴纳罚款。在法院阶段，行政机关与相对人达成和解，减少罚款本金近 200 万元。滨湖区检察院由此向相关行政机关发出诉前检察建议。[①] 又比如，庆阳市市场监督管理局针对 19 家食药企业违法生产经营禁止生产经营食品的违法行为，对违法企业作出行政处罚决定，并分别罚款。后市场监督管理局向西峰区法院申请强制执行，在法院阶段达成和解协议，减免罚款本金 70.5 万元。庆阳市人民检察院以行政机关违反法律规定减免罚款本金为由向市场监督管理局发出诉前检察建议。[②] 上述两个案子中，行政机关减免罚款本金的行为违背法律规定，变相改变了行政处罚决定。相关行政机关违法减免罚款本金的行为，实际上是减轻或减免了企业等主体对破坏环境、破坏食药安全等应承担的责任和义务，减免罚款本金的行为也使国有财产遭受损失，损害了国家利益和社会公共利益，可以开展诉前监督。

---

① 参见《关于印发〈发挥行政非诉执行监督职能助力打好污染防治攻坚战六件典型案例〉的通知》，载东方网，https：//j.eastday.com/p/1605373300023702，2022 年 2 月 15 日访问。

② 参见《案例丨某市场监管局与企业达成执行和解协议，违法！》，载质量云，https：//www.sohu.com/a/444139323_744299，2022 年 2 月 15 日访问。

第十二章 公共利益损害的判断

公共利益损害是行政公益诉讼制度的核心问题之一，是判断是否存在“诉的利益”的前提，是评判行政公益诉讼制度正当性的重要根据，也是该项制度能否具有持久生命力的关键。从司法实践情况来看，大多数行政公益诉讼案件对公益诉讼损害问题缺乏深入的分析论证，不少法律文书关于公共利益损害的表述十分笼统模糊，大多是“致使公共利益受到损害”或者“公益利益损害处于持续状态”等原则性的表述。对于公共利益损害的具体情形、损害程度等缺乏明确清晰的分析论证，导致实践中出现案件质效参差不齐、公益保护效果不够好等问题。以上问题如果无法得到有效处理和回应，必将伤害行政公益诉讼制度这一具有中国特色的法律制度的正当性，不利于这一制度的长期健康发展。因此，本章就公共利益损害问题作专题研究，以满足办案实践的现实需要。

第一节 公共利益损害的司法表述

运用抽样调查的统计方法，笔者梳理了最高人民检察院官方微信公众号公布的 2021 年 24 件公益诉讼典型案例（见本节后附表 3）与 2019 年公布的 26 件公益诉讼典型案例（见本节后附表 2）等 50 个公益诉讼典型案例，以此为样本，用“侵害行为 + 损害事实列举 + 损害分析”“侵害行为 + 损害事实列举”“侵害行为 + 损害了公共利益”三种表述方式，将案件分为三级、二级、一级案件，再统计各级别案件在各领域分别占比多少，以期对公益损害在不同领域案件的司法判断现状、办案困难分析有一定的客观支撑，为进一步提高不同领域行政公益诉讼工作质效提供一定的参考方向。

一、公共利益损害司法表述的总体状况

（一）一级案件占比较小

将公益损害表述为“侵害行为＋损害了公共利益”，各大领域中占典型总数比例为25%—40%，只有少部分对公益损害展开详细论述分析。50件典型案件办理中，对公益损害的司法界定很少论述，而是仅仅对侵害行为进行了介绍，就直接“理所当然”地过渡到公共利益受到侵害。例如福建省闽侯县食用油虚假非转基因标识公益诉讼案。“2018年4月，央视《每周质量报告》曝光了闽侯县域内四家食用调和油生产商存在偷工减料、非转基因虚假标识等现象。这些食用调和油生产商通过在普通植物油勾兑出的低端油中添加低价大豆油等方式降低成本，以低价油冒充高价油，并在产品标签中虚假标注原料配比、虚假标识非转基因，以转基因原料冒充非转基因原料，严重损害了社会公共利益。”① 对于损害的公共利益是什么、侵害程度等有待明确。

（二）二级案件总数较多

无论是2021年还是2019年的典型案例中，二级案件占据大部分，占据比例为50%—80%，即承办人在办案过程中对公益损害的情况通过“侵害行为＋损害事实列举（其中包括鉴定评估和鉴定意见）”的表述方式，认定为公共利益受到了侵害，此类情况最为常见，例如陕西省泾阳县人民检察院督促履行文物保护监管职责行政公益诉讼起诉案中，“郑国渠首遗址标志石碑前堆积有建筑垃圾，遗址保护范围内泾惠渠东岸农田上堆积大量道路柏油渣；部分坝体因长期取土发生雨后垮塌情形；在遗址保护范围内东段坝体上的废旧厂房开办农业养殖场，并开挖排污渠，养殖场的家禽粪水向农田直排，严重破坏了遗址文物风貌和安全。文物保护范围内存在堆放垃圾、排放污水、挖土等违法行为，严重破坏文物风貌和安全。”② 该案办理就是“侵害行为＋损害事实列举”的方式进行的公益损害司法判断，二级案件相对一级案对公益损

---

① 参见《最高检发布检察公益诉讼十大典型案例》，载微信公众号“最高人民检察院”，2018年12月25日。

② 参见《最高检发布检察公益诉讼十大典型案例》，载微信公众号“最高人民检察院”，2018年12月25日。

害的论述较为具体、详实、丰富，但是仍然没有对公益损害的具体内容内涵进行界定，也没有对损害等级进行划分，更没有对损害是否存在的临界点进行分析。

（三）三级案件数量较少

在办理公益诉讼案件过程中，应该以“侵害行为＋损害事实列举＋损害分析”的办案模式对公益损害的情况进行充分的分析论述。“损害分析”不仅仅是简单的“侵害了社会公共利益”“人民群众生命安全”“破坏了生态环境”等宽泛笼统的表述，而是要根据不同的公益诉讼案件领域和个案特点，对本领域或者个案的公益损害进行具体内容内涵界定、对损害等级进行划分、对损害是否存在的临界点进行判断，对个案的个性化处理进行分析，以提高办案质效。例如云南省安宁市温泉地下水资源保护公益诉讼系列案，笔者将其归类为三级案件，在典型案例中表述为“安宁温泉素有‘天下第一汤’的美誉，但是由于前几年无序开采、管理不规范，地下水资源破坏严重，热田面积缩小，热水井水温持续下降，出现由热水井变为冷水井的情况，甚至有的地热泉眼枯竭，不仅破坏了生态环境资源，也严重影响了当地以旅游业为主的经济发展，地下水不仅仅是重要的水资源，也是‘山水林田湖草’生态系统中的关键要素，对于维护生态系统平衡具有不可替代的作用。伴随着地下水资源的逐步恢复和周边环境的改善，到当地旅游度假的游客越来越多，促进了当地经济社会发展”。[①] 案例山西省寿阳县羊头崖烈士纪念设施疏于管理公益诉讼案中，分析为“寿阳县羊头崖烈士纪念塔塔体杂草丛生，其附属设施周边垃圾随意堆放，纪念展馆内设有棋牌娱乐室等。该纪念塔系寿阳县政府于 1946 年为纪念在抗日战争中牺牲的烈士所建，2014 年 7 月，县政府将其列为红色革命教育基地。寿阳县退役军人事务管理局作为主管行政机关却未对纪念设施尽到维护、修缮、严格管理职责，使本应庄严、肃穆、激励奋进的场所变得荒芜和极不严肃，严重影响了群众对英雄烈士的崇拜和瞻仰，英雄主义和爱国主义精神教育受到损害”。[②] 对相

① 参见《重磅！最高检发布 26 件公益诉讼典型案例》，载微信公众号“最高人民检察院”，2019 年 10 月 10 日。

② 参见《重磅！最高检发布 26 件公益诉讼典型案例》，载微信公众号“最高人民检察院”，2019 年 10 月 10 日。

对较虚的“精神损害”方面用具体、明确的观点展示出来，提升了案件质效。上述两个案件虽然没有就公益损害的分析面面俱到，但是其有对公益损害深度的挖掘和延伸，例如从自然资源领域延伸到文化领域和经济领域；从物质领域延伸到精神领域且内涵丰富，让人民群众一目了然，取得了良好的司法效果和社会效果。

二、不同领域案件公共利益损害的司法表述

（一）食品药品安全领域

典型案例中，食品药品安全领域公益诉讼案件共计 8 件，其中一级案件、二级案件各 4 件。食品药品安全领域公益诉讼一级案件占比最大，即多数食品药品安全领域公益诉讼在办案过程中对公益损害的分析界定不够，该类案件占比在 60% 甚至以上。二级案件占比 40% 左右，反映出食品药品安全领域案件办理过程中对公益损害的具体分析不够重视。一级案件例如浙江省松阳县人民检察院诉刘某某等生产、销售有毒、有害食品公益诉讼案中，“纪某某通过互联网购买淀粉、荷叶提取物、橙子粉等原材料及国家规定禁止在食品中添加使用的盐酸西布曲明，自行生产加工减肥胶囊、果蔬酵素粉等食品，并通过百度贴吧等渠道发布销售广告，直接或经中间商转手出售给众多不特定消费者，侵害众多消费者合法权益，损害社会公共利益”①，该典型案例仅描述侵害行为或者案件过程，直接过渡到侵害公共利益，对本案中公共利益的界定并没有详细展开论述，侵害利益的程度也没有表述清楚，侵害公共利益的类型及判断理由没有具体分析，本案是“风险性”公共利益侵害案件，而非“结果型”即造成实际危害后果的公益损害案件，缺乏对“风险性”案件公益损害的分析。另外，二级案件新疆维吾尔自治区伊犁哈萨克自治州人民检察院诉某气体制造有限公司非法销售假药公益诉讼案，典型案例分析中既有损害事实，又有公益侵害的具体分析，表述为“某公司在只取得医用气态氧生产经营许可手续，未取得医用液态氧生产经营许可手续的情况下，从工业氧生产企业以每吨 200 元左右的价格购进工业液氧，经公司相关人员非法伪造、变造医用液氧出库单、检验证

---

① 参见《最高检发布检察公益诉讼起诉典型案例》，载官方微信公众号“最高人民检察院”2021 年 9 月 15 日。

明等手续后，多次将工业液氧冒充医用液氧，以每吨3000元价格非法销售给伊犁州直9家医疗机构，销售金额达5140403.2元。办案检察官向伊犁州友谊医院等3家医疗机构的5名医疗专家进行了咨询，5名专家均认为，工业氧是一种工业产品，而医用氧系医用药品，其生产、储存等均有一系列严格规范。工业氧冒充医用氧使用后，生产中产生的杂质、有害气体等进入人体后必然会对患者造成健康损害”，[①]其中对工业氧损害公共利益的原理做了详细的说明，论证较为充分，案件质效更高。

（二）生态环境和资源保护领域

生态环境和资源保护领域公益诉讼案件，是实践中办案数量最多的领域，占据了所有公益诉讼典型案例的50%以上数量。该领域办理的案件中，二级案件占比最大，为60%—75%，一级案件为25%—40%，案件中公益损害分析方面相对较为充实丰富，案件质效相对较高，一些案件可以归类为“三级”案件。例如云南省安宁市温泉地下水资源保护公益诉讼系列案中，表述“安宁温泉素有‘天下第一汤’的美誉，但是由于前几年无序开采、管理不规范，地下水资源破坏严重，热田面积缩小，热水井水温持续下降，出现由热水井变为冷水井的情况，甚至有的地热泉眼枯竭，不仅破坏了生态环境资源，也严重影响了当地以旅游业为主的经济发展。地下水不仅仅是重要的水资源，也是‘山水林田湖草’生态系统中的关键要素，对于维护生态系统平衡具有不可替代的作用。伴随着地下水资源的逐步恢复和周边环境的改善，到当地旅游度假的游客越来越多，促进了当地经济社会发展”。[②]对生态资源的侵害进行了生态环境资源、水资源、生态系统以及经济发展的危害做了详细的描述。然而大部分生态环境和资源保护领域处于二级甚至一级案件，对公益损害部分内容分析论述较少。办案质效相对较高的二级案件，例如吉林省德惠市人民检察院督促履行环境保护监管职责行政公益诉讼起诉案中，表述“德惠市朝阳乡境内存在擅自倾倒、堆放生活垃圾情况，涉案两处垃圾堆放场位

① 参见《最高检发布检察公益诉讼起诉典型案例》，载微信公众号“最高人民检察院”，2021年9月15日。

② 参见《重磅！最高检发布26件公益诉讼典型案例》，载微信公众号“最高人民检察院”，2019年10月10日。

于松花江国堤内，垃圾直接就地堆放，未作防渗漏、防扬散及无害化处理，散发有刺鼻气味，污染周边环境和水质，且对松花江汛期行洪产生影响，侵害了社会公共利益。经环保部门及专家出具意见，垃圾存放处未见防渗等污染防治设施，垃圾产生的渗滤液可能对地表水及地下水造成污染，散发的含有硫、氨等恶臭气体污染环境空气”，对专家意见和环境污染物危害地表水、地下水、污染环境空气等进一步深入分析，使得案件办理针对性更强，保护公益效果更好。

（三）未成年人保护领域

司法实践中未成年人保护领域案件较少，在50例典型案例中仅有1件，属于二级案件，且具体内容上与食品药品安全领域有交叉重合。例如甘肃省酒泉市肃州区校园周边“辣条”等“五毛食品”行政公益诉讼案，案件情况和分析为“2019年3月18日酒泉市市场监管局和市教育局联合发布了公告，明确禁止在全市所有校园及周边200米范围内销售‘辣条’，但在新苑学校、东关一小等中小学附近的部分小超市、文具店、杂货店仍在销售‘辣条’等‘五毛食品’。辖区内学校周边小超市、文具店、杂货店在有关部门明令禁止的情况下，仍在向中小学生销售存在质量安全问题的‘辣条’食品，部分‘五毛食品’存在无生产日期、超保质期、无保质期以及涉嫌伪造生产许可证号等问题”。该案对食品的问题进一步明确，对侵害公益的界定更加清晰。另外该案特点在于系食品药品安全领域和未成年人公益保护领域交叉案件，更应该作为一个典型案例从多方面对“公益损害”的情况进行剖析。该案例属于无形的公益损害，因为无法对公益损害的程度进行量化评估，且属于风险性公共利益保护。笔者认为未成年人人身权、健康权、受抚养权、受教育权等实际受到侵害的现象在实践中较为多发，需要引起司法机关的关注，检察公益诉讼在该领域可以加强监督并运用公益保护理论起到更好的未成年人公共利益保护效果。

（四）国有财产保护领域

国有财产保护领域近两年典型案例共计4件，其中一级案件1件，二级案件3件，分别占比25%和75%，相对而言公益损害方面论述较好。二级案件例如四川省绵阳市涪城区追缴被骗医保金公益诉讼案中，“2015 年至 2016 年期间，绵阳佰信医院、绵阳天城医院负责人分别组织医务人员采取开具‘阴阳处方’等非法手段向绵阳市医疗保险管理局进行报销，共计骗取医疗保险基金人民币 3115 万余元。相关行政机关未对涉案医院和涉案医务人员作行政处理，也未责令医院退回被骗取的医保金，国家利益和社会公共利益持续受损”。[①] 而一级案件例如西藏自治区朗县人民检察院督促履行矿山环境资源监管职责行政公益诉讼起诉案中，“保险公司套取国家农业保险费补贴资金的行为，财政部门收到检察建议后未及时依法追回，致使国有财产处于被侵害状态”。不过该案件事实清楚，“国家农业保险费补贴资金”就是国有财产损失数额，不会造成公众理解上的困难。因此公益损害的分析在领域划分等笼统表述方式下，也要根据领域和个案的特点进行灵活的变化。

（五）国有土地使用权出让领域

国有土地使用权出让领域近两年仅 1 例典型案件，为一级案件，原因类似于国有财产保护领域，只要说明侵害事实即可直接体现国有土地使用权出让领域公益的损害情况。案例如湖南省常德市金泽置业有限公司等欠缴土地出让金公益诉讼案中，“2018 年 8 月 13 日，常德市检察院向原常德市国土资源局发出诉前检察建议，建议积极履行法定职责，及时采取有效措施追缴金城公司、金泽公司、恒泽公司欠缴的土地出让金。截至 2019 年 9 月 30 日，原常德市国土资源局通过土地出让金专项清理活动共收回土地出让金超过 13 亿元”。通过案件的描述即可看到公益保护的力度和效果。因此在国有财产保护领域和国有土地使用权出让领域对公益损害进一步展开研究和论述的空间不大，但是这两个领域案件一旦发生就是巨大的损失，检察公益诉讼可以尝试预防性机制建设的研究和开展。

（六）安全生产领域

安全生产领域公益诉讼典型案件有 2 件。一级案件典型案例如陕西省宁

① 参见《重磅！最高检发布 26 件公益诉讼典型案例》，载微信公众号“最高人民检察院”，2019 年 10 月 10 日。

强县人民检察院督促履行尾矿库安全监管职责行政公益诉讼起诉案中，表述为“陕西省宁强县境内的东皇沟铅锌矿曹家沟尾矿库（以下简称曹家沟尾矿库）位于嘉陵江上游，属B级尾矿库（B级为较高危险）、重金属矿。尾矿库未依法闭库而存在的安全生产和环境污染隐患。该尾矿库从2010年停用至本案立案前长达八年时间内，未依照《尾矿库安全监督管理规定》实施闭库，存在尾矿泄漏、溃坝等重大安全和环境隐患”。二级案件典型案例，如河南省三门峡市违建塘坝危害高铁运营安全公益诉讼案①中，“郑州到西安高速铁路（以下简称郑西高铁）南交口大桥桥梁南北两侧距桥墩不足100米处，三门峡市陕州区菜园乡、湖滨区交口乡村民分别修路筑坝、填土造田，造成桥梁南侧（上游）塘坝内蓄水约1万立方米，存在汛期溃坝冲击桥梁的风险；北侧（下游）形成堰塞湖，高铁2号桥墩（旱桥）直接浸泡在水中，给正在运行的郑西高铁造成重大安全隐患。三门峡市人民政府未依法履行安全生产监督管理、防洪和保障铁路安全职责，造成郑西高铁南交口大桥防洪安全隐患，使国家财产和人民群众的生命安全受到严重威胁”。上述案例一“损害事实”直接过渡到公益受到侵害，案例二则对“侵害事实+侵害具体风险”进行了分析，则公益损害方面更具说服力。

表2　2019年度公益诉讼典型案例之公益损害分析情况表

	案结数占比	案件数（总）	一级	二级	三级	一级占比	二级占比	三级占比
领域（总）	100%	26	10	12	1	38.50%	46.2%	4.20%
生态环境保护	46.20%	12	5	6	1	41.70%	50%	8.30%
食品药品安全	19.20%	5	3	2	0	60.00%	40.00%	0
国有财产保护	3.85%	1	0	1	0	0.00%	100%	0
安全生产	3.85%	1	0	1	0	100%	0	0
英烈名誉保护	7.70%	2	1	1	0	50.00%	50%	0
国有土地使用权出让	3.85%	1	1	0	0	100%	0	0
未成年人保护	3.85%	1	0	1	0	0	100%	0

① 参见《重磅！最高检发布26件公益诉讼典型案例》，载微信公众号“最高人民检察院”，2019年10月10日。

表 3　2021 年度公益诉讼典型案例之公益损害分析情况表

	案结数占比	案件数（总）	一级	二级	三级	一级占比	二级占比	三级占比
领域（总）	100%	24	6	17	1	25%	70.80%	4.20%
生态环境保护	66.70%	16	4	12	0	25%	75%	0
食品药品安全	12.50%	3	1	2	0	33.30%	66.70%	0
国有财产保护	12.50%	3	1	2	0	33.30%	66.70%	0
安全生产	4.20%	1	1	0	0	100%	0	0
英烈名誉保护	4.20%	1	1	0	0	100%	0	0
国有土地使用权出让	0	0	0	0	0	0	0	0

表 2、表 3 备注：根据案件办理中公益损害的分析情况将 50 件公益诉讼案件分为一级、二级、三级案件，级数越大案件质效由低到高，其中，三级案件：公益损害分析表述为“侵害行为 + 损害事实 + 损害分析”；二级案件：公益损害分析表述为“侵害行为 + 损害事实”；一级案件：公益损害分析表述为“侵害行为 + 损害了公共利益”。

第二节　公共利益损害判断的问题分析

基于公共利益损害判断的重要性以及被忽视的现状，笔者拟从法律规定、制度设计、实践标准、理论研究等几大方面对公益损害的司法判断的困境进行简单梳理和说明，以期有助于司法实践中公益损害判断问题的进一步发展。

一、公共利益损害判断存在的问题

（一）公共利益损害判断在法律规定上原则化

相比较于《民法典》中如侵权责任编及相关司法解释对“生命权、健康权、姓名权、名誉权、著作权”等民事权益的规定，《刑法》及《刑法修正案》中有如盗窃罪侵犯“公私财物所有权”、故意伤害罪侵害“他人身体健康权”等法益侵害有具体明确的内容，甚至有“伤残等级”等侵权程度的详细规定，在公益诉讼领域，公益诉讼专门规范有关“公益损害”的司法判断没有进行具体的规定和解释，例如《办案规则》第 71 条规定：“人民检察院办理行政公益诉讼案件，围绕以下事项进行调查：（一）国家利益或者社会公共利益受到侵害的事实……”第98条第2款规定：“针对不同领域案件，还可以提出以下诉讼请求：……（二）食品药品安全领域案件，可以提出要求被告召回并依法处置相关食品药品以及承担相关费用和惩罚性赔偿等诉讼请求……”对公益损害方面的内容仅仅用“公共利益受到侵害”的表述一带而过。在公益诉讼相关性法律中，公益损害的规定也是点到为止，例如《固体废物污染环境防治法》第121条规定“固体废物污染环境、破坏生态，损害国家利益、社会公共利益的，有关机关和组织可以依照《中华人民共和国环境保护法》、《中华人民共和国民事诉讼法》、《中华人民共和国行政诉讼法》等法律的规定向人民法院提起诉讼”等，仅有“给国家和社会公共利益造成重大损失”等笼统的规定，而缺乏对损害展开详细的分析和界定。

（二）公共利益损害判断在制度设计上缺失

一是公益损害评价机制缺失。例如在《刑法》中，在他人的生命健康法益受到犯罪嫌疑人侵害之时，法律上有关于伤残等级分为重伤、轻伤、轻微伤的认定，并且根据伤残等级的区分对应相应的罪责刑相适应刑罚惩罚机制，而检察公益诉讼中关于公益损害程度缺乏级别划分，也缺少行政机关相应责任承担规则的具体制定，不利于办案中相关责任的承担的区分。公益诉讼领域损害评价机制建设的一个探索，是食品药品领域的“十倍惩罚性赔偿金”规则，许多地方的公益诉讼案件办理过程中已经适用该规则并且取得较好的法律效果和社会效果，但是该制度尚未完全推行，仅部分地方先行先试，另外该制度仅仅适用食品药品安全领域，略显单一、死板，无法适应不同地区复杂多变的公益损害的现实情况。

二是公益损害鉴定机制缺失。公益损害案件办理过程中，不同领域公益诉讼案件、相同领域内不同类型公益诉讼案件、不同地区同类型公益诉讼案件、同地区同类型公益诉讼案件在不同的鉴定机构间所做的公益损害的鉴定都是不统一的，导致案件办理差异大，对公益损害的界定不清晰，导致同案不同办，司法效果和社会效果差。

三是公益损害补救效果衡量机制缺失。案件办理过程中，常常出现行政机关“书面履职”的情形，例如检察建议发出后，行政机关自法定的两个月的期限内书面回复履职督促整改完毕，但是经检察机关跟踪查访并未履职到位，出现两个机关间标准的冲突，无法对公益损害的程度进行明确而又公正的界定。

四是公益损害预防评估机制缺失。公益诉讼领域作为检察监督的新型领域，需要起到“办理一件、警示一片”的法律效果和社会效果，那就有必要健全机制，通过个案办理深入挖掘公益损害的界定，并基于此建立预防评估机制，做好相关领域公益诉讼侵害的预防性工作。

（三）公共利益损害判断在实践标准上模糊

一是“侵害与非侵害”的标准模糊。现实中行政机关对公共利益侵害存在质疑，使得行政机关不配合、专家鉴定人不认可等情况发生。二是“风险性”侵害与“结果性”侵害的标准模糊。有的案件侧重于“风险性”侵害而发送检察建议，尤其是安全生产领域公益诉讼和食品药品安全领域公益诉讼此类情况较多；有的案件需要“结果性”侵害即要求实际上造成了损害事实才予以立案，例如环境资源保护领域公益诉讼。但是办案实践中存在同一类型案件既有因“风险性”损害进行公益诉讼的情况，也有“结果性”实际损害而推动公益诉讼的情况，“风险性”侵害与“结果性”侵害的交叉与并存造成司法实践中具体情况处理的混乱。三是“有形损害”与“无形损害”的标准模糊。损害发生与否，损害的形式是有形损害还是无形损害，例如国有财产保护领域公益损害是有形损害，其内容是具体的专项资金补助款的数额，而烈士名誉权的公共利益侵害属于精神损害是无形损害，其大小没有具体的量化评估标准，导致司法实践对“公益损害”的界定不明晰。四是“可量化”与“不可量化”的标准空白。各大领域案件办理过程中公益损害是否可以进行量化，具体的量化等级、具体的临界值等制度设计均为空白。

（四）公共利益损害判断在理论研究上不足

理论界和实务界对什么是“公共利益”有较多的研究，但是也存有较大的争议，公共利益的概念不清、边界模糊。18 世纪功利主义法学的代表人物边沁认为，公共利益并不是独立于个人利益的特殊利益，而是“组成共同体的若干成员的利益的总和”，国家的目的就是最大限度地促进公共利益，实现社会“最大多数人的最大幸福”，[1]有人认为“公共利益是那些代表一个社会里大多数公民的最好的利益或最大好处的东西”[2]，也有人认为抽象的“公共利益”具有多种特征，从不同角度对“公共利益”得出的结论也有所不同，但作为判断标准的基本特征却是确定的，即正当性、非获利性、共享性、稳定性。[3]保护公共利益是诉前督促程序的落脚点。公共利益受到损害一般来说，是指公共利益出现了减损、灭失或者应当增加而未增加等情况。例如生态环境和资源保护领域的公共利益，在民法逻辑体系中，环境侵权的前提是所有权、健康权等绝对权受到侵害。民法的损害以差额为基础，通常为财产损害，这里可以作为检察公益诉讼公益受损的计算参考。[4]相较于“公共利益”，目前理论界对“公益损害”的系统性研究并不多，更没有针对公益损害判断开展的专门研究，需要更多法律人士、专家学者和公益诉讼领域专业人士引起重视并填补空白。

二、公共利益损害判断问题的原因分析

当前公益诉讼中公益损害司法判断存在的上述问题，既有历史原因又有现实原因，既有顶层规划原因又有实践操作原因，既有主观原因又有客观原因，笔者择取以下三方面原因作简要分析。

一是客观现实复杂，个案难判断。公益诉讼工作开展以来，从试点时期的四大领域发展到如今的九大法定领域，是一个不断探索的过程，相当于“摸着石头过河”。不同领域间、同一领域内的不同案例、两个同类型案例间都有可能千差万别，可能存在普遍性的“公益损害”结论，但是更多的是根据个案、各地区的特点而办理。

二是技术水平不高，鉴定难度大。因为资金投入限制、技术设备缺乏、专家人才不足等问题，很多公益诉讼损害方面侵害事实和损害大小难以鉴定，例如某地办理的小作坊合伙人私自燃烧不能提炼的稀有金属，导致周边的水源、土壤、大气遭到污染。但是因为鉴定难度大，无法对“公益侵害”进行一个量

① 参见陈柏言：《法理视野中公共利益之边界》，载《学术探索》2011年第5期。

② 朱广忠：《公共利益的界定与测度》，载《探索与争鸣》2010年第12期。

③ 参见倪笃志：《公共利益之特征界定与适用》，载《法律适用》2012年第9期。

④ 参见冯洁语：《公私法协动视野下生态环境损害赔偿的理论构成》，载《法学研究》2020年第2期。

化分析认定。

三是人才建设不足，调查取证难。公益诉讼司法实践中办案人才、公益人士等业务专家人才均不足，或者有相关人才但是在鉴定和分析上能力培养不够，无法适应“公益损害司法判断”的现实需要。

第三节　公共利益损害判断的应有路径

通过前文从实践层面对公共利益判断现状、问题等进行的归纳和阐释，可知部分行政公益诉讼诉前程序案件中都没有对公益损害作进一步的分析和论证，特别是关于公共利益损害的具体情形、损害程度等。因此，本节主要结合诉前程序不同办案领域的特殊性，有针对性地提出在各重点办案领域判断公益损害时应该遵循的原则或者需要考虑的要素、指标，以便对公益损害的判断有一个参考大纲。

一、公共利益损害的类型划分

公共利益损害可多角度作类型划分，以公益损害是否可量化为标准，可分为有形损害与无形损害。

有形损害是指公共利益受到可量化、可评估的具体损害，如生态环境保护领域中滥伐林木、非法捕捞水产品等案件中可通过评估、鉴定的方式，将损害具体量化的情况；或者将具体损害以确定的数据衡量的案件，如在国有财产保护领域中，应当受到保护的国有财产却没有受到保护，造成国有财产流失情况；在国有土地使用权出让领域公益诉讼中，应当收缴的国有土地出让金未收缴等情况都有明确的损害数额。例如景宁畲族自治县人民检察院督促景宁畲族自治县住房和城乡建设局履行职责案[①]。应当收缴到国家财政的专项经费未及时收缴，造成财政收入损失，案件中就是典型的有形损害。具体案情：丽水天申置业有限公司开发某项目，经核算应缴纳人防易地建设费128.63628万元，但

① 参见景检行公〔2019〕33112700185号检察建议书。

该公司从未向景宁畲族自治县住房和城乡建设局申请办理人防审核手续，一直拖欠人防易地建设费，后检察机关向该局提出检察建议，督促其依法履行职责采取有效措施向丽水天申置业有限公司催缴人防易地建设费128.63628万元，有效保护了公共利益。本案中，根据浙江省物价局、浙江省财政厅、浙江省人民防空办公室《关于规范和调整人防工程易地建设费的通知》（浙价费〔2016〕211号）规定，丽水天申置业有限公司开发的项目地块总建筑面积为住宅5818.55平方米，其他5824平方米，核算转化后应缴纳的人防易地费为128.63628万元，该笔人防易地建设费属于国有财产的一种，应当收缴却未收缴，致使国家利益受到了损害，损害的大小即实际经过核算后应收缴的易地建设费的数额，属于典型的有形公益损害。

无形损害即无法实际衡量公共利益侵害的大小的情况，无形损害是指抽象的利益或者精神层面的公共利益受损，一般无法进行具体的量化评估。实践中无形损害以多种形式存在于各大领域的案件中，如生态环境资源保护领域的环境污染、生态破坏、资源损失；食品药品安全领域的公民人身权利、财产权利受到的损失；文化保护领域的公益受损主要是传统文化；个人信息保护领域公共利益受损的是个人的信息安全；英烈保护领域的英烈荣誉权、名誉权公益受损等。例如丽水市综合行政执法局未依法履行垃圾堆放监管职责一案[①]。丽水市莲都区白云街道城西村华东植物园附近无名道路一侧大量废弃人工草皮、玻璃、砖石等不可降解垃圾沿山体倾倒，延绵达数十米，严重破坏附近生态环境，破坏周边生态环境，侵害了社会公共利益。该案中倾倒不可降解垃圾的行为破坏了生态环境，侵害了公共利益。但是，本案中倾倒不可降解的垃圾到底对周边环境造成了多大的损害，无法具体鉴定和量化评估，因此，本案属于典型的无形公益损害情形。有的环境污染类公益损害由于鉴定技术人才、技术手段和技术设备的缺乏，难以具体确定公益损害的大小或者转化为经济损失的多少，如非法冶炼金属行为导致水土、大气污染的情形。另外，由于生态环境和资源保护领域公益损害存在时间周期长，有些具体损害存在潜伏性暂时无法体现出来，造成存在短期公益损害与长期公益损害的问题，也是生态环境与资源保护领域

① 案例来源于关于丽水市综合行政执法局未依法履行垃圾堆放（市区城西村大量废弃物倾倒）监管职责一案的调查终结报告。

公益损害评估量化困难的原因之一。

有形损害、无形损害两大分类只是从整体上对公益损害进行的归类，为了提高诉前监督的质量，不仅要指出所涉领域一般抽象的公共利益，还要进行下一步的演绎，指出该抽象公共利益更为具体可感的表现。

二、公共利益损害判断的两个维度

公共利益损害是指公共利益的减损、灭失或者应当增加而不增加，其判断基准是公共利益未被侵害时的状态。对公益损害判断的方法可以从时间和空间两个维度上来展开。

在时间维度上，纵向对比行为前后的公共利益状态，公共利益水平低于行为前的则认为公共利益受到损害；公共利益水平不低于行为前的，则不认为公共利益被损害。例如国有土地出让领域中，土地出让金的收入是政府非税收入的重要组成部分，非税收入又是财政收入的重要组成部分，国有土地出让后却未依法收缴国有土地出让金的行为，造成了国有土地使用权这个公共利益受到侵害。龙泉市人民检察院督促龙泉市国土资源局履行职责案能够体现时间维度上的公益损害情况。[①] 龙泉欧亚龙鸿翔竹木业有限公司以竞买方式取得位于龙泉市工业园区吴处 A 地块一宗国有建设用地使用权，并与龙泉市国土资源局签订《国有建设用地使用权出让合同》，之后龙泉欧亚龙鸿翔竹木业有限公司仍未缴纳出让金 1590960 元并产生违约金。龙泉市国土资源局怠于向受让人收取土地出让金并未及时解除《国有建设用地使用权出让合同》，致使国有土地使用权收入流失，国家财政收入减少，损害了国家利益。本案中，龙泉欧亚龙鸿翔竹木业有限公司与龙泉市国土资源局签订《国有建设用地使用权出让合同》之日起，国有土地使用权收入这一公共利益就持续处于损害状态。因此，龙泉欧亚龙鸿翔竹木业有限公司除了补交 1590960 元国有建设用地出让金外，还需按合同要求承担相应的违约金，以弥补国家利益的损害。

在空间维度上，横向比对行为地周边类似情形下的公共利益状态，公共利益水平低于周边公共利益状态的，则认为公共利益受到损害。公共利益水平不低于周边公共利益状态的，则认为公共利益未受损害。以遂昌县人民检察院督

① 案例参见龙检行公建〔2017〕1 号检察建议书。

促遂昌县自然资源和规划局履行职责案[①]为例，某施工方未经审批，擅自进行倾倒工程渣土和土地平整作业，致使山场合计达15000余平方米面积的林地被毁。空间维度上对比周边地区林业生产条件受损明显，本案在空间维度上涉案的山场林地大片被毁，被毁林地面积合计达15000余平方米，大片已平整完毕的土地，对比周边同类条件山场林业生产条件受损明显，社会公共利益受到严重侵害。

时间维度是纵向标准，是第一序位的判断标准；空间标准是横向标准，是第二序位的判断标准。只有时间维度无法判断时，才适用空间维度标准。如遂昌县人民检察院督促遂昌县政府云峰街道办事处履行职责案[②]。遂昌县云峰街道墩头—门阵段农村公路蜿蜒崎岖，道路多绕山盘旋，故道路转弯处多数设置有转角镜，但该路段存在50多处转角镜遭到不同程度损坏，未发挥应有作用，易引发交通事故，影响山区道路交通安全，损害社会公共利益。本案中，50多处转角镜损坏的具体时间无法确定，很可能经年累月没有规范管理的持续性结果，没有一个时间点作为损害发生或者开始的具体临界点，无法从时间维度判断公共利益的损害。本案更加适用于空间维度来界定公益损害的存在，根据相关道路管理规范和要求，对比同类型其他转角镜完好、正常发挥其预防和减少交通事故效果的山区道路，判断多处转角镜损坏对人民群众的生命财产安全等社会公共利益可能带来的损害。

三、不同领域公共利益损害判断的影响因素

判断公益损害需要结合考虑时空维度是一般性原则，但行政公益诉讼涉及诸多具体领域，在每个领域具体判断是否存在公益损害，还需要结合该领域的特殊性，结合特别的因素进行分析。

（一）生态环境和资源保护领域

生态环境领域公益损害千差万别，十分复杂。一般可以分为污染环境和破坏资源两种类型。参考《刑法》相关生态环境犯罪规定，如第338条污染环境

① 案例参见遂检二部行公建〔2021〕13号检察建议书。

② 案例参见遂检行公建〔2021〕20015号检察建议书。

罪、第408条环境监管失职罪及最高人民法院、最高人民检察院《关于办理环境污染刑事案件适用法律若干问题的解释》，生态环境部制发的《环境损害鉴定推荐评估办法》（第Ⅱ版），浙江省人民检察院制定的《关于公益诉讼重特大案件标准的规定》等，我们认为生态环境领域确立公益损害判断标准应该坚持下面两个原则：一是遵循基本法学原理原则；二是遵循基本科学原理和技术规范原则。具体而言，就污染环境型公益损害，应该综合考虑污染物种类、污染方式、污染区域的性质、面积、持续的时间、受影响人群的人数，危险废物的重量、类型、危险程度，修复可能所需要的资金以及发生突发环境事件的级别等；就破坏资源类型公益损害，应该综合考虑猎捕、杀害动物的种类、品种、数量、保护等级和受破坏植物的种类、数量、保护等级等。

例如云和县人民检察院督促云和县崇头镇人民政府履职案[①]，镇政府在开展垦造耕地项目时造成部分林地、植被遭到破坏，影响生态环境，国家利益和社会公共利益受到侵害。涉案山林的植被、林木因垦造耕地项目水土流失问题突出，生态环境和自然资源长期处于被破坏的境地。综合考虑其涉案项目由于水土保持措施设计不充分，施工过程中未采取有效的水土流失防治措施，经雨水冲刷导致表层土壤流失，边坡已存在塌方等泥石流灾害情形，损害较为严重，需要进行公益保护的情势紧迫。该案更加适合空间维度上的标准进行公益损害判断，即对比周边地区植被完好的林地，本案中林地遭到破坏之后生态功能明显减弱，从而损害了社会公共利益。

（二）食品药品安全领域

食品药品安全属于典型的社会性管制领域，检察公益诉讼作为行政执法的补充手段，可弥补现有行政机制存在的不足，发挥社会共治作用。我国集团诉讼和为保护公益而提起的私人诉讼都不发达，加之第三人撤销诉讼类型也不丰富，社会管制领域的受损公益往往陷入无救济渠道的困境。[②]参考《食品安全法》《药品管理法》《进出口食品安全管理办法》《网络餐饮服务食品安全监督管理办法》《关于深化改革加强食品安全工作的意见》等有关加强食品药品监督管

① 案例参见云检行公建〔2021〕20003号检察建议书。

② 参见刘艺：《我国食药安全类行政公益诉讼制度实践与理论反思》，载《南京工业大学学报（社会科学版）》2021年第3期。

理以保障食品药品安全的规定，可知在食品药品安全领域要有更强的预防性思维，不仅要关注食药安全遭受的实害性冲击，更要端口前移关注潜在的较为紧迫的食药安全风险隐患以及监管漏洞。判断食药领域公益损害时，需要坚持全流程系统性思维，结合食药领域的国家标准、地方标准、行业、企业或第三方标准，充分考虑具体食品药品的种类、等级、市场规模，食药生产经营数额、生产经营方式，消费者是否属于特殊群体，食药违规违法行为是否发生在特殊时间点，食药安全事件发生的可能性及治愈难度等因素，进行更为精细的说明论证。

例如龙泉市人民检察院督促龙泉市卫生健康局履行职责案[①]。龙泉市城区范围内销售违规添加禁用物质的抗（抑）菌制剂类消毒产品，该产品说明书内容不规范，破先锋抑菌乳膏内含有特比萘芬成分，说明书未标注主要植物拉丁文名称，违规添加真菌类药物特比萘芬，龙泉市卫生健康局未对消毒产品履行好卫生监管职责，侵害了社会公共利益。依据相关法律法规，检察机关督促该局要积极履行职责，以更强的预防性思维，将端口前移关注药品安全风险隐患以及监管漏洞。该案在时间维度上自药店开始销售非法添加物的药品，就存在损害社会公共利益的严重风险。

（三）国有财产保护和国有土地使用权出让领域

“国土国财”领域的公益损害相对来说更为显性，很多时候只需要进行定量分析就可以，国有财产的范围涵盖属于国家所有的一切物权、知识产权、债权、股权、税费罚没等财产性权益。土地受让收入是政府非税收入的重要组成部分，非税收入又是财政收入的重要组成部分。国有出让也主要通过出让方式的合规合法、土地后续使用等来保障土地使用权出让的财产性权益，因此，判断“国土国财”领域公益损害主要考虑财产性权益货币化后的数额以及国有财产性权益减损的社会影响度、预防的必要性、诉前程序启动的司法成本等因素。

例如龙泉市人民检察院督促龙泉市国土资源局履行职责案[②]。2011 年 11 月 25 日，龙泉市亿林木制品厂以竞买方式取得位于龙泉某地块一宗国有建设用地

① 案例参见龙检行公建〔2017〕1 号检察建议书。

② 案例参见龙检行公建〔2017〕2 号检察建议书。

使用权，龙泉市国土资源局与亿林木制品厂签订《国有建设用地使用权出让合同》，出让价款974280元，定金（保证金）195000元，出让款于签订之日起30日内一次性付清；并约定“受让人不能及时支付国有建设用地使用权出让价款的，自滞纳之日起，每日按迟延支付的1‰向出让人缴纳违约金”。至2017年3月，龙泉市亿林木制品厂一直未缴纳出让金，龙泉市国土资源局也一直怠于向受让人收取土地出让金且未及时解除合同，致使国有土地使用权收入流失，国家财政收入减少。本案中，自《国有建设用地使用权出让合同》签订后30日起，国家利益就持续处于损害中。

（四）个人信息保护领域

从传统观点来看，个人信息属于公民个人的“私权”范畴，然而在大数据时代，个人信息越来越多地呈现出公共权利的形态。[①]个人信息保护领域公共利益损害的类型多样。中国互联网协会公布的《中国网民权益保护调查报告（2021）》显示：“近一年来，因个人信息泄露、垃圾信息、诈骗信息等原因，导致网民总体损失约805亿元。82.3%的网民亲身感受到了由于个人信息泄露对日常生活造成的影响。”[②]参考《刑法》《民法典》《个人信息保护法》《关于办理侵犯公民个人信息刑事案件适用法律若干问题的解释》《检察机关办理侵犯公民个人信息案件指引》等有关规定，判断该领域公益诉讼损害情况，应该综合考虑侵犯个人信息的主观过错程度、内容、数量、规模、公布方式、信息用途、违法所得数额以及侵犯的对象是否属于特殊群体等因素。

例如云和县人民检察院督促云和县农业农村局依法履行职责案[③]。云和县人民政府官方网站“基层政务公开”栏目中，发布的两项公示内容存在未对居民身份证号等信息加以屏蔽的情形。一是2021年度雨露计划助学拟补助名单中199名户主姓名、身份证号、家庭类别、子女姓名、就读学校、专业和班级及补助金额等信息公示；二是2021年实际种粮农民一次性补贴发放资金发放的公

① 参见蒋都都、杨解君:《大数据时代的信息公益诉讼探讨——以公众的个人信息保护为聚焦》，载《广西社会科学》2019年第5期。

② 参见张新宝、赖成宇:《个人信息保护公益诉讼制度的理解与适用》，载《国家检察官学院学报》2021年第5期。

③ 案例参见云检行公建〔2022〕1号检察建议书。

示中公布了3945名公民的姓名、身份证号、种粮面积等信息。根据《个人信息保护法》第2条、第9条的规定，公民的个人信息受法律保护，个人信息安全问题是大数据时代下关乎民众切身利益的问题，属于社会公共利益，信息不当泄露易给不法分子以可乘之机，利用公民个人信息实施违法犯罪活动，危害公民人身、财产安全。本案中公民个人信息网上被公开发布出来，泄露公民个人信息的行为就已发生，公共利益就受到持续性的损害，信息的内容、数量、规模、公布方式等都是判断公益损害的依据。

（五）英雄烈士保护领域

英雄烈士保护领域的公共利益损害包括对英烈的姓名、肖像、名誉、荣誉等人格权的损害。简而言之，侵害英烈的姓名、肖像、名誉、荣誉等人格权是前提性要件，公共利益的损害是结果性要件，[①]其主要是社会价值观和一般公众的情感伤害，既不是物质损失，也不同于一般意义上的精神损害。参考《刑法》《民法典》《英雄烈士保护法》《烈士纪念设施保护管理办法》等，判断该领域公益诉讼损害情况，应该综合考虑行政相对人侵犯英雄烈士方法方式、影响范围、传播途径，烈士纪念设施受损程度、面积、等级，英雄烈士的知名度或者勋章表彰获得情况等因素。

例如丽水市莲都区人民检察院督促莲都区碧湖镇人民政府履行烈士墓保护职责案[②]。本案中，丽水市莲都区碧湖镇六位烈士合葬的烈士墓，主碑上刻有“英雄永垂不朽”的字样，经过雨水、日晒侵蚀，碑面字迹已经模糊不清，烈士墓周边遍地都是枯枝落叶及少量垃圾，周边环境和管理状况较差。根据《英雄烈士保护法》《烈士纪念设施保护管理办法》，烈士墓碑面字迹模糊不清未及时修复，破坏英雄烈士纪念设施完整，烈士墓周边环境脏乱，影响烈士墓庄严、肃穆、清净的环境，削弱了烈士墓更好地弘扬和传承英雄烈士精神、爱国主义精神的价值，导致公共利益受到了损害。

---

① 参见罗斌:《传播侵害公共利益维度下的“英烈条款”——〈民法总则〉第一百八十五条的理解和适用》，载《学术论坛》2018年第1期。

② 案例参见丽检行公建〔2021〕20010号检察建议书。

（六）安全生产领域

参考《安全生产法》《安全生产许可证条例》《建设工程安全生产管理条例》等有关安全生产监督管理的规定，可知安全生产领域特别重视源头治理、预防导向，对重点生产领域、区域、部位、环节和重大危险源，比如矿山、危险化学品等，尤其要把预防摆在更突出的位置，严格落实各项管控措施，严格落实各层级的安全生产强制性标准和条件，既要关注生产的安全，也要关注生产者的安全。检察机关针对重点安全生产隐患，可以对行政机关开展预防性监督而不是等发生了安全生产事故后进行事后性监督，据此，判断安全生产领域的公共利益，需要考虑生产领域的重要性、风险性，生产的规模、周边环境，劳动者人数，安全生产相关制度执行的重要性，损失数额，安全生产发生的频率等因素，进行综合考量。

例如云和县人民检察院督促云和县住房和城乡建设局履行职责案[①]。检察人员发现云和县主城区多处路段存在窨井盖破损、塌陷、缺失等问题，严重影响公共安全，云和县主城区复兴街往云和中学方向路段、新建南路往城南综合医院方向非机动车道路段等多路段存在窨井盖不同程度破损、塌陷、缺失等情况。窨井盖是城市道路中用于供水、排水、燃气、电力、通信、供热、有线电视、交通信号等地下公共设施的地面安全保护设置物，一旦出现破损缺失应当立即补缺、修复或者采取有效的安全防护措施。根据相关法律规范，从空间维度出发，对比其他窨井盖充分维护的地区或者路段，上述窨井盖未得到责任单位有效修补和替换，存在严重公共安全隐患，可能将对群众出行带来不便，更可能造成人员伤亡和交通事故隐患，存在极大安全风险，侵害社会公共利益。

① 案例参见云检行公建〔2021〕20001号检察建议书。

第十三章　关联性的判断

在具体案件中，行政机关特定的不依法履行职责行为是否是公益损害的原因？如果是，那么是事实上的原因还是法律上的原因？“关联性”与“因果关系”有何联系与区别？以往法学领域有关因果关系如何判断的学说按类别区分有哪一些？检察机关在诉前程序办案中该如何判断行政机关不依法履行职责与公益损害之间的关联性的呢？“关联性”正面判断之后，检察机关是否还需要从反面进行判断？这些问题，正是我们这一章试图回答的。

第一节　关联性基本原理

在本节，我们需要回应“关联性”是什么、关联性与“因果关系”之间是什么关系这些问题，如果我们承认“关联性”其实是“弱因果关系”（缓和的因果关系），那么回顾法学领域判断因果关系的各种理论学说则是非常必要的。在此基础上，我们提出行政公益诉讼诉前程序应该坚持“关联性三阶判断说”，并描述了诉前阶段关联性判断所具有的特征以及潜在的功能价值。

一、关联性的含义

“关联”一词在现代汉语中通常指“事物相互间产生的影响与牵连”，据此，所谓“关联性”在一般用语上可以说是现象间的交互影响性与牵连性。在证据法领域，“关联性”即相关性，它主要用于对证据的要求，“指证据必须同案件事实存在某种联系，并因此对证明案情具有实际意义”，[①]即需具备“实质性和

---

① 樊崇义主编：《证据法学》（第六版），法律出版社 2017 年版，第 127 页。

证明性"[①]。《民法典》第1026条为保护民事主体名誉权，要求新闻舆论从业者履行对来源信息的合理核实义务时提到了应当考虑信息内容与公序良俗的"关联性"，《国际刑事司法协助法》第13条规定外国向中国提出刑事司法协助时，请求书中应该说明请求的事项与案件之间的"关联性"，这两部法律中的"关联性"也即指"相关性"。可见，在法律用语中，"关联性"常常是指横向的交互联系。

至于从具有因果意味的纵向"影响性"来使用"关联性"一词，在我国法律场景中很少见，主要是在环境侵权领域，2020年最高人民法院《关于审理环境侵权责任纠纷案件适用法律若干问题的解释》第6条规定，被侵权人向环境侵权人索赔时，需要提交证据材料证明"侵权人排放的污染物或者其次生污染物、破坏生态行为与损害之间具有关联性"，但是《民法典》第1230条从行为人角度分配举证责任时用的是"因果关系"。类似的，《办案规则》第86条在同一条，从检察机关民事公益诉讼前期调查的角度要求的是"关联性"，从生态环境违法者的角度要求的则是"因果关系"。究其原因，生态环境破坏领域追责是一个极其复杂的事情，想要将环境破坏行为与环境损害后果之间确切的引起与被引起关系客观地还原出来几乎是不可能的，实际情况只有侵权人自己明了，侵权人处于信息优势地位，故而，一般来说，侵权人想要免责就要提供更多具有证明力的材料去否认其行为对结果的贡献性，而被侵权者则只需提供较少证据材料表明侵权人行为对损害后果具有贡献性即可，两者的区别在于证明的强度不同，这表现在法律条文中即对侵权人要求的是"因果关系"，对被侵权人要求的是"关联性"，但本质上两者都是行为对结果的纵向"影响性"。

回到行政公益诉讼诉前程序正题来，为什么《办案规则》第71条要求检察机关在办理行政公益诉讼案件，只需调查行政机关不依法履行职责的行为与国家利益或者社会公共利益受到侵害的"关联性"，而不是"因果关系"呢？类比生态环境领域民事追责，不难理解，这是由于对特定领域具有监督管理职责的行政机关具有信息优势、专业优势，而检察机关只是法律专家而不是行政事务专家，所以举证要求不能过高。简言之，"关联性"不等于"因果关系"，但

① 张建伟：《指向与功能：证据关联性及其判断标准》，载《法律适用》2014年第3期；汤维建、卢正敏：《证据"关联性"的涵义及其判断》，载《法律适用》2005年第5期。

"关联性"等于"弱因果关系"，它们都试图从不同程度反映两个现象之间引起与被引起的关系，从这个意义上讲，我们在研究行政公益诉讼诉前程序"关联性"判断时，可以借鉴以往刑法、民法、国家赔偿法中对"因果关系"如何判断的研究成果，只是必须考虑到检察机关公益诉讼的特殊性，不能全盘照搬。

二、关联性判断的法律依据

2017年《行政诉讼法》第25条第4款明文规定，人民检察院启动行政公益诉讼诉前程序的要求之一，是需要对"致使"作出判断，即行政机关不依法履行职责与公益损害之间存在"致使"关系，才能够对负有监督管理职责的行政机关进行督促，所谓"致使"意指"由于某种原因而使得"或者"以致"，[①]而"以致"意指"用在下半句话的开头，表示下文是上述原因所形成的结果（多指不好的结果）"[②]。简单的语义分析可知，公益诉讼中对"因果关系"的判断是必不可少的，这是法律的明示要求。从历史解释角度来看，已经失效的《人民检察院提起公益诉讼试点工作实施办法》（高检发释字〔2015〕6号）第26条规定人民检察院提起公益诉讼时需要对行政机关"造成"公益损害进行判断，第39条规定"不存在……造成……"才可以终结审查，仍然有效的《检察机关提起公益诉讼改革试点方案》也规定了"造成"的要求，而"造成"就是对"因果关系"的要求。

后续权力机关通过特别法授予检察机关法定"等"外新领域公益诉讼职能时，也都要求检察机关对"因果关系"进行一定程度的判断，比如2021年6月修改后的《安全生产法》第74条第2款、2021年《军人地位和权益保障法》第62条均规定了"致使"，2018年《英雄烈士保护法》第25条第2款、2021年《个人信息保护法》第70条均规定了"侵害"，2020年修订的《未成年人保护法》第106条规定了"受到"。无论是"致使"，还是"侵害""受到"，词义本身都内含了不依法履职行为与公益损害之间的"前因后果"的关系。

从上述分析可知，法律层面要求行政公益诉讼启动必须"事出有因""师出

① 中国社会科学院语言研究所词典编辑室编：《现代汉语词典》（第7版），商务印书馆2016年版，第1691页。

② 中国社会科学院语言研究所词典编辑室编：《现代汉语词典》（第7版），商务印书馆2016年版，第1549页。

有名”，至于法律要求是“强因果关系”还是“弱因果关系”，法律并没有作出明确指示，但从公益损害涉及多数人的利益这种严重性后果、行政机关各方面的优势地位、“法定职责必须为”等来看，可以推断对“因果关系”要求不该是“强因果关系”，而应该是“弱因果关系”，即“关联性”。事实上，《办案规则》第 71 条也是这么规定的。

三、关联性判断的理论学说

既然承认“关联性”近似等于“弱因果关系”，因此分析如何判断“关联性”就需要充分吸收现有法学领域对“因果关系”判断的研究，特别是“刑法上的因果关系”[①]，以及侵权责任法[②]、国家赔偿法[③]中的因果关系理论。下面将主流的因果关系学说介绍如下。

（一）偏向用于判断事实性因果关系的肯定类学说

1. 条件说。对于条件说的具体含义，有学者将其概括为“必要条件论 + 等价值论”，“必要条件论”（英美学者称为“but-for 公式”）指的是“若无前者，则无后者”，引起现象是被引起现象顺利产生的逻辑上不可遗缺的前提，“等价值论”是说所有“引起现象”中各类子现象在地位上、作用上都是一样的，没有价值上的优劣之分，目前学界对条件说存在“条件说无用论”“条件说错误论”“条件说宽松论”的批评。[④]条件说本质上是一种“反事实思维”或者说“思维排除法”。

2. 原因说。[⑤]针对“条件说宽松论”，学者们提出应该确定一个标准去从众多“引起现象”中挑出部分作为“被引起现象”的原因，并将这些被选中的条件从原来“平淡无奇”的条件中异化出来，因此“引起现象”就被归类为“原

---

① 张明楷:《刑法学》（第六版），法律出版社 2021 年版，第 224 页以下。

② 参见杨立新:《侵权责任法》（第四版），法律出版社 2021 年版，第 71 页以下。

③ 参见应松年主编:《当代中国行政法》（第 8 卷），人民出版社 2018 年版，第 3163-3164 页。

④ 参见邹兵建:《条件说的厘清与辩驳》，载《法学家》2017 年第 1 期。

⑤ 参见郑泽星:《刑事归因与归责：以修正的条件说为重心的考察》，载《法学评论》2020 年第 3 期。

因”和“条件”，至于这个“天选标准”是什么，学者们莫衷一是，比如“最终条件说”，顾名思义就是结果产生前的最后的一个“引起现象”，即时间上的最后性，“最有力条件说”，认为对“被引起现象”起了最有力作用的就是原因，“动力条件说”认为“引起现象”中提供原动力是原因，“优势条件说”认为“引起现象”中占主导地位、起着决定性作用的才是原因，“反常条件说”认为偏离自然发生进程的“引起现象”才是原因，这些“离散点”造成回归曲线的拟合不正常。“原因说”提出标准的不统一性即是因果关系判断中的“一千个哈姆雷特”现象，这也影响了它的实用性，最后难免被淘汰。

3. 直接因果关系说。“该学说认为国家赔偿中的因果关系应当是客观、恰当、符合理性的，而不是机械随意的。作为原因的现象，不仅要在时间顺序上应先于作为结果的现象，而且还须起着引起和决定结果发生的作用。只有与损害结果有直接联系的原因，才是国家赔偿责任中的原因。当然，直接原因不一定就是损害的最近的原因，而是损害产生的正常原因和决定性原因。”① 可见，如何判断是否存在直接因果关系，要么“最近”，要么看是否“正常”或者“决定性”，但是后者标准也不算很明晰，弹性很大。

4. 合法则的条件说。针对“条件说”因为采用反事实思维所陷入的困境，“合法则的条件说”就采取一种正向的判断方法，在“条件说”中，人类对各种法则的知悉被当作是判断的预设前提，而“合法则的条件说”则把“各种法则”当作本身的内容，这些“法则”通常包括自然法则、社会科学法则、统计定律等，但该说在判断心理性因果关系或者不作为因果关系存在局限。② 有学者在环境侵权或者犯罪领域提出了“到达—致害”归因二阶段论，认为“条件说”更适合于“到达”归因阶段，而“合法则条件说”则可以较好地适用于“致害”阶段。③

---

① 吴勇:《国家赔偿中的因果关系》，江西财经大学2006年硕士学位论文。

② 参见邹兵建:《合法则性条件说的厘清与质疑》，载《环球法律评论》2017年第3期。

③ 参见陈伟:《二阶段归因论——关于事实因果关系的一般理论》，载《政治与法律》2021年第9期。

5. 必然因果关系说和偶然因果关系说。[①] 我国传统刑法学理论参考借用哲学上的因果关系理论，形成了必然和偶然两种刑法上的因果关系理论。“必然说”是指如果危害行为本身内在包含了引起危害后果的客观根据，能够合乎规律地确定地产生危害结果，那么该行为就是原因，原因行为具有导致危害结果发生的实在可能性；“偶然说”认为即使危害行为本身不存在导致危害结果发生的根据，如果由于介入因素参与而最终导致了法益损害，则该行为也属于刑法上的原因，必然和偶然都是原因。

（二）偏向用于判断事实性因果关系的概率类学说（推断类学说）

1. 盖然性因果关系说或者推定因果关系说。即由被侵权人在公害案件中初步证明侵权人的侵权行为与法益损害后果具有某种程度的因果关系，然后由侵权人就因果关系不存在进行反证，如果驳斥不成功，则被侵权人举证成功，取得“优势证据”，推定因果关系成立。

2. 疫学因果关系说。[②] 该说指出，可以借鉴流行病学对疾病发生原因的分析方法，即虽然不能够从医学、药理学等现有法则性规律出发非常确定地证明某个因子是疾病发生的真实病因，但是根据统计观察，可以得出该因子对疾病具有高度盖然性的影响时，则可以说它们之间具备因果关系，也就是说，在行为具有高概率引发结果的可能时，虽然不能依据现有科学技术给予充分证明，且行为人也没有足够有力反面证据时，也能从统计学角度承认行为与结果之间具有因果关系。目前，我国主张引进该学说的学者认为，疫学因果关系学说可以用于污染环境、食品安全、传染病等公害犯罪领域。

3. 间接反证说。[③] 如果法律规定具备 A 事实就肯定危害结果存在，在一般民事诉讼中，负有举证责任的人可以直接提供直接证据即 A 事实去证明存在危害结果，这属于直接证明，但是，这种情况在现实中并不常见，更多情形下，

---

① 参见张明楷：《刑法学》（第六版），法律出版社 2021 年版，第 223–224 页；高铭暄、马克昌主编：《刑法学》（第十版），高等教育出版社 2021 年版，第 76 页；王泽群：《论必然因果关系理论的批判与重构》，载《内蒙古社会科学（汉文版）》2010 年第 3 期。

② 参见王晓滨：《疫学因果关系理论中国化之否定》，载《法商研究》2020 年第 3 期；陈伟：《疫学因果关系及其证明》，载《法学研究》2015 年第 4 期。

③ 参见包冰锋：《间接反证的理论观照与适用机理》，载《政法论坛》2020 年第 4 期。

负有举证责任的一方仅能提供与A事实相关的其他间接证据去证明能够间接反映A事实的事实，如a事实、b事实、c事实等，通过这些间接事实肯定A事实存在，进而肯定存在危害结果，此即间接证明。就间接证明而言，不具有举证责任的一方，如果想动摇法官的自由心证，那么他可以采取直接反证，即提出非a事实、非b事实、非c事实等，说明法官认定的A事实不存在。除此，无举证责任的一方也可以提出与a事实、b事实、c事实等两立的d事实，使其与举证责任一方提出的间接证明事实存在两律相悖的矛盾，从而使得d事实也有发生的可能。达到一定证明程度后，就可以让法官心证时发出真伪不明的疑问。特别需要提及的是，在表见证明（日本学者称之为“大致推定”，英美学者多称之为“不言自明”或者“不证自明”）中，间接反证方法也可以用于攻击法官心证时所依据的高度盖然性经验法则，降低该经验法则的盖然性。①

（三）偏向用于判断社会性因果关系的学说

1. 重要说或者重要条件说。该说首先以条件说所划范围内对损害结果发生来说必不可少的那些条件为选择域，然后再按照在形成结果中所起作用的重要程度或者是否具有法的重要性，将那些发挥主要作用的条件称为原因，剩下的称为普通的条件。

2. 相当因果关系说或者适当条件说。该说认为在满足条件说的情形下，还需要具备“相当性”才能够认定行为与结果具有因果关系，针对应该依据什么来判断“相当性”，主要有三种学说，主观说认为应该以行为人行为时所知或者应当知道的事实为基础，客观说认为应该以行为时所存在一切客观实际情况为材料，而不论行为人的主观情况，并依社会一般智识公众的标准来判断，折中说认为应该以行为时一般人所预见或可能预见，以及虽然一般人不能预见而为行为人所认识或能认识的特别情势为基础来进行判断。主观说、折中说有悖因果关系的客观性。“相当因果关系说”，简言之，就是“无此行为，虽必不生此

① 参见刘鹏飞：《间接反证适用范围探析》，载《证据科学》2013年第1期；周翠：《从事实推定走向表见证明》，载《现代法学》2014年第6期；胡学军：《表见证明理论批判》，载《法律科学（西北政法大学学报）》2014年第4期。

损害，有此行为，通常即足生此种损害者，是谓有因果关系”。[①]

（四）偏向用于判断法律性因果关系的学说

1. 法规目的说。“法官往往会因损害已发生而同情受害人，从而过于宽泛地认定相当因果关系之存在。为进一步弥补相当因果关系说的不足，一种新的学说‘法规目的说’被发展出来。”[②]一般认为，“法规目的说”通过援引、解释相关保护性法律规范及规范所欲保护的目的，常常能超出一般人的普通预见来以法的特别预见防止特定损害的发生。

2. 客观归属理论。[③]该理论认为，行为人创造出法律上所不容许之危险，此危险在结果中实现时，即将结果归属于行为人。它包含三个判断标准：一是制造不被容许的风险；二是实现不被容许的风险；三是构成要件的效力范围。

3. 法律因果关系说或者双层次因果关系说。该说主要是英美法中的理论，主张判断因果关系应该分两步走，一是先判断事实因果关系，二是接着判断法律上的因果关系。前者主要以条件说为判断依据并辅之以实质因素标准，后者主要从符合“条件说”前提下的那些行为事实中，按照法律标准如“近因说”等挑选需要承担责任的行为。

（五）诉前程序中的“关联性三阶判断说”

通过对法学领域现有判断因果关系学说的不完全梳理，正如有刑法学者所言，“迄今为止，因果关系理论的发展呈现出了一条由自然科学层面向社会学层面再向刑事政策层面推进的清晰路径”，以及“从事实因果到结果归属的进阶，其要义都在于限缩刑法因果关系的范围”。[④]我们也可以发现，因果关系判断应该包含“归因”与“归责”双重内容的基本框架结构具有明显的合理性已为多

① 学者王伯琦语，转引自陈聪富:《因果关系与损害赔偿》，北京大学出版社2005年版，第13页。

② 程啸:《侵权责任法》（第三版），法律出版社2021年版，第248页。

③ 参见梁云宝:《客观归属论之要义：因果关系的限缩》，载《法学》2014年第1期。

④ 梁云宝:《积极的限缩：我国刑法因果关系发展之要义》，载《政法论坛》2019年第4期。

数学者所认可。[①]同时，风险社会助推了刑法的目的刑导向，造成与传统自由刑法之间存在极大张力，[②]表现在因果关系判断上就是对“限缩”的反叛和突围，这点在侵权法中也有所体现，由此造成因果关系判断理论要能够应对非常复杂的如生态破坏、食药安全、高科技等领域常常出现的科学不确定性问题，能为了制止高风险行为而科以行为人一定法律责任，因此出现了疫学因果关系说、盖然性因果关系说等概率型因果关系理论的适用余地。

行政公益诉讼领域“关联性”判断即是“弱因果关系”判断，对于行政机关不依法履职行为与公益损害之间“弱因果关系”存在与否的判断，需要结合诉前程序本身及诉前不同监督领域的特殊性，在不同情况下可以分别借鉴上述学说，从而形成自己的因果关系判断理论。原则上，“关联性”判断也包括“归因–归责”双重结构，“归因”阶段属于事实性因果关系（A）判断阶段，不过“归责”阶段，我们认为应该包括两个分阶段即“社会性因果关系”（B）判断阶段以及“法律性因果关系”（C）判断阶段。在A阶段视情况主要适用条件说、合法则的条件说（主要指科学法则）、概率型因果关系说（主要适用统计学法则）、间接反证说、直接因果关系说，在B阶段主要适用相当性因果关系学说，“相当性”主要以社会经验规范为依据，比如传统习惯、国家政策等，在C阶段主要适用法规目的说，从涉及公益诉讼请求基础的相关法律规范本身意义及目的着手来进一步补充判断。检察机关在判断关联性有无时一般遵循由A至B至C的顺序，我们称之为诉前程序“关联性三阶判断说”。

在具体运用“关联性三阶判断说”时，要注意考虑行政公益诉讼中行政机关的优势地位、检察机关谦抑履职要求、公益保护的紧迫性、公益领域问题的复杂性等多重因素，采取松紧适宜的具体判断学说或者规则，平衡好督促行政机关积极履职与尊重行政机关自由裁量之间的关系，平衡好公益损害社会自治与行政机关兜底担保治理的关系，平衡好形式法治监督要求与实质法治监督要求的关系，平衡好公民自由与社会风险控制之间的关系。此外，需要额外提醒的是，“关联性三阶判断说”中所说的“归责”是客观性归责，并不包括对行政机关过错的主观要求。

---

① 参见劳东燕：《事实因果与刑法中的结果归责》，载《中国法学》2015年第2期。

② 参见劳东燕：《风险社会与变动中的刑法理论》，载《中外法学》2014年第1期。

四、诉前程序中关联性判断的特征

利用“关联性三阶判断说”去判断行政公益诉讼诉前程序中行政机关不依法履职与公益损害之间的关系，整体来说具有如下一些特征。

（一）要坚持判断的客观性与评价性相统一

所谓判断的“客观性”，主要是指对于“关联性”的判断要重视“归因”方面的判断即要重视对事实因果关系的分析，事实因果关系更多反映的是危害行为与损害结果之间存在的不以人的意志为转移的条件关系，内含了事物本身的客观规律性，在“归因”的时候，要尽可能掌握损害结果发生必不可少的诸多客观条件。同时，也需要从规范的层面去评价那些被认定符合事实因果关系的条件，评价的标准先是社会性规范，然后是法律规范，“评价性”本质是指按照社会或者法律的目的将满足事实法律因果关系的部分条件承认为符合法律因果关系的要求，并以此作为法律责任的基础。

（二）要坚持必然性与可能性相统一

“‘必然性’反偶然、随机、自由、任意和多可能性而定义。指（事物变化的）确定性、严格规律性和唯一可能性。”[①] 但是，要查明危害结果与公益损害之间这种毫不偏差易移的严格规定性现实中几乎是不可能的。因此，对于“归因”阶段事实因果关系的判断，要“眼睛里容得下少许沙子”，可以利用概率型因果关系学说，判断行为与结果之间的可能性，如果具有较高程度的可能性则承认它们之间存在事实因果关系。

（三）要坚持全面性与重点性相统一

促成公益损害的因素是复杂多样的，实践当中一种公益损害的背后往往涉及多家具有行政监督管理职权的行政机关，检察机关既要按照全面性的要求查清公益损害的具体情况和相关行政机关不依法履行职权的事实，也要按照重点性的要求，考虑公益修复的难易度、各行政机关监管职责的相关度、各行政机关的履职能力等诸多因素，从规范的意义上认定哪些行政机关与公益损害发生

① 维之:《因果关系研究》，长征出版社 2002 年版，第 284 页。

是具有决定性关系的。

（四）要坚持准确性与推定性相统一

行政公益诉讼办案过程中，最理想的状态是能够准确找到一个职责非常明确的行政机关，并认定其与特定公益损害之间具有关联性，不过受法律规定的含混性、原则性或者职能交叉重叠等影响，客观上难以做到，这时检察机关可以在一定事实的基础上通过借用经验规则、合理解释相关法律条文，推定特定行政机关未依法履行职责与公益损害之间具有关联性。

（五）要坚持积极性判断与消极性判断相结合

所谓积极性判断就是要运用“关联性三阶判断说”，依照现有的因果关系理论从正面去认定行政机关不依法履职与公益损害之间是否存在关联性，正面判断结果归属是督促行政机关依法守护公益的需要。不过，仅仅进行积极判断，作为监督者，我们有时会将行政机关不当“入罪”，要求过高，监督过度。因此，我们需要对不依法履职与公益损害之间是否存在关联性进行一次消极的判断，看行政机关是否存在“出罪”事由，反面判断是检察机关在履行公益诉讼职能时保持适度克制的需要。

（六）诉前程序“关联性”判断具有一贯性与阶段性

最广义的诉前程序意指人民法院受理检察院公益诉讼起诉书之日起往前的程序阶段，保守一点，诉前程序意指人民检察院起诉审查决定作出之日起往前的程序阶段，在整个诉前程序阶段对行政机关不依法履职与现实公益损害之间的关联性判断应该是始终持续的，因而具有一贯性，同时，在检察建议作出时、检察建议督促期满之时、起诉审查决定时三个关键时间点，检察机关都需要特别地进行“关联性”判断，为在各节点作出相应决策提供根据。

五、关联性判断的功能价值

在诉前程序之所以要进行关联性判断，是因为关联性判断具有如下的功能价值。

首先，关联性判断与说理能够增强行政公益诉讼诉前督促的权威性。树立权威，一种方式是非理性的方式即诉诸强制力，当某个主体具有压制性的强制力作为支撑的时候，那么该主体一般来说是具有权威性的，但是这种方式树立的权威具有不稳定性、非长久性。为此，想要树立长久稳定的权威，只能通过理性的方式，所谓理性的方式就是说理，当某个主体采取某种行动前总是能够给人一种信服的说理，久而久之，该主体就能获得其他人的认同，而这种认同是心悦诚服的，基于这种认同而获得的权威是长久稳定的。新时代检察机关在职务犯罪侦查权大部分转隶之后，想要在对行政机关的公益监督中树立长久稳定的权威，只有一条途径那就是增强公益诉讼监督的说理性，说理的本质就是进行关联性判断。

其次，关联性判断能够提高行政公益诉前督促的精准性。通过“归因－归责”二分法认定因果关系，在符合事实因果关系的行政机关中，再按照社会性规范、法律性规范判断哪些行政机关与公益损害具有法律因果关系，这能够使检察机关在选择合适的监督对象方面提高精准度，并进而向这些特定行政机关进行磋商或者发送检察建议，而不会使监督过于缺乏重点或者漫无目的。

再次，关联性判断能够强化诉前程序检察权的自制性。判断行政机关是否应该承担履行相应的公益监督管理法律责任，如果单纯依据“行为标准”或者“结果标准”，而不考虑两者之间的关联性及阻断情形，检察监督对象的范围就会太过宽泛或者武断，因为在现代社会，大多数的公益损害都会牵涉到很多行政机关，换言之，就是可能存在很多行政机关未依法履行职责，同时，随着人类从事活动越来越具有复杂性，很多行为会被看作是具有社会风险性的行为，此时，行政机关干不干预，它们可能具有更专业的判断。因此，只有通过实质性判断被初步认定为不依法履职的行为与公益损害是否存在法律上的因果关系，检察机关才可能决定是否只监督主责机关，是否提前介入行政机关对风险事务的管控。

复次，关联性判断能够增进行政公益诉前监督的可接受性。判断关联性的过程既是检察机关不断反思、追问自己监督行为合理合法性的过程，同时也是一个需要与行政机关不断进行互动、协商的过程，在这个过程中，行政机关通过参与判断，才会意识到自己未依法履行职责的行为与造成公共利益损害之间的关联性，并增进对检察机关诉前监督的认可度。

最后，关联性判断能够增加公益损害彻底治理的可能性。检察机关通过分析公共利益受损害的原因，可以发现行政机关日常履职过程中存在的盲区、漏洞，并基于对因果关系的准确把握而向行政机关发出非常有针对性的检察建议，促进其依法履职避免公益损害发生。

第二节　关联性的积极判断

因行政机关不依法履职造成公益损害的现实情形是非常复杂的，因此，在开展关联性的积极判断过程中，需要根据公益损害是否涉及多个具有监督管理职责的行政机关，行政机关不依法履职的情形是属于违法作为还是属于违法不作为，公益损害是实害型公益损害还是隐患型公益损害，公益损害是否有潜在行政相对人等不同情形，分别进行如何开展关联性积极判断的分析，并就具体如何利用“关联性三阶判断说”进行说明。

一、单一行政机关监管时关联性的判断

分析清楚如何判断单一行政机关的不依法履职行为与公益损害之间的关联性，是之后如何判断多个行政机关不依法履职行为与多重公益损害之间关联性的基础。在只存在单一行政机关具有监管职责时，总的来说，要按照“关联性三阶判断说”，先判断事实因果关系，再以相当性因果关系说判断是否存在社会性因果关系（相当性标准以社会规范、政策性文件为准），最后以法规目的说判断法律性因果关系（也就是说，符合事实因果关系不一定成立追究法律责任意义上的法律因果关系，是否属于法律性因果关系需要联系法律规范目的，看事实因果关系满足不满足法的重要性）。需要说明的是，在单一行政机关不依法履职关联性判断时，大多数情况下，具有相当性而构成社会性因果关系时，基本直接就成立法律因果关系，因为两者的等价性通常太显而易见，而无须再加以论证说明。需要做论证说明的主要是在判断多个行政机关不依法履职情形下的关联性判断。

按照公益损害是否由潜在相对人造成，可以将单一行政机关监管情形下关联性的判断分为如下两种类别：

第一种类别是，公益损害无任何潜在行政相对人。在此类别情形下又分为两种情况：(1) 非因行政机关不依法履职直接造成，而是因为自然原因、外部事件等原因造成公益损害，但是行政机关怠于履行消减公益损害职责，比如发生岩体塌方造成古树名木被毁，行政机关未履行作为义务，此时在事实因果关系判断阶段，可以直接推定损害后果持续存在与该行政机关违法不作为存在事实因果关系，然后通过相当性判断，满足条件后，就可以认定存在法律上因果关系；(2) 公益损害是由行政机关直接造成的，比如林业部门在履行其他职责时，将古树名木破坏或者文物保护部门采取不当修复保护措施，造成文物损毁，此时在事实判断阶段可以采取条件说、合法则的条件说、直接因果关系说，判断事实因果关系的成立，同时在此情形下后续两阶段基本无须再判断即可从事实因果关系跨越到成立法律因果关系，检察机关便可直接监督。

第二种类别是，公益损害涉及潜在相对人也涉及特定行政机关，按照行政机关在其中的角色或者作用，此类别又可以分为三种情形：(1) 特定行政机关直接参与造成公益损害的发生，此时可以按照直接因果关系说、合法则条件说肯定事实因果关系，并可以直接跨越到承认存在法律上因果关系。(2) 因为特定行政机关工作存在疏忽、漏洞，客观上助成了行政相对人造成公益损害的发生，但是公益损害与行政机关没有决定性的关系，比如补贴优惠申领流程存在漏洞，一般情况不足以发生补贴优惠被冒领、骗领，但实际上被少数相对人发现漏洞，申请人进而获得补贴优惠，公共利益受损，此时在判断事实因果关系时应该采取条件说，先承认该特定行政机关不依法履职行为与公益损害存在事实因果关系，同时以相当因果关系说中的客观说为依据，肯定存在社会性因果关系，最后以该领域法律规范对申领流程的规定结合涉案金额以及启动行政公益诉讼诉前程序的必要性等判断是否应该认定存在法律因果关系。总之，一般来说，只要行政机关尽到了日常工作基本的注意义务，并基于信赖原则而相信行政相对人，作出一定行政行为，到最后实际上是违法作为，则对该违法作为与公益损害最终能否构成诉前程序中的法律因果关系，需要谨慎判断。检察机关需要对政府存在的失误进而造成一定公益损害保持一定容忍度，有时没必要事无巨细都要以诉前程序的方式督促行政机关纠错。(3) 如果公益损害是由行政相对人造成，且行政机关没有参与其中、不存在助成作用，但是法律规定其具有介入义务，要求其承担制止相对人对公益的不法侵害以及追究相对人的行政法责任，如果该行政机关不履行该义务，便是违法不作为。对于该违法不作为与持续存在的公益损害是否具有关联性的判断，在事实因果关系阶段应该采取直接推定说，予以肯定，后续阶段利用相当性因果关系说，对其作为可能性进行社会意义上的判断，需要考虑相对人公益损害行为的异常性、行政机关预见可能性、介入手段穷尽度、国家政策对涉案问题的关注度等因素，认定行政机关违法不作为与损害后果是否成立社会性因果关系，在此基础上结合赋予行政机关作为义务的法规目的，最终认定是否存在法律因果关系。

以上提出的两种类别主要是对实害型公益损害关联性的判断，在抽象型或者隐患型公益损害领域关联性判断，存在一些不同，事实因果关系判断阶段主要采用概率型因果关系学说比如疫学因果关系理论、间接反证法、盖然性因果关系说等去判断，在社会性因果关系判断阶段主要考虑隐患型公益损害的迫近度，在法律因果关系判断阶段，主要考虑进行预防性公益监督的重要性。

二、多个行政机关监管时关联性的判断

在因为职能交叉、重叠等原因造成一个公益损害往往涉及多家行政机关不依法履职时，检察机关如何准确灵活利用各种因果关系学说去判断各该机关的行为与损害是否具有关联性（法律上因果关系），关系到检察机关公益监督的效率性、公益恢复的及时性。涉及多机关时，在事实因果关系判断阶段该采取何种学说与前述单一行政机关情形下基本一致。最重要的区别是在法律因果关系判断阶段，需要重点考虑每个涉案行政机关对于公益损害恢复事项的支配度，支配度过低的，要否认其不依法履行职责行为与公益损害的法律上的关联性（即否认存在法律上的因果关系）。按照职能交叉重叠常见情况，分类别叙述如下。

（一）同区域同级跨部门

如果公益损害涉及的部门是同区域同级多家部门，原则上只要它们的法定职责包含涉案公益治理事项，就应该肯定它们不依法履职行为与公益损害具有关联性，并可以向它们分别发送检察建议或者进行磋商。比如在华龙区院督促

整治装饰装修行业个人信息案[①]中，检察院认为濮阳市市场监督管理局、房地产管理中心、装饰装修行业管理办公室和住建局的职责都与涉案个人信息泄露治理有关联性，因此分别向它们发送了诉前检察建议；在鄞州区院督促整治无障碍指引标识案[②]中，检察院认为鄞州区商务局、区综合行政执法局对辖区内几个大中型公共设施和大型商场内缺乏无障碍环境设施引导标识都具有治理职责，因此也分别向它们发送了检察建议；等等。

（二）同区域同级政府及其部门

如果公益损害涉及一个区域的地方政府及其本级部门，原则上只应该认定政府工作部门的不依法履职行为与公益损害的法律上关联性，但是如果涉案情况非常重大复杂，则只应该认定涉案地方政府与公益损害具有法律上的关联性。在永福县公路上跨铁路立交桥危害铁路运行安全案[③]中，虽然永福县职能部门对公路上跨铁路立交桥的安全隐患具有治理职责，但是由于案涉不同监管部门，各方责任交织，情况比较复杂，只有一级政府才能妥善处理相关事宜，检察机关才因此肯定了永福县人民政府不依法履职行为与跨铁路立交桥的安全隐患具有法律上关联性，而否定了县职能部门的关联性。又比如在宜昌市长江码头船舶污染治理案[④]中，检察机关认为船舶污染治理问题是一个系统性问题、流域性问题，还是一个技术性难题，整改涉及面广、政策性强，因此仅认定宜昌市人民政府与涉案公益损害存在法律关联性，遂向其进行磋商，由宜昌市人民政府厘清执法边界，推进整改工作。

---

① 参见河南省濮阳市华龙区人民检察院督促整治装饰装修行业泄露公民个人信息行政公益诉讼案，最高人民检察院发布 11 件检察机关个人信息保护公益诉讼典型案例之六。

② 参见浙江省宁波市鄞州区人民检察院督促整治无障碍指引标识行政公益诉讼案，最高人民检察院发布 10 起无障碍环境建设公益诉讼典型案例之八。

③ 参见广西壮族自治区永福县公路上跨铁路立交桥危害铁路运行安全行政公益诉讼案，最高人民检察院、中国国家铁路集团有限公司联合发布 10 起铁路安全生产领域公益诉讼典型案例之一。

④ 参见湖北省宜昌市长江码头船舶污染治理行政公益诉讼案，最高人民检察院发布 16 起检察机关服务保障长江经济带发展典型案例（第三批）之十一。

（三）同区域上下级部门

如果公益损害涉及一个区域的上下级部门，除非涉案情况重大复杂，原则上只应该肯定下级工作部门的不依法履职行为与公益损害的法律上关联性。例如，在南昌市院督促整治手机 App 侵害个人信息案[①]中，南昌市院确定江西省通信管理局、南昌市公安局和互联网信息办公室未履行个人信息保护监督管理职责，但是通过公开听证后，南昌市院仅向市公安局、市网信办发送了检察建议，由此可见南昌市院否定了江西省通信管理局与个人信息公益损害存在法律上关联性。但是，在湖州市检察机关督促整治成瘾性药品滥用案[②]中，湖州市院通过大数据分析，得出右美沙芬等成瘾性药物在市域范围内存在监管不到位的情况，容易被滥用，案情较为重大，超出了安吉县单个县域，湖州市市场监督管理局也应该存在法律上的关联性，安吉县院、湖州市院遂分别向同级市场监管部门发出了检察建议。

（四）同区域上级部门与下级政府

如果公益损害涉及一个区域的上级部门与下级政府，只有下级政府对公益损害的治理具有主导性作用，才可以否定上级部门与涉案公益损害之间具有法律上关联性，否则应该肯定上级部门与下级政府都具有法律上关联性。在拖市镇政府案[③]中，指导性意义当中提出“基层人民政府应当对本行政区域的环境质量负责”，“涉及多个行政机关监管职责的公益损害行为，检察机关应当综合考虑各行政机关具体监管职责、履职尽责情况、违法行使职权或者不作为与公益受损的关联程度、实施公益修复的有效性等因素确定重点监督对象。农村违法建设垃圾填埋场可能涉及的行政监管部门包括规划、环保、国土、城建、基层人民政府等多个行政机关，而基层人民政府一般在农村环境治理、生活垃圾处置方面起主导作用。如果环境污染行为与基层人民政府违法行使职权直接相

---

① 参见江西省南昌市人民检察院督促整治手机 App 侵害公民个人信息行政公益诉讼案，最高人民检察院发布 11 件检察机关个人信息保护公益诉讼典型案例之一。

② 参见最高人民检察院发布 12 件“3·15”检察机关食品药品安全公益诉讼典型案例之五：浙江省湖州市检察机关督促整治成瘾性药品滥用行政公益诉讼案。

③ 参见湖北省天门市人民检察院诉拖市镇政府不依法履行职责行政公益诉讼案，检例第 63 号。

关，检察机关可以重点监督基层人民政府，督促其依法全面履职，根据需要也可以同时督促环保部门发挥监管职责，以形成合力，促使环境污染行为得到有效纠正”。从中我们发现否定上级部门不依法履行职责与公益损害具备法律上关联性，只应该在下级人民政府与案涉公益损害治理具有主导作用才行。在宜丰县院督促保护熊雄烈士故居案[①]中，宜丰县文广新旅局、宜丰县芳溪镇政府对文物损害治理都具有相关职责，芳溪镇政府并不发挥主导作用，因此检察机关肯定了双方不依法履职行为与损害发生都具有法律上关联性。

（五）跨区域跨政府跨部门

如果公益损害涉及跨区域跨政府跨部门职责的时候，应该肯定其共同上级行政机关才是与公益损害具有法律上关联性的行政机关，因此剩下的各下属政府或者职能部门虽然与公益损害具有事实性因果关系或者社会性因果关系，但是应该否认它们与公益损害之间存在法律因果关系（法律关联性）。在郑州铁检高铁运营安全案[②]中，整治违建塘坝涉及跨政府跨部门协调事宜，情况复杂，郑州铁检分院认为“三门峡市陕州区、湖滨区人民政府和市区两级水利、国土、安全生产等相关职能部门未依法全面履行安全生产监督管理、防洪和保障铁路安全职责，造成高铁运营重大安全隐患，国家和社会公共利益受到严重威胁。三门峡市人民政府具有保障铁路安全职责，由其对下属两个区人民政府和相关职能部门进行统筹调度，更有利于高效解决问题”，遂依法向三门峡市人民政府发送检察建议，我们可以分析得出，郑州铁检分院背后的逻辑基础其实是它潜意识肯定了三门峡市政府与高铁运营安全隐患存在法律上因果关系（法律关联性），而否认了剩余两个区政府及市区两级多部门与隐患存在法律上因果关系（法律关联性），虽然不否认存在事实上因果关系（事实关联性）。另外在黑龙江省院督促治理二次供水安全案[③]中，指导意义部分也明确提出“对于相关管理制度不完善、涉及上级行政机关监管职责或者多个行政机关职能交叉等因素而

① 参见江西省宜丰县人民检察院督促保护熊雄烈士故居行政公益诉讼案，最高人民检察院和中华人民共和国退役军人事务部联合发布14件红色资源保护公益诉讼典型案例之五。

② 参见河南省人民检察院郑州铁路运输分院督促整治违建塘坝危害高铁运营安全行政公益诉讼案，检例第113号。

③ 参见黑龙江省检察机关督促治理二次供水安全公益诉讼案，检例第89号。

致使涉及面广的重大公益受损问题，应当由上级检察机关督促同级政府或者相关部门依法履职”。

总之，通过对上述常见五种职能交叉重叠情形的分析，可知有时虽然某些行政机关与公益损害之间具有事实上关联性（事实因果关系）或者社会性关联性（社会性因果关系），但是如果单纯监督这些机关反而不利于高效、彻底、系统解决公益受损问题时，检察机关就该否认这些机关与公益损害之间存在法律上关联性（法律因果关系），转而去肯定那些具有统筹协调能力或者主导支配能力的行政机关不依法履职行为才是与公益损害之间具有真正法律关联性的行为。附带提及一点，判断某个机关在特定公益损害治理过程中是否具有主导支配能力，有的时候需要采取听证、圆桌会议等形式确定。

三、公私混合型共同监管时关联性的判断

公私混合型监管主要是指承继了传统命令控制型规制以及自我规制特点，通过双轨化的规制路径来发挥政府、第三部门、公民等多方主体作用的具有多中心特征的监管，[①]即行政机关通过委托、政府采购服务、行政协议等方式向私人、社会组织借力来履行一些公共管理事务。但是公私合作供给公共物品存在非常大的潜在风险，[②]如果私主体一方怠于履行行政机关所委托的监督管理事项，从而致使公益损害存在，那么此时行政机关是否属于不依法履行职责呢?我们的回答是肯定的。也就是说这种情形下行政机关与特定公益损害之间具有法律上关联性，检察机关可以督促其承担依法履职以及加强对私主体监督的法律责任。不过，检察机关在公益诉讼过程中也可以依法向这些私主体制发社会治理类检察建议或者其他文书。在诸暨市房地产装修行业个人信息保护案[③]中，诸暨市院除监督行政机关，还向诸暨市建设局及装修装饰行业协会发出工作函，

---

① 参见赵谦:《公私合作监管的原理与策略——以土地复垦为例》，载《当代法学》2021年第2期。

② 参见段绪柱、曲万涛:《公私合作供给公共物品的风险及其治理》，载《学术交流》2018年第4期。

③ 参见浙江省诸暨市房地产、装修行业侵犯消费者个人信息公益诉讼案，最高人民检察院发布26件公益诉讼典型案例之五。

督促开展行业规范整治；在鹿城区院督促保护就诊者个人信息案[①]中，该院分别向两家医院发出社会治理检察建议，建议加强就诊者个人信息保护。

第三节　关联性的消极判断

除了从正面直接判断行政机关不依法履职行为与公益损害后果之间的关联性外（事实关联性、社会性关联性、法律上关联性），关联性判断还具有消极判断的需要，消极判断主要探讨关联性的阻断情形，即阻却关联性成立的情形。按照关联性判断必须以存在不依法履职行为、存在现实公益损害为前提，然后才能考虑它们之间的牵连关系，而且牵连关系有时虽然一时被阻断，但存在恢复的可能性，所以本节将需要讨论的阻断情形分别归类于对前提的阻断（即不依法履行职责的阻断、公益损害后果的阻断）和对牵连关系本身的阻断，再考虑对“阻断的阻断”即关联性的恢复情形。需要特别说明的是，本节所讨论关联性的阻断更多是法律上关联性的阻断，属于事实上关联性、社会性关联性阻断情形较少。

一、不依法履行职责的阻断

此种类别下需要考虑是否构成阻断的情形包括如下几项：

1. 法律、政策不完善或者尚未实行，行政机关履职存在“法之障碍”。比如，根据《关于进一步加强塑料污染治理的实施办法》（浙发改环资〔2020〕307 号）规定，为了加强塑料污染治理，禁止、限制使用不可降解塑料袋、一次性塑料餐具、快递塑料包装以及宾馆、酒店一次性塑料用品等，但是具体实施范围、实施时间存在一定差异，如果某区域不在试点实施范围内，当地行政机关未采取措施或仅采取部分措施，即使实际上存在上述四种塑料污染这种公益损害，也不能认为该行政机关未采取“禁止”措施因而构成不依法履行职责。

① 参见浙江省温州市鹿城区人民检察院督促保护就诊者个人信息行政公益诉讼案，最高人民检察院发布 11 件检察机关个人信息保护公益诉讼典型案例之二。

再如，西安市雁塔区养老保险金案[①]中，对于企业职工养老金违法案件的查处，部门规章与“三定”方案存在差异，原劳动和社会保障部颁布的《社会保险稽核办法》规定社会保险经办机构负责核查，劳动保障行政部门负责查处，但陕西省养老保险经办机构实行垂直管理，其地方人社部门的“三定”方案仅规定对城乡居民养老金有查处职责，未规定对企业职工养老金违法案件的查处职责，在这种情形下雁塔区人社局退回检察建议书是有一定道理的，因为发生了履职的“法之障碍”。

2. 行政机关虽然具有相关性但不具有特定事项的法定职责，行政机关履职存在“事务管辖障碍”。在该种情形下，行政机关在职权上与所涉公益损害存在一定相关性，需要其配合解决，但是该机关对特定事项本身没有行政处理权，采取因果关系条件说，虽然不能否认该机关与公益损害存在事实上因果关系（事实关联性），但实际上它在法律上存在“事务管辖障碍”，因而需要否定其与公益损害间存在法律关联性。

3. 特定行政机关虽然负有特定事项的监督管理职责但地位过于次要，行政机关履职存在“实质参与障碍”。由于该特定行政机关在处理公益损害中地位过于次要，虽然也该肯定其与公益损害存在事实关联性，但是出于公益保护的及时性，检察机关应该直接监督主责机关，因而需要否定该次要机关存在法律上关联性。

4. 除法律规定紧急情形外，尚处于行政机关履职合理期间，但与检察建议规定的回复期限、整改期限存在冲突，行政机关履职陷入“时间障碍”。虽然在一般情形下，司法解释规定的两个月履职期限足够让行政机关采取有效措施消除公益损害，但是不能否认，在某些情形下，两个月时间确实不能满足实际工作需要，此时检察机关在作出是否提起公益诉讼的审查决定时，就应该考虑该例外情况，从而否定该行政机关不存在“不纠正违法行为”情形，妥善运用中止审查的兜底条款。例如在从化区环境保护局不履职案件[②]中，环保局向财政局申请代履行财政资金需要走招投标程序，两次招投标经过 5 个月时间，因此肯定会超过检察机关建议的履职期限，此时，比较稳妥的方式是不认为该环保

① 参见陕西省西安市雁塔区养老保险金行政公益诉讼案，最高人民检察院发布 9 起国有财产保护、国有土地使用权出让领域行政公益诉讼典型案例之三。

② 参见广州铁路运输第一法院（2017）粤 7101 行初 250 号行政判决书。

局存在怠于代履行的行为，而是采取中止审查的方式。

5. 协调难、矛盾多、难度大，特定行政机关几乎穷尽所有手段，期待该行政机关再单独解决问题可能性极低，此时行政机关履职陷入“手段障碍”。检察机关对于行政机关是否陷入“手段障碍”的判断要极为谨慎，要在充分沟通、细致调查的基础上判断行政机关是否用尽所有手段。比如在株洲市国有土地使用权出让金案①中，株洲市自然资源和规划局虽发出过催缴通知书，但未用尽合法的追缴途径和措施，此时就不存在“手段障碍”。又如在绵阳市自规局怠于处置闲置土地案②中，法院认为根据《闲置土地处置办法》第 12 条、第 13 条之规定，对闲置土地的处置方式有六种以上的方式可供选择，但绵阳自规局仅局限于协议有偿收回这一种，这说明检察机关在诉前起诉审查阶段否认绵阳自规局“手段障碍”的准确性。但是，在枣庄市自规局未代为履行复垦治理职责案③中，枣庄市自规局对于郭某非法取土造成巨大坑塘破坏耕地的行为已经依法先后履行了相关立案查处处罚、移送追究刑事责任、申请法院强制执行等法定职责，并且积极采取补救措施，此时检察机关仍然在诉前起诉审查阶段认为自规局没有依法履行职责并进而提起公益诉讼，《行政强制法》中关于行政机关代履行的要求是“可以”而不是必须，行政机关可以充分考虑危害的严重性、紧迫度以及本机关的预算情况、相对人履行能力等情况择机代履行，在本案中相对人未缴纳土地复垦费且政府未安排专项土地复垦资金，可见自规局已经几乎穷尽了所有手段，此时检察机关其实可以认为不依法履行职责行为发生阻断，并与自规局共同向党委政府反映，争取替代解决方案。

6. 现有技术、财力、人力条件不可能短期做到公益损害的全部修复，行政机关陷入履职“物质条件障碍”。美国法学家富勒曾经提出，一个真正完备的法律体系必须以八项原则为基本前提，其中有一条就是：“法律不要求不可能之事。”④同理，公益诉讼作为督促之诉，只有在行政机关可能完成监督管理事项的情形下，才能要求行政机关去履行职责，否则会有悖“法律不强人所难”的

① 参见湖南省株洲市国有土地使用权出让金行政公益诉讼案，最高人民检察院发布 9 起国有财产保护、国有土地使用权出让领域行政公益诉讼典型案例之七。

② 参见四川省绵阳市中级人民法院（2021）川 07 行终 15 号行政判决书。

③ 参见山东省枣庄市薛城区人民法院（2019）鲁 0403 行初 76 号行政判决书。

④ 参见［美］富勒：《法律的道德性》，郑戈译，商务印书馆 2005 年版，第 83 页。

基本常识。在安宁市松花阁保护案[①]中，正如被告所说“文物保护修缮工程属于综合性、专业性、长期性的系统工程，需要大量经费和工期以更专业可持续的修缮恢复虎丘寺建筑群，导致客观上无法短期内完整修缮恢复”，此时检察机关在诉前监督中如果不考察行政机关技术、财力、人力等多种物质保障条件是否充备就作出提起公益诉讼的决定，显然是不适合的。

二、公益损害后果的阻断

此种类别下需要考虑是否构成阻断的情形包括如下几项：

1. 公益损害显著轻微或者紧迫性极低。公益诉讼程序的启动意味着国家有限司法资源开始进行分配，司法资源高效利用本身也是一项公共利益，新时代检察机关需要本着做好公益诉讼的理念，以“办理一案，治理一片”的目标，突出关注那些公益损害明显或者隐患紧迫的被群众关注的领域行政机关是否存在不依法履行职责，对于那些公益损害显著轻微或者紧迫性极低的事项，由于并不具备公益诉讼法律上的重要性，没必要启动诉前程序。

2. 特定民族风俗习惯、宗教习惯所认可的行为（自甘风险）。比如在少数民族地区按照当地风俗习惯，食品经营者经营销售主要由当地群众消费的民族特色产品，但是该产品不符合国家规定的一般质量标准，食品质量监管部门没有查处，此时检察机关能否认为存在公益损害呢？我们初步认为，这种情形下发生公益损害后果阻断，因为这类似于刑法上的自甘风险，为了维持本民族风俗习惯，少数民族地区社会公众已经知晓并接受一定风险。

3. 某个不依法履职行为是达致其他更重要公益目的的必要手段，经过法益衡量，发生公益损害后果的阻断。行政机关出于维护更重要、涉及面更广的其他公共利益，而不得不放弃特定较小公共利益的维护，此时检察机关通过与行政机关进行磋商，行政机关能够给出充分的论证，那么检察机关可以暂时认定阻断较小公共利益。但是，如果行政机关不能给出充分的论证，没有说明其他更重要公共利益需要维护紧迫到致使其无法保护特定较小的公共利益，那么应该否认存在阻断。比如在镇赉县自规局不履职案[②]中，该县自规局辩称“由于

① 参见昆明铁路运输法院（2020）云7101行初18号行政判决书。

② 参见吉林省镇赉县人民法院（2020）吉0821行初2号行政判决书。

该公司是我县招商引资企业，导致我局对处罚的后续工作没有及时推进”，这种以招商引资为托词的说法，不能阻断涉案公共利益。但是，在紫云苗族布依族自治县水务局怠于水土保持补偿费案[①]中，紫云县水务局在回复检察建议时称，当时正处于农村安全饮水脱贫攻坚关键时期，各站所的工作人员都承担了农村安全饮水相关片区包保工作，待攻坚期结束后再督促相应企业缴纳水土保持补偿费，从该案的基本案情来看，检察机关在诉前起诉审查时确实也考虑了水务局的意见，并没有马上决定提起诉讼。

4. 公益损害结果不存在回避可能性（因自然发展规律或者自然条件限制等）或者不存在全部回避的可能性。不存在回避可能性是指即使行政机关依法履行了职责，也不能使得公益损害完全不发生，也就是说难以根治公益损害。比如在荔波县综合行政执法局不履行城市道路管理职责案[②]中，该县综合执法局辩称车辆和商户占用人行道“属动态行为，客观上无法避免”，而且为恢复经济，政府允许合理设定流动摊贩经营场所，故而，该局对有部分违反市容市貌行为存在，但又满足允许条件而临时占道经营的商铺，采取了柔性执法加审慎监管的方式对其进行整治，因此并非未严格履行法定职责。我们认为荔波县执法局陈述的意见是值得重视的，也就是说检察机关在公益诉讼办案过程中特别是在诉前起诉审查阶段，对于那些实际上确实难以根治或者根治成本巨大而没有效率的公益损害，只要行政机关采取了一定措施制止了部分公益损害，就应该承认剩余部分公益损害是不具有回避可能性的。

三、牵连关系的阻断

此种类别下需要考虑是否构成阻断的情形包括如下几项：

1. 行政机关履职行为被强势部门阻止、制约或者受到法定程序延阻，即使公益损害持续存在，这种情形下也可以考虑酌情例外认定为不存在法律上关联性。在商河县闲置土地案[③]中，商河县国土局没有追究对涉案公司闲置土地违约责任，主要是因为该县全县闲置土地利用工作推进会会议纪要确定不再追究

① 参见贵州省安顺市西秀区人民法院（2021）黔 0402 行初 70 号行政判决书。

② 参见贵州省独山县人民法院（2021）黔 2726 行初 2 号行政判决书。

③ 参见山东省商河县闲置土地行政公益诉讼案，最高人民检察院发布 9 起国有财产保护、国有土地使用权出让领域行政公益诉讼典型案例之九。

涉案公司的责任，虽然说会议纪要不能违反法律法规，但是此时国土局即使想依法履职，也存在被会议纪要制约的情况，作为县政府组成部门想要不执行县政府规范性文件，难度是可想而知的，此时，检察机关比较正确的做法是否定该县国土局与公益损害存在法律上关联性（虽然存在事实关联性），去直接监督商河县人民政府。在钟祥市人防办怠于征收人防工程易地建设费案[①]中，钟祥市委常委办公会制定了包括涉案公司在内的区域合作开发有关规费减免的优惠政策，钟祥市政府与涉案公司签订的合同中也承诺了减免相关规费，钟祥市人防办据此认为其应该依法执行本级市委、市政府的决议和上述合同约定对涉案公司征收人防工程易地建设费，可是按照《人民防空工程建设管理规定》第 50 条的规定，人防工程易地建设费除法定情形外不得减免，而且上述政策或者合同也没有明确指明减免人防工程易地建设费，市政府的相关决策并构成人防办履职的强大阻碍，因此钟祥市人防办怠于履职的行为与人防工程易地建设费的损失之间存在法律上的因果关系，并不发生阻断。

2. 超过处罚时效、非诉执行时效或者行政相对人没有能力（没有可执行的资金等）、相对人失联等。处罚时效、非诉执行时效是行政法上行政时效制度的重要组成部分，对于相对人破坏行政管理秩序的行为予以处罚或者行政机关作出制裁性行政决定，如果行政机关不提高效率尽快执行，那么相对人会基于不法行为逐渐形成新的稳定社会秩序，此时行政机关如若重提旧事，无疑会破坏人们新的生产生活合作关系，明显不可取，此即时效之本旨。因此，如果造成公益损害的相对人行为由于行政机关没有介入超过了处罚时效或者制裁性行政决定超过非诉执行申请时效，此时，检察机关应该认为行政机关不依法履行职责与公益损害牵连关系发生了阻断，不该启动诉前程序，不可忘记：新的稳定的公共秩序亦是一种公共利益。不过需要提醒的是，关于处罚时效的理解要特别注意“未被发现”的限制条件以及连续或者继续状态下违法行为时效的起算点，比如相对人骗领补贴补助，虽然其骗领行为已经结束超过处罚时效，但是其侵占国有财产的状态是一直继续的，因此相关行政机关如果不去追缴，此时仍然应该肯定牵连关系。

① 参见湖北省钟祥市人民检察院诉钟祥市人民防空办公室怠于履行征收人防工程易地建设费法定职责案，2019 年度检察公益诉讼典型案例之五，湖北省钟祥市人民法院（2019）鄂 0881 行初 60 号行政判决书。

3. 不可抗力的客观情况介入或者意外事件（异常气候、突发事件）。当发生不能预见、不能避免、不以人的意志为转移的事件时，行政机关未及时履行职责，导致公益损害的客观状态一直在持续，即使肯定事实上存在牵连，也该阻断存在法律上的牵连。比如在惠农区农水局怠于整治黄河河道违法建设案[①]中，惠农区院于2019年7月5日向惠农区农水局发送检察建议要求农水局在两个月内履职完毕，检察建议其中一项内容是要求其责令涉案三家主体拆除违法建筑物，2019年11月26日惠农区农水局在其回复中提到其无法按期完成整改任务的一个原因是"七月、八月正值黄河汛期，黄河涨水，狐狸场被淹没，无法组织拆迁"，如果回复情况属实，那么该区农水局未在两个月内履行三家狐狸养殖场拆迁整改任务就属于受不可抗力的客观情况阻碍，发生牵连关系阻断。

4. 行政机关被撤销、机构调整。此种情况下，原行政机关的职权一般由撤销的行政机关、机构调整后的行政机关继受，如果在监督过程中发生此状况，原则上检察机关应该否认原行政机关与公益损害的牵连关系，而肯定新的机关存在牵连，但是存在例外，就如前述枣庄市自规局未代为履行复垦治理职责案，检察机关之前因枣庄市国土局峄城分局不具有行政主体资格而监督枣庄市国土局，虽枣庄市国土局峄城分局后因机构改革后成为具有独立行政执法权的法人机构，此时检察机关仍应该肯定枣庄市国土局存在牵连，因为枣庄市国土局本来对全市的耕地保护就有职权。

四、关联性的恢复

根据《办案规则》第78条、第81条第5项的规定，我们可以推断，其实理论上还存在法律上关联性恢复这个问题，如果不存在关联性恢复，那么中止审查其实是没有内在根据的。法律上关联性阻断其实可以分为永久性阻断以及暂时性阻断，关联性永久性阻断或是不该启动公益诉讼监督的根据或是公益诉讼终结审查的根据，而暂时性阻断基本上可以构成中止审查的内在根据。某些客观阻断事由在恢复正常秩序之后会消失，此时，如果行政机关

① 参见宁夏回族自治区石嘴山市大武口区人民法院（2019）宁0202行初80号行政判决书。

还是不依法履行职责，那么就与公益损害之间构成关联性，检察机关就应该及时恢复介入。比如在扎佐镇政府不履行规划行政管理职责案[①]中，扎佐镇政府向县政府提交了《关于解决福田启航项目遗留问题的报告》，提出将项目合法化、盘活项目的方案，检察机关就及时中止了案件审查，后方案一直未获批准，违建问题仍然存在，检察机关则又及时恢复了审查。又如在钟山区院督促整治农村违法堆放垃圾污染环境案[②]中，钟山区院曾于2019年初向木果镇政府发送检察建议督促其治理垃圾堆放场，督促履职期内，木果镇政府完成了清运整改工作，环境公益损害后果发生了暂时性消除，也就是说诉前程序起诉审查阶段发生关联性暂时性阻断，但2020年7月，钟山区院开展“回头看”行动时，发现在木果镇同一地点又发生同样的垃圾堆放问题，此时从理论上讲就发生公益损害后果的“反弹回潮”，因此发生关联性恢复，符合作出提起诉讼决定的条件。

① 参见贵州省清镇市人民法院（2020）黔0181行初1号行政判决书。

② 参见最高人民检察院发布8件检察公益诉讼“回头看”跟进监督典型案例之一：贵州省六盘水市钟山区人民检察院督促整治农村违法堆放垃圾污染环境问题行政公益诉讼案。

第十四章　行政机关的法律责任

行政机关行为在满足行政公益侵权的构成要件后，行政机关当然地承担法律责任。行政机关的法律责任是诉前程序的起点和落脚点，同时影响着行政机关依法履职和检察机关法律监督的效果。目前，有关行政机关法律责任的相关内容在理论上鲜少研究，在实务中又存在情况繁多、判断标准不一等问题。为此，我们有必要通过专章内容来进一步说明行政机关承担法律责任的重要性。一方面，加深行政机关法律责任研究的理论性。另一方面，通过司法实践中的案例，将成熟的办案经验提炼成系统的工作方法，对发现的新问题寻求类案解决的对策。通过上述两个方面来完善行政机关的法律责任制度，系统性地解决检察建议内容的落实问题，进而促进行政机关依法履职，提升检察机关法律监督的质效。

第一节　行政机关法律责任的基本问题

明晰行政机关法律责任的基本问题，是落实检察机关督促内容的要义之一，也是做好法律监督工作的前提。本节将从行政机关法律责任的定义、特征、原则三个方面厘清行政机关法律责任的主要内容。

一、行政机关法律责任的定义

广义的行政指一切社会组织的组织管理活动，狭义的行政则是指国家机关行使国家权力、管理国家事务的活动。[①] 责任通常有两种解释，第一种是积极的含义即应尽的义务，第二种则是消极的含义即需承担的不利后果。行政义务来源多样，先行政行为也是来源之一。[②] 由行政机关作为造成了公共利益的侵害结果，行政机关即当然有相应的作为义务，如果不履行该义务，即构成不作为违法。[③] 基于行政机关是被发现违反相应的行政义务，和存在举证责任的风险，行政机关由此承担法律责任。所以法律责任应当是一种结果，并且是相对于行政机关不利的结果。因此，我们一般采取狭义的行政解释和消极的责任理解。综上，行政机关法律责任是指行政主体违反法律规范所需承担的法律上的不利后果。

广义上的行政责任是政治、法律、社会和道德责任的集合。[④] 行政法律责任则是法律不利后果的体现。[⑤] 根据定义，我们看出二者分属于两个范畴，具体而言，有以下几个方面的不同：一是责任性质不同。行政责任是各种责任的集合，且内涵多样，不仅具有法律性，同样有道德性、政治性、社会性等，积极责任与消极责任都有。行政法律责任仅是法律责任的分支，法律性突出，是一种消极责任。二是责任内容不同。行政法律责任根据法律责任的功能可以划分为制裁性责任如通报批评等和补救性责任如履行职责等两类。行政责任则包括政治、法律、社会、道德责任等，内容更广泛。三是责任视阈不同。行政责任以提高行政效率、促进公共事务管理为目的，属于行政学范畴。行政法律责任通过行政主体承担不利后果的方式加强对个人权利的保护，属于行政法学的范畴。虽然从字面上仅一字之差，概念上极其容易混淆，但确实是两个完全不同的概念。四是责任追究主体不同。追究行政法律责任的主体是国家权力机关、行政机关和司法机关。追究行政责任的主体则根据不同的责任类别包括行政机关和行政人员，但不包括司法机关。[⑥] 当然，有区别也存在联系。行政责任当

① 参见［澳］欧文·E. 休斯：《公共管理导论》，彭和平、周明德、金竹青等译，中国人民大学出版社 2001 年版，第 6 页。

② 参见杨小军：《怠于履行行政义务及其赔偿责任》，载《中国法学》2003 年第 6 期。

③ 参见王和雄：《论行政不作为之权利保护》，台湾三民书局 1994 年版，第 151 页。

④ 参见韩志明：《行政责任：概念、性质及其视阈》，载《广东行政学院学报》2007 年第 3 期。

⑤ 参见王聪：《行政责任与行政法律责任之比较》，载《中国商界》2010 年第 1 期。

⑥ 参见王聪：《行政责任与行政法律责任之比较》，载《中国商界》2010 年第 1 期。

然地包括行政法律责任，当行政行为违反行政法律规范、有司法机关的介入时，行政责任转化为行政法律责任。综上，行政机关的法律责任应当是一种行政法律责任。

根据上述对行政机关法律责任定义、性质的阐述，在行政公益诉讼中，行政机关法律责任的内涵是指行政主体违反行政公益诉讼相关法律规范所需承担的法律上的不利后果。其基本内容以《行政诉讼法》《办案指南》等依据为基础，行政机关具体承担行政行为违法或者无效、撤销或部分撤销违法行政行为、履行法定职责、变更行政行为等法律上的不利后果。

二、行政机关法律责任的特征

（一）特定性

行政机关法律责任能够通过不同责任类型的承担方式来对行政公益诉讼中行政机关的违法行政行为作出否定性评价。行政公益诉讼的范围是特定的，包括法律法规明示列举的领域以及“等”外领域，检察机关根据行政公益诉讼的特定范围来追究其责任。另外，行政公益诉讼“等”外领域具有时代性特点，会随着社会发展的程度和大众认知来扩充行政公益诉讼的范围，所以目前行政机关法律责任还不能涵盖整个行政机关的执法过程，具有特定性。

（二）责任性

行政机关法律责任作为一种责任制度，责任性是明显特征。行政机关法律责任的直接目的就是督促行政机关依法履职。行政机关承担法律责任可以从三个层次上去理解：一是行政机关法律责任的责任性具有深刻的道德内涵。要让行政机关和行政执法人员从理念上形成为人民服务的意识，将人民群众的利益作为行政执法的根基，将百姓的认可度作为衡量行政执法好坏与否的标准之一。二是行政机关法律责任的责任性具有深刻的政治意义。由于行政机关的隶属性，在责任承担上贯穿首长负责制的理念。在执法过程中，职能部门的领导干部要带头起表率作用，尽心尽力地做好相应的管理监督工作。三是行政机关法律责任的责任性具有深刻的法律意义。行政机关承担法律责任的表现形式最直接就是体现在法律规范中，行政机关需要参照法律规范的要义来进行规范纠错，更好依法行政。

（三）监督性

行政违法行为的发现依赖于检察机关法律监督职能的发挥，行政机关顺利纠正违法行政行为更离不开检察机关的督促落实，这种方式的确立正是克服了行政机关在执法过程中怠于履职的消极态度，同时公开透明的运行机制能够促使检察机关及时发现行政违法行为，更好地使行政机关厘清自身权责关系。落实行政机关法律责任制度就是为了进一步规范行政机关依法行政，实现保护公共利益的目的，这种监督式的责任落实制可以实现依法行政效率与实效的双重效果。

（四）预防性

行政机关承担法律责任不仅仅在于及时止损，更有警示行政机关防范公共利益重大风险、隐患的作用。通过这样的责任承担，来使行政机关形成源头治理的理念，类比刑事犯罪不在打击，而重在预防。因此，在行政公益诉讼案件中，行政机关的行政违法行为未必使公共利益受到实然损害，其隐患等潜在性风险也是行政机关承担法律责任的一个因素。因此，行政机关法律责任具有独特的预防性特征，既能规范行政机关形成依法行政的理念，又能规避国家利益和社会公共利益实然损害结果的发生。

三、检察机关确定行政机关法律责任的原则

检察机关在诉前程序中，明确行政机关具体承担何种法律责任，需要遵循相应的原则，才能落实检察建议的内容，有效督促行政机关全面正确履职，真正起到保护公益的作用。

（一）法定性原则

法无授权不可为，这是公共权力机关应当遵循的行为准则，要求行政机关的权责应当有法定的根据。检察机关在确定行政机关承担具体的法律责任时，也应当在有法定依据的基础上，才能督促行政机关依法履职。行政机关法定职责中的“法”应当作广义理解，不局限于位阶高的规范，还包括其他规范性文

件。对于规范性文件的适用应当进行合法性审查，否则检察机关督促行政机关履职的效力就会大打折扣。因此，行政机关在诉前程序中确定行政机关的具体责任内容，应当遵循法定性原则，这是行政机关依法履职的基础。

（二）可诉性原则

行政公益诉讼中，因其有前置的诉前程序，作出的检察建议并不必然进入诉讼阶段，因此，也就出现了检察机关起诉的范围是否应当与检察建议保持一致的争议。我们认为，检察建议中涉及行政机关的责任承担应当具有可诉性，基于以下几点理由考虑。第一，诉前程序是检察机关提起行政公益诉讼的必经程序。只有经过诉前程序的督促对行政机关的履职无实际作用，并且公共利益仍处于受侵害状态，检察机关才需考虑是否有进入诉讼阶段的必要性。第二，公益损害事实是诉前及诉中阶段均不可或缺的证明材料。由于诉前程序不能够完全阻却进入诉讼程序的可能性，要求检察机关还是需要提供较为详细的证明材料，比如检察机关需要承担向法院证明公益侵害与行政机关不依法履职之间存在联系的举证责任。根据《检察公益诉讼解释》相关规定，检察机关在提起诉讼时应当提交公益受损及行政机关不依法履职的证明材料。[①] 根据以上理由，检察建议的内容部分应当具有可诉性。首先，是为了便于诉前程序向诉讼阶段过渡。其次，是为了更加规范检察机关履职的行为，便于协调好行政权与司法权的关系。

（三）可行性原则

首先，可行性的内涵应当做一定范围的限缩解释，检察机关不能指出行政机关具体的履行方式，仅止于围绕“公共利益”的目的，不得提出与公共利益无关的诉讼请求。其次，在诉前程序中，检察机关针对行政机关依法履职提出的具体整改措施要结合公益保护、社会治理需求等需要，立足于案件实际情况，全面考虑各种因素，采取切实可行的措施，根据具体情形确定承担责任的不同形式，避免制发的检察建议内容成为一纸空文。最后，检察机关应当充分考虑行政机关自身的裁量权，使其最大限度发挥行政机关的积极

① 参见《检察公益诉讼解释》第 22 条。

性。在办案措施的选择上，兼顾效果与效率并重，实现办案措施的最大合理化，延伸办案效果。

第二节　撤销或者部分撤销违法行政行为

撤销或者部分撤销违法行政行为在行政机关承担法律责任的类型中，有其独特的优势和价值。检察机关在履职过程中发现相关情形时，要及时进行监督撤销，遵循补救和纠错的思路督促行政机关依法行政。以期通过此种责任方式来提醒行政机关原有行政行为存在错误，并督促行政机关及时纠正。

一、撤销或者部分撤销违法行政行为的基本问题

撤销或者部分撤销违法行政行为是指行政行为主要证据不足，存在适用法律、法规错误，违反法定程序，超越职权，滥用职权，明显不当六种情形之一，符合《行政诉讼法》第 70 条规定情形的，可以一并要求行政机关重新作出具体行政行为。

该种情况的适用主要是针对行政机关"乱作为"的现象，但是在行政公益诉讼案件中，此种责任承担方式目前还是较少。检察机关外部监督重心多关注不作为，撤销违法行政行为如果处理不当，会给公共利益带来二次伤害的可能性。因此，检察机关出于此种考虑，对于撤销或者部分撤销违法行政行为的选择是谨慎的。

二、撤销或者部分撤销违法行政行为的具体适用

在确定行政机关承担撤销原行政行为的法律责任时，检察机关目前只能援引从《行政诉讼法》嫁接过来的法条内容，我们也通过"行政公益诉讼""违反法定程序""超越职权"等关键词检索相关案例时发现未有符合这些条件的案例，相关条款内容处于"休眠"状态，案例较多的主要是"滥用职权"情形。行政机关工作人员滥用职权的行为，常会致使其他相对人规避行政机关监管，从而使公共利益受到侵害。因此要改变公益受损状况，行政机关需要通过撤销

该行为来履行相应的监管职责。

在食品药品安全领域，通常涉及资格准入等行政许可事项，这也是少部分行政工作人员最容易出现滥用职权的现象。在四川省成都市双流区市场监管局违法履职案[①]中，一些个体工商户没有从事网络食品经营的资质，但工作人员仍为其办理了工商注册登记，使得商户从事食品经营。随后双流区人民检察院向双流区市场监管局发出检察建议，建议其撤销食品经营许可证，并且对于符合注销条件但未办理的商户依职权注销。另外，为切实规范网络食品经营的市场秩序，还要求双流区市场监管局将作出的行政处罚决定抄送给相关的网络监管平台，使其知悉有关个体工商的违法从业记录并对网络食品经营秩序严格规范及监督，保障了广大消费者的权益和规范了行业发展秩序。

在国有财产保护领域，通常在审批环节出现疏漏，行政工作人员易产生滥用职权的现象。例如检察机关在调查一起刑事案件中发现，某县扶贫办的工作人员针对合作社申报的扶贫项目，在缺乏相应资质且资料不完整的情况下，即进行了立项、审批和项目拨款，造成国有资产流失，国家利益受到侵害。检察机关建议在追究刑事责任的基础上，另建议将审批的项目进行撤项，并且追回项目拨款。行政机关在收到检察机关的建议后，对涉及的情况进行整改。一方面依法对已立项项目进行撤项，另一方面会同财政有关部门追回项目拨款。同时，行政机关还增强对工作人员工作的监管，并且进行系统的培训，避免在监管环节出现问题，进一步严格项目的审批，保证国家利益不受侵害。

第三节　依法履行职责

依法履行职责是行政机关承担法律责任的重要内容，在司法实践中情况类型多样，主要针对行政机关不作为违法情形，但行政机关不作为违法行为的边界是其判断的重难点。通过梳理行政机关依法履行职责的基本问题，结合不

① 参见最高人民法院环境资源审判庭编著：《最高人民法院最高人民检察院检察公益诉讼司法解释理解与适用》，人民法院出版社 2021 年版，第 370 页。

同情形的典型案例分析，以期检察机关在实际履职过程中有一个清晰、统一的标准。

一、依法履行职责的基本问题

依法履行职责是指行政机关不履行或不全面履行法定职责，判决履行仍有意义的情况。行政公益诉讼中，行政机关是否“依法履行职责”对诉讼程序的启动和人民法院判决结果具有实质性影响，是行政公益诉讼制度能否维护国家和社会公共利益的核心手段。[①]不作为总是与职责联系在一起，行政机关在其中是一种监管职责，其监管职能的实现有赖于管理相对人的行为。[②]因此，行政机关是否依法履职，实现其监管目的，核心在于对相对人的管理行为是否切实到位，这也决定了行政机关在承担法律责任时应当具体情况具体分析。

行政机关在依法履行职责的过程中，应当注意以下几个方面的问题：

第一，应当遵循“治理+监督”的闭环监管理念。在行政公益诉讼试点初期，行政机关整改态度积极，注重对违法情形的打击和处罚，且检察建议回复率也较为可观，并据此认为行政机关的监管职责履行到位。但检察机关后续跟进监督中发现，一些领域会出现整改后反弹回潮的现象，公益受损状态持续发生，主要原因在于行政机关将“积极作为”与“依法履职”简单等同。这提醒检察机关的关注重点不应仅是实然侵害，还要注意潜在的隐患和风险。相应地，行政机关应从源头上解决问题，将管理环节前置，保护链条延伸，重点在“防”。行政公益诉讼相对于民事公益诉讼有风险预防的天然优势，得益于行政机关自身的专业性和灵活性。“结果导向”的标准已不能完全判断行政机关全面依法履职，更要结合“行为导向”的标准，实质看是否有效阻却公共利益存在的潜在隐患。因此，行政机关要树立“治理+监督”的闭环监管理念，不能仅以一个监督者自居，要成为参与者的一员，从治理着手，让行政机关主动思考，给出实际有效的“社会管理方案”，更好保护国家利益和社会公共利益。

第二，应当根据案件性质等多因素考虑设置科学的监管手段。在不同领域，

---

① 参见代杰、徐建宇：《行政公益诉讼中行政机关不依法履行职责抗辩事由研究——基于159份判决书的实证分析》，载《江西理工大学学报》2020年第4期。

② 参见胡卫列、田凯：《检察机关提起公益诉讼试点情况研究》，载《行政法学研究》2017年第2期。

行政主管部门的职责内容不同，相应的法律责任内容也不同，要根据不同案件性质等因素能动地调整监管手段。例如在野生动物保护领域，行政机关探索建立“白名单”的方式，兼顾社会经济发展、行业秩序发展与行政管理三重效果，有效保护公益。又如在食品安全领域，行政机关推行行业“黑名单”的做法，对违法行为进行了有效查处，规范了行业经营秩序，保障了广大消费者的权益，确保该领域的从业禁止制度落实到位，有效堵塞了行政机关监管漏洞。再如在新业态行业中，针对行业监管问题，行政机关的监管手段依旧要调整。在北京铁路运输检察院督促整治直播和短视频平台食品交易违法违规行为行政公益诉讼案[①]中，检察机关针对网络销售新业态涉及的食品安全问题，督促行政机关依法履职，并且建议行政机关尽快出台相关指导规范，通过内外联动的工作机制促使行政机关有效引导行业自律，加强对企业的道德约束，营造良好的行业自治氛围，为企业健康发展保驾护航。上述事例可以看出，行政主管部门仅就行业秩序的规范问题给出了三种不同的监管方案。因此行业主管部门在履行监管职责时，要结合行政管理与行政公益诉讼的特点等因素综合考虑监管职责的具体内容，才能切实保证行政机关依法履行职责，正确承担相应的法律责任。

第三，应当从保护公益的角度厘清监管职责。我国行政管理存在条块分割的配置格局，致使在司法实践中存在职责缺失空白或重复交叉的问题。多个行政机关对同一违法行为均具有监管职责时，不乏互相推诿、不愿承担责任的情形出现。针对此问题还是应当从最直接恢复原状以及保护公共利益的角度出发履行相应的监管职责，避免互相推诿的现象产生。另外为使监管效能有效发挥，我们还须依靠党委政府的统筹调度，使得不同部门加强配合和联动，在跨行政区域的案件中顺利实现协作配合，降低公共利益损害的程度。

第四，建立健全监管机制。我们认为监管机制的完善应当从三个层面进行考虑：一是从行政机关内部出发，建立相对科学有效的监管指南，形成常态化日常监管机制。二是从不同部门出发，建立畅通的沟通配合机制，构建联动的执法网络，形成协同监管合力。三是从两法衔接角度出发，加强执法与司法互动，实现行政机关与检察机关之间的互联互通，有利于行政机关主动将案件线

① 北京铁路运输检察院督促整治直播和短视频平台食品交易违法违规行为行政公益诉讼案，最高检发布“3·15”食品药品安全消费者权益保护检察公益诉讼典型案例1。

索移送给检察机关，可以适时让检察机关提前介入，有效保护国家利益和社会公共利益。

第五，坚持系统思维应对监管盲区。法律规定具有滞后性，行政公益诉讼“等”外领域会不断丰富，行政机关在初期管理中定会出现监管盲区和监管漏洞。那么行政机关如何在较短时间内形成正确履职的规模效应呢？答案是应当坚持系统治理思维来应对行政机关的监管盲区，通过个案推动类案治理的规模效应，以点带面促进新领域的建章立制，形成较为完善的监管体制机制，保证行政机关及时履职，确保公共利益不受损害。

二、依法履行职责的具体适用

（一）完全不作为

完全不作为从形式上来看就是无任何履职行为。从司法实践中来看，行政机关承担因完全不作为造成公共利益损害的法律责任是较为简单的，遵循补救止损的原则将未做的行为依法履行即可，不需要进行额外的行为拓展，去考虑公共利益是否有隐患这样的因素。因此，检察机关对于此种情形的判断上较为简单，以单纯的形式标准判断即可。要么行政机关明确拒绝履行职责，要么针对诉前检察建议迟延不回复或者回复并不实质履行检察建议上的内容。

在江苏省泰州市高港区人民检察院诉高港区水利局行政公益诉讼案[①]中，行政机关在收到检察机关的建议后，在规定的履职期限内对于相对人的违法行为并未查处，造成资源浪费和生态环境的侵害状态持续存在。针对该情况，行政机关及时对非法采矿行为进行查处，同时作出并处罚款的行政处罚予以惩戒，有效遏制了违法行为，提升了生态环境保护的效果。案件的事实、情节较为简单，是实践中行政机关最普遍的履职现象。检察机关在判断行政机关是否需要承担以及如何承担法律责任时也较为简单，但是我们应该坚持类案监督的理念，将简单的工作经验形成系统性的办案流程甚至是体系化的法律规范条文，这是检察机关今后思考的方向。

① 江苏省泰州市高港区人民检察院诉高港区水利局行政公益诉讼案，江苏省泰州医药高新技术产业开发区人民法院（2016）苏1291行初330号行政判决书。

（二）怠于履职

在行政公益诉讼案件中，行政机关怠于履职的情况最为普遍，但其中情况又各不相同。下面就以生态环境与资源保护类案件为例，展开关于在怠于履职不同情况下行政机关如何承担对应的法律责任。

1. 拖延履行职责。此种情形发生在行政机关收到检察机关的检察建议后，依然拖延履行职责的情况，被认定为怠于履行职责，需要继续履行。在福建省清流县人民检察院诉清流县环境保护局行政公益诉讼案[①]中，人民检察院向清流县环保局送达检察建议书后，清流县环保局依然不履职，未及时处置危废物，极可能造成对生态环境的再侵害。针对案件情况，行政机关经督促后，及时对违法行为人作出了行政处罚，并对危废物及现场做了无害化处置，有效保护了生态环境。

2. 形式上履行了监管职责，但是实际未履行。在贵州省江口县人民检察院诉铜仁市国土资源局、贵州梵净山国家级自然保护区管理局行政公益诉讼案[②]中，行政机关仅是为相对人制定了环境修复治理方案，实际未督促落实，属于行政机关怠于履职，致使公共利益受侵害状态持续存在。针对案件情况，行政机关首先督促违法行为人拆除土地上建筑物，并监督违法行为人严格按照环境治理方案进行环境修复治理，对矿区进行恢复原状，直至达到环境修复的验收标准。此种做法加强了对生态环境和资源的保护，并矫正以牺牲环境为代价来促进经济发展的错误理念，树立可持续发展理念，坚守生态红线，使自然与人和谐相处。

3. 履职手段不彻底，未达到明显保护公共利益的效果。在贵州省六盘水市六枝特区人民检察院诉贵州省镇宁布依族苗族自治县丁旗镇人民政府环境行政公益诉讼案[③]中，丁旗镇政府虽履行其管理职能将垃圾清运，但还未达到使生态环境明显改善的效果。因此，丁旗镇政府按照专家意见及建议继续采取补救措施，除了责令停止在该地块倾倒垃圾之外，并作出通知，扩大禁倒垃圾的范

---

① 福建省清流县人民检察院诉清流县环境保护局行政公益诉讼案，福建省明溪县人民法院（2015）明行初 22 号行政判决书。

② 贵州省江口县人民检察院诉铜仁市国土资源局、贵州梵净山国家级自然保护区管理局行政公益诉讼案，贵州省遵义市中级人民法院（2017）黔 03 行终 291 号行政判决书。

③ 贵州省六盘水市六枝特区人民检察院诉贵州省镇宁布依族苗族自治县丁旗镇人民政府环境行政公益诉讼案，最高人民法院发布十起环境公益诉讼典型案例之九。

围，不仅涉及涉案地块，还延伸至整个村庄的范围，并安排专人、专车负责垃圾清运。该案件反映出行政机关的日常管理方面存在不足，没有一个常态化的机制从根本上遏制相应的违法行为。因此，应当从保护国家和社会公共利益最大化的角度出发，制定有关人居环境的相关保护措施，从而能更好地保护生态环境。

4. 只履行了部分职责。在湖北省宜昌市西陵区人民检察院诉湖北省利川市林业局不履行法定职责行政公益诉讼案①中，利川市林业局仅是针对违法占用林地及开采行为进行了处理，并未对因焚烧造成的环境影响采取措施进行有效防治，致使森林环境持续受到侵害。行政机关属于未完全履行法定职责，应当继续履职。针对该情况，行政机关一方面应当履行监督职责，责令相对人停止焚烧的行为，防止大气污染的影响进一步扩大。另一方面对于受到大气污染的林地督促相对人进行植被恢复。该案件启示行政机关应当对自身的监管职责范围做全面的理解和把握，避免遗漏监管事项，损害公共利益。

5. 履职措施未达监管目的。在沿河土家族自治县人民检察院诉沿河土家族自治县环境保护局怠于履行法定职责行政公益诉讼案②中，县环保局未按照检察建议进行整改，虽污水处理工程建设完成但未实际投入使用，污水仍直接排放到水域中，并未有效保护生态环境，履职措施未达到应有的监管目的，致使国家利益和社会公共利益持续处于受侵害状态。针对该案情况，县环保局需要继续履行对案涉工程项目的环境监管职责，污水处理设施已实际运行使用，污水直排问题得到有效解决，同时也保护了生态环境。

6. 履职完全但是未取得良好的公益保护效果。在湖北省宜昌市点军区人民检察院诉宜昌市点军区环境保护局怠于履行法定职责行政公益诉讼案③中，点军区环保局虽然采取了积极措施，但未考虑到污染物长期存续的特点，废水排放仍然存在未达标的问题，并未得到根治，有存在反复损害公共利益的可能。该案件中，行政机关应当督促跟进污染防治配套设施的建设，直至验收合格，

---

① 湖北省宜昌市西陵区人民检察院诉湖北省利川市林业局不履行法定职责行政公益诉讼案，湖北省宜昌市西陵区人民法院（2017）鄂0502行初1号行政判决书。

② 沿河土家族自治县人民检察院诉沿河土家族自治县环境保护局怠于履行法定职责行政公益诉讼案，贵州省德江县人民法院（2018）黔0626行初1号行政判决书。

③ 湖北省宜昌市点军区人民检察院诉宜昌市点军区环境保护局怠于履行法定职责行政公益诉讼案，湖北省宜昌市点军区人民法院（2017）鄂0504行初1号行政判决书。

并且将直接排放的废水先经无害化处置后，确认达标后，针对残留污染物要编制方案进行清理，确保沿江岸线生态环境及时修复，切实保护长江流域物种资源和人民群众生态环境利益。

第四节　变更行政行为

变更行政行为作为行政机关承担法律责任的一种方式，通过对前违法行政行为的否定性评价，并创设新的行政行为来使行政机关履职尽责。相比其他责任承担形式，具有独特的优势和价值。变更行政行为更能体现检察机关针对行政机关行政违法行为的技术性处理，并且兼顾司法权的救济性和效益性，更体现司法的权利保障。

一、变更行政行为的基本问题

根据《行政诉讼法》第77条规定，变更行政行为是指被诉行政机关作出的行政处罚明显不当，或者其他行政行为涉及对款额的确定、认定确有错误的，可以提出变更行政行为的诉讼请求。

变更与撤销有区别：一是行为的效力不同。撤销的行为效力是使得一个已经生效的行政行为“不存在”。而变更的行为效力不会消灭一个已经生效的行政行为，仅仅是改变了其中的内容、形式或者依据，不会实质终止行政行为的效力。二是权力的救济内容不同。二者的区别影响法院后续的判决。在提起行政诉讼的情况下，如果认为撤销这一行政行为是错误的情况下，法院可能会判决撤销该行政处分。如果认为变更这一行政行为是错误的情况下，法院可能会判决责令重作。变更与撤销也存在联系：可变更的行政行为都可撤销，但可撤销的行政行为不一定可变更。[①] 所以，对于变更和撤销的区分，有助于检察机关对行政机关的法律责任确定有一个更加科学合理的依据，不至于对行政机关的行为进行一刀切，更能实现保护公共利益的效果。

---

① 参见范文舟:《行政行为变更的特质》，载《法学杂志》2011年第11期。

行政公益诉讼案件中，检察机关“变更行政行为”的适用率不高主要出于以下原因考虑：第一，出于法院判决便宜的处理。针对到底是作出撤销判决还是变更判决，往往法院会出于效率的考虑选择撤销判决。比起撤销判决，变更判决更加注重说理的充分性。因此，变更行政行为的适用率较低。第二，检察机关的判断难度增加。对于行政机关作出的裁量性决定是否存在畸轻畸重的现象，具有主观性。检察机关相对于行政机关而言，不是管理上的专业者，对于直接指出行政机关的裁量性行为不当，还是存在一定的难度。因此，检察机关在作出变更行政行为决定时更为慎重。第三，不同法条理解上存在竞合。例如法律规定的“并处类”行政违法行为，行政机关只进行了单处行政处罚的，到底是属于“法律适用错误”还是“处罚明显不当”存在争议。这也是适用“变更行政行为”较少的原因之一。第四，司法权与行政权的关系考虑。变更行政行为往往很少适用的因素在于，检察机关作为司法机关应当保持谦抑性，尽可能不代替行政机关作决定，保持行政机关的主动性。

检察机关在诉前程序中提出变更行政行为，应当坚持比例原则。具体有两方面的要求：一方面不能侵害不相关人的权益，另一方面对相关人的惩戒要适度，不能畸轻畸重。检察建议对于行政机关违法行为的纠正并不是都有用，还需要考虑检察建议是否能够真正实现保护公共利益的目的。如果检察建议使得行政机关在改正的过程中，出现履职不能，或者对公共利益保护无实际意义甚至是二次伤害的情况，那么就要重新考虑检察建议是否需要作出必要的技术性处理来适应行政机关的具体情况。针对上述问题，检察机关在追究行政机关的法律责任应做到：第一，平衡司法判决与司法资源两方面的因素。有时候检察建议没有得到完全贯彻落实时，在司法机关作出判决后，如果检察机关作出建议的内容影响低于司法判决的影响时，检察机关则无再有坚持适用的必要。另外，行为人如果出现履行不能的情况，就应当从履职范围、履职行为的必要性、司法资源以及履职效果等多方面综合考虑，决定是否应当督促行政机关继续履行相应职责。第二，充分利用其他公益诉讼手段。如果有违法行为已经构成犯罪的情形，应当分情况提起刑事公诉。另外，要积极利用好诉前督促程序，积极跟进监督行政机关的履行情况，实现保护公益、促进行政机关依法行政的目的。

二、变更行政行为的具体适用

（一）行政处罚明显不当

对行政处罚明显不当的内涵应做拆分理解，分两个层次解读。一方面，对行政处罚的含义进行界定。2021 年 1 月 22 日修订的《行政处罚法》第 2 条规定：行政处罚是指行政机关依法对违反行政管理秩序的公民、法人或者其他组织，以减损权益或者增加义务的方式予以惩戒的行为。在“行政处罚明显不当”中，行政处罚的定义要做扩大解释，不仅指惩戒行为，也包括行政处罚裁量行为，其是指行政机关在职权范围内对违法行为是否给予处罚以及给予处罚限度的权衡权力。[①] 另一方面，对“明显不当”的含义进行阐释。对“明显不当”进行法律含义的解读，在学理上有争论。以何海波教授为代表的学者认为“明显不当”是指行政机关在行使裁量权的过程中造成的结果超出了合理限度，如行政处罚结果的畸轻畸重。[②] 以沈岿教授为代表的学者认为，行政机关在拥有一定自由裁量权的前提下作出的行政处罚违反立法精神、违反社会基本价值追求或者社会一般人的理性思考，可认定为“明显不当”。[③] 目前“行政处罚明显不当”仍是不确定的概念，结合已有学理研究与法律规范的基础上，我们认为行政处罚明显不当应是指行政机关进行行政处罚时，惩戒行为或者裁量行为明显超过合理限度，致使处罚结果畸轻畸重、明显不合常理的行为。以“行政处罚明显不当”这样的关键词检索行政公益诉讼案例时，目前是比较少的，具体的司法实践中对于“明显不当”的判断也呈现不同的做法。

1. 单纯行政处罚结果的畸轻畸重。该种情形主要是指行政机关处罚事项以及处罚手段都正确，只是处罚结果程度上存在裁量的随意性，致使行政机关履职上的不严谨，造成公共利益侵害状态持续存在。由于案件示例少，类比行政诉讼案件构建行政公益诉讼领域关于“行政处罚明显不当”的案件模型，来直观展现行政机关应当如何承担具体的行政法律责任。

---

① 参见王瑷琨:《行政处罚“明显不当”的司法适用研究》，河北师范大学 2021 年硕士学位论文。

② 参见何海波:《论行政行为“明显不当”》，载《法学研究》2016 年第 3 期。

③ 参见沈岿:《行政诉讼确立“裁量明显不当”标准之议》，载《法学争鸣》2004 年第 4 期。

该情形以罚款数额过重为例进行说明：某生态环境局发现某公司排放污水超标，作出了“处罚款人民币40万元，逾期不缴则每日按罚款数额的3%加处罚款”的行政处罚决定。但检察院在后期履职中发现，该公司在实际的工艺制作过程中并未产生实际污染源，且有相关检测报告予以佐证，属于正常生产排污。另外该公司辩称主张超标期间因天气等因素才导致了极短期的超标情况，且处罚期间整改态度积极，对于环境污染的影响较为微小，建议处罚数额做相应调整。行政机关在听取了检察机关的检察建议后，无其他证据予以反驳，认同检察院出具的相关检察建议内容，并结合该公司实际生产遇到的非正常因素、自身整改态度，以及公共利益侵害的程度、公司本身的可持续发展、社会效果等方面综合研判，将之前处罚决定中的罚款数额做了降低处理。既弥补了违法行为人造成的公共利益侵害结果，又同时保证了公司的可持续发展，不损伤民营企业发展的积极性。

2. 处罚事项遗漏。该种情况是指行政机关在进行行政处罚时，遗漏了必要的行政处罚事项，造成行政处罚明显不当的情况。检察机关发现有关企业存在环境违法行为，遂建议县环保局加强督促与检查，并保证上述企业完成整改。后检察机关在走访中发现，县环保局仅对涉案企业作出罚款的处罚决定，并发现相关企业仍在违法生产，没有彻底解决环境污染问题。因此，检察机关认为行政机关存在行政处罚明显不当的情况，遗漏了更为严格的处罚事项，致使公共利益侵害状态持续存在。因此，行政机关在此前罚款的基础上，开展集中专项整治行动对相关企业责令关停，全面地履行了监管职责，保护了环境公共利益。

行政公益诉讼案件中，我们发现行政机关仍然存在重罚款、轻恢复的思维定式。与行政处罚相比，责令改正类行政命令不具有惩罚性，只是要求当事人停止或者修复其违法状态，两者在行政监管中相辅相成，共同发挥着重要的作用。但有的行政机关在履行监管职责中存在以罚代管问题，主要体现为重罚款，轻修复治理，不全面履行监管职责。如江西省新余市渝水区人民检察院诉江西省新余市水务局怠于履行河道监管职责行政公益诉讼案[①]中，针对案件中多次

① 江西省新余市渝水区人民检察院诉江西省新余市水务局怠于履行河道监管职责行政公益诉讼案，江西省新余市渝水区人民法院（2018）赣0502行初10号行政判决书。

非法采砂行为，市水务局虽然履行了一定职责，责令相对人停止相应违法行为，并作出罚款的行政处罚决定，但现场堆放的砂石及违规设备并未清除，河道未得到修复。市水务局未全面履职，致使社会公共利益侵害状态长时间存在。市水务局应继续履行监管职责，清除堆放物和违规设备，并制定修复方案监督和管理河道修复，确保河道管理安全。

（二）其他行政行为涉及对款额的确定、认定确有错误

对于“其他行政行为涉及对款额的确定、认定确有错误”的内涵同样分两部分把握。一方面，“其他行政行为”是除了行政处罚以外的具体行政行为。另一方面，注意其他行政行为的限缩在对款额的确定、认定有错误才可以被认定是可以变更行政行为。一般行政机关的行政征收行为容易发生对款额的确定、认定有错误的问题。例如，检察机关在履职过程中发现，某水务局对采油厂征收水土保持费，因未准确认定、核实征占土地面积等资料，致使少收缴了水土保持费，造成国有财产的流失，侵害了国家利益。因此，检察机关确认行政机关此行政行为违法，并建议重新对水土保持费进行核定，督促好后续的补缴。行政机关在收到检察建议书后，认真研究相关法律规范，厘清水土保持费的征收标准，重新确定征收数额，并后期通过专项行动进行集中查处、整治相关违法行为，改善行政监管中存在的问题。

第五节　确认违法

确认违法是行政公益诉讼中确定行政机关承担法律责任的一种常见形式，类似于行政诉讼法上的确认违法判决。在司法实践中，该种类型的适用既能够节约司法资源、减少行政机关重新作出行政行为的负累，同时又能很好地保护国家利益和社会公共利益。确认违法在司法适用中较为普遍，本节将从基本问题和具体情形两部分梳理其需要注意的方面。

一、确认违法的基本问题

确认违法是指检察机关在履职过程中发现行政机关有行政违法行为的情况，但形式上已无可实现公共利益保护的作为内容，在诉前程序中作出确认其违反法律规范的情况说明。我们需注意，确认违法对于行政机关承担法律责任的约束力在效果上是最弱的，并且也是承担所有责任类型的一个前提，会经常见到检察机关在其他情形中首先作出确认行政机关所做行政行为违法的说明。那么，要求检察机关在实际办案中应当秉持一种谦抑性适用的思维，将该情形作为一种兜底条款去使用，只有在其他责任均不能适用的情况下，才考虑作出仅确认行政机关行政行为违法的情况说明。目前，确认违法的具体情形只是简单援引《行政诉讼法》第74条、第75条、第76条和最高人民法院《关于适用〈中华人民共和国行政诉讼法〉的解释》第96条、第99条的有关规定。在司法实践中，行政机关如何承担确认违法的法律责任是一个值得探索的问题，并且实践中也没有相应的系统性工作机制。因此，还是要从实务案例中总结好的工作经验与方法，使违法情形与责任承担相匹配，促进行政机关更好地依法行政。

为了避免在行政公益诉讼案件中，确认违法的实际效力发挥弱，对行政机关并未产生实质的约束，责任流于形式，无救济性，致使行政机关不作为反复发生，无法做到依法履职，检察机关应当在适用的过程中注意以下几个方面的问题：第一，准确认定行政机关行政行为的违法性。法律、法规是判断行政机关行政行为合法性的准则，尽可能运用位阶较高的法律规范，排除适用不属于法的渊源的规范性文件。第二，考虑适用确认违法情形的必要性。既要考虑到发挥诉前程序的独立价值，又要考虑是否有浪费司法资源的可能。第三，考虑适用确认违法情形的有效性。有效性的落脚点还是要关注，在行政公益诉讼案件中，公共利益是否得到保护以及公共利益损害的结果是否得到及时恢复。如果不加区分地适用该种情形，必然导致法律责任制度的滥用，公共利益得不到实质保护。

二、确认违法的具体适用

行政机关只承担因确认违法带来的行政法律责任，是有必要性和独立价值的。尽管已经没有实现保护公共利益的作为内容，但是能够通过加强法律责任的途径，给予行政机关自身以警示和提醒，进而规范执法，是将确认违法情形单独设置的核心要义。

（一）违法行政行为与公共利益保护实际内容无关

检察机关在对行政机关所做的行政行为确认违法时，有时仅因为程序轻微违法，并不涉及公共利益保护的实际内容。例如在敦化市人民检察院诉敦化市国土资源局不履行法定职责案[①]中，敦化国土局接到检察建议后，履行了法定职责。但发现在履职过程中，敦化国土局仅是未履行催告程序即向人民法院申请强制执行，客观上导致行政执法程序被拖延，但此后及时予以纠正，并未对公共利益侵害产生实际影响。因此，该行为属于程序轻微违法情形。检察机关在对其确认违法后，应当督促行政机关系统内部做一个情况通报。一方面，针对相关执法人员作出通报批评，以此提醒在实际执法过程中应当注意的事项和需要规范的方面。另一方面，行政机关应当对其程序瑕疵作出总结反思，出具情况通报的公告，保障公众的知情权，消除对行政机关不利的负面影响。

由于此种确认违法的情形涉及对“程序轻微违法”的判断，需要统一的标准，禁止检察机关对于此种情况的裁量做扩大解释。最高人民法院《关于适用〈中华人民共和国行政诉讼法〉的解释》第96条对“程序轻微违法”这一概念作了细化规定，列举了几种常见的程序轻微违法的形式，即包括处理期限轻微违法，通知、送达程序违法以及其他程序违法的情形。“程序轻微违法”不等同“程序瑕疵”。二者的本质区别在于是否实质触及权利的有无。[②]另外，对于“轻微”的理解，除结合第96条的规定，也要根据司法实践个案进行具体分析，还是要依据自由裁量权来作出判断，法律规范中的情形属于不完全列举。

（二）回复检察建议前已依法履职

该种情形是指行政机关在检察机关制发检察建议后，收到检察建议前，已依法履职，但因处于诉前程序中，检察机关需要知悉行政机关是否依法履职的

---

① 吉林省敦化市检察院诉敦化市国土资源局不履行法定职责案，吉林省延吉市人民法院（2017）皖2401行初46号行政判决书。

② 参见吴敏:《论行政诉讼中的“程序轻微违法”》，载《福建行政学院学报》2018年第5期。

情况，仍需作出确认违法的决定，并需要行政机关作出相应的回复。此种形式就是发挥检察机关的主动性，以督促回复的方式保证行政机关履职完全的可预见性以及确定力，防止行政机关在履职过程中可能半途而废的情况。如检察机关在履职过程中发现某镇政府将生活垃圾堆放、填埋在集体土地上，致使周边土壤、植被、空气等污染情况严重。在诉前检察建议送达前，该政府已经停止了垃圾场的使用，对后续产生的垃圾进行集中清运；动用机械和人工对现状进行覆盖、清捡等处理，进行日常管理，保证对垃圾场进行全面清理整治。为了保证行政机关程序的规范性和检察机关法律监督的严肃性，检察机关仍有确认行政机关原违法行政行为违法的必要性。行政机关尽管已经完成了职责内的工作，但也是以检察机关的履职发现为前提，并且反映出行政机关怠于履职的态度。因此，行政机关有必要针对履职的完成情况向检察机关进行检察建议的回复，目的就是让行政机关尊重检察机关的法律监督权，提升检察建议的刚性。

（三）履职行为无法补救或修复公共利益侵害内容

此种情形通常在生态环境和资源保护领域、文化遗产保护领域中最为多发，因其自身保护存在不可逆转性等特点，且无其他代履行的措施进行弥补和修复，只能通过检察机关确认违法的途径来提醒行政机关要履行好自身的监管职责，进一步规范行政执法，加强公共利益的保护。如检察机关在履职中发现，某文旅局对于某文物遗址的保护范围未进行清楚划定，且未设置明显警示标志，致使在清运建筑垃圾的过程中，破坏了遗址本体。经专家鉴定，该遗址本体破损严重，已无法进行再修复。该案件中，该文旅局怠于履行职责的行为致使公共利益受到严重侵害，因其文物破坏不可逆转的特点，行政机关的再履职对于文物保护来说无实际意义。因此，检察机关在检察建议书中确认该文旅局怠于履职的行为违法。事后，检察机关对行政机关的监督管理漏洞予以指明，行政机关在听取了检察机关的建议之后，一是进一步严格落实文物保护的管理规范，对于辖区范围内的文物保护作出梳理，并明确保护范围以及设置必要的警示标志；二是针对此次事件，向人大机关等进行抄送，寻求公众媒体检视自身错误，予以情况说明；三是机关内部做情况通报，运用“个案带动类案”的治理思维来规范行政机关此类的行政管理行为。检察机关对行政机关的违法行政行为予以违法确认，也是为了保证公共利益保护的行政效果，又防止行政机关在违法行政行为上的反复。另外，行政机关有必要建立针对确认违法情形的自我追责机制，一是对检察建议的内容做一个回复说明，二是保证行政机关履职的自觉性程度更高，加强依法行政的意识。

（四）并未在检察建议规定期限内完成履职但仍进行

此类案件的特点在于行政机关的履职行为并未在检察机关给定的履职期限内完成，但是仍在进行，有完成的预期，又未达到起诉的条件，此时检察机关通过确认违法的方式来提醒行政机关原行政行为违法，并督促行政机关尽快完成履职补正，并向检察机关做好相关情况说明。该情形是为了保证行政机关依法履职的完整性，以及让行政机关知悉自己的全部职责。在徐州市铜山区人民检察院诉徐州市铜山区农业农村局（徐州市铜山区原林业局）不履行林业行政管理法定职责案[①]中，徐州市铜山区林业局怠于履行职责的行为使公益受损，经过诉前程序仍未改正，符合法定监督情形。确认徐州市铜山区农业农村局（徐州市铜山区原林业局）对第三人徐州市峻达采石有限公司作出行政处罚后未依法履行后续监管职责的行为违法，且需要继续依法对其履行法定职责。

① 徐州市铜山区人民检察院诉徐州市铜山区农业农村局（徐州市铜山区原林业局）不履行林业行政管理法定职责案，江苏省徐州铁路法院（2017）苏8601行初1420号行政判决书。

第四篇　运行篇

第十五章　诉前程序的司法化

检察权以司法性和监督性为底色，以保护公益为重要价值追求。[①] 作为检察权运行重要程序之一的诉前程序也不例外。与此同时，由于诉前程序制度在权利设置和实际运行中存在着对标司法性的部分不足，使得诉前程序具有了一定的“弱司法性”色彩。如何突出诉前程序中检察权运行的专业化、规范化？怎样保证作为程序主体之一的行政机关有充足的参与权和抗辩权、以最大化实现诉前程序过程和结果的公正？怎样提升诉前程序中检察权运行的公信力和司法效果？种种疑问的提出，使得诉前程序司法化的研究有了回应司法现实的迫切需要。

第一节　诉前程序司法化的基本理论

司法是司法权运行的过程，司法化是以司法权为参照、对权力运行状态的调整过程。司法及司法化的种种价值，对权力运行的规范化有着极大的启发和借鉴意义。同时，诉前程序本身对于司法化，既有着实践改良的现实需求，更有着作为程序本体的本质要求。

---

① 参见苗生明:《新时代检察权的定位、特征与发展趋向》，载《中国法学》2019 年第 12 期。

一、司法及权力运行司法化的内涵

要探讨诉前程序司法化，首先要确定何谓司法及何为司法化。定义总是相对而言，司法化的界定，需要行政化作为参照，司法及司法化存在区别于行政及行政化的精髓要义和特征特性。

（一）何谓司法

从权力的性质划分角度而言，司法权是区别于立法权、行政权的国家权力。法国思想家孟德斯鸠就将国家权力区分为立法、行政和司法三种并行权力，[①]而从司法的本质属性而言，司法是与裁判有内在联系的活动。司法权的运行，是享有司法权的机构、组织或个人，针对申请者提交的诉求，按照颁行的法律规则和原则，作出一项具有法律约束力的裁决，从而以权威的方式定分止争的活动。[②]《布莱克维尔政治学百科全书》对其描述为“裁判者将规则适用于具体案件或争议的过程”。[③]

1. 司法的构造。我国学者对司法的构造界定各有侧重：有的学者以司法的程式要件为主要论证点，提出司法是“就具体的情形宣告适用何法的活动”[④]；有的学者认为司法是司法机关根据法定程序依职权适用法律的活动；[⑤]同时，亦有学者从司法的内在逻辑价值层面来界定司法的构造，如苏力认为司法是有边界的，同时司法的价值是有层次的：司法的原始价值是定分止争，通过解决具体个案化解矛盾；司法的中层价值是使制定法有更新力，用于保持其与社会发展节奏的同频；司法的终极价值是稳定社会秩序、促进法治发展，因而司法是“从书本到实践的法之桥梁，是从原则到规范的通道”。[⑥]笔者赞同苏力教授的观点，认为司法就逻辑构造而言，本质上是具有层次价值的活动。

---

① 参见［法］孟德斯鸠:《论法的精神》(上册)，张雁深译，商务印书馆2019年版，第155页。

② 参见陈瑞华:《司法体制改革导论》，法律出版社2018年版，第5页。

③ ［英］戴维·米勒、韦农·波格丹诺主编:《布莱克维尔政治学百科全书》，邓正来等译，中国政法大学出版社2002年版，第6页。

④ 龚祥瑞:《比较宪法与行政法》，法律出版社2012年版，第19页。

⑤ 参见陈卫东:《程序正义之路》(第一卷)，法律出版社2005年版，第90页。

⑥ 苏力:《送法下乡：中国基层司法制度研究》，北京大学出版社2011年版，第21页。

2. 司法的属性。属性是判断一项事物与其他事物异同的根据。要讨论司法化的问题，就要首先明确司法的属性问题，以此区别于行政等其他对照概念。

司法的本质属性能够从司法的基础性要素中提炼出来。所谓司法活动的基础性要素，就是司法活动中存在的必不可少，并因此而与其他活动如行政活动等作出区分的基本组成要素。司法活动一般包含以下六项基础性要素：一是存在特定的利益争端或纠纷；二是存有与上述争端相关的两方或多方当事人；三是争端被提交给裁判者；四是裁判者独立于争议各方；五是争端各方以言词争论的形式，包括提交证据等，来促进裁判者作出结论；六是裁判者在充分听取争端各方言词的基础上，将规则融合于事实，作出裁判。其中，第一项、第二项要素是司法活动赖以产生的前提，争端可以有民事、行政、刑事、宪法争端之分，但不论何种内容，均会牵涉有关争议各方的权益；第三项、第四项要素主要是确定裁判者介入并主持争端解决，与私下协商、复仇等私力救济不同，司法活动是一种典型的公力救济活动，由于公权力的行使，争端的解决具有相当程度的“非合意性”和“最终性”。第五项、第六项要素则是司法活动的程序规范问题，程序正当是结果公正的前提。①

根据上述的司法基本要素分析，可以概括出司法的核心属性包括以下五个方面：

一是司法的判断性。司法权就其本质而言，是一种判断权。整个司法活动的过程、各个参与主体的努力，最终都是为了获得最后的裁判。司法中的判断内涵广泛，不仅包括对事实情况部分的判断，也包含对于选择适用何法、如何解释法律的判断。对事实的判断，包含对真事实和假事实的甄别区分，包含对哪些事实有关的择取、哪些事实无关的剔除，包含哪些事实是核心，哪些事实是边缘的判断。对法律的判断，则包含选择哪项规则适用于事实的判断、选择适用的规则是否合理的判断、有没有其他竞合规则适用的判断、规则已适用过的其他案例是否对即将裁判的事项有参考价值的判断。这些判断中，事实和法律并非截然分开，需要目光来回穿梭，时而结合法律认定事实，时而又回溯事实来研判法律，在前一个判断为真时，后一个判断才可以在前一个判断的基础上继续，通过一系列循环往复的连续判断，司法活动才能真正得到充分的裁判

① 参见陈瑞华:《司法体制改革导论》，法律出版社2018年版，第8页。

结果。司法活动的过程，正是一个个判断所累积的过程，因此，判断性是司法的最为根本的属性，司法首先的要义就是判断性。

二是司法的中立性。正如法国思想家托克维尔描述的："要想使司法权运行，就得推动它。"①与具有主动性特征的行政活动不同，中立性是司法活动的重要特征之一。司法的中立性主要表现为司法活动的开启由当事人决定，当事人没有提出请求解决争端的，不能启动裁判；同时，进行裁判的范围必须局限于当事人请求的内容，而决不能超出当事人请求范围。司法的中立性，有利于司法活动的克制、理性，保证裁判者实现居中、客观中立，促进争端各方对司法活动和裁判结果的认同。

三是司法的交涉性。所谓司法的交涉性是指，当事人之间的交涉、争辩为裁判者的居中裁判提供前提基础。与行政活动的行政决定单方运作的形式不同，司法活动要在争端各方同时参与的情况下进行。当事人作为与裁判结果有直接利害关系的主体，对裁判结果有自身的合理预期，并有为争取自身权益而进行程序性交涉的意愿。如果没有全部当事人的参与和交涉，司法活动就失去了最低限度的程序正义性。从审理到裁判的司法活动的全过程都展现了司法的交涉性，同时，司法的交涉性不仅需要形式上的权利保障，如保障当事人在司法活动中的举证权、辩论权、发表意见权，还需要实质意义上的"参与裁判形成过程"，即当事人的交涉过程能够对裁判的形成有决定性的影响。

四是司法的公开性。黑格尔说："公开是公正的灵魂，法律需要让普通人知晓，也正是通过审判公开，公民才能真正信服。"②行政活动的运行规律是特定事项公开、一般事项不公开，相比行政活动，司法活动应当具有公开性，即司法活动的全过程一般应向社会公众开放，以保护秘密等为例外的不开放。司法活动的公开性既体现在裁判的透明过程中，也体现在裁判结果的公开上。一般观点认为，获得公开裁判既是当事人的诉讼权利，也是普通社会公众的民主权利。③然而，仅仅做到裁判过程和裁判结果的公开，也并不足以防止司法的非公

---

① ［法］托克维尔：《论美国的民主》（上册），董果良译，商务印书馆2017年版，第110页。

② ［德］黑格尔：《法哲学原理》，范扬、张企泰译，商务印书馆2016年版，第232页。

③ 参见陈瑞华：《司法体制改革导论》，法律出版社2018年版，第24页。

正性，[①] 还需要有一个关键的环节：裁判结果形成的过程和依据的公开，所以要求裁判者进行充分的说理。

五是司法的终结性。司法的终结性是指裁判者对当事人利益争端或纠纷作出生效裁判后，裁判即具有终局性效力，任何个人或组织就不得再将争端纳入司法活动中。美国学者埃尔曼提出，经过法定程序的认定，就如同贴上封条，不得被随意撤销或变更。[②] 司法的终结性与司法定分止争的目的密切相关，裁判者作为解决争端的一方，须给出一个最终性的、效力具有稳定性的裁判结果。倘若裁判无法得到这种终局性、稳定性的保障，司法的价值将无从实现。

3. 司法的功能。

第一，定分止争。司法活动的根本目的就是要通过裁判权，来判断因果是非，解决实践纠纷。"司法的作用在于通过提出具体事项的法律解决路径来维护规范的秩序，从而促进大量的纠纷得以自行解决。"[③] 可以说，就司法权本身来讲，其功能就是以权威的方式来解决业已发生的纠纷与争端，消除冲突，这是司法存在的核心目的。不着眼于这一目的的任何司法和任何法律都很难说是一种良好的司法和良好的法律。纠纷的顺利解决不仅对当事人意义重大，而且对整个社会也会产生积极影响，主要表现为修复社会秩序。

第二，保护权利。对于现代民主法治国家，保护社会团体与个人的合法权利是核心任务之一。权利通常被划分为自然权利、法定权利和实有权利，理想状态下，法定权利和自然权利是完全重合的，但实际上，由于上述所言法律的滞后性等固有原因，法定权利在范围上往往与自然权利存在差异。此时，司法的功能就凸显：司法可以通过扩张解释乃至创制规则的方式在个别案件中实现某些基本权利的保障。同时，即便是法定权利，其实现也往往依赖于司法的救济。有效的救济是法定权利得以成为现实的权益的基本途径。

第三，约束权力。如孟德斯鸠所言，"若不是有了约束，任何权力都容易失控"。权力需要被约束。司法本身具有被动性、中立性等特征，一般不会积极

① 参见［英］W.lvor. 詹宁斯:《法与宪法》，龚祥瑞等译，贺卫方校，生活·读书·新知三联书店 1997 年版，第 171 页。

② 转引自季卫东:《法治秩序的建构》，商务印书馆 2019 年版，第 28 页。

③ ［日］棚濑孝雄:《纠纷的解决与审判制度》，王亚新译，中国政法大学出版社 2004 年版，第 27 页。

地对公民权利构成威胁，所以它也是最少产生实质性侵犯的权力。使司法发挥控制权力的功能，是理性的选择。司法对于权力的约束和限制主要在于两方面，一方面是审查法律以及政府法规和规章的合宪性，另一方面是审查具体的行政行为的合法性与合理性。这就是所谓控权审规的功能。中国的司法审查主要是行政诉讼，主要是对具体行政行为的审查，通过具体的路径实现对权力的真正约束。

第四，释法补漏。法律具有相对滞后性，无法预料到所有的现实情况，只能规定基础准则，实践中，需要司法来根据具体的事实分析研判、作出切实合理的裁判。同时，社会发展伴随着利益分配的多变性、多元性、矛盾多发性等问题，也使得司法调整社会关系的作用不断凸显。裁判者要通过类推、习惯补充、学理补充等各种法律方法，来释法补漏，从而保证裁判公正合理。

（二）权力运行的司法化与行政化

按照德国法学家拉德布鲁赫的观点："行政是国家意志的行使，而司法则是个人权利的保护。"[①] 整个社会的行进如果比作列车，则行政权的行使是发动机，司法权的运行则是确保刹车性能良好。行政讲求效率优先、司法重视"合理救济"。司法化与行政化是一对相互参照的概念，下文将着重分析论述二者各自的运行方式特性及相互区别。

1. 权力运行的司法化。从词源上看，"化"的基本含义为变化、改变，意指事物性质或形态的改变。以司法的内涵为基础，司法化就是权力原有的运行方式向司法权运行方式的转变过程，同时伴随着原有价值取向向司法价值取向的过渡变化。

关于权力运行司法化的特性认定，笔者认为，基于上述对司法的内涵与属性分析，权力运行司法化的特征可归纳为：一是从意见倾向性到中立性。裁判者居中裁判，兼听兼容，根据法律规范严格行使职权，依法独立客观作出裁判。二是从偏重单方性到对抗性。两造具备，程序参与者地位平等，通过言词等方式主张自身诉求，反驳不利于己的主张，有效使裁判者感知到参与者的意见。三是从缺乏规范性到规范性。程序的启动标准、操作规则、运行模式等，应当

① ［德］拉德布鲁赫：《法学导论》，米健、朱琳译，商务印书馆2013年版，第27页。

有具体的规定，明确无歧义，同时确保当事人程序性权利使用及救济等。四是从基本不公开到注重公开性。除了规定的依法需要保密的事项不在公开的范围内，其他的不涉及秘密的事项需要向社会公布，使社会大众有充分接触了解的保障，也有利于公开透明地更好接受监督。公开也包括两方面：过程的公开和结果的公开。

2. 权力运行的行政化。权力运行的司法化是与权力运行的行政化相对而言的。权力运行的行政化，是权力按照行政活动的流程和特征来实现运行。行政活动，本质上是一种公共管理活动，此处“公共”是强调行政特性，借此区分私人组织活动管理。而行政活动的特性，有诸多学说，国家意志执行说、公共目的说、组织管理说，都未能在本质上揭示行政与立法、司法的区别，因为立法、司法也有上述功能和价值；而将行政定义为立法之下的除司法以外的国家作用，也仅仅在范围上对行政做了界定，没有揭示行政的本质属性。想要对行政作本质的论证，还要从国家机构的起源来论证。国家作为一种公共权力机构，其基本职能总的来说有两个方面：一是制定规则，即制定法律；二是执行规则，即执行法律，依法管理国家和社会事务。其中，制定规则的行为称之为“立法”，而执行规则的行为，即执行法律的行为，则又可以分为“行政”和“司法”。司法的内涵前述已论证，行政则是由国家行政机关依法对国家和社会事务的组织与管理活动，相较于司法活动，行政活动具有积极性、主动性和连续性的特点。

具体到运行的实践层面，权力运行的行政化具有以下特点：一是决策过程的单方性倾向。行政化的权力行使因为重在效率优先，为避免进度缓慢，提升行政决策效率，一般不必听取行政相对方的意见建议即可依法作出，从而有助于及时实现行政权的运行价值。二是判断有立场倾向性。与司法权的被动性、中立性不同，行政权基于管理的职责，需要有主动性，且需要倾向性的指引，来更高效地完成维护公共利益的目的。三是权力运行程序有非仪式化趋势。出于效率目的，权力运行的行政化更多地着眼于实体问题，程序上除了符合合法性要求外，并没有司法化的严格规范性，比如庭前的纪律告知、判决的送达方式等内容。四是权力运行过程和结果有非公开化趋势。权力运行的行政化体现在决策程序内容和结果并不完全向社会公众公开，并不像司法化一般要求全然的公开。

二、诉前程序司法化的现实需求：当前诉前程序的“弱司法化”倾向

无论从制度设计上，还是实际运行中，行政公益诉讼诉前程序所体现的“督促”和“协商”功能，其司法性特征并不明显，相反，诉前程序制度在权利设置上存在行政机关异议权、行政机关复核权、行政机关申请回避权等程序性权利不明确的问题，在实践运行中存在违法性判定标准不统一的问题，同时，整个诉前程序环节有着相对闭合化状态等特征，呈现出“弱司法化”倾向。

（一）相对闭合化状态

正如哈耶克那句名言：“正义要以看得见的方式实现。”司法的公开性对于司法的要求是：不仅要实现司法公正，实现司法公正的司法程序也应是被看得见的。

司法公开性的含义是双重的：首先是静态意义的司法公开性，是指规则通过制定公布法律以及司法解释的方式向社会公开，以便于社会公众可以知晓把握；其次是动态意义的司法程序公开，是指司法活动的具体路径如时限要求等应当向公众公开。[①] 静态意义的司法程序公开是前提和基础，如果没有关于司法程序公开的法律和司法解释等统一规定，司法过程中容易侵害当事人的合法权益，出现司法腐败和权力滥用；动态意义的司法程序公开是实质和结果。司法公开性不仅需要规则的统一公开，更需要在运用规则的过程中得到规范化落实。

而反观诉前程序的实际运行的整个过程，一定程度上处于闭合化运行状态，其判断过程并不为公众所知晓。这种较为闭合化的诉前程序运行模式，虽然能促进检察权运行的效率提升，另一方面也容易导致诉前程序的公开性不够，不利于行政机关对诉前检察建议的接受和落实。同时，由于行政机关参与性不足，相应的，检察权运行时对信息的掌握也不容易全面、充分。

（二）判定标准不统一

无论如何理解司法，公正总被视为一种本质特征，而公正又通常被理解为

---

① 参见江必新、程琥：《司法程序公开研究》，载《法律适用》2014年第1期。

“客观地或不偏不倚地适用这些规范原则和做出裁决”[①]。尽管价值中立、居中裁决和忠于法律仅仅是法律客观性的部分含义，但却是司法根本性的意义所在，也是捍卫法治的要义所在。如博登海默所说：“先进的法律制度往往倾向于限制价值论推理在司法过程中的适用范围”[②]，价值判断虽然因主体差异而产生个体性和多元性趋向，然而一旦具体到司法领域，价值便更多体现出客观属性。与此同时，司法过程中的价值判断作为法律适用活动的一部分，不仅受到案件事实和法律规范的双重制约，也必须以法律程序和法律方法等规范的形式进行。由此，司法价值判断的客观性命题不仅是司法判断的本质属性，也构成了司法公正的重要路径。

在诉前程序中，决定是否进入提起公益诉讼环节的，最重要的是对行政机关是否依法履职的判定。行政违法行为认定，由于规定较为明确，容易作出认定；但对行政不作为的标准，则存在不同的认识。一种意见是，行政机关行动起来，采取了一定的措施就算履职，应当坚持行为标准；另一种观点则认为，应当坚持结果标准，不但要求行政机关有所作为，同时需要考量实际结果，即公益是否得到实际有效保护。另外，对不依法履职情形是从形式角度侧重还是实质角度侧重认定也有不同理解。譬如，行政机关只作书面回复表明态度，而实际并未采取措施或措施不足以产生成效，是实质意义上的不依法履职，但形式上又可以说是履职；行政机关未作书面回复，但实际却履行职责，则算形式意义上的不依法履职，事实上却履职到位。情形不同，而规则却未明确，容易产生认定规范性不足的问题。

（三）救济性权利设置不完善

如果没有对于权利的救济，那么权利的设置也无法真正落到实处，权利无法真正得到保障。程序中，主体的各项权利是通过具体的制度和规则设定予以存在，当权利未能真正实现时，就有了救济的需求，救济机制是权利顺利行使

① ［英］罗杰·科特威尔：《法律社会学导论》，彭小龙译，中国政法大学出版社 2015 年版，第 236 页。

② ［美］博登海默：《法理学：法律哲学与法律方法》，邓正来译，中国政法大学出版社 2004 年版，第 528 页。

的守卫线。[①]在设置救济机制时要注意，救济方式应当与权利功能相适应，所设置的救济方式应在相对应权利范围内，不得超过或背离预设功能。

而在诉前程序中，存在行政机关异议权不明确、行政机关复核权不完善等问题。异议权是应设置给被监督者的一项重要的程序性权利，意在给予被监督者一种抗辩权，用以促进判断者准确客观评价。虽然《人民检察院检察建议工作规定》明确了被监督单位的异议权，但最高人民检察院印发的检察建议法律文书格式样本中，关于诉前程序的文书里，并没有标明行政机关具有异议权等条目。文书格式中的提及与否，直接影响了被监督单位能否行使。同时，《人民检察院检察建议工作规定》第23条规定虽赋予了被监督单位对检察建议的复核权，但并没有明确是由谁来复核，容易导致实践操作不明确。以上可窥知，诉前程序现行的规则设置距完全达到司法化规范标准还有一定距离。

三、诉前程序司法化的法理根据

如果说前文论述的诉前程序“弱司法化”倾向意在分析诉前程序在当下实践运行中的未全然规范之处，是在展示诉前程序的运行表象，那么接下来本部分要分析的，则是诉前程序因何需要司法化的实质。即，并非仅仅因为“司法化”的一系列可取之处，就定然也需要诉前程序遵循“司法化”或是“泛司法化”的准则，而是诉前程序的本质决定了诉前程序的必经路径是“司法化”。

（一）正当程序原则的要求

诉前程序作为一种法定程序，理当符合正当程序原则的要求。通过与正当程序原则要求的对照，诉前程序也拥有了更科学化、更优化的路径。

正当程序在我国是作为一般原则来引用，虽然借鉴自英美法，但有了适宜扎根的中国土壤，它的基本内涵是程序主体平等地参与程序过程，各自充分发挥角色作用，且均拥有平等的言词机会，从而使得程序的过程和结果更容易保持公正。程序的本质是交涉性与参与性。[②]

程序不仅是一种工具，也具有独立价值，即程序有着与结果相平等的、独

---

① 参见潘剑锋:《论建构民事程序权利救济机制的基本原则》，载《中国法学》2015年第4期。

② 参见季卫东:《法治秩序的建构》，中国政法大学出版社1999年版，第79页。

立的自身价值，过程的有效性是一种具有实质意义而非仅仅形式意义上的价值。同时，这种过程的有效性需要符合程序的内在逻辑，“有其自身的价值判断标准和规律”。[①]程序本位主义认为，法律程序的设计应能确保裁判所影响的利害关系人充分参与程序过程，程序的价值定位是中立、平等和理性的，程序过程可以实现逻辑自洽，“经过不断修复而达到程序所追求的价值”。[②]

正当程序的基本原则，体现在诉前程序设计上的要求就是，程序更加公开、透明、具有充分的参与性，进而促使诉前程序的结果能更具有公平性、可接受性。诉前程序中，需要通过较为合理的程序设计，调动利害关系人的参与积极性，使得诉前程序更为正当、理性，具体而言就是诉前检察建议在发出前，要有听证环节等来听取行政机关的意见建议，给予行政机关以充分的言论权，在这种交涉性过程中既使事实更加清楚，也增进检察机关和行政机关的彼此了解，体现诉前程序的科学性、合理性，并为后续提起公益诉讼等环节提供前提条件。[③]

（二）检察机关法律监督性质的要求

检察机关的“法律监督”宪法定位及其作为“法律守护人”的角色担当要求检察权及其参与的程序的运行客观中立、公平公正。行政公益诉讼诉前程序是检察权行使法律监督职能的重要途径，检察权法律监督性质对诉前程序司法化提出必然的要求。

检察机关在诉前程序中督促行政机关依法履职，及时有效地捍卫国家利益和社会公共利益，既是检察机关履行法律监督职责的内涵所在，亦是其宪法定位的回归和宪法价值的落实。突出表现在“调查取证权”。“调查取证权”的司法特性不言而喻。检察机关拥有的民事公益诉讼调查取证权，是一种既有法律监督属性又有原告诉权属性的调查权，原告诉权属性是检察机关开展调查取证的前提，而法律监督属性则是检察机关开展调查取证的最终目标，二者缺一不可。

---

① 张令杰：《程序法的几个基本问题》，载《法学研究》2005 年第 3 期。

② 季卫东：《法律程序的意义——对中国法制建设的另一种思考》，中国社会科学出版社 1997 年版，第 65 页。

③ 参见孙烘坤：《程序与法治》，中国检察出版社 2008 年版，第 212 页。

就具体个案而言，检察机关调查取证的范围应根据民法典、环境保护法等相关法律的规定，收集侵权主体、违法行为、损害后果，以及违法行为与损害后果之间是否存在因果关系等相关证据。至于环境污染公益诉讼案件中的“因果关系”问题，法律规定此类案件举证责任倒置，“因果关系”的证明责任应由被告承担，故诸如环境污染这类比较特殊的案件，检察机关应参照证据规则的相关规定处理比较合理。另外检察机关开展民事公益调查取证应遵循合法性原则，既要坚持实体合法，做到调查取证于法有据；又要坚持调查取证的程序合法，做到证据被法院采信毫无瑕疵。因为检察机关行使调查取证权具有地位上、技术上、法律上等诸多优势，需要对其加以一定的限制。

（三）公共利益保护的要求

行政公益诉讼诉前程序是具有中国特色的公益保护程序，公共利益保护是诉前程序最重要、最基本的功能。[①] 公共利益的保护亟待规范化，因此对诉前程序的司法化有了必然的期待。

以公益保护的目的为出发点，构建诉前程序的基本逻辑应当是：检察机关在履职中，如果发现公益受损或存在重大损害危险，即可在立案后展开调查，对造成损害的原因进行分析判断。其后，根据具体的需要，选择相应的监督类型。检察机关应当先向行政机关提出检察建议，督促其依法履行职责。检察建议回复期满，以行政机关履职的具体情况为判定标准，决定是否提起行政公益诉讼。

在诉前程序阶段，检察机关、行政机关以及其他适格民事公益诉讼主体的诉讼行为，将产生相应的程序后果。对于诉前阶段检察机关和行政机关两者关系应予以明确规范：对于行政机关，应明确其对检察机关调查的配合义务，对检察建议的回复义务，否则应产生必要的程序性后果或受到相应的处罚；对于检察机关，应保障其他诉讼主体的程序参与权和司法程序的公开透明，保证对行政机关的及时告知等。

检察机关通过诉前程序，督促行政机关依法履职，依托行使行政权，迳行

① 参见赵谦、余月：《主体、属性与实践：公益诉讼诉前程序要义考略》，载《河北法学》2021 年第 2 期。

采取措施，或者对行政相对人施行管理措施，可以使被损害的公共利益得到修复，使公益损害隐患得到排除，使国家利益和社会公共利益得到保护。公益修复功能实现的强弱，最能反映诉前督促程序的实际效用。

第二节　诉前程序司法化的意蕴内涵

诉前程序司法化，是一种不断吸纳司法程序规范性优势、促进诉前程序自身得以优化改良的过程。司法的要素不断融入诉前程序之中，诉前程序也因而有了司法的典型特征，如探索建立适当辩论等两造对抗模式，促进检察机关拥有相对中立性的地位等特征。诉前程序的司法化的具体内容大主要围绕以下两个问题展开：一是诉前程序中，两大程序主体之间，如何进行有效的信息互通；二是检察机关的检察权行使如何才能更科学、合理、规范。

一、诉前程序司法化的价值指向

宏观上，所有的程序制度都追求正义这一根本价值目标的实现，但不同的程序有着不同的价值侧重。如果具体的程序规范在技术配置上未能体现预定的价值目标或预设功能，则导致价值目标落空或制度功能失衡或失序。因此，诉前程序司法化研究不仅要明晰其所存在的基础，更要考察其价值指向，特别是在价值取舍与衡量时的冲突与妥协、交融与兼顾。

（一）融通规范性与情理性

司法化的过程，是对诉前程序更为规范、呈现司法公开公平公正性特征的一种促进，需要融通规范性与情理性。司法公正的本身就包含了对情理的考量。在推动司法化的过程中，不仅要发挥法律规范的价值引领作用，同时要注重情理性的修正作用，通过二者之间的协调和融合以确保诉前程序有更强的社会作用，使得司法规范性和情理性相得益彰。

目前公益诉讼诉前程序较为封闭性的办案模式和流程强化了法律监督属性中行政属性的色彩。特别是检察机关在行政公益诉讼诉前程序前期作出的大量工作不为外界所知晓，所倡导的双赢多赢共赢的公益诉讼办案理念一定程度上难以让行政机关和行政相对人感知和认同。行政公益诉讼诉前程序司法化改造通过合理、透明的程序机制设计和运行操作保障各方参与沟通的权利，强化审查过程的公开性、参与性、交涉性的司法属性，有利于检察机关在听取行政机关、行政相对人、专门知识技术人员等多方的意见对案件事实进行合理判断、释法说理，也有利于赢得行政机关的理解与支持，从而实现以公开促公正，提升检察机关办理行政公益诉讼案件的公信力。

"按照人们的意愿对裁判的理由予以坦诚的陈述"[①]本身就是司法决定正当化的表现，不仅体现了司法公信力，还体现了民主、公开等法治精神。"解决纠纷的制度必须取得信任，否则无法生存。"[②]检察权的司法化必须建立司法决定"说明理由制度"，提高检察官的说理能力、建立说理后答疑制度以及不履行说理义务的责任追究机制。[③]

（二）平衡独立性与参与性

法律如果单单停留在制度和规范层面，是无法产生真正的价值。如果想要发挥法律的实际作用，就必须引入公众的参与。韦伯的理论提供了一种原理性路径，他主张在程序的过程中，参与主体与程序环境交互作用，共同产生价值。[④]在诉前程序的实施中，行政机关参与程序整个过程，可以推动提升程序的公开性合理性，促进诉前程序规则在具体实践情形中的良好适用，形成了一种双向的、能动的、有良性参与秩序的格局，从而推动程序结果的不断修正、不断优化。

诉前程序运行司法化必然要求检察人员能够独立行使检察权。检察权司法化属于检察权运行机制改革命题中，实际上就是检察官具体办案方式的改革。司法实践中，保障检察权行使的独立性是检察权司法化运行所谓的前提条件，

---

① 张志铭:《司法判决的结构和风格》，载《法学》1998年第10期。

② ［美］戈尔丁:《法律哲学》，齐海滨译，生活·读书·新知三联书店1987年版，第242页。

③ 参见叶青:《审查逮捕程序中律师介入权的保障》，载《法学》2014年第2期。

④ 参见［英］科特威尔:《法律社会学导论》，潘大松等译，华夏出版社1989年版，第122页。

当然这种独立性并不要求全然的、绝对性的独立，而是一种相对独立，保障检察官在职权行使时不仅能避免外部的不当干预，也能不受系统内部的干预。检察权的运行必须首先符合规则，才能保障更好的独立性。

同时，不仅是检察机关这一主体，诉前程序司法化还强调的重要内容之一是程序主体间的结构关系。目前，检察机关是可以启动诉前程序的唯一主体，诉前程序还保持着相对单方的主体程序结构。诉前程序司法化的主要内容之一就是能否将易出现行政化的单方主体结构转变为双方主体结构。诉前程序的双方主体结构应是除了检察机关外，行政机关作为另一主体参与程序运行，结果由双方共同参与下决定形成。需要注意的是双方主体结构并不改变有权作出结果的对象，最终作出决定的权力机关仍是检察机关，而不是行政机关或双方。该结构注重的是诉前程序的运行结果是在检察机关和行政机关共同参与下形成的模式和其体现的程序价值。

（三）兼顾效率性与公平性

公平和效率是一对既对立又统一的价值，两种价值之间，既带有某种程度的冲突性，很多情况下二者无法兼达到理想状态；同时，又可以在特定的环境下，经过一定的妥协和交互后达成一致统一性，即，具体情境下的主体，应努力寻求公平和效率的统一。对此，美国经济学家阿瑟·奥肯提出一种路径："想要达到相对理想的状态，就要在公平中添加一些合理性，在效率中增强一些底线性。"[①] 某些特定的环境下，高效的司法运行会实现更多的公平，例如，如果将一件案情事实明确、权利义务关系明确的案件以简化的程序作出最快的判定，那么就可以将节省下来的资源和时间用于其他相对疑难复杂的案件中，这样就能最大限度地实现司法效率与公平的统一。但是，高效率不应以牺牲公平为代价。

诉前程序有着所有程序的二者兼顾的共性，诉前程序的价值目标，分为两个方面：一方面，诉前程序的实施努力追求公平性，用以达成程序的实质正义，来追求一个公正客观的过程和判定结果；另一方面，诉前程序的实施天然追求

---

① ［美］阿瑟·奥肯：《平等与效率：重大抉择》，王奔洲译，华夏出版社 2010 年版，第 63 页。

效率性，无论是程序周期长，还是程序成本高的问题，都是诉前程序所尽力避免的，诉前程序的设立目的也在于简便、灵活地促进监督和履职。诉前程序的司法化，建立在诉前程序的独立价值之上，目的是通过司法化的优化继而提升诉前程序运行中的公平性与效率性，最大限度地实现二者的融合价值最大化。

需要注意的是，并不能为了简便、高效，就忽略对实质性内容的把握。比如在一些生态环境案件中，由于生态恢复是一个渐进的过程，存在地理条件、自然环境等诸多影响因素，当行政机关履职后，也未必在预想的时间内就能取得理想的效果。这个时候，检察机关不仅要关注行政机关的回复与作为，更要给予一个合理期限以观察效果。这就需要一个检察机关和行政机关交流互通的渠道，用以满足复杂多变的实际情况的需要，继而实现公正与效率两大价值目标的有机统一。

二、诉前程序司法化的主要内容

诉前程序司法化是对诉前程序的“弱司法化”倾向的改良与规范。下面分别从程序设置的双向构造、流程公开、规范统一 、权利救济设置四个维度探讨诉前程序司法化的主要内容。

（一）程序的双向构造

司法活动本质上是一种通过特定模式来达成价值目的的社会行动，其核心概念是“价值目的”与“模式”[①]，对诉前程序司法化的考察也不外如此。

诉前程序的本质目的是检察权从权力制约、法律监督和公益保护的角度实现对行政权的监督和制约，检察机关监督的对象和内容是行政机关的法定职责和行政机关违法行使职权或不作为的过程、方式和状态。在诉前程序的审查实践中，检察机关需要审查行政机关的行为方式和整改结果，就不可避免地要听取行政机关的意见，不仅因为行政机关是整改行为的实际操作者和第一责任人，也因为行政机关在长期履职过程中所积累的专业性经验会为整改措施提供有价值的参考，更能防止检察机关的判断片面性，同时降低行政机关对检察监督的

① 韦伯指出：“对有意义的人类行为的终极要素所作的任何有思想的探索，都首先是与目的和路径这两个范畴密切相关的。”参见［德］马克斯·韦伯：《社会科学方法论》，韩水法等译，商务印书馆 2013 年版，第 5 页。

抵触排斥，从而提升诉前程序检察建议等行为的科学实效性。检察机关听取行政机关意见的过程，并不是单向性的一方听取另一方被听取，而是两方的意见交互、互释共通。双向构造，就是融通两方乃至公众多方的程序对话机制，给予充分的阐述权和表达权。如同哈贝马斯所言，民主公正的程序是为了达成共识，民主公正在程序上的建制化是商谈过程的保障，而不是为了纯粹的程序过程。[①]这种双向机制既是一种程序上的对实体公正的保障，同时其本身就是客观公正的明显象征。“推动外部参与到诉前程序中，能起到双层次效果：促进行政机关对履职的认知，同时提升对检察机关的认同度。”[②]

在双向构造的模式中，最关键的是要建立起对审听证制度。所谓诉前程序中建立对审听证制度，就是检察机关和行政机关各为一方主体，通过听证程序来进行言词的抗辩，就核心焦点进行观点和理由的阐述，进行观点的交互，并将这一听证过程中产生的证据等作为提出诉前检察建议与否的重要判断依据，审慎地对具体行政行为是否违法以及具体行政行为的违法程度等作出准确的判断。这个过程中，不仅检察机关能更好地、全方位地知晓行政机关的行为、参与到社会治理的深层次了解中，行政机关也能更好地就工作可能存在的问题进行反思，对检察监督工作有更深入的了解。这样，通过对审听证程序，实现了双向交互的诉前程序的司法化，继而推动诉前程序进一步规范化、科学化。

（二）程序的充分公开

司法程序公开是程序的价值指向。在诉前程序中，事实上形成了检察机关和行政机关、行政相对人等相互影响的多方立场和权益汇聚。这就要求诉前程序需具有公开性，以达到各方的充分知情、沟通和提出意见，有利于更好地明确事实、达成共识，从而提升诉前程序的公平公正性。

以上述认知为基础，可以探索建立宣告式送达制度，使其成为一种送达方式。宣告式送达的内涵是检察机关除通过书面方式向行政机关传达检察建议外，还应学习借鉴司法程序中的宣判模式，建立一种释明的面向沟通机制，强调面

---

① 参见［德］哈贝马斯：《在事实与规范之间》，童世骏译，生活·读书·新知三联书店2003年版，第275页。

② 胡卫列、迟晓燕：《从试点情况看行政公益诉讼诉前程序》，载《国家检察官学院学报》2017年第2期。

对面的交流。比如，检察机关工作人员约请被监督的行政机关工作人员到建立的宣告室等场所，同时可以邀请人民监督员等第三方来见证和监督。在各方到齐后，由检察官当场宣读检察建议书内容，并就检察建议书中的对行政机关行为的认定、法律适用等内容进行阐释说明，有针对性地提出合理性整改措施，被监督行政机关工作人员进行签字式接收。与书面送达的相对程式化不同，宣告式送达更体现了互通性和交流性，检察机关和行政机关由纸页上的单向传输，变为直面式的双向交流，宣告式送达很自然地为两方的顺畅交流、阐释辨明等工作构筑了一个更为灵活实用的渠道，双方通过此种渠道，更有利于增进彼此的了解，提升诉前检察建议的执行效力，同时邀请社会成员等第三方的见证参与，也实现了一举多得：既能够充分发挥第三方对行政机关的社会监督力量，又使以第三方为代表的社会公众更好地了解并支持检察监督工作，同时满足了社会公众对于公平公正的更高期待，有利于实现社会公众对公开程序的参与感与满足感。

检察文书充分释法说理是提升诉前程序公开性的另一条路径。释法说理，体现的是检察权决策过程的公开性，不仅使行政机关对监督结果“知其然”，更促进其“知其所以然”，使检察权决策的思路考量予以公开。相对于道德、习俗、政策、政治、宗教等众多纠纷化解方式，司法的最大特点就是诉诸一种规范性活动来分析和解决问题。这种规范不仅包括行为规范，也包括思维规范；不仅要清晰地标示出来让正义看得见，还要将正义说出来，从而能被感受到并予以接受。司法化对于诉前程序文书的要求是：检察建议书的内容，不仅要写明查清的行政行为违法事实，更要列明依据；同时进行释法说理，明晰适用的条文依据。在诉前程序检察建议对照司法裁判进行改进的同时，又注重不去“越俎代庖”，并不要求像裁判文书一样写明履行事项，而是对行政机关依法履行或者整改仅作原则性要求，具体的履行或整改内容交由行政机关处置，毕竟行政机关对于行政行为的履行或整改更为专业。检察机关的重心应该放在对行政行为的性质判定及依据阐述、对行政机关履行或整改的及时跟进和判断是否到位等工作内容上。

（三）程序的规范统一

恰如哈贝马斯所认为的，“过程的程序规范决定了决策结果的合理与否”，

"规范程序中，建立起一系列的互通形式，正是通过这些互通形式来保障依程序规范而得出的程序结果是合适的"。[①]程序规范性的重要性直接影响着结果的合理性。前述在"诉前程序的弱司法化倾向"部分已分析了目前诉前程序运行中有着对行政机关不作为认定标准不统一等问题，根本原因还是在于诉前程序作为一个相较于司法裁判等传统司法程序的新设定程序，存在有不尽然规范之处。想要对诉前程序进行规范性再造，主要有两个方面的路径：一是明确行政不作为的审查标准，二是完善内部监督管理机制。

1. 明确行政不作为的审查标准。在司法程序中，判定行政行为合法性与否，需要一个切实明确的标准，如果没有明确可行的标准，就无法保障一个公正裁判结果的产生。行政公益诉讼诉前程序中，也同样存在一个对行政机关行政行为判断标准问题。

行政机关的违法行为存在行政行为不符合法律要求和"未履行法定职责"的行政不作为两种类型，对于行政违法行为的标准，一般意义上而言，行政机关的职责规定比较明确，比较容易认定，根据调查核实的事实，依照对应的法律法规，即可作出相应的判断，但实践中，检察机关存在着在判定行政机关违法时标准不统一的情形，有的以行政机关行为为标准，有的以行政行为的结果为标准，也有着以行为和结果综合判断的双重标准。笔者认为，诉前程序中，行政机关履行职责的认定标准可以根据不同案件领域的特殊性，具体情况具体选择适用，如在食品药品安全领域、国有土地使用权出让领域、国有财产保护领域，可以结果标准为主，行为标准为辅，即行政机关的履职行为取得了明确的结果，使得处于受侵害状态的国家和社会公共利益得到切实保护，而在生态环境和资源保护领域，采用行为标准为主则更为科学合理，重点关注行政机关是否已充分履职，因为生态环境修复需要一个较长的周期，不能仅凭借结果来判定。

对于行政不作为的标准，实践中的判定标准同样存在较大差异，有的判定较为宽松，认为只要行政机关已经作出了一定的行政行为，就已经履行了作为的义务，便不再提起行政公益诉讼；有的判定标准则更为严格，不但要审查行

---

① ［德］哈贝马斯:《在事实与规范之间》，童世骏译，生活·读书·新知三联书店2003年版，第377页。

政机关在诉前程序中是否依法履行法定职责，而且要审查该行政行为是否足以保护公益。这对行政机关提出了更为严格的要求。[①] 为此，有必要确定明确的、统一的审查标准。实际上，可以按照案件的不同类型，采取分门别类的审查标准。比如，在环境保护领域，行政机关是否作为，要看其是否及时调查、对污染源是否及时进行处理以防止损害扩大，是否积极督促污染排放的企业消除损害，而不能仅仅以结果为指向，用单一的是否整治结果标准判定行政机关是否履职；在国有土地使用权出让领域，判断的重点在于行政机关是否已经追缴国有土地受让方欠缴的出让金，是否依规对违法办理的土地使用权证进行了注销并收回了国有土地等，在非改变土地用途领域，要着重判断行政机关对涉案人员是否依规处理，是否积极促进恢复土地原状等。[②] 总之，针对不同的案件性质，要有不同侧重的判定考量。对此，最高人民检察院也需要尽快出台较为细化的分类审查标准，以更有针对性地科学指导各地实践。

2. 完善检察机关内部监督管理机制。检察机关的一体化运行有利于实现行政公益诉讼诉前程序的内部监督制约，当前的重点是强化对检察建议和磋商的管理和规范。一方面，要细化诉前检察建议报送上级检察机关备案、上级检察机关依职权修改或者撤回检察建议、检察建议落实效果评估标准以及结案规范等工作机制。另一方面，磋商已正式写入《办案规则》，未来检察机关可能会大量运用磋商方式办理诉前程序案件。应尽快对磋商进行法定化规范，避免出现检察权滥用的风险。

（四）权利的救济设置

法律上，权利的救济有两种含义：一是权利遭受实际的损害时，消除损害是一种纠正性的救济；二是权利面临可能的潜在性危险时，避免损害的发生是一种阻止性的救济。救济途径是权利的基本保障，权利的行使总是有救济的相伴，能够得到救济的权利才是真正的权利，权利和救济共同构成法律意义上广义的权利的概念。在司法程序领域，救济意味着对参与程序的各类主体权利的有机保障，通过赋予程序参与主体以救济性权利，来尽可能地保障程序正义，

① 参见刘超：《环境行政公益诉讼诉前程序省思》，载《法学》2018 年第 1 期。
② 参见何湘萍：《论行政公益诉讼诉前程序的完善》，载《东南法学》2018 年第 1 期。

防止司法权的不规范行使及不规范行使后可能造成的权利损害，并发挥着增强裁判的合理公正性、提升参与主体对裁判的可接纳性等功能。

诉前程序所具有的督促、协同的特征，容易造成检察机关对行政机关正当权利救济的忽视。这里所说的行政机关正当权利救济，本质上是对检察机关可能造成的不当损害的一种阻却、一种抵御。行政机关的正当权力救济有明确规定，实践操作中却没有较好地发挥出这项救济性制度的功效与价值：虽然被监督的行政机关在法律上被赋予了异议权，但往往并不知晓自身拥有此项权利，检察机关主动告知时也并不多。因此，赋予行政机关对公益诉讼检察建议的异议权的保障，有利于检察机关客观中立进行判断，从而提升诉前程序的公正性。

因此，诉前程序中，应设置行政机关的权利救济途径。检察建议应列明被建议行政机关具有提出异议的权利以及提出异议的方式和期限。检察机关收到行政机关异议后，应当及时进行复核，听取行政机关意见，经检察长或检察委员会讨论后作出决定，送达行政机关并书面告知行政机关理由。同时，为了增强诉前程序的客观公正性，需要在诉前程序中列明回避情形、回避事由、回避申请人与申请程序、回避决定人、回避法律后果等基础性的回避程序事项。

三、诉前程序的适度司法化

美国法官卡多佐认为：“法律实施的过程如同一场旅行，需要做好未来的准备。它必须具备成长的能力。”[①]法律程序的改良，也需要既具备成长的原则，又不宜“揠苗助长”，就诉前程序而言，诉前程序的司法化，是一种优化，一种进阶，如果司法化过度，也会带来种种僵化的弊端。检察权与司法权的性质区分，决定了诉前程序的司法化需要适度，而无法进行全然的司法化。因而必须要对诉前程序司法化作“适度性”的限定。

（一）诉前程序只能适度司法化的根据

一般而言，三方主体参与，其中两方对抗，另一方居中裁判的模式是理想的司法化或者完全的司法化模式。但鉴于司法权是以纠纷的存在为运作前提的

① ［美］本杰明·N. 卡多佐：《法律的成长》，李红勃、李璐译，北京大学出版社 2014 年版，第 76 页。

权力，全然的司法化有其被动性，且司法权是一种终结性的权力，这与诉前程序的法理和实践运行原来并不相符，无论是诉前程序的启动需要检察机关的积极作为履职，还是检察机关无法对案件作出具有终局性的结论，最多只能作出是否提起行政公益诉讼的决定，种种诸如此类的程序价值设置，都决定了诉前程序并非终结性的程序，诉前程序也无法全然的被动进行，因此，诉前程序司法化只能有适度性的限制，汲取司法程序中规范性等优点为诉前程序所用，而并不能进行全然的司法化。在这种对诉前程序的司法化改良进程中，必须有所权衡，有所取舍，选择需要的、更合理的司法化价值来融入诉前程序，作出合理规范的制度设计，而不是一味地全盘接收司法化的种种特征，避免诉前程序改造中的定位偏离最初的制度设计，从而不断地优化诉前程序的实践适用效果。

适度的诉前程序司法化，使得诉前程序既具备了公开透明、多方参与、亲历等司法一般特征，同时具有了主动、协同、非终结等区别于传统司法的公益诉讼特殊属性。适度的司法化是诉前程序属性的基本要求，也是实现诉前程序价值功能的必然选择，更是突破诉前程序实践困境的现实需要。

（二）诉前程序适度司法化的具体体现

诉前程序的司法化并不仅仅限于某一环节，而是贯穿于诉前程序的整个过程，并在这个过程中有所侧重，有所取舍选择。具体而言，诉前程序的适度司法化改造具体进路应围绕主体关系、内容范围、程序设计三个方面展开。

一是主体关系司法化的适度性。诉前程序司法化的重要内容之一是程序主体间的结构关系。检察机关是启动诉前程序的唯一主体，也是在整个诉前程序环节中掌握节奏、把握发展的核心主体。诉前程序司法化的主要内容之一就是能否将易出现行政化的单方主体结构转变为双方主体结构。诉前程序的双方主体结构应是除了检察机关外，行政机关作为另一主体参与程序运行，结果由双方共同参与下决定形成。需要注意的是双方主体结构并不改变有权作出结果的对象，最终作出决定的权力机关仍是检察机关，而不是行政机关或双方。该结构注重的是诉前程序的运行结果是在检察机关和行政机关共同参与下形成的模式和其体现的程序价值。

二是内容范围司法化的适度性。诉前程序的适度司法化应取决于司法化范围的必要性。行政公益诉讼诉前程序司法化范围的确定应符合两个标准：其一，主体的基本权益是否需要司法救济和保障；其二，权力运行主体的权力是否需要司法化的审查、监督和控制。只有符合上述两个标准的司法化才是必要的。基于此，诉前程序的司法化应根据上述两个标准展开。结合目前检察公益诉讼程序运行实际，如何保障行政机关的知情权、参与权、意见表达权以及对诉前程序中检察裁量权进行合理的审查、监督和控制才是司法化的合理范围。

三是程序设计司法化的适度性。程序的价值在于通过程序的正当证明和保证结果的合理和权威。在对诉前程序进行司法化改良时的理想成果，就是以合理的程序设计推导出一个合理的程序结果。因此，行政机关应接受与服从正当程序作出的案件结果。诉前程序司法化应通过程序机制设计和运行增加行政机关对结果的公信力。只有结果的公正性和合理性可被论证，行政机关才能自觉接受和执行，进而经过司法化程序作出的行政公益诉讼诉前程序结果具备应有的权威性。

第十六章 检察机关与行政机关的工作对接

行政公益诉讼诉前程序工作业务与行政机关息息相关，所有工作展开均围绕着行政机关展开，离不开与行政机关的“博弈”，故与行政机关的有效沟通就显得极其重要。本章着重探讨与行政机关在工作层面的对接，秉持检察权的谦抑性与行政权的直接性，坚持行政责任主体优先原则，在办案过程中不断探索更优化更高效沟通模式，充分发挥行政公益诉讼诉前程序法律监督效能，提高行政机关积极履职主观能动性。

生态环境损害赔偿制度作为对被损害生态环境资源进行救济的制度，由行政机关主导实施，其与行政公益诉讼诉前程序、民事公益诉讼有着紧密联系，需要与行政机关密切对接。故本章将探讨如何有效衔接生态环境损害赔偿制度与诉前程序，通过比较两项制度的差异性与关联性，论述其衔接工作的重要意义，探索衔接的工作方向，通过整合资源，合理利用赔偿金制度，以期真正落实“谁污染谁买单谁治理”之目标。

第一节 一般的工作对接

在实行检察公益诉讼制度后，人民检察院开始大规模以维护公益的方式深度、前延介入社会治理，这同时也使人民检察院与行政机关之间开始加深交流与协作。因此，在检察权与行政权运行中找出一条减少对抗性、增强协作性，促进双方合力共同维护公共利益的道路是行政公益诉讼工作的客观需要。

一、坚持行政机关主体责任

在行政执法和司法实践中，行政机关履行行政监管职能是第一位、优先的，而人民检察院通过提起公益诉讼履行保护公益职能则是其次、滞后的。[①] 在国家利益、社会公共利益遭到侵害时，行政机关应当主动履职，作为法律监督机关的人民检察院不能够越俎代庖。唯有当人民检察院在履职时发现，由于行政机关没有及时尽职履责，导致国家、社会利益持续受到侵害，亟须得到救济，人民检察院才能够主动介入，履行检察公益诉讼职能，通过诉前程序或者提起公益诉讼，督促相关行政机关承担职责。故，为促进行政机关履职尽责，人民检察院应该在案件办理流程中主动地与行政机关沟通，并重视行政机关的反馈意见，这既体现检察权对行政权的尊重，也可以节约制度运行成本，同时也切合行政公益诉讼“监督行政权运行而非扩张司法权”的内涵。具体而言，在司法实践中坚持行政机关主体责任，可以从检察权的谦抑性、行政权的直接性以及更加及时、精准、专业保护公共利益三方面考察。

（一）检察权的谦抑性

检察权的谦抑性源自于人民检察院的法律定位。根据宪法要求，人民检察院是国家法律监督机关，行使法律监督职权是其在行政公益诉讼制度中的基础定位。[②] 诉前程序中，人民检察院采用制发诉前检察建议的方式督促相关行政机关履行职责，符合人民检察院国家法律监督机关定位，是对宪法法律监督内涵的具体化。但由于人民检察院在办理行政公益诉讼案件时，权力可能会被不适当行使，尤其是起诉权的行使应当慎之又慎，所以必须对检察权行使加以必要约束，必须要坚持行政机关主体责任，确保检察权谦抑性贯穿检察监督始终。

（二）行政权的直接性

在我国的制度架构中，检察监督权与行政权相比，在具体实施领域的影响力是明显不同的，作为一种监督权，检察监督主要是通过监督行政机关履职方

---

① 参见《关于加强协作推进行政公益诉讼促进法治国土建设的意见》。

② 参见李会勋、刘一霏：《行政公益诉讼诉前程序之完善》，载《山东科技大学学报（社会科学版）》2019年第6期。

式间接在社会治理领域发挥作用。行政权则不同，其能够直接在社会治理领域施加影响。因此，行政机关在社会治理领域，是作为维护公共利益的“主角”而存在，其所具有的处理问题的专业性、及时性以及纠正违法行为的强制力，毫无疑问其是我国公共利益的头号担当者和维护者。而人民检察院在社会治理领域着重于发挥保障功能，正因如此，人民检察院需要诉前督促程序这种方式推动行政机关自我监督、自行纠错、主动履职，这充分展现出检察权对行政权的尊重。行政公益诉讼诉前督促程序实质上是一种“倒逼机制”，即由人民检察院制发诉前检察建议书，以推动行政机关及时、正确履职。

（三）更加及时、精准、专业保护公共利益

坚持行政机关主体责任可以更加及时、精准、专业保护公共利益。相比于司法权、立法权，行政权与相对人的关系更为直接紧密。大多数情况下，行政权处于积极处理行政事务和提供公共服务地位，无论是对公民权益，还是对国家和社会公共利益，其影响都更为直接和现实。而且，为了保证行政行为能够从公共利益出发，能够快速地维护社会秩序，保护公共安全，法律赋予行政主体可以根据不同情况实施不同具体行政行为的权力。随着现代政府管理工作内涵越来越庞杂，社会各界对政府精细化管理能力的需求越来越明显，相关行政机关履职专业性也越来越强。因此，人民检察院在行使检察监督权时，必须要坚持行政机关主体责任，促使行政机关积极履职尽责，确保其充分发挥维护公共利益职能。①

二、注重与行政机关沟通的方式方法

行政机关工作任务量大面广，完成行政监管任务需要一系列主客观条件，而人民检察院办案人员往往难以在法律监督过程中认识到行政机关所面临问题的困难性、复杂性，所以，沟通作为解决问题的重要手段，在人民检察院和行政机关求同存异、争取共识的过程中发挥重要作用。

沟通可以在人民检察院办理行政公益诉讼案件全过程发挥作用，在立案前、

① 参见韩秉林、郝燕：《行政执法检察监督的方式探究》，载《中共济南市委党校学报》2018 年第 5 期。

制发诉前检察建议前、整改过程中都能开展沟通，以保证最大限度实现社会效果和法律效果相统一。为充分实现沟通目的，要注意做好以下三项工作。

（一）让行政机关意识到监督与执法的目的统一性

人民检察院办案人员要学会换位思考，要能够站在行政机关的角度思考问题，应当秉持同理心，使检察监督方式更契合行政机关的履职实际，尽量避免行政机关对人民检察院监督行为产生抵触情绪，要使行政机关能充分认识到人民检察院是其履职尽责的坚强后盾。[①] 如遂昌县人民检察院针对县域内河道非法采砂乱象频发问题，在派出干警进行实地调查取证后，先与水利部门举行座谈会，了解治理河道非法采砂问题痛点、难点，并提出检察建议，之后联合水利、综合行政执法等多部门开展河道治砂综合巡查，开展联合行动，针对王村口镇对正村、大柘镇梭溪桥村等长期存在非法采砂的问题点位进行重点监督，有效整治顽疾。而且延伸办案效果，督促水利部门废除不合时宜的“旧规”，推动县政府出台《遂昌县河道管理工作规定（试行）》新规，有效助推行政机关加强监管，全县河道管理工作得以全面提升。

（二）熟练掌握有关规章制度和行政机关工作职责

了解掌握关于行政机关职能的法律规章，就能充分与相关部门沟通协调，帮助各方共同寻找破局路径，达成司法行政制度合力的效果。[②] 如遂昌县人民检察院在实施“守护美丽河湖”专项行动时，办案干警先通过查阅法律法规及相关材料，了解到监管河流、湖泊生态环境属于环境、水利等单位的职能范围，然后积极地与相关行政机关联系，召开碰头会就保护遂昌县域范围内河湖生态环境交换意见，之后遂昌县人民检察院派员参与遂昌县域河道非法采砂巡查，了解县域范围内非法采砂及水体污染情况，为后续“美丽河湖”专项行动顺利开展打下坚实基础。

① 参见李会勋、刘一霏:《行政公益诉讼诉前程序之完善》，载《山东科技大学学报（社会科学版）》2019年第6期。

② 参见王松:《行政公益诉讼诉前程序的研究》，青海民族大学2021年硕士学位论文。

（三）注重与行政机关的沟通技巧

1. 在案件办理全流程中持续沟通。在线索发现阶段，人民检察院就要积极同行政机关沟通，就线索具体情况询问相关行政机关的意见，确定行政机关履职情况，以判断有无开展监督的必要。

在调查取证阶段，对于没有立案价值，但确实存在问题的情形，人民检察院虽然不需要制发检察建议书，但应当同行政机关沟通，要求其展开整改并表示会关注后续整改情况；对于可以立案的情形，人民检察院应当向行政机关表示可能会制发检察建议，并可邀请行政机关参与调查，力求达成共识，并使其对案件后续的处理有“提前量”。

在制发检察建议前，人民检察院和行政机关可以在领导层面上沟通形成共识，在工作层面上，双方案件承办人要能够形成直接对接，实现信息对等，以使人民检察院发出的检察建议质量得到提升，能够更加契合行政机关实际履职情况。

在制发检察建议后，人民检察院和行政机关可以就建议内容落实展开沟通，讨论建议内容落实过程中遇到的困难，检察机关可以主动提供协助，还可以就检察建议有无撤回的必要开展讨论，以实现人民检察院与行政机关共治、共赢。在检察建议内容落实完成后，人民检察院对于行政机关的回复函，应当予以回应，明示对行政机关的回复是否认可。

在整改完成后，人民检察院也可与行政机关共同研讨整改工作成效，以总结成功经验，查漏补缺。尤其是针对个例问题，要举一反三，以点带面，支持协助行政机关在特定范围内实施专项行动，真切达成“办理一案、治理一片、教育社会面”良好效果。

2. 注重沟通的技巧方式。第一，在不同人员层面上开展沟通。人民检察院和行政机关在沟通过程中不但要注重普通工作人员层面的沟通，更要关注领导层面上的沟通，使得双方不但能够在具体执行层面达成协作，也能够使双方单位在思想认识层面上形成共识。

第二，运用不同的沟通方式。除了面对面沟通、电话沟通以及纸面沟通外，人民检察院还可以通过类似“浙政钉”等专用信息化辅助办公系统和公文交换平台与行政机关沟通。

第三，互相尊重对方意见。人民检察院在制发检察建议书之前应当给具体行政机关发送检察建议征求意见稿，并要求行政机关在规定时间内给出相关意见，若是行政机关没有及时回复，人民检察院则需要再向行政机关确认其有无意见。而在行政机关就检察建议书给出回复函前，人民检察院可以要求行政机关在回复前发送回复函征求意见稿，经检察机关认可后才能正式回复；检察建议没有完全落实到位而回复期限将至时，行政机关应当先给予阶段性回复，并向人民检察院承诺将来完全落实检察建议之后将再次回复；对于不完全落实检察建议的回复函，人民检察院不予认可的，可以考虑向行政机关发送《涉诉风险提示函》，告知其面临诉讼的风险，督促其继续履职并再次回复。

在沟通过程中，人民检察院要本着公正、坦诚的心态，绝不能给人以高人一级、盛气凌人的感觉。尤其是当检察建议提出以后，相关行政机关存在整改思路或整改工作落实不到位情况，人民检察院应该根据整改过程中出现的问题，及时提出意见，并帮助分析情况，协助相关行政机关认清问题的实质，从而明确整改工作基本思路，尽快高质效地进行整改工作。但是，沟通绝不能“和稀泥”，人民检察院也不能当“老好人”。检察监督工作固然要讲究尊重行政机关主体责任，强调与行政机关之间合作交往，但这并不代表着要摒弃检察监督工作刚性与权威性。人民检察院要能够根据行政机关反应动态灵活调整办案思路。

诉前检察建议作为一种相对柔和的监督方式，可以缓和诉讼程序中检察监督权和行政权相对立的“火药味”。相较于诉讼程序，诉前检察建议赋予行政机关更多时间和机会，能够进行自主裁量和积极纠正，是行政机关更易于接受的。人民检察院在诉前程序中需要时刻关注行政机关行政作为以及公共利益维护情况，及时跟进监督措施。但是案件办理并不都是一帆风顺的，在司法实践中，由于公益案件存在多方利益交叉，部分案件极具复杂性，光有诉前检察建议书无法达到效果时，当诉前程序不能很好地监督行政机关时，必须依法提起公益诉讼。例如，沈阳市辽中区人民检察院在办理环境行政公益诉讼案件时，针对行政主管机关并未依法处罚辽中区某村村民私自改变土地使用用途，砍伐所承包林地，且未按规定补种的行为，辽中区检察院依法制发诉前检察建议书后，该行政主管机关在法定期限内仍未履职到位，涉案林地仍未补种完成。辽中区检察院为促进行政机关履职以及维护社会公共利益，依法提起行政公益诉讼。在案件起诉期间，该行政机关主动完成履职，辽中区检察院经现场勘察，确认涉案行政机关已经履职到位，涉案林地已经补种完成，行政公益诉讼目的已经达成，遂向人民法院提交撤诉决定，案件圆满办结。该院以起诉行为向行政机关表明检察监督坚定态度，以撤诉行为表明诉只是手段，维护公益才是目的，实现"以诉为不诉"之目的，对其他行政机关起到良好警示作用。

综上，人民检察院在履行检察监督职能时，要换位思考，仔细分析认真考虑行政机关的履职实际，采取协商沟通方法，达成共识、求同存异，将诉前督促程序尽量同行政机关履职客观实践紧密结合，切实发挥检察监督推动、促进行政履职的功能，实现双赢多赢共赢，但如果行政机关敷衍应对诉前督促程序或者整改不力的，那么人民检察院应当及时调整办案思路，依据不同情况采取相应的办案方式，最大程度维护国家利益、社会公共利益，推动国家治理体系和治理能力现代化建设。①

第二节　诉前程序与生态环境损害赔偿制度改革的衔接

为保护生态环境，破除"企业污染、群众受害、政府买单"困局，党中央、国务院 2015 年出台《生态环境损害赔偿制度改革试点方案》(以下简称《试点方案》)，在两年试点之后，2017 年又进一步出台《生态环境损害赔偿制度改革方案》(以下简称《改革方案》)，正式在全国范围内推行生态环境损害赔偿制度。②

生态环境损害赔偿制度作为一种对被损害生态环境资源进行救济的制度，其作用范围与环境行政公益诉讼制度高度重合，两种制度之间存在"救济撞车"风险，做好两制度间衔接可以避免"救济撞车"问题对行政、司法资源造成浪

① 参见无锡市梁溪区人民检察院课题组:《公益诉讼诉前程序研究》，载江苏检察网 2018 年 2 月 6 日，http://www.jsjc.gov.cn/jcyj/jcll/201802/t20180206_274568.shtml，2022 年 2 月 10 日访问。

② 参见吕望舒:《全面规划我国生态环境损害赔偿制度改革》，载《中国环境报》2015 年 12 月 4 日。

费。[①] 行政公益诉讼诉前程序是检察机关在提起行政公益诉讼前，对行政机关不依法履职，致使公共利益受侵害，向行政机关提出检察建议的程序，是行政公益诉讼办案必经程序和最主要办案方式。处理好诉前程序与生态环境损害赔偿制度衔接问题，有利于整合司法和行政资源，形成保护生态合力。

一、诉前程序与生态环境损害赔偿制度的比较

研究诉前程序与生态环境损害赔偿制度之间衔接问题，首先要比较两项制度之间差异性与关联性。

（一）两项制度的差异性

1. 主体不同。生态环境损害赔偿制度的主体主要包括两类，一类是磋商主体，另一类是诉讼主体。磋商主体包括赔偿权利人和赔偿义务人，赔偿权利人是指经国务院授权的省级、市地级政府，而具体负责磋商事宜的主体是经省级、市地级政府指定的相关部门和机构；赔偿义务人指的是其行为造成环境污染或生态破坏程度达到《改革方案》规定标准的组织和个人。[②] 因生态环境损害赔偿诉讼归类为民事诉讼，诉讼主体要遵循民事诉讼法相关规定，起诉方主体必定代表国家利益、社会公共利益，因此必然是行政机关，而被告一定是环境侵权人，可以是组织，也可以是自然人。

诉前程序主体包括作为监督者的人民检察院和作为被监督者的行政机关。诉前程序在行政公益诉讼制度中占有举足轻重地位，其法律关系遵循行政公益诉讼有关法律法规。

由此可见，行政机关在两项制度中的角色是截然不同的，在诉前程序中是被动接受监督的主体，而在磋商程序和诉讼程序中，则是主动发起程序的主体。

2. 程序不同。生态环境损害赔偿制度包括生态环境损害赔偿磋商程序和生态环境损害赔偿诉讼程序，在《试点方案》中，磋商程序被设置为“相对前置程序”，赔偿权利人可以选择先磋商再起诉，或者直接选择起诉，而在《改革方

---

① 参见范图文:《生态环境损害赔偿制度与环境公益诉讼制度衔接问题研究》，山东政法学院 2020 年硕士学位论文。

② 参见董正爱、胡泽弘:《协商行政视域下生态环境损害赔偿磋商制度的规范表达》，载《中国人口·资源与环境》2019 年第 6 期。

案》中，磋商程序进一步被设置为“绝对前置程序”，赔偿权利人必须先启动磋商程序，之后才能够进行生态环境损害赔偿诉讼。[①]

在开启磋商程序以前，首先，要确认生态环境损害事实和确定损害赔偿人，即要对侵害活动与损害事实间因果关系加以确定，通过分析生态环境侵害结果与侵权活动的关系将侵权行为人确定为赔偿义务人；其次，由赔偿权利人就损害赔偿问题邀请赔偿义务人展开磋商；最后，在赔偿义务人同意磋商后，双方就生态环境损害事实、赔偿义务人承担责任的方式以及赔偿金数额进行磋商。但磋商双方地位并不是时刻对等的，磋商程序侧重点并不在于同赔偿义务人就生态损害赔偿案件关键事实问题展开讨论，而是由行政机关在综合考察生态环境恢复方法的可能性、成本承担与恢复效果之间的最优解、赔偿义务人赔付能力等实际情况后，就侵害事实、恢复时限、生态恢复方式方法等具体问题展开讨论，并取得一致。

与生态环境损害赔偿制度不同，根据《行政诉讼法》第25条第4款规定，[②]在环境行政公益诉讼程序中，人民检察院首先得向不履行环境监管职能的行政机关制发诉前检察建议书，在被建议单位仍不主动承担职责或者拒不纠正环境违法活动时，人民检察院才能够通过向人民法院提出环境行政公益诉讼，督促相关行政机关履职。从上述步骤中可以发现，诉前程序实际上是通过诉前检察建议，促使相关行政机关开展自我纠正工作，以间接方式保护公共利益，这表现出人民检察院对环境保护专职行政机关专业判断和行政能力的尊重，是一种相对柔性的监督手段；而提起环境行政公益诉讼则是人民检察院在向相关行政机关提出检察建议书后，其仍怠于履行职责时对行政权力的刚性监督方式。

虽然两者都有前置程序，但是诉前程序属于司法程序，生态环境损害赔偿磋商程序则属于行政程序；虽然两者都有诉讼程序，但是检察机关提起的行政

---

① 参见辛帅:《我国环境公益责任的属性错置问题研究》，载《西部法学评论》2021年第3期。

② 《行政诉讼法》第25条第4款规定:“人民检察院在履行职责中发现生态环境和资源保护、食品药品安全、国有财产保护、国有土地使用权出让等领域负有监督管理职责的行政机关违法行使职权或者不作为，致使国家利益或者社会公共利益受到侵害的，应当向行政机关提出检察建议，督促其依法履行职责。行政机关不依法履行职责的，人民检察院依法向人民法院提起诉讼。”

公益诉讼属于行政法范畴，行政机关提起的民事诉讼属于民法范畴。

3. 对象不同。生态环境损害赔偿制度指向的对象是侵权行为人，依据《改革方案》规定，其针对的是行为人破坏自然环境、造成生态损害的行为，目的在于使违反法律法规造成生态环境损害的单位或个人承担起生态环境损害赔偿责任，力争达成生态环境状态恢复原状的效果。

诉前程序指向的对象是行政机关，针对的是行政机关不履行或者怠于履行监管职责的行为，目的在于通过诉前检察建议督促行政机关履职尽责以保护社会公共利益。

（二）两项制度的关联性

1. 诉前程序保障环境损害赔偿磋商制度落地见效。行政机关基于法律赋予的一系列行政管理权力，具有履行保护生态环境职能天然优势，是生态环境保护最有力的第一道防线，一旦防线失守，后果不堪设想。人民检察院作为法律监督机构，《行政诉讼法》第 25 条规定，对行政机关违规行使职权或者怠于行使职权使得公共利益受损的行为，人民检察院拥有启动行政公益诉讼程序进行监督的权力。这种由人民检察院采取制发诉前检察建议书和进行环境行政公益诉讼的监督管理手段，能够对行政机关起到一定制约作用，推动其依法履行职责，为生态环境损害提供有效救济，更好地发挥行政机关生态环境保护“第一道防线”作用。

2. 制度目的指向一致。生态环境损害赔偿制度，其首要目标是保护生态环境，因此，需要严格追究破坏环境责任，责令侵权行为人履行修复义务，这一点在《试点方案》中得到很好反映。从中我们可以看出生态环境损害赔偿制度在设立之初就确立了修复受损生态、保护环境这一目标。[①]《试点方案》对生态环境损害下了定义，即因环境侵权行为造成自然要素受到破坏并且使得生态服务功能遭受损失。由此区别于环境侵权行为造成的人身损害、财产损害，它是环境公益损害的核心。而环境公益诉讼诉前程序的目的也在于救济和保护环境公共利益，只不过诉前程序是通过督促行政机关履职尽责的方式，间接地让损

① 参见彭中遥：《生态环境损害赔偿磋商性质定位省思》，载《宁夏社会科学》2019 年第 5 期。

害环境者承担停止侵害、消除危险、恢复原状、赔偿损害等责任，以保护环境公共利益。[①]

综上所述，两种制度的目的均在于填补损失，使生态系统还原到破坏之前的状况，最终都指向了保护生态环境本身。

二、做好诉前程序与生态环境损害赔偿制度衔接的积极意义

生态环境损害赔偿制度与行政公益诉讼诉前程序作为我国自然环境救济体系中平行的两种救济模式，二者的适用范围具有高度重合性，时常会产生“撞车”风险，造成行政、司法资源浪费。因此，解决两制度间衔接问题，对于增强社会综合治理效能和破解“救济撞车”困局具有积极意义。

（一）增强社会治理综合效能

当前，针对损害国家利益、社会公共利益的不法行为，相关行政主管部门履行法定监管职责主动性不强、积极性不高，存在不履职、部分履职和滞后履职的问题。[②]诉前督促程序，就是人民检察院针对相关行政机关怠于履行法律监管职责时的督促手段，能够推动行政机关正确、及时履职，保护受损国家利益和社会公共利益。因为相对于人民检察院，行政机关在保护公共利益方面有专业性、直接性和及时性等特点，对于公益救济更具优势。[③]在公益保护领域中，依赖于高效行政执法手段，来自于行政机关的保护和救济往往是最有效的。

由于司法权具有终局性、权威性特点，运用司法手段救济公益是公益保护最后防线。作为司法机关，人民检察院通过诉前程序，推动行政机关自我纠正、主动整改，体现司法权对行政权的尊重，符合“司法救济是社会最后一道防线”精神，同时能够为行政机关发挥自身有利条件，更好地救济受损公共利益提供检察助力。同时，诉前程序通过督促行政机关自我纠正，可以在低成本情况下

① 参见范图文:《生态环境损害赔偿制度与环境公益诉讼制度衔接问题研究》，山东政法学院2020年硕士学位论文。

② 参见刘加良:《检察院提起民事公益诉讼诉前程序研究》，载《政治与法律》2017年第5期。

③ 参见姬艾佟:《行政公益诉讼诉前检察建议的完善》，载《中国检察官》2019年第20期。

解决问题，节约司法资源，降低诉讼成本，大大减少人民检察院提起公益诉讼案件数量，大幅度降低公益维护经济成本和时间成本，增强社会治理综合效能。

（二）避免出现“救济撞车”

因为生态环境损害赔偿磋商程序并不能阻止有权主体提起环境民事公益诉讼，那么在实际运行中就会出现以下情况：一是在生态环境损害赔偿磋商过程中，有权主体提起环境民事公益诉讼；二是在有权主体提起环境民事公益诉讼后，行政主管机关又启动生态环境损害赔偿磋商程序。不管哪一种情况，都会导致“救济撞车”，造成司法、行政资源的浪费。人民检察院作为有权提起环境民事公益诉讼的主体之一，在面对生态环境受损情况时，既可以在无其他适格主体提起诉讼情况下，直接向人民法院提起环境民事公益诉讼，也可以启动行政公益诉讼诉前程序，向行政主管机关制发诉前检察建议。若是没有行政公益诉讼诉前程序，人民检察院救济受损生态的方式，要么提起行政公益诉讼，要么提起环境民事公益诉讼。前者会造成检察权和行政权的激烈对抗，后者则会导致“救济撞车”，造成社会资源浪费。①

按照我国法律规定，人民检察院只有在履行完诉前督促程序后才能够提起行政公益诉讼，这样诉前程序就能够作为人民检察院和行政机关在救济受损生态上的沟通桥梁，发挥出“最后通牒”效果，使得行政机关与人民检察院对对方意图有正确认识。因此，做好诉前程序和生态环境损害赔偿制度之间的衔接，就能够有效避免“救济撞车”情形出现。

三、诉前程序与生态环境损害赔偿制度衔接的工作方向

生态环境损害赔偿制度与行政公益诉讼诉前程序分属两种不同制度，但是都最终指向维护环境公共利益，故其在同时运行过程中可能会造成“救济撞车”问题，浪费司法、行政资源。因此，两项制度衔接未来的工作方向就是力求规避司法、行政资源浪费，追求社会综合治理效能最大化。目前，生态环境损害赔偿制度在我国自然环境救济体系中占据主导地位。在实际运行中，当生态环

① 参见郭武、秦萱钰：《我国生态环境损害赔偿诉讼制度的法律化对策》，载《江苏大学学报（社会科学版）》2021年第5期。

境遭到破坏时，应当优先以生态环境损害赔偿制度作为救济方法，环境民事公益诉讼作为重要补充出现，行政公益诉讼诉前程序则是人民检察院在生态损害赔偿制度运行过程中发现行政机关存在怠于履职行为时的监督程序。诉前督促程序作为行政公益诉讼前置程序，是督促相关行政机关依法履职尽责的重要手段。要做好诉前督促程序与生态环境损害赔偿制度间的衔接，可以从以下三方面来把握。①

（一）明确生态环境损害赔偿磋商优先

行政机关作为赔偿权利人在提起诉讼前采取磋商形式与赔偿义务人就如何承担生态环境损害赔偿责任开展协商，这种非诉协商方式同社会组织、人民检察院提起公益诉讼方式（生态环境损害赔偿诉讼和环境公益诉讼）相比，可以避免司法资源、社会资源浪费，在实现环境利益、经济利益最大化时更有成效。同时，环境主管机关在日常监管活动中已经掌握当地生态环境情况，拥有完备的检测技术和设备，能够对污染情况进行鉴定，切实掌握污染证据，由其主导磋商程序，更有利于高效地和赔偿义务人达成合理磋商协议。最后即便不能够达成协议，这些证据也可以运用到诉讼程序中。所以，在建构生态环境损害赔偿制度与行政公益诉讼诉前程序的衔接机制时，应明确磋商优先原则，并注意以下两点：

第一，应当建立起检察支持磋商制度。②人民检察院是国家设立的专门法律监督机关，相对熟悉相关法律规定，且具有提起环境公益诉讼主体资格，在明确磋商优先前提下，构建人民检察院支持磋商制度，对于提升生态环境治理水平，推进赔偿权利人和赔偿义务人合理合法开展磋商具有积极意义。在检察实践中，已经有地方人民检察院支持行政机关就生态环境损害赔偿同侵权人开展磋商案例。例如，在办理浙江诸暨某企业大气污染生态环境损害赔偿案中，绍兴市人民检察院同绍兴市原环境保护局、绍兴市财政局等部门进行多部门联合协作，与赔偿义务人就赔偿方式、工程监管等工作重点开展磋商，综合考虑

① 参见陈冰如、赵辉、杨帆：《生态环境检察公益诉讼衔接问题研究》，载《中共伊犁州委党校学报》2020 年第 2 期。

② 参见詹金峰、汤维婷：《论生态环境损害赔偿制度与检察公益诉讼的衔接》，载《中国检察官》2019 年第 6 期。

各种因素，在最有利公益修复前提下，达成由赔偿义务人自行委托第三方，以替代修复方式在当地建立生态环境警示公园，赔偿权利人则负责评估工程开展修复情况，确保生态环境损害得到修复。这种替代修复模式，在修复污染行为对大气环境带来破坏的同时，能够改善当地自然生态环境，也具有长期警示效果，产生了良好社会经济效益，为生态环境损害赔偿制度实施取得实效作出良性探索。

第二，建立检察、行政信息互联共通机制。对于人民检察院而言，其并没有能力掌握生态环境损害全部相关信息，而行政机关拥有法律赋予的生态环境保护管理职权，掌握其职权范围内环境保护所有信息。人民检察院要建立检察支持磋商制度，必须要通过建立信息共享机制，在案件办理之初就同环境主管部门共享案件有关信息，做到在最佳时机介入生态环境损害赔偿案件中，使得人民检察院在发挥法律监督职能的同时，也可以为环境行政主管部门履职提供必要协助。环境主管部门也可以向社会大众实时公布磋商进程，将磋商时间、地点等公布在信息公开平台上，以方便社会大众监督查询。例如，遂昌县人民检察院与丽水市生态环境局遂昌分局经过沟通协商，共同搭建“智慧环保”平台，就生态环境监测数据、环境问题线索等信息双方达成关于信息共享协作机制，为遂昌县人民检察院监督及协助丽水市生态环境局遂昌分局履职提供助力。

（二）以诉前程序督促行政机关依法履职

行政机关作为公共利益保护第一道屏障，在环境保护领域亦是如此。[①] 当人民检察院发现环境公共利益受到损害时，可以通过行政公益诉讼程序，介入监督行政机关履职，或代位提起民事公益诉讼，但若以民事公益诉讼方式介入，人民检察院就可能会与行政机关产生履职行为竞合，这与检察公益诉讼“督促执法而非执意与主管机关竞赛或令污染者难堪”的要旨相背离，因此通过民事公益诉讼手段，直接介入索赔事宜不属于首选项，而以行政公益诉讼诉前程序方式敦促行政机关履职尽责则大为不同，诉前检察建议具有民事公益诉讼所不具备的在政治上“问责”的效应，能够产生警示效果，在推动行政机关依法履

① 参见周高军、李媛：《生态环境损害赔偿制度背景下人民检察院实践路径》，载《中国检察官》2021 年第 17 期。

职方面能够产生良好成效。[①] 在履行行政公益诉讼职能时，人民检察院办案人员需重视以下两点：

第一，以行政公益诉讼起诉为后盾，注重诉前检察建议推动行政机关依法履行环境保护职能作用。人民检察院在行政机关履职不到位造成生态环境持续受到损害时，应主动制发诉前检察建议，促进行政机关履职尽责，做好同赔偿义务人的赔偿磋商，及后续执行工作。在针对环境行政主管部门履行法律监督职责时，人民检察院应对以下行为予以重点监督：对磋商协议中的赔偿金额明显低于评估报告修复金额的情形要谨慎审查；存在多方赔偿义务人的情况下，要重点关注磋商协议中的赔偿义务人是否存在遗漏，以便于在达成磋商协议后，对行政机关是否督促赔偿义务人履行协议情况开展跟踪监督，同时也要对磋商协议的实际履行情况，尤其是受损生态环境的修复情况，予以跟进监督。

第二，合理把握行政公益诉讼监督手段“度”的界限。将行政公益诉讼诉前程序运用至行政权主导的生态环境损害赔偿制度，其终极目的就是以诉前检察建议，促使行政机关履行职责，使受损害生态及时得到修复，而非干预、代替行政机关履职。例如，遂昌县人民检察院在办理相关行政主管机关怠于履行对违法行为人在仙侠湖堆倒污泥行为监管职责案中，检察干警在前期侦查发现遂昌县金竹镇王川村仙侠湖淹没区存在污泥堆倒情况，有致使水体污染风险，相关行政主管机关存在怠于履职情形。遂昌县检察院据此向该行政主管机关制发检察建议书，建议其对非法堆倒污泥行为进行处理，要求恢复原状。该部门在检察建议书送达后，责令违法行为人立即整改，组织力量处理非法堆倒污泥情况。在本案中，遂昌县检察院在发现案件线索后，通过检察建议书督促行政机关履行职责，促使受损生态得到及时修复，体现检察权是监督权而不是执行权的本质，检察权运行不得干预、替代行政机关履职。

（三）注重监督和参与

人民检察院在生态环境损害赔偿领域开展法律监督活动时，应当重点监督行政机关履职过程中履职不到位、不及时问题，并对后续行政机关在启动磋商

---

① 参见巩固:《检察公益“两诉”衔接机制探析——以“检察公益诉讼解释”的完善为切入》，载《浙江工商大学学报》2018 年第 5 期。

程序、磋商过程及结果、提起生态环境损害赔偿诉讼，以及后续申请强制执行等领域可能会存在的问题予以关注。[①] 达到立案标准的，人民检察院应当启动行政公益诉讼诉前督促程序。

对于行政机关履职不及时，造成生态环境损害未得到及时修复，可能造成更大损害的，人民检察院应当制发检察建议书，推动相关行政机关履行保护生态环境职责，促使侵权行为人修复被破坏生态环境；对于赔偿义务人拒不履行磋商协议或者法院判决确定赔偿义务的，行政机关应当依法及时向人民法院申请强制执行，若是行政机关未及时履职，那么人民检察院可以启动诉前督促程序，敦促履职，以确保赔偿义务人及时履行义务，生态环境及时得到修复。

对于人民检察院参与生态环境损害磋商的问题，笔者认为人民检察院不应当积极主动参与行政机关正常履职过程，只有当行政机关认为自身力量不足以履行好保护公益职责时，通过司法行政协作机制邀请司法机关参与磋商，人民检察院才可以介入协助行政机关完成磋商。

第三节　生态环境公益损害赔偿金的管理使用

检察机关作为公益诉讼起诉人的公益诉讼制度，于2015年7月1日在全国13个省份试点，2017年7月1日依法在全国正式实施。在检察机关办理的大量民事公益诉讼案件中，生态环境损害公益诉讼案件占据较大比重。生态环境损害，是因侵权人的行为，导致生态环境中的植物、动物、大气、森林、微生物等发生不利改变，并影响生态环境功能。生态环境受到损害之后，为修复生态环境所产生的相关费用，即为生态环境损害赔偿金，该费用与生态环境被破坏造成的损害范围、损害程度密切相关，现阶段检察民事公益诉讼所收取的生态环境损害赔偿金，主要是指对生态环境被破坏后的修复性费用。生态环境保护领域公益诉讼案件，均涉及损害赔偿金，少则几万元，多则上千万元乃至

① 参见周高军、李媛：《生态环境损害赔偿制度背景下人民检察院实践路径》，载《中国检察官》2021年第17期。

上亿元。如舟山市人民检察院办理的沈某某、姜某某、刘某某非法收购、运输、出售海龟破坏海洋野生动物保护民事公益诉讼案件，案件赔偿生态修复金共计312.36万元；[①]湖南省长沙县人民检察院办理的彭某某等人非法采矿刑事附带民事公益诉讼案，侵权赔偿费用合计达5498万元。[②]

一、生态环境公益损害赔偿金管理使用中存在的问题

生态环境公益损害赔偿金在得到法院判决后，如何及时收取并有效地进行使用，对生态环境进行修复，是现阶段生态环境公益损害赔偿金管理中亟须解决的问题。在司法实践中依然存在赔偿金收取账户不统一、修复主体不明确、赔偿金使用不及时等问题。

（一）赔偿金收取账户不统一，导致管理困难

在对裁判文书网内生态环境损害领域民事公益诉讼案件赔偿金收取账户整理分析的基础上，筛选出部分有代表性案件，以表格形式列举如下（见表4）。

表4　生态环境公益诉讼案件赔偿金收取账户一览表

序号	案件名称	起诉主体	审理法院	判决内容	赔偿金归属
1	卢某某非法捕捞水产品民事公益诉讼案	缙云县人民检察院	丽水市中级人民法院	赔偿渔业生态资源修复费用人民币3312元	支付至缙云县人民检察院公共利益损害赔偿基金专户
2	雷某某非法捕捞水产品民事公益诉讼案	遂昌县人民检察院	丽水市中级人民法院	赔偿渔业生态资源修复费用人民币2000元	支付至遂昌县财政国库支付中心
3	吴某某、陈某某、吴某丹非法捕捞水产品刑事附带民事公益诉讼案	庆元县人民检察院	庆元县人民法院	共同赔偿渔业生态资源修复费用人民币5340元，承担本案专家评估费用人民币6000元	支付至庆元县人民检察院转入财政专户

① 沈某某、姜某某、刘某某非法收购、运输、出售海龟破坏海洋野生动物保护民事公益诉讼案，（2019）浙72民初810号案件判决书。

② 参见:《判赔5498万！湖南生态环境损害赔偿金额最高公益诉讼案宣判》，载华声在线2020年12月5日，https://hunan.voc.com.cn/article/202012/20201205210400568.html，2020年4月5日访问。

续表

序号	案件名称	起诉主体	审理法院	判决内容	赔偿金归属
4	潘某某非法猎捕、杀害珍贵濒危野生动物民事公益诉讼案	龙泉市人民检察院	丽水市中级人民法院	赔偿生态环境资源损失人民币 10000 元	支付至龙泉市人民法院转龙泉市财政局非税收入待清算户
5	洪某污染环境民事公益诉讼案	吉林省白城市人民检察院	吉林省白城市人民法院	赔偿生态环境服务功能损失费用人民币 8200 元	支付至吉林省生态环境损害赔偿资金管理账户
6	周某某滥伐林木刑事附带民事公益诉讼案	温州乐清市人民检察院	温州乐清市人民法院	支付造林生态修复费用人民币 31.9117 万元	款项用于修复乐清市雁荡镇能仁村龙湫背、火线（仙）流、马背头、牛鼻洞、白岩头山场的生态环境
7	陈某滥伐林木刑事附带民事公益诉讼案	诸暨市人民检察院	诸暨市人民法院	支付生态损害赔偿人民币 22046.51 元、鉴定费 3000 元、公告费 1000 元	支付给刑事附带民事起诉人
8	衢州某公司环境污染民事公益诉讼案	开化县人民检察院	开化县人民法院	赔偿生态环境受到损害期间的服务功能损失费 181700 元，以及鉴定费、检测费等费用	支付至开化县人民法院执行款专用存款账户

上述收取类型中，如支付至财政国库支付中心、支付至检察院转入财政专户、支付至法院转财政局非税收入待清算户等均属于上缴国库。生态环境损害赔偿金上缴国库后，赔偿金性质已由生态环境损害修复款转变为国有财产，该类赔偿金如何进行使用，现行法律法规并没有对此作出明确规定，导致该类赔偿金无法轻易使用，造成被破坏生态环境无法及时修复。对于支付给公益诉讼起诉人的损害赔偿金，是由公益诉讼起诉人直接使用，进行生态修复，还是交给其他主体进行生态修复，并没有明确规定。对于支付给法院执行款账户的赔偿金，法院对于环境修复缺乏专业性，将会导致较难做到专款专用。[①] 对于裁判文书未明确支付对象的，这类案件当事人在缴纳赔偿金时是交给公益诉讼起

① 参见仁宁宁：《环境民事公益诉讼损害赔偿金管理模式探析》，载《普洱学院学报》2020 年第 4 期。

诉人、交给法院还是其他人，以及如何进行使用，均不明确。同一个省，甚至同一个设区市，对收取生态环境损害赔偿金都没有统一规定，如表 4 中丽水地区缙云、遂昌、龙泉、庆元等地生态损害赔偿金收款账户就不统一。生态环境损害赔偿金收款账户不统一，导致不同地方对赔偿金管理、使用存在不同情况，增加了生态环境损害赔偿金管理难度，造成赔偿金管理混乱。

（二）修复主体不明确，导致无法使用赔偿金

虽然最高人民法院《关于审理生态环境损害赔偿案件的若干规定（试行）》第 15 条规定：人民法院判决被告承担的生态环境服务功能损失赔偿资金、生态环境功能永久性损害造成的损失赔偿资金，以及被告不履行生态环境修复义务时所应承担的修复费用，应当依照法律、法规、规章予以缴纳、管理和使用。但对于已缴纳的生态损害赔偿金由谁具体进行管理和使用，上述司法解释并没有作出明确的规定。对于通过政府磋商方式收取的损害赔偿金，已明确由赔偿权利人负责生态环境赔偿资金使用和管理。[①] 该赔偿权利人是省级人民政府、市级人民政府。该赔偿权利人与公益诉讼起诉人系不同的概念，虽然收取的都是生态环境领域的赔偿金，但两者在收取主体、收取依据上均存在明显的区别。检察机关作为公益诉讼起诉人，在层级上并不一定与上述赔偿权利人相同，所收取的生态环境公益损害赔偿金，并不必然由上述赔偿权利人进行使用和管理，客观上也难以直接使用和管理。因法律或司法解释对生态环境的修复主体未作出明确规定，导致相关领域的职能部门不敢作为，赔偿金使用不及时，生态环境得不到修复。

（三）赔偿金使用不及时，导致生态环境长期未能得到修复

检察机关提起生态环境领域民事公益诉讼的目的，就是使被破坏生态环境及时得到修复。但因为种种原因，部分地区生态环境领域民事公益诉讼案件赔偿金存在未及时使用情况。如丽水某地设立生态损害赔偿金账户，但该账户内公益诉讼损害赔偿款项从未使用过。在丽水地区其他地方收取的生态环境损害

---

① 参见财政部、自然资源部、生态环境部、住房城乡建设部、水利部、农业农村部、林草局、最高人民法院、最高人民检察院共同印发的《生态环境损害赔偿资金管理办法（试行）》的通知第 6 条。

赔偿金，同样存在未及时使用的情况。

（四）因修复不及时，导致赔偿金不足以支付实际修复费用

对于生态环境领域公益诉讼案件，损害赔偿金所主张的依据一般为鉴定机构出具的评估意见，或者专家出具的专家意见。评估机构或者相关专家具有行业的权威性、专业性，如果在相关评估报告或者意见出具后，及时根据结论进行生态环境修复，此时赔偿金与实际修复费用两者之间的差距不会很大。但在司法实践中，部分案件的实际修复时间，与鉴定或评估时间存在较长的时间差，这就会导致收取的赔偿金与实际修复费用之间存在差额的问题。如何补齐这个差额，是个现实问题。结果无非是要么使用财政资金补齐，要么量入为出，调整生态修复目标值。除非有正当理由，否则不可以要求赔偿义务人补交差额。当然，也可能存在因各种原因，实际修复的费用低于当事人缴纳的金额的情况，如果实际修复的费用低于鉴定的修复费用，是否应当将多余的钱退还给当事人，这也值得商榷。除非正当理由，如另有约定，或者鉴定存在明显错误，否则不宜退钱。

（五）当事人无能力缴纳赔偿金，导致生态环境修复无法落实

对于生态环境领域公益诉讼案件，生态修复的费用，少则几千元，多则上百万元，甚至个别案件出现上亿元，如广州市人民检察院提起诉讼的广州市花都区卫洁垃圾综合处理厂与李某某固定废物污染环境民事公益诉讼案。2020年9月11日，广州市中级人民法院作出判决，当事人需支付生态环境修复费用、服务功能损失费用、鉴定费，以及其他合理费用，总计1.3亿余元。[①] 在司法实践中，存在生态环境损害赔偿金赔偿数额巨大，当事人难以全额缴纳赔偿金，以及虽然生态环境损害赔偿数额较低，但当事人因支付能力所限制，无法承担生态环境修复费用等情况。如龙泉市人民检察院诉谢某某失火民事公益诉讼案件，经鉴定，生态环境修复费用为78360元，谢某某仅承担了25000元的生态环境损害赔偿金，对于剩余生态环境损害赔偿款，谢某某确实没有能力承担。

① 案件基本情况来源于最高人民法院发布的2020年度人民法院环境资源十大典型案例之五。

对于判决或调解后当事人确实没有能力履行的案件，生态环境修复就无法进行。

二、对生态环境公益损害赔偿金管理使用的建议

检察机关作为法律监督机关，其中的一项职责为对判决、裁定等生效法律文书的执行工作实行法律监督。生态环境损害赔偿金的使用属于民事公益诉讼案件的执行环节之一，在赔偿金的使用过程中，检察机关作为既是公益诉讼起诉人，同时也是法律监督机关的双重身份的主体，该如何进一步履职，如何维护公益诉讼起诉人的起诉权威，以及履行法律监督职责，并以此促进生态环境公益诉讼损害赔偿金及时、有效使用，值得我们深入研究。就生态环境公益损害赔偿金使用而言，具体可以从建立统一账户、确定修复主体、落实修复责任等方面进行完善。

（一）统一建立公益损害赔偿基金账户，对赔偿金进行专款专用

在生态环境公益损害赔偿金不适合上缴国库，也不适合支付给公益诉讼起诉人或法院执行局的情况下，可考虑建立专门的生态环境损害赔偿基金账户，用于收取赔偿金。2021年4月26日，《检察日报》第7版刊登了全国人大代表王建清对建立公益诉讼损害赔偿专项基金制度的建议。[①]设立专门基金的资金监管模式，在国外就有较早的制度尝试，其中美国的超级基金制度较为典型。为了应对“棕色地块”的生态修复问题，美国国会于1980年通过了《超级基金法》，设立“超级基金”以应对生态修复。[②]因检察机关办理生态环境领域损害赔偿民事公益诉讼案件已常态化，建立专门的生态环境损害赔偿基金账户后，可考虑设立专门的生态环境损害赔偿基金管理机构（办公机构设在指定政府部门内），由专门的部门、人员对生态环境损害赔偿基金进行管理，确保生态环境损害赔偿金专款专用。建立专门的生态环境损害赔偿基金账户，可以同时解决将赔偿金上缴国库后，其他机构对赔偿资金使用和管理进行不合理干预问题。因赔偿基金账户的管理者独立于公益诉讼起诉人与侵权人，与案件本身不存在

① 参见王建清：《建立公益诉讼损害赔偿专项基金制度》，载《检察日报》2021年4月26日，第7版。

② 参见郭武、岳子玉：《生态环境损害赔偿金的管理模式选择与法律制度构建》，载《兰州学刊》2020年第12期。

利害关系，便于其履行管理职责，同时政府机构、纪检监察、检察机关、社会公众等机构或个人均可以对赔偿金的使用进行监督。另外，公益损害赔偿基金账户的管理者，应当主动接受监督，定期将损害赔偿金使用以及结余情况向社会公开，确保生态环境损害赔偿金及时、有效实现专款专用。

（二）确定修复主体，落实修复责任

对于破坏森林资源的生态环境民事公益诉讼案件，鉴定机构或相关专家在进行生态环境修复设计的时候，会进行补植复绿生态修复方案设计，同时对于当事人不履行补植复绿的情形，要求由他人（或政府）代为履行的相关费用进行计算。检察机关办理破坏森林资源的民事公益诉讼案件，如当事人愿意以补植复绿的方式进行生态修复的，就没有必要让当事人缴纳生态修复的费用。当事人选择缴纳损害赔偿金代替生态修复的公益诉讼案件，部分是因为当事人不愿意通过补植复绿的方式进行生态修复，或者因客观因素，当事人无法通过补植复绿的方式进行生态修复。如龙泉市人民检察院立案办理的郑某某滥伐林木民事公益诉讼案件，郑某某滥伐林木的山场是其向福建人承包的，山场承包期限即将届满，发包方即将收回山场，为避免今后山场林木权属产生不必要纠纷，发包方不愿意让郑某某在其山场上种植树苗，进行补植复绿修复生态。在上述案件中，检察机关在主张民事公益诉讼请求的时候，要求郑某某承担生态环境损害赔偿金更为妥当，在郑某某缴纳赔偿金后，可将郑某某缴纳的赔偿金，用于公益林种植树苗或者其他公益类的生态环境修复。

当事人缴纳生态环境损害赔偿金后，即视为生态修复义务履行完毕。实际修复生态义务需要代履行，故需明确损害赔偿金使用主体，由其负责修复生态环境。鉴于生态环境的修复具有较强专业性与技术性，由专业职能部门负责相应修复职责比较妥当。如对于滥伐、盗伐、失火等破坏森林资源类的民事公益诉讼案件，需要使用当事人缴纳的损害赔偿金，进行补植复绿修复生态的，应由林业部门或者林业部门委托的专业机构，进行补植复绿落实生态环境修复责任。对于污染环境侵权案件，应由环保部门使用当事人缴纳的损害赔偿金，进行生态环境修复。对于非法捕捞水产品等破坏渔业资源的生态环境类案件，应由农业部门使用当事人缴纳的损害赔偿金，以增殖放流等方式进行生态环境修复。

（三）建立个案专项修复机制，结余款项统筹管理使用

鉴于生态环境损害的修复设计是针对个案进行的，为此，代履行修复主体在进行生态环境损害修复时，原则上应当采用个案的生态环境损害赔偿金用于个案修复。生态环境损害赔偿基金账户管理人应当对生态环境损害赔偿金的使用进行统筹管理。如果根据修复设计方案，当事人缴纳的修复金额高于实际修复金额，则可考虑将多余金额用于其他生态环境损害修复，如当事人缴纳的修复金额少于实际的修复金额，则可将其他案件富余的修复金额用于该地方修复。因对于破坏野生动物资源的民事公益诉讼案件，使用当事人缴纳的生态损害赔偿费用，具有一定特殊性，野生动物资源，特别是珍贵、濒危野生动物资源一旦遭到破坏，便难以恢复，一般情况下，对于破坏野生动物资源公益诉讼案件，在野生动物资源损害发生地，放生同类野生动物开展损害修复为首选方式，但基于野生动物资源放归自然之前，需要进行专门研究、繁育等，客观上通过该方式进行生态修复有困难。有鉴于此，生态环境损害赔偿基金账户往往会出现结余，可考虑将多余的赔偿金用于公益生态修复项目，如用于碳中和行动、购买树苗种植公益林、支付给野生动物研究中心用于野生动物培育研究等。

（四）建立赔偿金劳务代偿机制

检察机关提起生态环境领域民事公益损害赔偿诉讼的最终目的，是为了实现生态功能的修复，维护社会公共利益。对于个别案件在判决后，当事人无能力缴纳损害赔偿金的，检察机关应当对侵权人相关情况进行深入了解，确认其有无劳动能力。如其有一定劳动能力，并愿意进行劳动，检察机关可以考虑让其参与到相关公益活动或者项目建设中，通过劳务代偿方式进行生态环境替代修复。所谓劳务代偿，是指当事人没有能力履行经济上的赔偿义务，自愿用劳务方式履行义务，是对履行方式的一种变更。对于民事公益诉讼损害责任的承担，是否可以用劳务代偿，虽然法律没有明文规定，但其在民事公益诉讼案件诉讼请求的实现中具有正当性。民事活动的基本原则为平等原则、自愿原则、公平原则、诚信原则、守法和公序良俗原则、绿色原则等。在民事公益诉讼案件执行过程中，当事人在承担民事责任时，只要不违反民事活动基本原则，可考虑让当事人采取劳务代偿方式，实现检察公益诉讼请求。

前述龙泉市人民检察院办理的谢某某失火民事公益诉讼案，虽然谢某某没有能力支付剩余的生态环境损害赔偿金，但其愿意在龙泉市九姑山彩色森林生态修复教育实践基地提供劳务，用于折抵生态环境损害赔偿金，并且愿意劳动至判决所确定的生态环境损害赔偿金全部履行完毕为止。该案中，如果谢某某不愿意以劳务代偿，那么剩余生态环境损害赔偿金将很难履行到位，通过谢某某以劳务代偿方式，生态环境损害赔偿金支付义务将逐步得到履行，最大程度实现了生态功能修复。谢某某劳务期满后，检察机关提起民事公益诉讼的目的，也将最终得以实现。为此，针对侵权人没有能力缴纳生态环境损害赔偿金的案件，检察机关可以考虑在执行阶段，让当事人通过劳务代偿方式进行生态环境修复，以解决法院判决后，当事人无能力缴纳生态环境损害赔偿金问题。虽然是否适用劳务代偿要遵循当事人意愿，但在执行过程中，检察机关作为公益诉讼起诉人，可与当事人进行协商，如当事人有劳动能力，但不想劳务代偿，那么当事人作为被执行人，可考虑对其采取相应执行惩戒措施，如当事人愿意劳务代偿，那么检察机关可以与当事人签订和解协议，虽然当事人一时无法全额履行到位，但可以不对其使用相关惩戒措施。

第十七章　诉前程序的深化运用

行政公益诉讼诉前程序的深化运用，应秉持在历史进程中前进，在时代潮流中发展的理念，始终坚持以习近平法治思想为指导，深入学习习近平总书记关于实施国家大数据战略，加快建设数字中国建设的重要指示精神，贯彻关于依法治国的十一点要求。按照行政公益诉讼诉前程序，以最少的司法投入，获得最佳办案效果的价值追求，充分运用数字思维提升监督质效，运用法治思维推进依法监督，运用检察创新推动行政创新，运用系统思维服务社会治理。

出发时不忘初心，落脚时胸怀人民。本章内容意在通过对行政公益诉讼诉前程序深化运行的探讨，为行政公益诉讼诉前程序高质量运行和促进社会治理提供指引。

第一节　运用数字思维提升监督质效

数字思维即运用大数据的意识，数字检察则是运用数字手段开展检察工作。近年来，随着以信息技术为核心的新一轮科技革命蓬勃兴起。浙江检察机关坚持把现代科技作为检察工作创新发展“新引擎”，通过加快建设重点场景应用，将核心业务数字化，促进检察工作与信息化深度融合，实现检察监督转型升级。2021 年 2 月 28 日，浙江省数字检察专题会议在绍兴召开，浙江省人民检察院党组书记、检察长贾宇在会上明确，要把握重点任务，开启加快检察数字化转型新阶段，强化从“数量驱动、个案为主、案卷审查”个案办理式监督到“质效导向、类案为主、数据赋能”类案治理式监督的转变。[①]为落实“以数字化改革撬动法律监督”要求，在总结浙江省各地数字监督实践探索基础上，2021年8月10日，浙江省人民检察院发布了《开展数字监督集中专项行动工作方案》，旨在通过开展数字监督集中专项行动，深化运用“解析个案、梳理要素、构建模型、类案治理、融合监督”的大数据检察监督路径，着力实现“一域突破，全省推广”。

与其他传统检察职能相比较，行政公益诉讼诉前监督案件在线索收集排查、调查取证以及发出检察建议方面都呈现出履职“主动性”特征。而行政公益诉讼诉前程序运用数字思维，就是要充分利用数据源，挖掘利用数据，把检察监督需求与大数据相联系。具体而言，主要体现在推进线索筛查、推进类案监督以及推进社会治理三个方面。

一、推进线索筛查

线索是启动行政公益诉讼诉前监督案件调查工作的起点。在行政公益诉讼诉前监督案件中，对线索展开调查取证才能够发现和确认侵害国家利益和社会公共利益的事实。行政公益诉讼诉前监督案件涉及生态环境和资源保护、食品药品安全等众多领域，虽然“每一类行政公益诉讼诉前监督案件在公共利益类型、侵害行为种类、侵害结果表现形式等方面均有差别”。[②]但是同一类行政公益诉讼诉前监督案件在内容上具有相似性，决定了在运用大数据对线索开展排查过程中可以对个案线索进行要素解析，提取梳理其中案件要素，最后运用提取的要素进行模型化构建，进而推进批量线索排查工作。以嵊州市人民检察院办理的某行政公益诉讼诉前监督案件[③]为例，将数字思维推进线索筛查方法说明如下。

根据《食品安全法》相关规定，被吊销许可证的食品生产经营者及其法定

---

① 参见阮家骅、吴闻哲、沈嘉玲:《以数字化改革撬动法律监督 全省数字检察专题会议召开》，载浙江检察网2021年3月1日，http: //www.zjjcy.gov.cn/art/2021/3/1/art_26_186888.html，2022年4月4日访问。

② 王祺国:《公益诉讼检察调查信息化及实现路径》，载《人民检察》2020年第1期。

③ 嵊州市人民检察院从业禁止类案监督案件，浙江省人民检察院发布的《浙江省检察机关数字监督办案指引（第三批）》。

代表人、直接负责的主管人员和其他直接责任人员自处罚决定作出之日起 5 年内不得申请食品生产经营许可，或者从事食品生产经营管理工作、担任食品生产经营企业食品安全管理人员。因食品安全犯罪被判处有期徒刑以上刑罚的，终身不得从事食品生产经营管理工作，也不得担任食品生产经营企业食品安全管理人员。上述条款也被称为食品生产经营的从业禁止规定。

根据上述规定，因食品安全犯罪被判处有期徒刑以上刑罚或被吊销许可证，自处罚决定作出之日起 5 年内不得申请食品生产经营许可。嵊州市人民检察院在办案中却发现，凌某尧因违规销售有毒有害食品，被追究刑事责任及吊销许可证。但凌某尧在刑满释放后一年内却仍能够注册登记嵊州市凌某尧计生用品店，从事销售性保健品等相关活动，违反《食品安全法》的相关规定，涉嫌食品安全经营许可违法。

基于掌握生效裁判数据优势，嵊州市人民检察院开展对涉食品安全类犯罪人员的统一排查，运用数字思维开展线索筛查，将个案线索进行要素解析，提取梳理线索要素为“食品药品刑事生效裁判数据”以及“食品药品市场主体登记数据”，并将“食品药品刑事生效裁判数据”以及“食品药品市场主体登记数据”进行模型化构建，分三步开展数据分析（见图 2）：

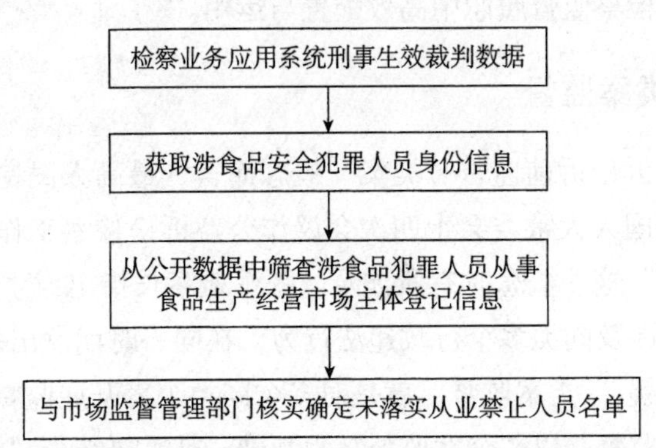

图 2　嵊州市人民检察院从业禁止类案监督案件思维导图

第一步：全面筛查数据。以检察业务应用系统检索罪名获取涉食品安全犯罪人员姓名、身份证号码等关键人员信息数据。

第二步：查明监管盲点。在企查查 App 上，以本地区 + 涉食品安全犯罪人员姓名为检索，筛查仍登记在册、与食品生产经营有关的市场主体，如输入

“嵊州＋凌某尧”查看是否仍有凌某尧为实际经营者市场主体登记信息。

第三步：核实漏管对象。将筛查后数据与市场监督管理部门市场登记数据再次进行核实，进一步排除同名同姓可能性，确定从业禁止规定未落实人员清单。

从以上分析步骤可以看出，嵊州市人民检察院以食品药品刑事生效裁判数据为基础，在检察业务应用系统检索罪名为“生产、销售有毒有害食品罪”“生产、销售不符合卫生标准的食品罪”，以及其他与食品犯罪有关的“生产、销售伪劣商品罪”“非法经营罪”“以危险方法危害公共安全罪”检索取得涉食品安全犯罪人员信息，通过企查查App查询上述人员信息，初步筛查仍然从事食品经营活动人员信息，并进一步与市场监督管理部门市场主体登记在册数据比对核实，从而确定从业禁止规定未落实人员详细清单。嵊州市人民检察院在办理从业禁止类案监督中就运用了数字思维推进了线索排查工作，其通过提取个案要素，开展数据碰撞、比对，进而分析发现监督线索。

线索排查中数据碰撞与比对依托于数据获取，而对数据分析则有赖于数据分析模型构建。这就要求检察机关善于通过一体化智能化公共数据平台、政法数据中心以及多跨场景中连接获取数据，通过研发数据模型监督平台等方式，实现数据资源在检察监督履职中高效配置与运用。

二、推进类案监督

就行政公益诉讼诉前监督“类案”概念而言，最高人民检察院检察长张军在向第十三届全国人大常委会十四次会议作公益诉讼检察工作情况专项报告时提到“类案群发”这一概念时有所涉及。张军检察长指出：“类案群发”是指针对一个行政机关涉及同类多个行政违法行为，在同一时期发出多份检察建议。[①]从狭义上进行理解，“类案监督”就是对多个同类个案开展监督。从这个层面来理解，则“类案监督”以“个案监督”为基础，其需要结合“个案监督”开展。同时，“类案监督”相较于“个案监督”，由于其针对同类案件，因而在时间以及地域上，都实现了对“个案监督”的突破。依托数字检察，检察机关能高效

① 参见高楠：《诉前检察建议“类案群发”问题研究与思考》，载《河南检察论坛》2020年第2期。

获取类案监督批量线索，在运用数字思维推进类案监督过程中，需要检察机关将在个案办理中发现的可能存在类型化、有价值个案线索进行深入分析研判，形成“从个案发现线索—分析研判—类案监督模型构建”的类案监督机制。[①]

“类案监督”与“类案群发”一个相似之处在于两者均是对同类问题开展监督，两者均以个案监督为基础。但相比较之下，“类案群发”侧重于监督数量，通过“群发”方式对同类问题进行监督，但一般只着眼于个案问题解决。而“类案监督”则更注重监督质效，在监督个案同时，注重挖掘问题产生原因，分析监管漏洞、履职盲点，着重点在全面治理和补漏洞、扫盲点。以海宁市餐饮行业安全生产公益诉讼监督案件为例，将类案监督模式分析如下。

2021 年 6 月，海宁市人民检察院在开展餐饮行业瓶装燃气专项监督行动时，发现海宁市斜桥镇庆云街有 3 家餐饮店存在违规使用醇基燃料情形，经委托鉴定，确定上述醇基燃料闪点仅为 11℃，属于易燃易爆危险化学品，对公共安全造成了重大隐患。在个案线索取证过程中，海宁市人民检察院发现餐饮店使用醇基燃料并非个别现象，存在黑色产业，具有涉案面广、隐蔽性强、取证难、监管难等特点，在利益驱使下违规买卖醇基燃料现象频现。海宁市人民检察院经综合研判，认为有必要运用数字化手段，摸清违规使用醇基燃料底数，实现精准监督。经大数据分析，以经营者、地址、用水量、用气量为关键词，通过数据筛查、数据比对、数据碰撞等方式，筛选出海宁市辖区内正常经营但天然气用气量异常的餐饮单位。再经人工核查后，确认有 183 家餐饮店在违规使用醇基燃料。同时，经过查询应急管理部门危化品经营许可登记系统，发现海宁市不存在取得经营许可醇基燃料的单位。因而上述餐饮店使用的醇基燃料大部分是从无危险化学品经营资质、无运输许可的非法经营者处购买。同时还查明，运输醇基燃料的车辆不符合危险化学品运输要求等问题。针对醇基燃料储存、经营、运输和使用等环节存在的重大安全隐患，海宁市人民检察院向相关部门制发了行政公益诉讼诉前检察建议书，推动行政机关对辖区内醇基燃料进行排查，开展专项整治行动，并形成醇基燃料安全监管长效机制。同时，嘉兴市人民检察院将海宁市人民检察院经验推广至嘉兴全市域，借助数字化赋能

---

① 参见金庆微:《数字检察引领下民事诉讼类案监督的实践与发展》，载《中国检察官》2021 年第 11 期。

取证，全面排摸全市违规使用醇基燃料餐饮户数，全市餐饮行业整体安全度显著提升。①

海宁市人民检察院在个案办理过程中，敏锐地发现醇基燃料黑色产业并非个别现象，从而对个案线索深入研判，通过以“餐饮单位登记在册信息”“餐饮单位用水信息”“餐饮单位用气信息”为基础搭建类案监督模型，排查出类案监督线索，进而将“个案监督”提升到“类案监督”，实现促进社会治理目标。

从上述案例可以看出，司法实践中引入数字化办案思维推进类案监督，一方面需要办案人员树立从个案办理中发现类案线索的数字思维意识。也就是在个案办理中，办案人员需要分析个案问题产生原因，研判该个案问题在该行业上下游环节、其他地区或部门是否同样存在，并根据研判结果开展初步调查。另一方面，办案人员要善于运用大数据辅助人工审查的数字思维模式。排查类案线索，不能单纯依赖于智慧系统等大数据分析研判平台，而更要发挥办案人员的主体作用，使办案人员审查与大数据分析研判充分结合。

三、推进社会治理

一般而言，在类案背后均存在着监管、职能等各方面制度层面的缺失，而这些缺失、漏洞，也为检察机关参与到社会治理提供了着力点。依托数字检察，检察机关不仅能高效获取类案监督批量线索，还能有效梳理案件发生规律，运用大数据开展类案监督，深挖类案背后社会治理制度缺失漏洞，通过办理行政公益诉讼诉前监督案件，促进相关领域建章立制，促进同类普遍性问题得到解决，最终实现一个领域的治理，这也是检察机关通过延伸办案触角，开展深层次监督，促进社会治理的效果体现。以仙居县、嵊州市案例，将大数据办案推进社会治理情况分析如下。

案例一：仙居县人民检察院在调研走访人社局、民政局、财政局等10多个社会保障资金主管部门时，发现社会保障资金领取资格复核上存在系统性漏洞，致使众多不符合领取资格的人长期违规领取了社会保障资金。通过对八类社会保障资金近10万余条资金受益者信息进行数据分析后发现，总共需要督促

① 海宁市人民检察院醇基燃料全链条安全监管类案监督案，浙江省人民检察院发布的《浙江省检察机关数字监督办案指引（第三批）》。

23 家行政机关停发、追回社会保障资金 300 余万元，涉及违规领取者 132 人，其中有 21 人死亡后仍在领取生活困难补助费，有 20 人属于较高固定经济收入者仍在领取生活困难补助，有 91 人服刑后仍在违规领取养老金、抚恤优待金等八类社会保障资金。为了保护社会保障资金安全，仙居县人民检察院以行政公益诉讼诉前检察建议方式进行了监督。通过对资金领取条件进行归纳梳理，并充分运用司法机关刑事判决数据、社会保障资金主管部门数据、死亡人员数据、基本养老金待遇数据、党政部门财务管理数据等，进行数据碰撞分析，精准核查出违规领取社会保障资金人员，并以“数据案件化、案件数据化”为思路开展类案监督。该类案监督涉及多项资金种类、多个职能部门、多种违规情节，仙居县人民检察院通过检察建议监督行政机关追回违规领取的资金，同时帮助社会保障资金主管部门建立信息共享机制、构建资金管护闭环，达到了数字检察赋能社会治理的良好效果。①

案例二：2019 年底，嵊州市人民检察院在办理一起小区附近黑加油点违法为周边运输企业供应低价非标油案件过程中，发现涉案非标油硫含量超国家限值标准 183.4 倍，严重污染大气环境，且部分非标油闭杯闪点最低仅为 27℃，属于易燃易爆危险化学品，严重危害公共安全。在个案办理过程中，嵊州市人民检察院发现非标油黑色产业链存在监管难、查处难、取证难和隐蔽性强等特点，导致实践中违法行为禁而不止、查而不绝，有必要通过大数据对非标油污染大气开展全链治理。该院从买方入手调查，运用“侦查思维 + 大数据”方式，抓住用油企业须将用油成本入账抵税这一突破口，通过分析研判增值税抵账数据、企业国标用油数据、企业柴油车辆和特种设备备案数据，精准锁定违规使用非标油企业，推动行政机关开展非标油全链打击。同时，还推动相关行政部门出台联合执法工作方案，构建非标油销售、运输、储存、使用全链条监管长效机制，为市域治理现代化贡献数字检察治理方案。②

上述两个“类案监督”案例中，可以发现实践中一些侵害公益行为，往往因制度机制性缺失造成。仙居县人民检察院与嵊州市人民检察院在行政公益诉

---

① 仙居县人民检察院违规领取社会保障资金类案监督案，浙江省人民检察院发布的《浙江省检察机关数字监督办案指引（第三批）》。

② 嵊州市人民检察院非标油销售全链条治理类案监督案，浙江省人民检察院发布的《浙江省检察机关数字监督办案指引（第二批）》。

讼案件办理过程中，通过行政公益诉讼诉前督促程序，推进相关领域建章立制，从而促进某一领域治理工作。行政公益诉讼检察是以法治思维和法治方式推进国家治理体系和治理能力现代化的重要制度设计。在数字化时代中，数据是极为重要的治理资源，为法律监督模式深层次变革提供了基础。每一个数字化办案模型背后，都可以延伸到社会治理层面。在此背景下，检察机关需通过不断激发数字检察内生动力，推广数字化改革，坚持数字转型战略、数字改革目标、强化数字能力培养、构建数字生态，让撬动法律监督成为检察的战略和执行中心，以“数字检察”助力国家治理体系和治理能力现代化。

第二节　运用法治思维推进依法监督

当今世界，百年未有之大变局和新冠肺炎疫情叠加，国际形势复杂多变，我国政治经济社会环境面临多重挑战。法治作为我国治国理政基本方式之一，担负着统筹国内、国际两个大局，平衡社会利益，化解社会矛盾，协调社会关系，规范市场行为的重要作用。在中国特色社会主义新时代，法治亦被赋予实现经济发展、政治清明、文化昌盛、社会公正、生态良好的保障作用。检察公益诉讼作为中国特色社会主义法律制度组成部分，要坚持中国共产党领导和人民主体地位，检察机关在确定行政机关法律责任，评估办案绩效等方面，应始终坚持法治思维。

一、法治理念与法治思维

法治一词，很早就出现在古书中，如《晏子春秋·谏上九》:“昔者先君桓公之地狭于今，修法治，广政教，以霸诸侯”,《淮南子·氾论训》:“知法治之所由生，则应时而变；不知法治之源，虽循古终乱”等。法治是与人治相对的概念，是指根据法律治理国家。

（一）法治内涵

法治包含多重内涵。首先，法治是社会治理理念，一种把法视为最高权威的理念。与人治相比，它排斥个人在社会运行机制中的权威地位，代之以法作为普遍遵守的权威。其次，法治不仅要求遵从具有普遍性特征的法，而且在对法的评价上，要求这种被普遍遵从的法必须是良法。最后，法治是一种以“法的统治”为特征的社会统治方式和治理方式，它并不排斥社会道德等对人民内心的影响和外在行为的自我约束，但它排斥以人为轴心的统治方式，它奉行“人变道不变”的哲学原则。①

法治作为国家治理手段，在各个时期，因为时代背景、政治条件不同，内涵也不尽相同。在当代中国，法治产生和发展于社会主义初级阶段，除上述三个方面，法治还应当具有以下内容：

1. 坚持中国共产党领导。对于法治与政治的联系，习近平总书记指出，法治当中有政治，没有脱离政治的法治。中国共产党领导是中国特色社会主义最本质特征，一方面，我国的法治道路必须坚持中国共产党领导这一政治立场。另一方面，党的领导也要遵循法治道路，运用法治思维，两者相辅相成，缺一不可。

为深入践行习近平法治思维，浙江省委提出加快打造“法律监督最有力示范省”，推进建设高质量发展共同富裕示范区。鉴于此，浙江检察机关提出，努力把浙江建设成为“全面展示中国特色社会主义检察制度优越性的重要窗口”，为浙江争创社会主义现代化先行省、高质量发展建设共同富裕示范区提供有力法治保障，体现检察机关参与国家治理和社会治理主动性，反映出法治的政治作用与政治的法治化。

2. 坚持人民主体地位。司法机关办理案件，归根结底是为人民服务，要注重解决人民群众急难愁盼问题，实现公正司法。走进群众，了解群众，切实为人民群众解决身边事、切身案，提升人民群众获得感、满足感，是中国特色社会主义法治重要内容。

就行政公益诉讼诉前程序而言，通过媒体披露或者刑事案件办理获取的公益损害线索，在全面性、即时性和预防性方面仍有不足，如何在第一时间听到普通群众的直接诉求，如何介入预防性问题并及时止损？最高人民检察院探索建立“益心为公”公益诉讼志愿者平台，建立公益诉讼配合协作机制，充分动

---

① 参见秦前红、刘高林：《论民主与法治的关系》，载《武汉大学学报》2003 年第 2 期。

员社会力量凝聚公益保护合力，浙江检察通过公益诉讼志愿观察员，走到寻常百姓中去，并以此办理了大批案件，获得群众好评。

（二）法治思维

法治思维是指按照法治的原则、精神和逻辑分析问题、解决问题的过程。在行政公益诉讼诉前程序中，运用法治思维具有以下特征：

1. 合法性。合法性是指以法律为最高权威，围绕法律进行判断、行动的思维方式。它包含两个层面的价值，一方面，对于适用的法律，必须是良法，另一方面，基于良法，进行合法性判断。

2. 目的性。运用法治思维，不仅应考虑法律效果，还应考虑是否有利于达到法律治理的整体目标，例如是否有利于建立法治信仰、维护社会秩序，是否有利于推动社会形成民主、和谐、公平和效率的价值观等。[①]

二、在确定责任中坚持法治思维

检察机关在办理行政公益诉讼诉前程序案件时，如何确定行政责任主体，关系到案件能否顺利推进，关系到公益损害能否切实保障。如何认定公益保护行政责任主体，在实务中存在较大争议。从目前司法实践来看，部分检察机关对于公益保护行政责任主体的认定有待完善。

根据《行政诉讼法》第25条规定，“人民检察院在履行职责中发现……等领域负有监督管理职责的行政机关违法行使职权或者不作为，致使国家利益或者社会公共利益受到侵害的，应当向行政机关提出检察建议……”根据这个条款内容，公益保护行政责任主体范围被限定在“负有监督管理职责”的行政主体内。实践中，认定行政机关是否具有监督管理职责主要根据法律、法规、规章以及机构编制“三定”方案等，但立法工作具有滞后性，并且行政工作具有很强的政治性、协同性，以法定责任为唯一标准，对“负有监督管理职责”作僵化适用，不利于保护公共利益。

如松阳县人民检察院办理的行政机关未及时关闭临时采石场案件。2019年，松阳县自然资源部门（原林业部门）向检察院反映，松阳县某行政机关拒不关

① 参见路志强：《法治思维在检察工作中的运用》，载《人民检察》2015年第2期。

闭临时采石点，造成生态环境被破坏，希望检察机关启动公益诉讼程序开展监督。检察机关调查发现，松阳县政府以会议纪要形式，同意该行政机关设立临时采石点，待工程完工后，由其负责恢复采石点生态环境。2014 年 12 月 31 日，经林业部门提请，松阳县府办发出《关于关闭临时采石点的通知》，要求该行政机关做好临时采石点关闭整治工作。但该行政机关没有落实会议纪要和县府办通知要求。2016 年 9 月 1 日，松阳县林业部门向该行政机关再次书面函告，要求其抓紧关闭临时采石点并恢复生态。但直到检察机关开展调查之时，该采石点仍处于未关闭状态，检察机关启动诉前程序，开展监督。但是，在向谁发出检察建议的问题上，不同检察官之间产生了争议。部分检察官认为，该案虽然属于监管部门履职不到位的情形，但是监管部门一直在积极促使有关行政机关主动履职以恢复生态，其履职过程中受到行政不作为的冷阻力，履职有困难。自然资源部门主动求助检察机关，是希望检察机关对不履职行政机关开展监督，发送诉前检察建议。另一部分检察官则坚持自然资源部门作为监管行政机关，负有法定职责，现自然资源仍处于遭到破坏的状态，属于履职不到位，依法应该向其发出诉前检察建议。两种观点截然不同，应该如何处置？根据举重明轻、举轻明重的司法理念，自然资源部门的监管职责是间接责任，使用临时采石场的行政机关，对关闭采石场负有直接责任，直接责任重于间接责任，是显而易见的。且在监管单位多次要求直接责任者整改的前提下，检察机关若仍将检察建议发给监管单位，不仅不利于高效开展诉前督促程序，还可能授予直接责任者继续推诿扯皮之口实。因此，不能僵化适用法律，无差别地将检察建议一律发给负有监管职责的行政机关。在两家以上行政机关分别对公益损害负有责任的情况下，如果既有监管责任机关，又有直接责任机关，就应当优先给直接责任机关发送诉前检察建议。在学校食堂食品安全问题上，同样存在类似情况，教育行政部门对校园食品安全负有直接责任，市场监管部门负有行政监督管理责任，诉前检察建议应当直指直接责任者，即教育行政部门，这样才有利于提高检察监督效率，而不应该舍近求远，仅仅向市场监管部门开展诉前监督。

检察行政公益诉讼诉前督促程序，作为保护公共利益、参与社会治理的重要手段，要发挥好监督职能，就要坚持法治思维，从法治思维目的性角度出发，坚持实质审查标准，从有利于解决公益损害的角度，认定行政公益诉讼诉前程序责任主体。

三、在诉前程序中坚持法治思维

行政公益诉讼诉前程序，作为一种新兴的诉讼前置程序，在制度供给不足的情况下，要摸着石头过河。检察机关始终要把坚持法治思维放在第一位，做好第一案，打好第一枪，为完善制度乃至立法提供实践基础。

在诉前程序中，坚持法治思维必然要求检察人员牢固树立依法、规范理念，熟知法律原则与法条规范，同时兼具创新精神。由于本书对检察公益诉讼的诉前程序有专章论述，本节仅对新法实施之初，行政公益诉讼诉前程序启动时机，以及检察听证问题，结合法治思维进行简单阐述。

（一）新法实施之初，启动诉前程序应慎重

当新出台相关法律、司法解释时，检察机关要牢固树立增强监督质效，维护检察谦抑性形象的理念，不能就案办案，甚至出其不意，在法律、司法解释实施之初，就开展法律监督，而应有意识地预留行政机关适应、调整的期间。

如2019年底开始，突如其来的新冠疫情席卷全国，2020年2月24日，十三届全国人大常委会第十六次会议通过了《关于全面禁止非法野生动物交易、革除滥食野生动物陋习、切实保障人民群众生命健康安全的决定》。《决定》明确，凡野生动物保护法和其他有关法律禁止猎捕、交易、运输、食用野生动物的，必须严格禁止。全面禁止食用国家保护的“有重要生态、科学、社会价值的陆生野生动物”以及其他陆生野生动物，包括人工繁育、人工饲养的陆生野生动物。全面禁止以食用为目的的猎捕、交易、运输在野外环境自然生长繁殖的陆生野生动物。[①] 3日之后的2月27日，某县检察院即开展陆生野生动物驯养繁殖专项检察行动，对全县13家野生动物养殖场摸底调查，发现部分养殖场具有行政许可证。3月4日，该县检察院发出检察建议，建议县林业水利局立即撤回并注销以食用为目的的陆生野生动物驯养繁殖许可证。某县林业水利局相关负责人回复称：“收到检察建议后，我们已通知相关野生动物养殖场将给予2个月的过渡期。同时，我们还在等待上级部门对野生动物繁育、饲养出台的具

① 参见《全面禁止食用野生动物意味着什么？》，载新华网，http://www.xinhuanet.com/politics/2020-02/24/c_1125620431.htm?baike，2022年4月4日访问。

体法规。”[①] 在新冠疫情来势汹汹的情况下，全国人大常委会作出的《决定》很及时，但是在实务层面，各基层行政机关执行《决定》，需要有适应和调整的过程，其中涉及众多野生动物养殖户的投资回报和再就业等社会问题，养殖户的利益涉及民生与乡村振兴，“一刀切”容易引发社会问题。检察机关过早启动诉前督促程序，对于促进行政机关依法履职亦无积极作用，法律效果和政治效果均不佳。

（二）检察听证需坚持法治思维

诉前程序涉及社会关系、行政工作的方方面面，平衡好各方利益，促进公益保护，需要多方协调。检察听证作为新时代检察权运行的重要形式之一，在创新监督方式、促进公平、保障当事人合法权益方面发挥了重要作用。检察听证具有的公开性、程序性、抗辩性等自然属性，很好地解决了传统办案方式弊端，通过主动听取当事人以及听证员的意见，达到兼听则明的效果，还在听证中接受当事人等外部力量的监督制约。[②] 作为一种新颖工作方式，为确保听证工作能切实达到预期目标，必然要求将法治思维贯穿于检察听证的启动、举证、质证以及检察官听取听证意见等全过程，使其实质上契合公正、民主的特性。

如襄阳市某区检察院办理的旅馆接待未成年人入住行政公益诉讼案中，检察机关邀请人大代表、政协委员、人民监督员、社区代表、未成年人保护组织代表等作为听证员，通过公开听证，检察机关介绍保护未成年人入住旅馆安全方面存在的问题，以及对旅馆监管难、行政处罚法律适用难等困境，借此，宣传未成年人保护工作，最终形成人大、政协、未成年人保护组织与司法机关的监督合力。

四、在评价中坚持法治思维

启动行政公益诉讼诉前程序的条件，是行政机关没有回复检察建议或者没有履行职责，精准提出检察建议内容是启动诉讼的重要基础。在司法实践中，

---

① 《撤销野生动物养殖许可并研判补偿问题》，载澎湃新闻，https://baijiahao.baidu.com/s?id=1660407306925821707&wfr=spider&for=pc，2022 年 4 月 4 日访问。

② 参见刘东斌、王莲可：《浅谈公益诉讼检察中听证制度之运用——基于 101 份公益诉讼检察听证案例的梳理分析》，载《中国检察官》2021 年第 16 期。

因检察建议与诉讼请求不能做到有效对接，存在办案难的情况。[①]

2018年5月25日，沙洋县检察院经调查发现某公司与人防办签订了15万元人防易地建设费协议，但只缴纳了5万元。据此，检察机关向人防办发出诉前检察建议，要求履行追缴职责。人防办虽进行了回复，但依然未将欠款追缴到位。检察院遂开展诉前调查，发现该项目应当缴纳人防易地建设费为143万元，检察院提起了行政公益诉讼，请求法院判令人防办怠于征缴行为违法，并继续履行征缴138万元的职责，法院经审查认为，检察机关的起诉书与诉前检察建议认定的事实并不一致，而且要求履行职责的数额差距较大，法院认为检察机关履行诉前程序不当，要求其重新或者补充发出检察建议之后，再根据情况起诉。[②]

实践中检察建议还存在建议内容太宽泛的问题，例如，某县人民检察院发出的检察建议，内容为“1. 依法履职保护和管理职责，开展湿地擅自放牧行为专项整治，协同牵头部门依法履职；2. 加强监督管理，协同牵头部门建立健全长效监管机制，切实做好湿地公园保护和管理工作；3. 要求牵头单位做好对湿地公园适度放牧行为进行可行性研究”，内容缺少实质性措施。由于检察建议内容模糊，导致在诉前检察建议发出后，如何认定行政机关有无履职存在较大争议。如上述这份检察建议中，专项整治要做到何种程度，如何建立长效监管机制，是否必须，如何进行可行性研究等均存在较大空间。因此，检察建议应当有明确具体建议内容，要切实做到事实清楚，观点明确，建议可行。

现阶段，检察机关办理的行政公益诉讼案件中，有95%以上为行政公益诉讼诉前程序案件，诉前程序是行政公益诉讼的核心和基础。诉前程序在督促行政机关尽责履职方面产生了重大推动作用，同时也是检察机关提起行政公益诉讼的前置程序。在检察机关提出诉前检察建议后，如果需要提起诉讼，标准是什么？

在《检察公益诉讼解释》第21条第2、3款规定“行政机关应当在收到检察建议书之日起两个月内依法履行职责，并书面回复人民检察院……行政机关

---

① 参见郭航：《行政公益诉讼诉前程序和诉讼程序衔接问题研究》，山西财经大学2019年硕士学位论文。

② 参见刘艺：《检察公益诉讼败诉案件中的客观诉讼法理》，载《行政法学研究》2020年第6期。

不依法履行职责的，人民检察院依法向人民法院提起诉讼”中，仅有“不依法履行职责”这一从诉前程序转为“诉讼程序”的判断标准。鉴于此，实践中如何确定行政机关在收到诉前检察建议后“不依法履职”，是否应考虑解决公共利益受侵害的程度，在各地存在较大争议。

检察机关考虑“诉前程序”与“诉讼程序”的衔接标准时要严守法治思维，做到具体问题具体分析。

如温州检察公益诉讼诉前整改“引入第三方”评估。在某施工工地扬尘污染及某水果店销售过期食品公益诉讼案，温州检察引入“第三方评估”对检察建议发出后，行政机关是否履职，公益保护目的是否实现进行科学评判。在“评估人选任”方面，为充分体现人民意志、属地保护及专业性，随机选任区人大代表、政协委员各1人，公益受害地社区代表各1人，环境、食品学专家各1人，共6名成员组成公益诉讼效果评估团。在评价程序上，设置公益受损地回访、行政机关陈述及评估意见发表三个环节。[①]

第三节　运用检察创新推动行政创新

创新思维是指在思考问题解决方案时采取新颖独创方法的思维过程，在这种思维的指引下，可以打破常规思维的局限，以超常规甚至于反常规角度去思考，提出与众不同的措施方案，从而产生新颖独到、有社会意义的思维成效。“创新思维方法，就是敢于打破思维定式，解放思想、超越陈规，因时制宜、与时俱进，以思想认识的新飞跃打开工作新局面的思维方法。”[②] 开展行政公益诉讼诉前督促工作，应充分发挥能动作用，以创新思维破解难题，推动公共利益保护。

运用检察创新推动行政创新，首先要实现检察创新，就行政公益诉讼诉前程序而言，就是要探索督促方式创新，并以督促方式创新推动行政监管创新。

---

① 参见徐缨:《浙江温州鹿城区：引入第三方公益诉讼效果公开评价机制》，载正义网，http: //www.jcrb.com/procuratorate/jcpd/201905/t20190515_2001668.html，2022 年 4 月 4 日访问。

② 刘宏斌:《深学践悟习近平科学的思维方法全力开启浙盐改革发展新征程》，载《中国盐业》2021 年第 10 期。

一、鼓励创新督促方式

行政公益诉讼诉前程序，是检察机关办理行政公益诉讼案件时，必须履行的诉前法定程序。督促方式是在诉前程序中，通过检察建议的方式，依法督促行政机关纠正违法行政行为、履行法定职责。在诉前程序中，督促并不意味着检察机关“板着脸”说话，可以采取更加柔和的方式，运用创新思维在诉前督促程序中进行探索。

（一）主体创新

检察机关是启动诉前督促程序法定主体，其他主体不具备行政公益诉讼诉前程序主体资格。但是，从协助检察机关开展监督角度，参与监督的主体是有创新空间的。基于宪法赋予公民、组织的法律监督权，且行政公益诉讼保护的是国家利益和社会公共利益，故公民和其他社会组织，可以成为参与诉前程序的督促主体，检察机关可以从公民和其他社会组织中有目的的选择合作对象。

1. 组建外脑。最高人民检察院关于《关于指派、聘请有专门知识的人参与办案若干问题的规定（试行）》明确检察院可以指派、聘请有鉴定资格的人员，或者经本院审查具备专业能力的其他人员，作为有专门知识的人参与办案。[①] 最高人民检察院关于《行政机关专业从业人员兼任检察官助理工作办法（试行）》规定，检察机关可以聘任特邀检察官助理，即聘任行政机关具有专业知识的人员，从专业角度辅助检察官办理案件。上述两项规定，可以作为检察机关组建“外脑”的依据。当前，检察机关的“外脑”，往往局限于聘请个别具有专业知识的人参与办案，或者只是简单地设立有专业知识的人的专家库，并未形成一种长效机制。对行政机关的监督涉及的领域和知识很广，检察机关需要体系化的“外脑”支持，形成“外脑”体系。凡是涉及专业领域的行政公益诉讼诉前程序案件，均要有专业知识的人或者特邀检察官助理参与办案，促进双向学习，形成共赢局面，通过协作办案，可以让检察官在办案过程中弥补专业知识方面

① 参见闫晶晶:《专业问题交给“有专门知识的人”，检察机关借力“外脑”辅助办案》，载《检察日报》2018 年 4 月 18 日。《关于指派、聘请有专门知识的人参与办案若干问题的规定（试行）》对“有专门知识的人”作出了解释：是指运用专门知识参与人民检察院的办案活动，协助解决专门性问题或者提出意见的人，但不包括以鉴定人身份参与办案的人。

的短板，提高办案质量，也可以让行政机关特邀检察官助理在办案过程中，对自身所处行政机关履职情况开展自查自纠，促进行政行为依法规范。

2. 公众参与。诉前程序坚持以人民为中心，为了人民、服务人民，也要依靠人民。就目前而言，最高人民检察院试点推广的“益心为公检察云平台”，很好地融入了互联网思维，能够吸引公众参与，拓宽公众参与渠道，吸纳环境保护等特定领域热心公益事业人员，参与公益保护工作。运用该平台推广公益诉讼观察员制度，可以更大程度提升其效能，增加优质线索来源，解决公益诉讼线索发现难困境。“益心为公检察云平台”和公益诉讼观察员制度的推广应用应持续加大力度，结合各地实际，可以将该平台与各地行政机关对社会开放的网上便民服务办公平台等公众知悉并常用的应用软件相融合，加强宣传，进行长期推广，调动公众参与积极性，共同保护公共利益。

积极鼓励公众参与、组建“外脑”，不仅可以增强检察机关督促手段的群众性、广泛性、合理性，增强其采纳积极性，还可以开展技术论证、加强技术鉴定，提高诉前督促内容的科学化水平，补足检察建议专业性不足的短板。

（二）形式创新

除建立与行政机关长效沟通机制外，检察机关还可以通过撰写专项监督报告、要情专报等形式，争取当地领导重视，依靠地方党委、人大、政府等国家机关，实现公益保护目的。

1. 专项监督报告。专项监督报告，是指在行政公益诉讼诉前活动中，检察机关就监督范围内的某一或者某些领域，开展有针对性的一系列监督，将发现的问题、开展监督情况及整改建议进行梳理汇总，形成专门报告的工作方式。如某县《关于县法院人民陪审员工作法律监督年度报告》，就是将人民陪审员工作监督情况形成专项监督报告，将同一类问题整合在报告里，向人民法院提出建议，督促其在职责范围内自查自纠，并进行全面整改。[①] 专项监督报告不仅可以避免简单重复制发检察建议书，降低检察监督效率，还可以节约司法成本，提高检察监督质效，还可以在法定监督范畴外，延伸检察监

---

① 该报告虽属民事检察业务，但其监督报告的模式，可以作为行政公益诉讼诉前程序工作创新之用。

督效能。

2. 要情专报。要情专报是指检察机关将行政公益诉讼诉前程序系列案件或者特别重要个案的具体情况，专门撰写成书面报告，向同级国家机关主要领导及上级领导汇报，以期通过领导人牵头，召集相关单位共同商讨对策。如某县检察机关在办理系列固体废物违法倾倒案中，在制发检察建议书后，收到被监督单位的整改意见，了解到整改面临的实际困难和长期监管困境，遂将案件主要情况，形成要情专报，向县委领导汇报，建议由县领导牵头，召集生态环保部门、建设部门、自然资源和规划部门等共商固体废物监管方案，疏堵结合，以实现对固体废物减量化、资源化和无害化防治目标。

3. 长效沟通机制。行政机关的履职行为是偏固式化的，其监管职责的范畴，往往具有延续性和稳定性，因此容易导致这样一种结果，即被监督的具体行政行为虽然不具有同一性，但实质上被监督行政机关履职行为或不履职行为具有重复性的，即检察机关的监督行为在抽象层面看是不断重复的，故会存在阶段性重复制发检察建议问题，这就需要在时间的纵向维度上思考新的督促方式。而长效沟通机制，是可以贯穿时间纵向维度，对同一类行政行为进行监督的方式。在检察建议制发后，根据监督情形，可以和被监督行政机关形成长效沟通机制，据此对后续发生的同类行政违法行为或者行政不履职行为进行常态化柔性监督。检察机关和行政机关形成长效机制，达成信息共享，互相移送线索问题，不仅可以节约司法成本和行政成本，还能提高法律监督与行政监管质效双提升，实现共赢。

二、推动行政机关监管创新

推动行政机关监管创新，应当立足于检察监督业务本身，而不能离开监督讲创新。在国家治理体系与治理能力不断现代化背景下，行政监管需要治理技术与策略的跟进与更新。行政公益诉讼诉前程序的监督成效，已经引起社会各界对行政监管创新的思考。目前学界对创新性行政监管的研究表现出愈加浓厚的兴趣，这不仅反映了传统监管模式的局限性，更说明创新监管顺应了时代的发展。通过行政公益诉讼诉前程序的监督，助推行政监管创新最为明显的是，建立长效监管机制与推动立法。

（一）建立工作机制

检察机关在监督过程中，发现行政机关的监管漏洞，通过行政公益诉讼诉前程序督促其进行整改，并为堵住漏洞，实现社会治理，维护国家利益，协助被监督机关建立工作机制完善监管。例如基于仙居县检察院办理的服刑人员领取养老金案件，台州市检察院开展全市服刑人员违规领取养老金领域行政公益诉讼专项监督，并进行经验总结，发现服刑人员违规领取养老金，系因各有关单位信息不共享等原因，故台州市人民检察院将行政公益诉讼与促进行业整治、区域治理结合，加强与行政机关的沟通协调，督促其主动纠违并依法履职，通过专项整治行动与调研相结合，协助被监督单位建立工作协作机制，促进相关行政机关实现“数字治理”，达成信息共享，解决信息不畅导致的履职困境。

（二）推动地方人大立法

通过立法将监督成效转化为行政机关的监管依据，是在法律制度层面创新。山东省人大常委会会议通过的《山东省南四湖保护条例》，就对公益诉讼作了专门规定。最高人民检察院对南四湖流域生态环境受损问题启动公益诉讼立案程序（以下简称“南四湖专案”），专案组通过专题论证南四湖保护协同立法的可能性及积极意义，积极推动地方立法，主动向该省人大常委会汇报南四湖专案办理进展和存在的问题，结合案例、行政公益诉讼监督成效、沿湖群众意见、专家论证会会议成果等，论证了在南四湖保护立法中，加入公益诉讼条款的必要性和法律依据，积极与该省人大常委会开展立法沟通对接，提出《检察公益诉讼条款建议稿》，最终被采纳。

第四节　运用系统思维服务社会治理

系统是指诸多事物相互联系而形成的统一体，多样性、相关性和一体性是系统最基本的属性。系统的一切其他属性，如整体性、有序性、动态性、不确定性等，都是在这三种属性基础上派生出来的。[①]

系统思维要求思考者运用系统概念识物想事，从整体上认识和解决问题，把整体思维与分析思维相结合，深入内部精细地考察系统。不仅如此，系统思维还要求跳出系统看系统。因为系统思维强调从整体上认识和解决问题，但反对笼统地谈论整体性。系统存在两类本质不同的整体和整体性，一类是作为部分之总和的整体，只具有加和的整体性，没有涌现的整体性；另一类是与部分之总和不同的整体，具有非加和的整体性，即整体涌现性。所以，并非只要谈论整体和整体性就一定是系统观点，要看思考者关注的是哪类整体性。所谓加和整体性，指通过部分特性相加汇总就能得到整体特性，认识了所有部分，汇总起来就能认识整体。所谓整体涌现性，指整体具有而其组成部分以及部分之总和不具有的特性，一旦把整体还原为它的组分，这些特性便不复存在；因而认识了各部分特性，再把它们汇总起来，并不能认识这类整体特性。系统思维就是按照涌现论识物想事的思维方式。[②]

行政公益诉讼诉前程序是社会治理体系有机组成部分，不仅如此，社会治理体系和治理能力现代化，还应有行政公益诉讼诉前程序服务社会治理，促进其他国家机关和社会组织加强、参与社会治理，形成社会治理合力之内容。在促进社会治理中，运用系统思维，把行政公益诉讼尤其是诉前程序，主动融入社会治理体系，以检察能动办案，撬动其他社会系统一起联动，提升行政公益诉讼诉前程序办案质效。根据涌现论识物想事，就要求我们不仅要在行政公益诉讼诉前程序中认识和解决问题，还应该在更大环境场景中思考问题解决之道，即要跳出诉前程序看行政公益诉讼，要跳出行政公益诉讼看公益诉讼，跳出公益诉讼看检察监督，跳出检察看权力监督，跳出权力监督看社会治理，跳出社会治理看治理体系和治理能力及其现代化。

在办理诉前程序案件时，要运用系统思维方式，在行政公益诉讼诉前程序系统和检察监督系统内，解决优先办理重要案件问题，要在执法司法系统内解决全面采取办案措施问题，要在国家治理体系内解决努力延伸办案效果问题。

---

① 参见苗东升:《论系统思维》(一)至(六)，载《系统科学学报》(第12—14卷)，2004年7月至2006年1月。

② 参见苗东升:《论系统思维》(一)至(六)，载《系统科学学报》(第12—14卷)，2004年7月至2006年1月。

一、优先办理重要案件

所谓重要案件，仁者见仁，智者见智，因时因事而异，需要根据各地具体情况具体分析，不能一概而论。总体而言，重要案件，具有三个明显特征。一是案情重大或者紧急，二是公众关注，三是事关一时一地甚至全域中心大局。

（一）优先办理案情重大或者紧急案件

案情重大，是指案件涉案金额高、经济损失大、影响范围广、公益损害严重、发案地域特殊等，各地对重大案件或者特大案件认定标准不一。部分地区虽然没有具体认定标准，但是从案件性质和影响力这两个要素出发，与当地其他公益诉讼案件相比，明显突出的，就可以认为是案情重大。为规范重大案件认定标准，浙江省人民检察院于 2019 年 6 月出台《关于公益诉讼重特大案件标准的规定（试行）》，该规定主要从案件性质和影响力两个方面考量，来确定重特大案件认定标准。具体按照案件发生领域、地域、标的、损失、影响范围等客观性标准，详细规定判断公益诉讼各领域重特大案件具体情形。

紧急案件，就是修复受损害公共利益具有紧迫性，或者公共利益处于危险状态下且危险随时可能发生，如果不对紧急案件抓紧办理，受损害公共利益会继续扩大，或者受损害公共利益产生的副作用不断积累，或者潜在危险真实发生。如针对松材线虫病防治问题，如果不及时采取有效措施，疫区范围将会不断扩大，生态环境将不断被侵害。再如地质灾害隐患治理问题，如果治理不及时，地质隐患可能随时演变成为山体滑坡、泥石流等现实灾害。

（二）优先办理公众关注案件

我国以社会主义公有制为主体，国家利益和社会公共利益在全社会各种利益中的占比，与资本主义私有制社会有着天壤之别，需要保护的公共利益特别多。有的公共利益长期处于保护不力状况，但是关注者并不多，如财产闲置导致国有财产隐性流失问题。有的公共利益保护问题却一直处于社会公众关注之下，如婴幼儿奶粉安全等食品安全问题。涉行政公益诉讼诉前程序案件，如果是社会反响强烈、直接关系人民群众切身利益，就应当优先办理，这是由公益诉讼以人民为中心宗旨决定的，同时也是社会治理的现实需要。只有优先办理公众关注案件，才能切实提高公众在社会治理中的获得感、满意度。

（三）优先办理事关中心大局案件

不同视角看同一件事情，会有不同判断结论。站在不同层面、高度看，事关中心大局案件标准也会不同。判断是否属于事关中心大局案件，主要从平视和仰视两个角度出发。从仰视角度看，凡影响或者涉及上级党委政府中心工作的案件，都是事关中心大局案件，毫无疑问应当优先办理。从平视角度看，就是需要从本级地方党委政府中心工作部署出发，来判断什么样的案件才是事关中心大局案件。事关中心大局案件，往往牵一发动全身。如丽水市莲都区人民检察院办理的城区古樟树群保护案，就是事关中心大局案件。因该古树群处于城市规划建设重要道路红线之内，拟作迁移处置，且建设项目已经启动，保护古树群处于紧迫状态，如果不优先办理，古树群就可能会有“灭顶之灾”，如果对工程建设喊停，势必影响重点工程建设进度，而且还会涉及规划调整等一系列问题需要立即解决。为此，市、区两级检察院一把手主动深入办案一线，认真调研后向市政府通报案情，得到市政府积极响应，府检联手保护古树，最终确定古樟树群全部原址保留，道路规划做线型调整，古樟树群土地性质变更为绿化用地。①

二、全面采取办案措施

办案措施多种多样，丰富多彩。具体而言，可以将办案措施分为直接措施和间接措施，直接措施直接用于办案中，间接措施则对办案产生积极帮助效果。在前述各章节中已有论述的办案措施，此处不再重复。

（一）直接措施

在直接措施中，又可以分为检察机关内部措施和外部措施。这些措施不是孤立的，而是综合的、系统集成的。

内部措施是指仅通过检察机关系统内协作挖潜采取的办案措施，包括建立内部信息共享及线索移送机制，注重从重点行业和领域收集线索，从各种媒体

① 参见2021年10月9日，最高人民检察院发布生物多样性保护公益诉讼典型案例。

尤其是自媒体中收集办案信息，从刑事检察、民事检察、行政检察等系统内办理的案件中发现线索，上下级检察机关之间通过提级管辖、异地管辖、案件督办、横向协作、相对集中办案力量、联动开展专项监督，成立专案组、成立工作专班，领导挂帅办案，高科技取证（区块链技术、卫星遥感技术等），数字赋能（大数据办案）等。

外部措施是指为和检察机关系统外部组织、个人合作所采取的办案措施，各地检察机关根据当地实际采取的直接办案措施，有公布公益损害举报渠道、建立部门间信息共享机制、借助外力外脑、开展专业协作等。

最高人民检察院办理的“南四湖”治污案，就是通过多措并举开展办案的范例。“南四湖”指微山湖、独山湖、昭阳湖、南阳湖，是我国北方最大淡水湖，流域面积3万多平方公里，湖面1266平方公里，鲁苏皖豫4省8市53条河流汇入于此，一度成为“集中纳污区”。由于存在“多头管”“交叉管”“跨省管”，导致最终“无人管”。面对跨省生态治理难题，最高人民检察院直接立案，打响自检察公益诉讼制度建立以来规模最大、难度最高、社情最为复杂的公益诉讼治污攻坚战。通过最高人民检察院副检察长挂帅办案，调用最高检及山东、江苏、安徽三省四级检察机关200多名检察人员，成立专案办案组。办案中得到流域属地各省委省政府大力支持，与自然资源部、生态环境部和地方行政机关密切配合，通过卫星遥感取证、网络全程直播听证会、专家参与办案、建立跨区域协作机制《关于深化跨省协作配合加强南四湖流域检察公益保护的意见》等一系列举措，把检察公益诉讼这一极具中国特色司法制度破解公益保护世界性难题的优势，发挥得淋漓尽致。①

（二）间接措施

间接措施也可以分为内部措施和外部措施。检察机关系统内部措施有督查指导、案例指导、现场会、经验交流研讨会、线索管理机制、线索初查管理、线索销号机制、系统考评机制、对外宣传机制等。外部措施包括争取被监督者上级机关支持，如争取地方党委、人大、政府、政协机关和党委政法委、纪委监委以及行政机关业务条线上级等重视、支持办案，通过公开检察

① 参见《南四湖治污记》，载《人民日报》2022年2月17日。

建议书、检察建议书抄送本级地方领导机关和领导人，增加办案透明度和影响力；利用地方公文交换系统推送电子化检察建议书，实现法律文书电子化绿色送达；通过推送检察建议书征求意见稿，以书面形式“听取”被监督机关意见，确保征求意见有迹可循、有据可查，意思表示不走样；统筹司法机关、行政机关的司法执法权力，开展联合打击专项治理等。如浙江省松阳县人民检察院在办理非法捕捞水产品行政公益诉讼诉前程序案件时，借力县人大常委会对代表建议重点督办件“回头看”行动，联合公检法司机关和有关行政执法部门、乡镇街道，在禁渔期开展打击非法捕捞专项行动，公检法司机关联合发出严打公告，与执法机关开展联合巡查等，最终实现2021年全年内全县非法捕捞刑事零发案。

三、努力延伸办案效果

把行政公益诉讼诉前程序走完，得到行政机关对检察建议正面回复并整改到位，称得上案结事了。但是，行政公益诉讼诉前督促程序案件背后，往往有更深层原因存在。如果不能找准发案原因，从源头上进行治理，即便行政机关每一次都能整改到位，案件也会周期性发生，难以根治。因此，要从根本上解决行政不作为或者乱作为，或者行政监管不到位问题，仅仅做到案结事了还不够，还只是做了行政公益诉讼前半篇文章。努力延伸办案效果，把行政公益诉讼后半篇文章也做好，是检察行政公益诉讼题中应有之义。延伸办案效果，需要对症下药，针对不作为、乱作为，需要完善责任追究制度；针对监管不到位，需要完善监管制度，落实责任，确保职责到岗到人。实践中，还有许多问题，属于行政机关很努力，但是因各种条件限制，就是做不好，有的是法律供给不足，有的是监管对象太庞杂，根本管不过来；还有的是行政相对人不懂法，以至于不断有人违法。针对这些问题，检察机关可以携手行政机关共同发力，提升社会治理水平。比如法律供给不足的，依法提出立法建议，完善法律制度，实现良法善治；监管力量不足的，通过行业协会、基层自治组织、志愿者组织协助，发挥社会力量助推社会治理作用；加强针对性普法工作，可以在特定行业特定领域形成普法优势，以普法成效促进行政相对人依法行事。上述延伸办案效果对策中，往往需要行政机关为主导，由其主动作为，才可能取得较好成效，但是在某些方面，检察机关也能发挥主导作用，如大力宣传行政公益诉讼诉前程序办案成效方面，推动有权主体开展立法工作方面，以及促成有关行政机关联合协作机制方面，检察机关都大有可为，且已经取得不少成效。

（一）积极推动增加法律供给

推动立法，应该从两方面入手，一是立法规范行政公益诉讼诉前程序，二是立法规范行政监管。目前为止，虽然在国家层面，尤其是人大立法层面，关于行政公益诉讼诉前程序的法律供给不多，但是地方人大制定地方性法规或者作出决议决定支持检察公益诉讼，已经比较常见。不仅省以下地方人大以决议决定方式为检察公益诉讼提供法治支持，而且省级人大常委会作出类似决议决定也不少。与此相反，通过行政公益诉讼诉前程序案件办理，发现法律空白或者漏洞，据此提出立法建议或者法律修改建议并被成功采纳的情况，却比较少见。因此，不仅要注重规范检察公益诉讼诉前程序的立法工作，还要特别注重填补行政监管法律空白和法律漏洞的立法工作。从整个国家治理宏观性出发，不难发现，规范检察行政公益诉讼诉前程序的法律是表，规范行政监管的法律才是本。如松阳县检察院在办理某儿童坠井溺亡行政公益诉讼诉前程序案件中，发现关于水井监管的法律法规依据奇缺，从法律、行政法规到地方性法规和政府规章，均没有专门关于水井安全监管的规定，也没有其他行政规范性文件对水井安全监管问题进行具体规范，水井安全监管问题存在法律空白。为提升社会治理方面的法律供给能力，该院对县域内水井安全监管问题展开专题调研，结合山东、河北等地关于取水井报废的有关规定，向县人大常委会和该县的市人大代表提出推动市人大立法的建议，并代拟有关立法议案和法律草案，最终在 2022 年 4 月丽水市五届人大一次会议期间，代表议案被作为法律议案正式立案，交市人大农业农村委员会审议后向市人大常委会报告，为丽水市在全国率先对水井安全监管立法贡献检察智慧。

（二）打造合作机制，携手社会治理

行政公益诉讼与行政监督管理，目的殊途同归，都是为实现良好社会治理。因此，双方均有为实现社会善治携手共治的内生动力。各地检察机关在开展行政公益诉讼诉前程序监督时，都不约而同出现与行政机关联合发文，就某

一事项、某一领域形成机制，齐抓共管，实现“办理一案，治理一域，提升一业”效果。在很多场景下，需要检察机关开展行政公益诉讼诉前程序监督的事项，往往存在多个行政机关之间监管职责不明，或者需要多个行政机关携手共治，但是行政机关之间由于协调困难，或者缺乏解决问题的动力，导致问题迟迟难以解决。检察机关从大局出发，主动牵头有关部门协同配合，往往会事半功倍，而且检察监督压力也会转化为合作动力。如浙江省松阳县人民检察院在办理一起环境损害赔偿行政公益诉讼诉前监督案件中，发现公安、环保、财政、林业等部门，在环境损害赔偿磋商中缺乏互相支持协作，开展赔偿磋商工作困难不少，于是主动牵头组织该县 10 家司法、行政机关联合出台《关于生态环境损害赔偿磋商工作的若干规定》，构建起生态环境损害赔偿制度执行机制，为行政机关开展环境损害赔偿磋商提供支撑。

（三）积极开展宣传，倍增办案成效

“一个案例胜过一打文件”，已经成为司法机关工作宣传共识。把宣传工作摆在任何高度来强调，都不过分。当前检察行政公益诉讼诉前程序案件宣传工作，存在以下几方面问题，需要引起重视。一是对宣传工作认识不到位，一些单位把宣传仅仅当作任务来完成；二是对宣传投入不足，尤其是当下，已经从读图时代进入到短视频时代，人才、器材、素材都明显不足，宣传经费捉襟见肘；三是宣传方法不多，渠道不畅，目前只是在微信公众号上推一推或者某个检察系统内媒体上刊载一下；四是宣传效果和影响力有待提高，受众单一，受众面狭窄。

积极开展宣传工作，对行政公益诉讼诉前程序办案工作而言，意义更加重大。一则诉前程序办案工作社会知晓度不高，社会公众多数不知道其为何物，即使略有知晓，也分不清民事公益诉讼和行政公益诉讼，遑论行政公益诉讼诉前程序和诉讼程序；二则行政公益诉讼诉前程序办案工作属于检察新业务，本来就缺人才，懂业务又懂宣传的人才奇缺。

抓好行政公益诉讼诉前程序办案工作宣传，应主要抓好以下几项工作：一是抓紧组建、培养行政公益诉讼人才队伍，把业务能力建设与宣传能力建设同步谋划、同步实施，把复合型人才建设置于行政公益诉讼队伍建设首位，强调检察官也是“宣传官”。二是加大经费投入，除装备必要器材以外，还应当对“素材”加大投入，如建立检察机关全院共享的办案视频、图片数据库，甚至可以考虑在上级院建立一定区域内各检察机关之间共享数据库，为“做饭”储备“食材”。三是注重打造宣传精品，不搞稿件量扩张式考核，而是要把宣传产品无水分的浏览量、点击率作为优先项，把每一件宣传品都当作作品而不仅是产品对待，确保用老百姓最喜闻乐见的方式把行政公益诉讼诉前程序办案故事讲好，倍增办案成效。

参考文献

1. 樊崇义:《检察制度原理》，中国人民公安大学出版社 2020 年版。

2. 童建明主编:《检察视角下的中外司法制度》，中国检察出版社 2021 年版。

3. 张杰:《检察指导案例理论与实践》，中国检察出版社 2021 年版。

4. 何海波:《法学论文写作》，北京大学出版社 2014 年版。

5. 苏力:《制度是如何形成的》，北京大学出版社 2007 年版。

6. 骆绪刚:《检察权运行司法化研究》，中国法制出版社 2017 年版。

7. [德] 卡尔·拉伦茨:《法学方法论》，黄家镇译，商务印书馆 2020 年版。

8. [古希腊] 柏拉图:《理想国》，谢善元译，上海译文出版社 2016 年版。

9. 陈瑞华:《刑事诉讼法》，北京大学出版社 2021 年版。

10. 胡建淼:《行政诉讼法学》，法律出版社 2019 年版。

11. 樊崇义:《刑事诉讼法学》，法律出版社 2020 年版。

12. 樊崇义:《证据学》，中国人民公安大学出版社 2003 年版。

13. 最高人民检察院第八检察厅编:《行政公益诉讼典型案例实务指引》，中国检察出版社 2019 年版。

14. 最高人民检察院民事行政检察厅编:《检察机关提起公益诉讼实践与探索》，中国检察出版社 2017 年版。

15. 最高人民检察院公诉厅编:《公诉案件证据参考标准》，法律出版社 2006 年版。

16. 孙谦、童建明:《新刑事诉讼法理解与适用》，中国检察出版社 2012 年版。

17.［澳］欧文·E. 休斯:《公共管理导论》，彭和平、周明德、金竹青等译，中国人民大学出版社 2001 年版。

18.［美］富勒:《法律的道德性》，郑戈译，商务印书馆 2005 年版。

19.《法理学》编写组:《法理学》（第二版），人民出版社、高等教育出版社 2020 年版。

20.《马克思恩格斯文集》第 3 卷，人民出版社 2009 年版。

21.《马克思恩格斯选集》第 1 卷，人民出版社 2012 年版。

22.《现代汉语词典》（第 7 版），商务印书馆 2019 年版。

23.《马克思主义基本原理概论》（第 7 版），高等教育出版社 2018 年版。

24. 陈聪富:《因果关系与损害赔偿》，北京大学出版社 2005 年版。

25. 陈兴良:《刑法总论精粹》（第二版），人民法院出版社 2011 年版。

26. 程啸:《侵权责任法》（第三版），法律出版社 2021 年版。

27. 樊崇义主编:《证据法学》（第六版），法律出版社 2017 年版。

28. 高铭暄、马克昌主编:《刑法学》（第十版），高等教育出版社 2021 年版。

29. 胡建淼:《行政法学》（第四版），法律出版社 2015 年版。

30. 胡建淼:《行政诉讼法学》，法律出版社 2019 年版。

31. 黄伟丰:《行政基准的法律控制研究》，上海人民出版社 2017 年版。

32. 姜明安:《行政法与行政诉讼法》（第七版），北京大学出版社、高等教育出版社 2019 年版。

33. 姜明安:《行政诉讼法》（第四版），法律出版社 2021 年版。

34. 罗豪才主编:《行政法学》，中国政法大学出版社 1996 年版。

35. 王和雄:《论行政不作为之权利保护》，台湾三民书局 1994 年版。

36. 维之:《因果关系研究》，长征出版社 2002 年版。

37. 信春鹰主编:《中华人民共和国行政诉讼法释义》，法律出版社 2014 年版。

38. 颜运秋:《中国特色生态环境公益诉讼理论和制度研究》，中国政法大学出版社 2019 年版。

39. 杨立新:《侵权责任法》（第四版），法律出版社 2021 年版。

40. 应松年主编:《当代中国行政法》第 8 卷，人民出版社 2018 年版。

41. 应松年主编:《行政诉讼法学》，中国政法大学出版社 1999 年版。

42. 袁杰主编:《中华人民共和国行政诉讼法解读》，中国法制出版社 2014 年版。

43. 张明楷:《刑法分则的解释原理》(第二版)，中国人民大学出版社 2011 年版。

44. 张明楷:《刑法学》(第 6 版)，法律出版社 2021 年版。

45. 张文显:《法理学》(第五版)，高等教育出版社、北京大学出版社 2018 年版。

46. 章剑生:《现代行政法总论》(第二版)，法律出版社 2019 年版。

47. 章志远:《行政法学总论》，北京大学出版社 2014 年版。

48. 最高人民法院案例指导与参考丛书编写组:《最高人民法院环境资源审判案例指导参考》，人民法院出版社 2019 年版。

49. 最高人民法院环境资源庭编著:《最高人民法院关于环境民事公益诉讼司法解释理解与应用》，人民法院出版社 2015 年版。

50. 潘牧天、孙彩虹:《司法体制改革视域下环境公益诉讼制度研究》，法律出版社 2021 年版。

51. 最高人民检察院第八检察厅编:《行政公益诉讼典型案例实务指引 生态环境资源保护领域》(上册)，中国检察出版社 2019 年版。

52. 叶必丰主编:《行政法与行政诉讼法》，中国人民大学出版社 2019 年版。

53. 于鲁平:《环境行政公益诉讼起诉主体研究》，法律出版社 2020 年版。

54. 者荣娜:《检察机关提起公益诉讼研究》，法律出版社 2021 年版。

55. 吴应甲:《环境公益诉讼原告资格比较研究》，法律出版社 2019 年版。

56. 颜运秋:《生态环境公益诉讼机制研究》，经济科学出版社 2019 年版。

57. 李少伟:《民法学教程》(第三版)，法律出版社 2017 年版。

58. [英] 卡罗 · 哈洛、理查德 · 罗林斯:《法律与行政》，杨伟东等译，商务印书馆 2004 年版。

59. 贾宇:《新时代检察理论研究》，中国检察出版社 2021 年版。

60. 林英:《时代责任——绿家园环境公益诉讼案例集》，中国政法大学出版社 2020 年版。

61. 戢浩飞:《行政执法体制改革研究》，中国政法大学出版社 2020 年版。

62. 许敏:《从管制道协商：邻避冲突治理模式研究》，武汉大学出版社 2020 年版。

63. 姜明安:《行政诉讼法》，法律出版社 2021 年版。

64. 盘长丽:《行政执法有效性研究——以形式有效与实质有效为进路》，湖北人民出版社 2019 年版。